科学出版社"十三五"普通高等教育本科规划教材

分子细胞生物学

张建保　卢晓云　主编

科 学 出 版 社
北 京

内 容 简 介

鉴于越来越多的理工科学生以及相关科技工作者需要了解分子与细胞层次的生命科学相关内容，西安交通大学相关教师组织编写了本书。本书简明、系统地介绍了细胞及相关的分子生物学知识，内容包括：细胞的物质基础、物质与能量代谢、细胞结构及功能、细胞遗传物质、遗传信息的表达及调控、信号转导、细胞增殖与分化、神经细胞等。

本书由西安交通大学长期为理工科学生讲授生命科学相关课程的教师编写，教材的内容、编写思路与传统的分子细胞生物学教科书不同，更适合有志于了解或从事生命科学相关工作的理工科本科生、研究生以及科技工作者使用。

图书在版编目（CIP）数据

分子细胞生物学 / 张建保，卢晓云主编．—北京：科学出版社，2017.2
科学出版社“十三五”普通高等教育本科规划教材
ISBN 978-7-03-051725-8

Ⅰ．①分…　Ⅱ．①张…　②卢…　Ⅲ．①分子生物学－细胞生物学－高等学校－教材　Ⅳ．①Q7

中国版本图书馆CIP数据核字（2017）第024872号

责任编辑：刘　丹 / 责任校对：郑金红
责任印制：赵　博 / 封面设计：铭轩堂

科学出版社 出版
北京东黄城根北街16号
邮政编码：100717
http://www.sciencep.com

三河市骏杰印刷有限公司印刷
科学出版社发行　各地新华书店经销

*

2017年 2 月第　一　版　开本：787×1092　1/16
2026年 1 月第十次印刷　印张：17 1/2
字数：448 000

定价：68.00 元

（如有印装质量问题，我社负责调换）

《分子细胞生物学》编委会

主　编　张建保　卢晓云

编　委（按姓氏笔画排序）

孔　宇　孔令洪　冯　怡　许　丹

李延海　邵永平　武亚艳　谭　丹

前　言

随着人类社会的进步与发展，人们越来越关注自身的疾病与健康等生命奥秘，同时越来越多的工程技术成果开始在生命科学领域应用与拓展，生命科学知识已经成为了现代理工科高等教育必须学习的内容。

分子与细胞生物学是理解生命科学的基础，一些理工科院校已经开始开设相关课程。目前虽然已经有很多分子与细胞生物学方面的著作，但针对理工科学生使用的教材不多。鉴于此，我们编写了本教材。本书力求基础性强，注重逻辑严密与文字描述简洁，在思维方式与内容组织上尽可能地适合理工科学生使用。

本书主要介绍了分子与细胞生物学的基本知识，希望通过对本书内容的学习，读者们能够理解细胞的生命过程，并为进一步深入学习相关内容奠定基础。本书共 8 章，第 1 章介绍了细胞的物质基础，主要由孔宇副教授编写；第 2 章介绍了细胞的能量与代谢，主要由孔令洪副教授编写；第 3 章介绍了细胞的结构与功能，由张建保教授编写；第 4 章与第 5 章介绍了现代分子生物学的知识，主要由卢晓云教授编写；第 6 章介绍了细胞的通讯与信号转导，由邵永平教授编写；第 7 章介绍了细胞周期与细胞的增殖、分化等，由许丹副教授编写；第 8 章属于专题介绍，讲授了神经细胞的结构与功能，由李延海副教授编写。

本书编写过程中，冯怡、武亚艳、谭丹等参与了部分章节的校对，王蕾蕾、冉淦侨、吴兴娟、赵季平、胡二玲、杜环、彭文毓、尚森、荣誉等参与了本书的绘图工作，在此，对他们的工作表示感谢。本书编写过程中，我们参考了部分国内外的著作，在此一并表示衷心感谢。

感谢科学出版社的刘丹编辑，正是她认真负责的工作，才使本教材得以付梓。

分子与细胞生物学正在快速发展，我们在编写过程中主要考虑了最基础的内容，并对发展前沿有所跟进和展开，本书编写过程中难免会有疏漏或不妥之处，敬请读者批评指正。

张建保

2016 年 12 月于西安交通大学

目　　录

绪　论

生命科学在当今社会中是最典型的爆发式发展的科学领域，人们在了解生命奥秘的同时，已经开始利用生命科学的理论和方法去解决当今人类社会面临的健康、资源、生态、环境、能源、信息和材料等领域的一系列重大问题，正在对人类社会的方方面面产生着巨大的影响。

细胞是生命最基本的组成单元和功能单位。细胞生物学是以细胞为研究对象，从细胞的整体水平、亚显微水平、分子水平3个层次以动态的观点，研究细胞、细胞器的结构和功能，细胞的生命过程以及细胞各种生命活动规律的学科。细胞生物学是现代生命科学前沿的分支学科之一，随着现代生命科学的发展，人们越来越多地从分子层面上去探索细胞各种生命活动规律的分子机制，这就是分子细胞生物学主要探索的领域。

生命科学的研究历程一直以来都与物理、化学等基础学科理论的发展和技术的进步密不可分，在了解细胞的基本知识之前，我们首先希望读者从分子细胞生物学发展的历史及其发展趋势中，体会各学科交叉对生命科学发展的促进作用以及生命科学发展对人类社会产生的重大影响。

1．分子细胞生物学发展阶段

从研究内容来看，细胞生物学的发展可分为3个层次，即显微水平、超微水平和分子水平。从时间轴来看，细胞生物学的历史大致可以划分为4个主要的阶段。

第一阶段

从16世纪后期到19世纪30年代，是细胞发现和细胞知识的积累阶段。在这个阶段中，早期显微镜的发明使人们发现了之前无法观察到的微观世界。可以说，没有显微镜就不可能有细胞学的诞生。1665年，英国人R. Hooke用自己设计与制造的显微镜（放大倍数为40～140倍）观察了软木（栎树皮）的薄片，第一次描述了植物细胞的构造，并首次用“cells”（小室）这个词来称呼他所看到的类似蜂巢的极小的封闭状小室（实际上只是观察到纤维质的细胞壁）。荷兰皇家学会会员A. van leeuwenhoek是第一个看到活细胞的人，他一生中制作了200多台显微镜和500多个镜头，观察过原生动物、人类精子、鲑鱼的红细胞、牙垢中的细菌等。1812年，苏格兰人D. Brewster发明油浸物镜，改进了体视显微镜。1886年，德国人E. K. Abbe发明了复消差显微镜，并改进了油浸物镜。至此，普通光学显微镜技术基本成熟。通过对大量动物、植物的观察，人们逐渐意识到不同的生物都是由形形色色的细胞构成的。

在19世纪以前，许多学者的工作都着眼于细胞的显微结构方面，从事形态上的描述，而对各种有机体中出现细胞的意义一直没有做出理论的概括。直到19世纪30年代，德国人施莱登（M. J. Schleiden）和施旺（T. Schwann）提出：一切植物、动物都是由细胞组成的，细胞是一切动植物的基本单位。这就是著名的“细胞学说（Cell Theory）”。后人根据施莱登和施旺发表的研究结果，综合为以下要点：①细胞是一个有机体，一切动植物都由细胞发育而来，并由细胞和细胞产物所构成；②细胞是一个相对独立的单位，既有自己的生命，又对其他共同组成整体的生命起作用；③新细胞可以从老细胞中产生。1855 年，德国人魏尔肖（R. Virchow）提出“一切细胞来源于细胞”的著名论断，进一步完善了细胞学说。把细胞作为生命的基本单位，以及作为动植物界生命现象的共同基础的这种概念立即被普遍接受。恩格斯将细胞学说誉为 19 世纪的三大发现之一。

第二阶段

1839 年施莱登和施旺的细胞学说的问世，确立了细胞（真核细胞）是多细胞生物结构和生命活动的基本单位。但长期以来，细胞学的研究偏重在结构方面。从 19 世纪 30 年代到 20 世纪初，在细胞学说的基础上，从显微水平研究细胞的结构与功能是这一时期最活跃的研究领域。形态学、胚胎学和染色体知识的积累，使人们认识了细胞在生命活动中的重要作用。1893 年 Hertwig 的专著《细胞与组织》（*Die Zelle und die Gewebe*）出版，标志着细胞学的诞生。其后 1896 年哥伦比亚大学 Wilson 编著的 *The Cell in Development and Heredity*、1920 年墨尔本大学 Agar 编著的 *Cytology* 都是这一领域最早的教科书。

第三阶段

19 世纪后期显微技术的改进以及生物固定技术和染色技术的出现，极大地方便了人们对细胞显微结构的认识，各种细胞器相继被发现，特别是 20 世纪 30 年代电子显微镜的问世。1932 年，德国人 M. Knoll 和 E. A. F. Ruska 发明了最初的电子显微镜，1940 年美国和德国制造出分辨力为 0.2nm 的商业化电子显微镜。1981 年瑞士人 G. Binnig 和 H. Roherl 发明了扫描隧道显微镜，并与电镜发明者 Ruska 同获 1986 年度的诺贝尔物理学奖。这些工程领域的新技术也极大地推动了细胞生物学的发展，使细胞形态研究达到了空前的高潮，把细胞学带入了第三大发展时期。到 20 世纪 70 年代，人们不仅发现了细胞的各类超微结构，而且也认识了细胞膜、线粒体、叶绿体等不同结构的功能，使细胞学发展为细胞生物学。De Robertis 等 1924 年出版的《普通细胞学》（*General Cytology*）在 1965 年第四版时定名为《细胞生物学》（*Cell Biology*），这是最早的细胞生物学教材之一。1953 年，X 线衍射技术揭示出遗传物质 DNA 完美的双螺旋结构，标志着分子生物学的建立，人们对细胞遗传规律的了解进一步深入到了分子层面，并逐渐了解了遗传密码、中心法则以及细胞基因表达的调控等基本问题，这些也都直接促进了细胞生物学的发展，使人们不仅对细胞的结构有了更清楚的认识，也对细胞的各种生命活动规律有了更深入、更全面的了解。

第四阶段

从 20 世纪 70 年代基因重组技术的出现到当前，细胞生物学与分子生物学的结合越来越紧密，分子细胞生物学的发展成为生命科学爆发式发展的重要力量。研究细胞中不同分子的结构及其在生命活动中的作用成为主要任务。基因表达调控、信号转导、肿瘤细胞生物学、细胞分化和凋亡、干细胞及诱导多功能干细胞、基因编辑相继登场，成为当代分子细胞生物学领域一个又一个的研究热点。工程技术领域的进步和仪器设备的快速发展使得生物芯片、基因测序、分子示踪、冷冻电镜、高通量质谱鉴定等一系列先进技术手段成为分子细胞生物学发展的强力推手。

2000 年“人类基因组计划”工作草图完成，带领人们进入了以研究基因功能为主的后基因组时代。蛋白质组学、RNA 组学、糖组学、代谢组学等各种“组学”研究相继登场。同时，生物信息学、纳米生物学等新兴学科也快速发展，细胞生命活动的规律将被进一步完整解析，新技术揭示的分子机制也将有望进一步指导多个交叉学科理论和更新技术的发展。现在，人们也已经开始通过人工设计并合成染色体的方法构建具有特定功能的“合成生命”。生命科学已进入了迅速发展期，也将引领人类社会进入一个新的发展阶段。

2．分子细胞生物学发展展望

众所周知，人类经历了漫长的采猎文明后，约在一万年前进入农业经济时代，18世纪60年代，英国率先进入工业经济时代，20世纪50年代美国最早走完工业经济的历程，进入信息时代。据专家估计，这一经济形态的“寿命”为75～80年，到21世纪20年代将渐渐失去活力，届时人类将迎接下一个经济时代，即生物经济时代的到来。生物经济的基础为细胞及其蕴含的基因，其核心技术为建立在分子细胞生物学理论基础上的各类生物技术。这些理论和技术已经为世界经济及产业带来了巨大变革。

（1）推动产业革命，创造新的经济生长点。生物产业的比重已逐步提高，药品中基于生物技术的产品已经占优势地位，转基因动植物市场前景广阔。此外，生物芯片已广泛应用于科研、医疗、农业、食品、环境保护、司法鉴定等领域，将会成为与微电子芯片一样重要的产业。

（2）推动医学革命，延长人类寿命。20世纪初人类平均寿命为40多岁，抗生素和疫苗的应用、医疗技术的提高和公共卫生观念的提出使人类摆脱了传染病威胁，寿命逐渐提高。20世纪末人类平均寿命达到70多岁，但心血管病、癌症和各类遗传病或遗传相关的疾病仍然是威胁人类健康的主凶。21世纪生物技术将推动新一轮医学革命，能够从疾病预防与疾病诊断、药物研制、组织工程、基因治疗、器官移植、抗衰老等多方面延长人类寿命。事实上，早在1990年美国国立卫生研究院（NIH）就进行了世界首例基因治疗，对象是一名患有先天性重度联合免疫缺陷病的4岁女孩。这种疾病是因为缺乏正常的腺苷脱氨酶（ADA）基因而引起的，专家们以病毒作为载体，将*ADA*基因导入从患者血液中分离出来的淋巴细胞，在体外培养后再输回患者体内，使这位女孩体内ADA的含量升高，免疫功能有所恢复，可以正常活动而无不良反应。这是世界首例基因治疗成功的患者，在此之后，全世界掀起了基因治疗的热潮。

（3）推动绿色革命，解决食品危机。20世纪60年代的杂交玉米、杂交小麦和杂交水稻等农作物优质品种的栽培，标志着传统植物育种理论和各种农业措施在作物改良中的应用达到了高峰，并对农业产生了深远的影响，被誉为第一次绿色革命。而21世纪转基因动植物、组织培养、胚胎移植、动物克隆等一系列新技术将再一次改变农业的面貌，新技术群将更有利于人们创造新品种、生产人类所急需的粮食、药物和工业用品，推动第二次绿色革命。

（4）创造生物新品种，改善生态环境。植物抗旱、抗盐基因的发现与应用，将有可能彻底改变10亿亩（1亩≈666.67m^2）干旱地区的生态环境，使5亿亩不毛之地、盐碱地变为良田。用于废气、废水、废渣处理的基因工程极端微生物的应用，可降解生物塑料产品的产业化推广，将会解决工业排放、白色垃圾等环保难题，有效改善生态环境。

（5）发展绿色能源，解决能源危机。煤、石油等化石能源的枯竭已经是众所周知的危机，替代能源的开发具有十分重要的战略意义。全球生物质能的储量为18 000亿吨，相当于640亿吨石油。生物能源将会使作物秸秆等废弃的有机物成为能源，缓解化石能源不足的危机，为石油短缺国家解决能源危机找到一个较为经济的途径。利用“绿金”代替“黑金”，开发生物乙醇、生物柴油、生物发电、生物氢等替代部分化石能源，已经成为许多国家的能源战略。除此之外，植物光合作用机制研究取得重大突破，人工光解水产生的氢气将成为继化石燃料之后主要的能源。

（6）生物安全关系到国家安全。必须认识到生物技术是一柄双刃剑，生物工程武器将彻底改变传统战争的方式与后果，没有对生物战剂、生物恐怖和外来入侵物种的防御与应对能力，就不能从根本上保障国家安全。

（7）冲击传统伦理观念。转基因动植物、克隆动物、胚胎干细胞、组织工程、器官移植技术的应用及“合成生命”的出现，将对传统伦理观念产生强烈冲击。

可以预见，分子细胞生物学仍然是未来生命科学的领头学科，是支撑生物技术发展的基础科学。尽管发现细胞已经300多年，但人类对细胞在整体层次上的工作机制并未获得一个完整清晰的认识。分子细胞生物学未来的一些重要发现将为生物技术带来新的发展动力。例如，对干细胞生长和分化的控制机制的认识或许会带来治疗应用方面的重大突破；对遗传基因和生化途径调控机制的认识将催生更先进的遗传修饰方法；理解细胞感知环境的机制会有助于研发具有广泛应用前景的生物传感器；了解细胞骨架和分子马达的协同工作机制将可能在下半个世纪中引领纳米技术的生物应用。

分子细胞生物学的新突破将成为未来以生物经济为主体的社会发展的主要推动力。不妨通过一段科幻式想象来描绘一下我们将面临的未来世界。我们可以基于组织干细胞技术，通过获取患者身体中任意活细胞的DNA，培养出身体任意部分组织结构的器官，从而达到医学上真正的器官再生。再如，电脑与互联网已经成为与人们日常的工作、学习、生产、生活以及科学研究、航空航天等各行各业都息息相关的必备品，当今的电脑基本模式都是冯·诺依曼模式，制造材料是金属材料居多，从本质上来说从电脑诞生的第一天到今天，它的运行模式没有发生任何实质变化。而生物学的发展则有可能在未来彻底解决这个问题。用生物材料制造类似人类大脑运行模式的超级电脑，让电脑像人类一样地思考和工作，真正意义上实现运行原理的飞跃。还有，坚硬“骨头”构成的房屋，高度仿生化的汽车、飞机以及如同《超能陆战队》中小宏发明的通过意识控制的机器人一般的各种智能化设备，相信都会随着分子细胞生物学、生命科学及其相关交叉学科的发展而在未来的某一天成为现实。

第 1 章　细胞的物质基础

在生物学科研究的初期，人们认为生物体系与化学体系属于不同的类别。通常的化学体系，如气体、液体、固体等的存在及相互转化是相对固定的、单一的。而相反，生物的活动非常复杂，能够生存、复制、繁殖和死亡，以至于最初人们认为有“生命力”的存在。然而和其他任何的非生命体一样，从化学角度看，一切生命体系均为普通原子的聚集体，细胞同样要基于一定的物质基础，同样要遵循基本的物理和化学原理。细胞的生存依赖于其内部在时间和空间上都被精细调控着的成千上万的分子间相互作用和化学反应。本章将讲授生命的化学基础，从组成细胞的基本元素开始，逐步介绍组成生物分子的各种化学键类型及主要的糖类、脂类、蛋白质、核酸等生物分子的种类和性质。

1.1　组成细胞的基本元素及化学键

1.1.1　组成细胞的基本元素

从宏观角度看，生物作为组成地球环境的一份子，其元素构成应与环境类似（使用同一套元素，也称为统一性），即机体应包含所处环境中所存在的元素种类。而生命体的元素组成其实是有选择性的，即生命体中各元素的含量与其所处环境中各元素含量的比例具有差异性。图 1-1 和表 1-1 给出了生命体与非生命体在元素组成方面的区别。

由图 1-1 可知，生命体对元素的需求是窄范围的（20 多种元素），含量最高的元素有 4 种，分别是 H、C、O、N。由表 1-1 可知，元素的选择有倾向性（丰度差异）。例如，碳元素的含量：地球环境中碳元素的含量较低（0.19%），而生命体中碳元素比例大幅度增加（9.5%）。生命体几乎完全是建立在含有这些元素的有机化合物基础上。这也体现了有机生命体和非生命物质世界的差别。

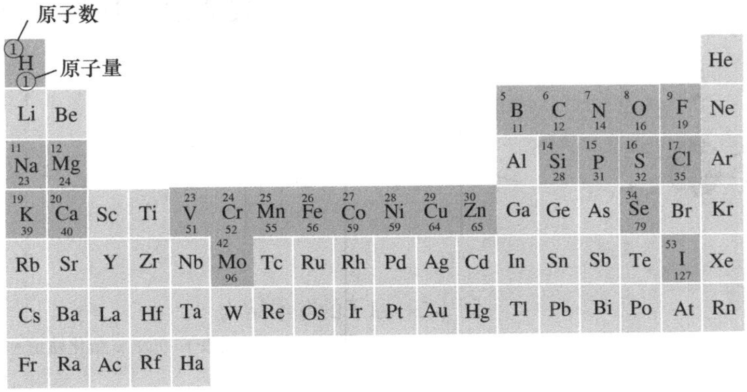

图 1-1　生命体包含的元素在周期表中的分布（深色背景部分）

表 1-1　生物体与地球环境中各元素的比例

岩石圈的成分 /%	氧	硅	铝	铁	钙	钠	钾	镁	钛	氢	碳	所有其他成分
	47	28	7.9	4.5	3.5	2.5	2.5	2.2	0.46	0.22	0.19	<0.1
人体的成分 /%	氢	氧	碳	氮	钙	磷	氯	锌	硫	钠	镁	所有其他成分
	63	25.5	9.5	1.4	0.31	0.22	0.03	0.06	0.05	0.03	0.01	<0.1

1.1.2　细胞中常见化学键的类型

在构成生命体元素组成确定的背景下，这些原子之间又是以何种方式组合出生命相关的分子和基本结构中的呢？首先简要回顾原子的基本结构及成键轨道相关知识要点，再从原子形成化学键这一共性特点出发，宏观地讲述构成生命体相关物质的形式。

1．原子的基本结构

原子由致密的原子核（图 1-2A 中圆形区域的中心小点，占几乎 100% 的质量）和四周飞速运动的电子（电子云，浅灰色分布）构成。理论上讲，电子应该按照圆形轨道绕原子核旋转，但事实上只有 *s* 层等轨道是类球形的，原子的基本形态（图 1-2A）以及最简单的氢原子的 1～5*s* 层的电子云分布情况如图 1-2B 所示。很多电子的运行空间被限制在一定的区域，即电子运动轨道内，如 p_x、p_z 等，如图 1-2C 碳原子第二层电子轨道示意图所示。

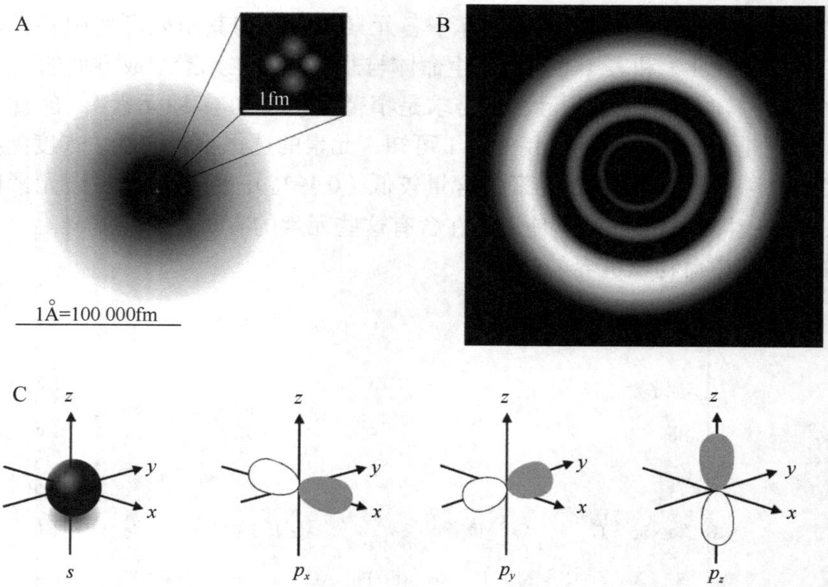

图 1-2　原子的基本结构

A．原子结构示意图；B．氢原子的 1～5*s* 层形态；C．碳原子的 *s*、*p* 杂化轨道示意图

2．常见化学键

组成生命体的原子相互靠近过程中，可以发生原子间外层电子共享、转移等现

象，形成了原子间相互强作用力，这种相邻两个或多个原子（或离子）间强烈的相互作用力统称为化学键，两个或多个原子通过化学键结合在一起形成分子。组成生命体分子的化学键包括离子键、共价键、氢键等，其各自有不同的形成机制，下面逐一介绍。

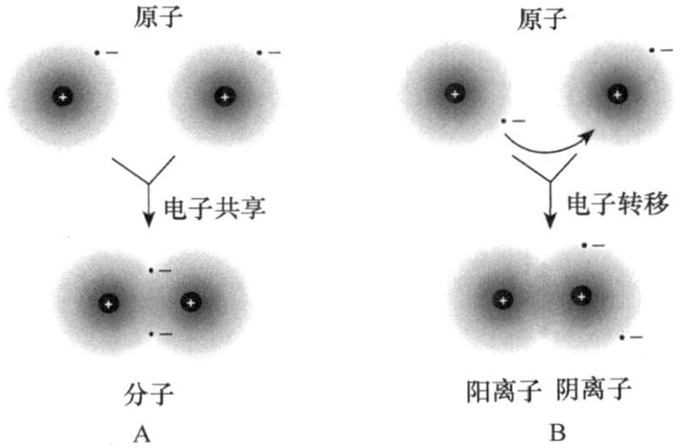

图 1-3　共价键（A）和离子键（B）示意图

离子键（ionic bond）：指带相反电荷离子之间的相互作用，属于静电作用。离子键的形成伴随电子的得失，即有不同带电中心形成。常见的以离子键为主的生命相关的化合物有氯化钠、氯化镁、氯化钙、溴化钾等（图 1-3A）。

共价键（covalent bond）：两个或多个原子共同使用它们的外层电子从而达到电子饱和状态，由此组成比较稳定和坚固的化学结构称为共价键。形成共价键时，原子的相应电子轨道是有方向性 / 区域性和数目特异性的，图 1-4 所示为不同元素（氧、氮、碳元素）形成共价键时常见轨道形态示意图。

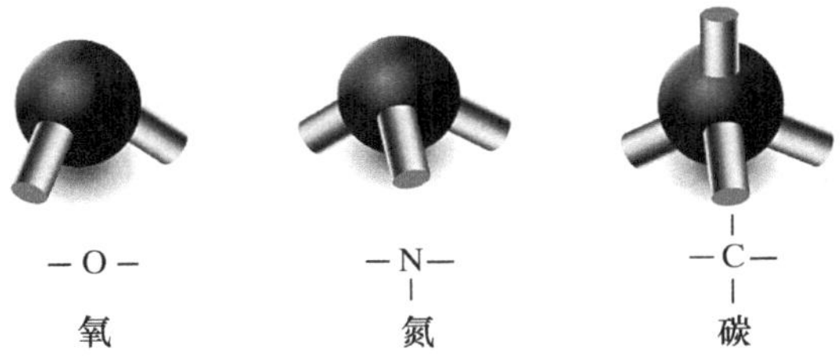

图 1-4　氧、氮、碳元素的可成共价键轨道方向和数目示意图

共价键可以是同种原子形成（如氧分子），也可在不同种原子间形成（如水分子）；可只在两个原子间形成，也可通过多轨道原子（碳原子、氮原子等）连接多个其他原子形成复杂的分子结构（乙烷等）。此外，还有双键（乙烯）、三键（乙炔）的情况。图 1-5 给出了一些常见含共价键的分子，供对比参考。

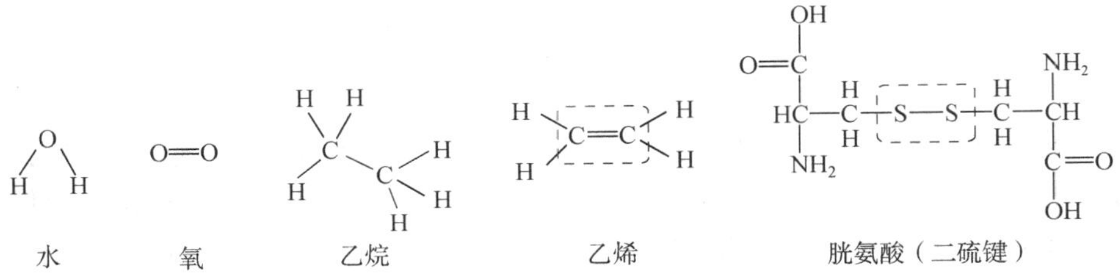

图 1-5　常见共价键示意图

氢键（hydrogen bond）：除过离子键和共价键外，氢键是另一类生物体内存在的原子 - 原子间的相互作用，是电负性原子和与另一个电负性原子共价结合的氢原子间形成的键，与电负性强的原子连接的氢原子趋向带部分正电。氢键中氢原子在两个电负性原子间不等分配，与氢原子共价结合的原子为氢供体（X），另一个电负性原子为氢受体（Y），表示为 X—H···Y。生命体内能够形成氢键的物质很多，图 1-6 为生命科学中常见的氢键存在形式举例。氢键的存在对核酸及蛋白质等生物大分子结构及功能的稳定也是非常重要的。

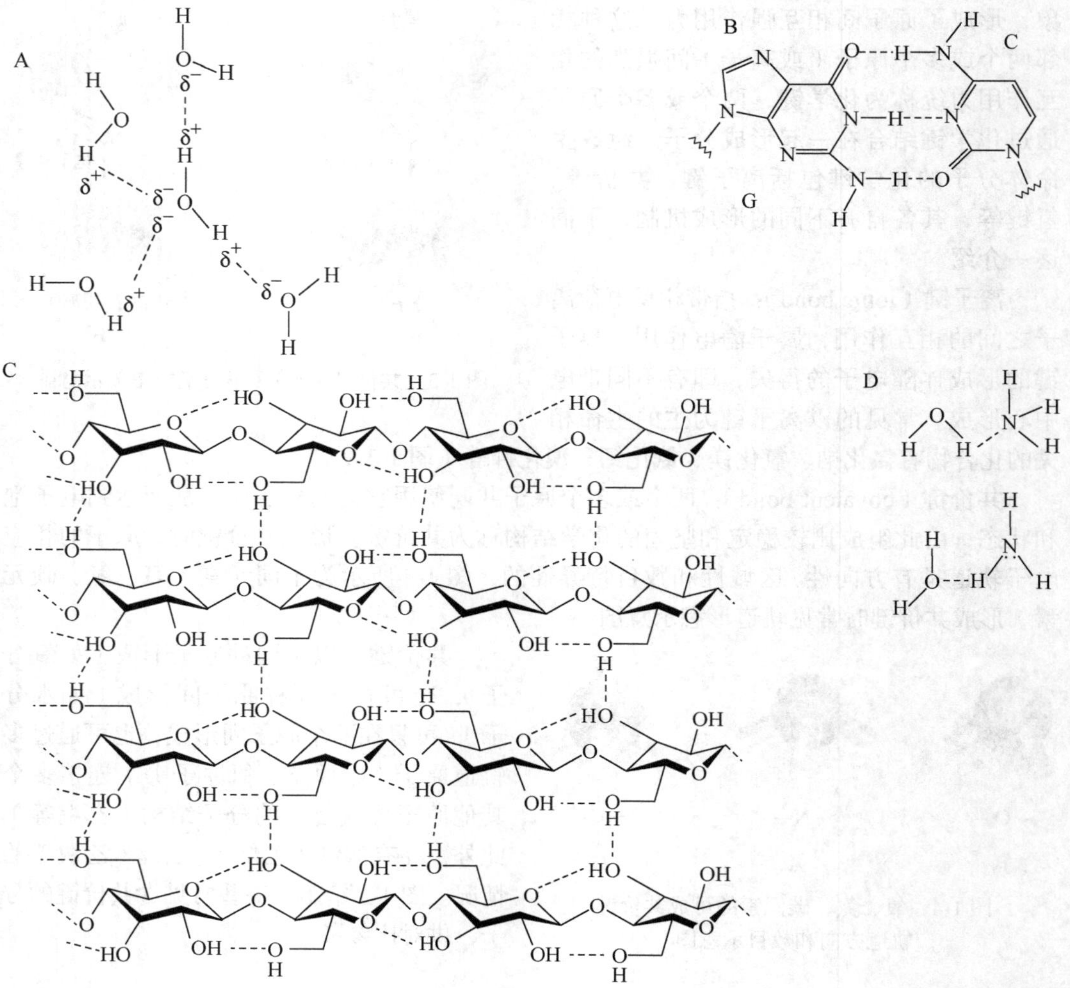

图 1-6　常见的氢键存在形式举例

A. 水分子之间；B. 碱基之间；C. 纤维素的糖结构单元间；D. 水分子与氨分子之间

各种化学键的形成方式不同，导致成键原子间的距离和反映出的键能也不同，表 1-2 列出了生命体中常见化学键的键能情况，可为理解各类化学键强度和稳定性提供参考。由表 1-2 可见共价键和离子键的键能较强，即形成的化合物稳定；而氢键和范德瓦耳斯力属于弱作用，容易形成也易受环境干扰。

表 1-2　各种化学键的键长和键能

化学键类型	亚类	键长 /nm	键能（真空）/（kcal/mol）
共价键	饱和双原子	0.15	21.5
非共价键	离子键	0.25	19.1
	氢键	0.30	4.0
	范德瓦耳斯力	0.35	0.1

组成生物体的基本元素通过各种化学键的连接形成了数目众多、功能各异的生物分子，其中构成细胞的最主要的生物分子包括糖类（saccharides）、核酸（nucleic acid）、蛋白质（protein）、脂肪（fat）等。这些生物分子均可由一些基本的结构单元（单体）通过一定的方式连接组成分子质量巨大的生物大分子物质（表 1-3），如多糖由单糖通过糖苷键相连构成，蛋白质由氨基酸通过肽键相连构成等。各类物质在细胞中所占的比例如表 1-4 所示，而它们在细胞中发挥的作用也各不相同。

表 1-3　生物大分子的结构单元

结构单元	生物大分子
糖	多糖
脂肪酸	脂肪、脂质、膜
氨基酸	蛋白质
核苷酸	核酸

表 1-4　常见四大物质构成比例

物质种类	比例 /%
水	85.0
蛋白质	10.0
核酸	1.1
脂类	2.0
糖类	0.4
其他物质（含无机物）	1.5

1.2　糖　　类

糖类（saccharides）在自然界中分布广泛，每年由光合作用固定二氧化碳生成的糖就有 1000 亿吨。日常食用的蔗糖、粮食中的淀粉、植物体中的纤维素、血液中的葡萄糖等均属糖类。糖类是一切生命体维持生命活动所需能量的主要来源，也是细胞内能量物质的储存形式之一，如植物细胞中的淀粉及动物细胞中的糖原。糖类也参与构成细菌及植物细胞的细胞壁，此外，一些糖类分子还可以与蛋白质或脂类物质相连接形成糖蛋白、蛋白聚糖或糖脂，作为细胞外基质成分或信号分子发挥作用。

1.2.1　糖类的结构及分类

糖类物质是以 C、H、O 元素为主构成的多羟基醛或多羟基酮类化合物。不能水解为更小分子的糖类称为单糖，可以用（CH_2O）$_n$ 来表示其结构通式，因而又可以称为碳水化合物。细胞代谢中常见的单糖如含 3 个碳原子的丙糖、含 5 个碳原子的戊糖和含 6 个碳的己糖等。作为细胞最主要能源物质的葡萄糖就是最常见的己糖，图 1-7 显示了几种单糖的结构式，其中核酮糖和果糖属于酮糖，核糖与葡萄糖属于醛糖。单糖通过糖苷键相连形成聚糖。其中，寡糖指水解后产生 2～20 个单糖分子的糖类，如双糖（如蔗糖、乳糖、麦芽糖）；多糖指水解后产生 20 个以上单糖的分子，如图 1-8 所示的淀粉。由相同单糖组成的多糖又称为同多糖（如糖原、淀粉、壳多糖），含有多种单糖组分的多糖称为杂多糖（如透明质酸、半纤维素），糖与非糖物质共价结合形成的叫做复合糖（如糖蛋白、蛋白多糖、糖脂等），而糖类物质的衍生物称为衍生糖（如糖酸、糖胺、糖脂等）。

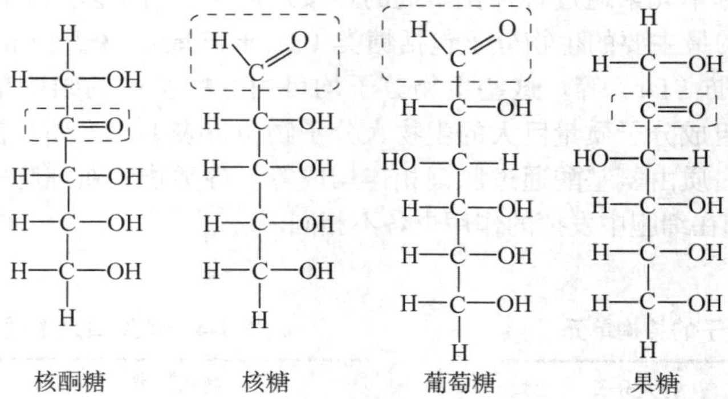

图 1-7　单糖结构示意图

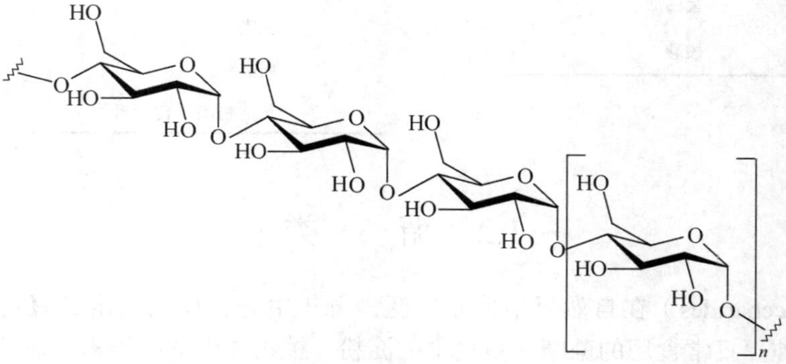

图 1-8　多糖（淀粉）分子式

知识扩展 1-1

单糖结构的表示方法

图 1-BOX1 中单糖的链状结构采用了 Fischer 投影式表示，能够较方便地比较不同糖的结构，但其不能反映 5 个或 5 个以上碳原子的单糖自发反应而形成的封闭的环状结构。单糖在自然界中基本都是环状存在的。在水溶液中，会有环状与链状同时存在的现象。以葡萄糖为例，水溶液中约 90% 的葡萄糖为环状，10% 为链状，它们之间不断互相转化，达到动态平衡。糖类的环形结构可用 Haworth 投影式来表示（图 1-BOX1）。单糖的 Haworth 式有一定的书写规则：Fischer 投影式中右侧—OH 放在环平面下方，左侧—OH 放在环平面上方；D 型糖 5 位 C 的醇羟基（羟甲基）放在环平面上方，L 型的放在环平面下方。新生成的羟基（由醛基或羰基形成）与末端羟甲基顺式为 β 型（均在右边，即上方），反式是 α 型。

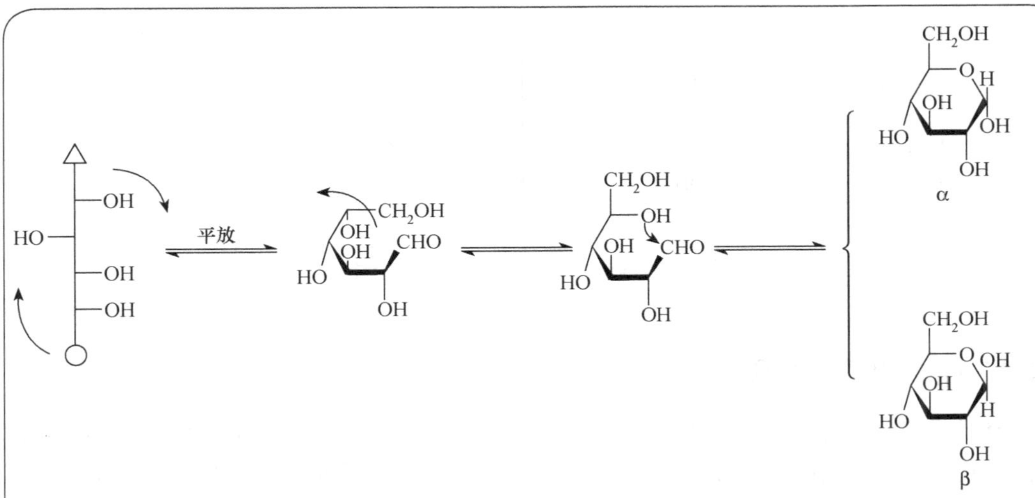

图 1-BOX1　葡萄糖的 Haworth 结构式

如图 1-BOX1 所示，葡萄糖成环时存在 α 和 β 构型两种形式，又称为异头物，两者为非对映异构体。此外，己糖成环过程除了可以形成六元环外，还能形成五元环，参考有机化合物吡喃和呋喃的结构（图 1-BOX2）分别可以将六元环和五元环的糖命名为吡喃型和呋喃型，如图 1-BOX2 的两个分子式可分别记为 α-D- 吡喃葡萄糖和 β-D- 呋喃果糖。

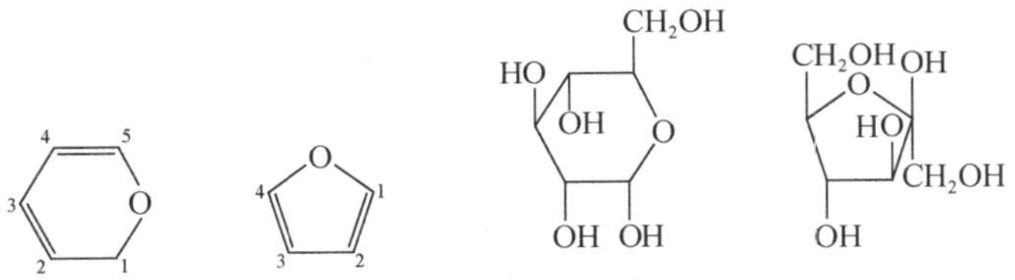

吡喃　　呋喃　　α–D–吡喃葡萄糖　　β–D–呋喃果糖

图 1-BOX2　吡喃和呋喃环结构示意图及应用示例

知识扩展 1-2

单糖的手性与旋光性

人们将连有 4 个不同基团的碳原子称为手性碳原子，从知识扩展 1-1 图 1-BOX1 可以看出糖分子（如葡萄糖）中含有（多个）手性碳原子。手性分子的一个物理性质就是能使偏振光的方向发生偏转，即具有旋光活性。手性碳原子上连接的 4 个基团在空间排列方式上可以形成镜像对称的两种立体异构体。以甘油醛为例，图 1-BOX3 示甘油醛的两个旋光异构体，人们规定把右旋甘油醛（Ⅰ型）称为 D 型，用 D（＋）- 甘油醛表示，而左旋甘油醛（Ⅱ型）称为 L 型，表示为 L（－）- 甘油醛。单糖 D/L 分型时，用分子中离羰基最远的手性碳原子上羟基的空间排布与甘油醛比较来确定类型。天然存在的单糖一般都是 D 型。

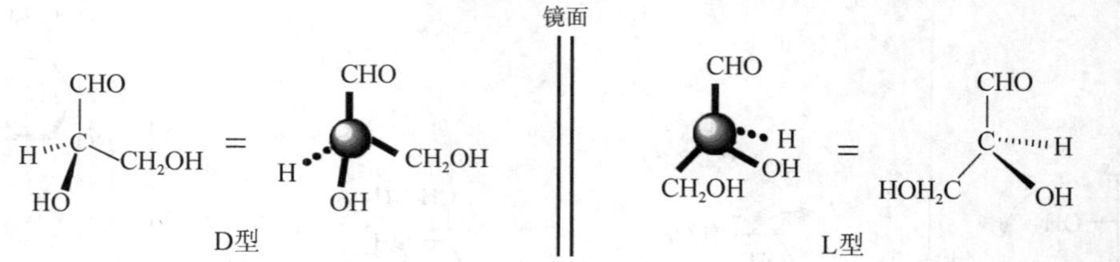

图 1-BOX3　甘油醛的 D、L 对映体

1.2.2　糖类的基本性质

糖是多羟基的醛、酮类物质，其基本的官能团为羟基、羰基或醛基，因而具备这些官能团的化学性质。其中，多羟基使得糖类水溶性强，溶解度受温度、环境的影响小，不易在体内发生沉淀，如葡萄糖的溶解度为 1100g/L（25℃），其作为主要供能分子，首先其在血液中的溶解量是可以保证的。醛基 / 羰基：能参与氧化（生成羧基）、还原（生成羟基）、加成（与胺形成亚胺等）等反应，此外，羰基与临位羟基之间还能重排形成烯醇式结构。

1）异构化

D- 葡萄糖分子中 2 位 C 上的 α-H 同时受羰基和羟基的影响而很活泼，用稀碱处理可以互变为烯二醇中间体（2%）。烯二醇很不稳定，在其转变到醛酮结构时可得到 D- 甘露糖（3%）和 D- 果糖（31%）（图 1-9）。而在自然界中，沙门氏菌、大肠杆菌、枯草杆菌、葡萄球菌、链霉菌及放线菌等多种微生物均可产生葡萄糖异构化酶，可以在细胞内实现

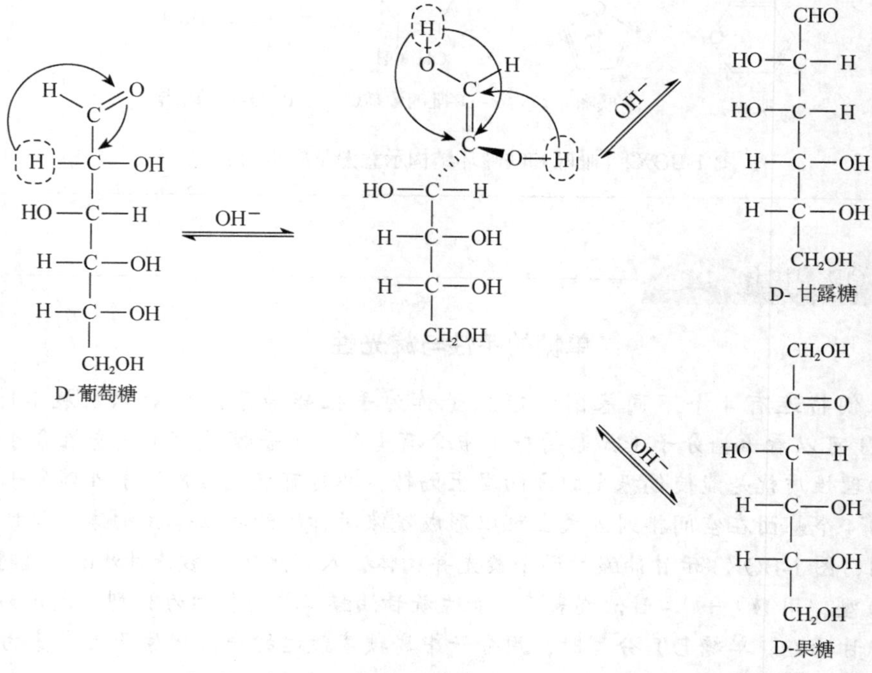

图 1-9　单糖的异构化

葡萄糖的异构化。

2）氧化还原

单糖可被多种氧化剂氧化，所用氧化剂的种类及介质的酸碱性不同，氧化产物也不同。例如，在酸性介质中，溴水可氧化醛糖（图 1-10）生成糖酸，但酮糖不能被溴水氧化。因此，此反应常用于鉴定醛糖与酮糖。

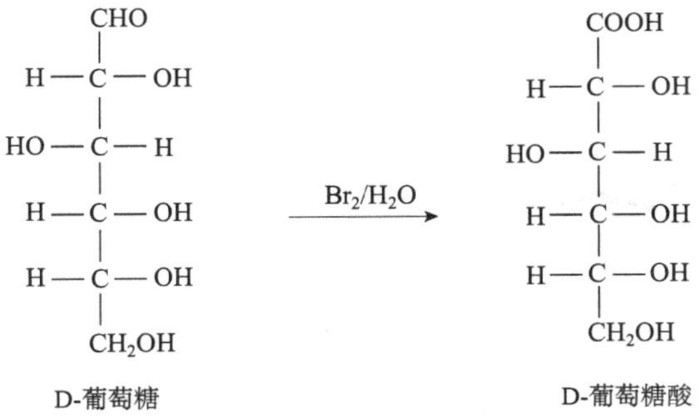

图 1-10 单糖的氧化

3）形成糖醛

在浓酸（浓硫酸或浓盐酸）作用下，单糖发生分子内脱水形成糠醛或糠醛的衍生物。例如，戊糖脱水生成糠醛，己糖脱水生成 5- 羟甲基糠醛（图 1-11）。糠醛及羟甲基糠醛皆能与酚类化合物产生结构尚不明确的各种有色物质。这类反应常用于糖类鉴定试验。

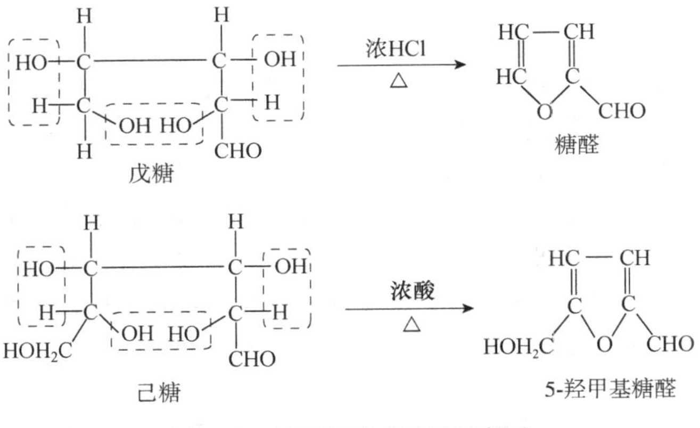

图 1-11 糠醛的形成过程示意图

1.2.3 生物体内主要的糖类及其功能

1）淀粉

淀粉（starch）是由葡萄糖分子聚合而成的多糖，是植物体中贮存养分的主要形式，主要贮存在植物的种子、块茎和块根中。植物体内的淀粉以粒状形式贮存，淀粉粒为水不溶性的半晶质，卵形或球形等，其大小因植物来源而异（直径 1～175μm）。淀粉水解出的二糖为麦芽糖，完全水解后得到葡萄糖。根据淀粉中葡萄糖的连接方式可以将淀粉分为直链淀粉（图 1-12A）和支链淀粉（图 1-12B）两类。前者为无分支的螺旋结构；后者是 24～30 个葡萄糖残基以 α-1，4- 糖苷键首尾相连而成，在支链处为 α-1，6- 糖苷键。直链淀粉含几百个葡萄糖单元，支链淀粉含几千个葡萄糖单元。在天然淀粉中直链占 20%～26%，其余为支链淀粉。

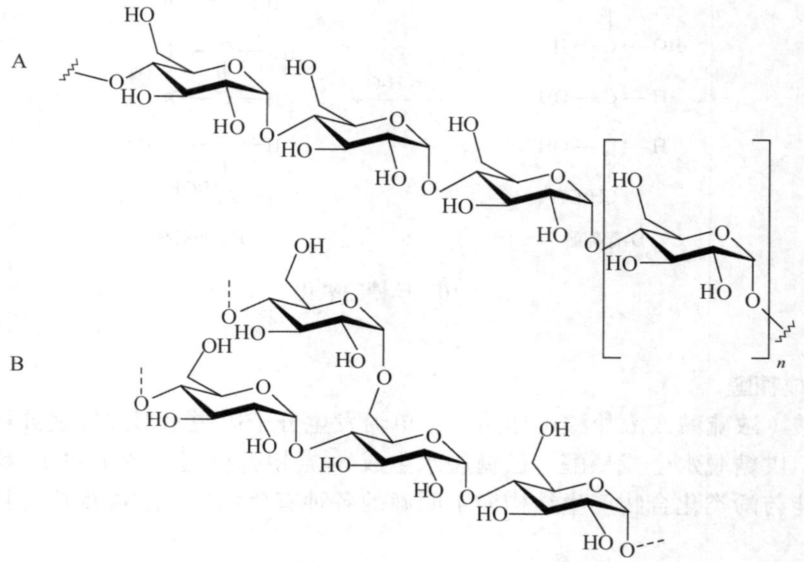

图 1-12　直链淀粉（A）和支链淀粉（B）结构示意图

2）糖原

糖原（glycogen）同样是以葡萄糖为基本单元组成的带分枝的大分子多糖，分子中葡萄糖主要以 α-1，4- 糖苷键相连形成直链，部分以 α-1，6- 糖苷键相连构成支链，糖原分子中分支比支链淀粉更多，平均每间隔 12 个 α-1，4- 糖苷键连接的葡萄糖就是一个分支点（支链淀粉分子中平均间隔为 20～25 个葡萄糖）（图 1-13）。动物体内的糖原的多分支既可增加分子的溶解度，也便于在需要时可短时间内快速大量动用，不需要时快速恢复贮存。糖原在动物体内主要存在于骨骼肌（约占整个身体糖原的 2/3）和肝脏（约占 1/3）中，其他组织（如心肌、肾脏、脑等）中也含有少量糖原。

3）纤维素

纤维素（cellulose）是自然界中分布最广、含量最多的一种多糖，占植物界碳含量的 50% 以上。纤维素是植物细胞壁的主要成分（图 1-14A），也以葡萄糖为基本的单元组成（图 1-14B），但其中的葡萄糖分子通过 β-1，4- 糖苷键相连。纤维素分子之间存在大量氢键，使其通常非常稳定，既不溶于水也不溶于一般有机溶剂及稀碱溶液。人体消化道内不含有降解纤维素的 β- 糖苷酶，因而不能直接利用纤维素，但其对人体仍具有重要的生理功能：膳食中的纤维素进入肠道可以吸收大量水分，促进胃肠蠕动，促进粪便排泄，

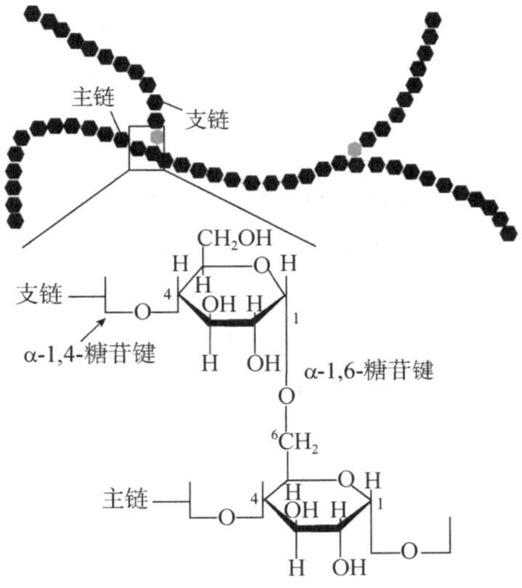

图 1-13　糖原结构示意图：每个六边形代表一个葡萄糖单元

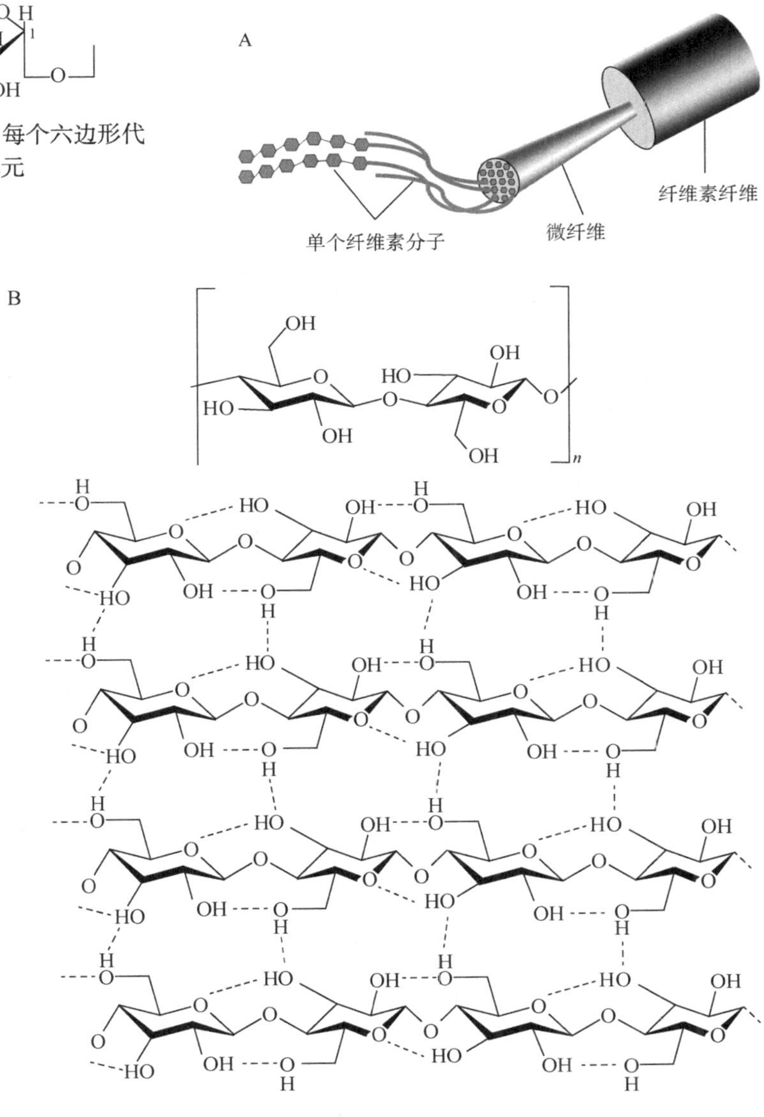

图 1-14　纤维素的结构示意图

防止便秘。纤维素还可以提高胰岛素受体的敏感性，并通过与胆酸结合，促使胆固醇向胆酸转化，从而降低体内胆固醇水平。而最新的研究显示，膳食纤维缺乏会导致肠道菌群侵蚀宿主肠道的黏膜屏障而促进结肠炎的发生。

4）环糊精

环糊精（cyclodextrin，CD）是直链淀粉在芽孢杆菌环糊精葡萄糖基转移酶作用下生成的一系列环状低聚 D（＋）- 吡喃葡萄糖（椅式）的总称。CD 通常含有 6～12 个 D- 吡喃葡萄糖单元，各葡萄糖单元均以 1，4- 糖苷键结合成环。CD 分子呈上宽下窄、两端开口的中空筒状，所有羟基则在分子外部，有一定的亲水性，腔内部呈相对疏水性。CD 的用途非常广泛，如可用作药物载体、日用品中的香味维持剂、手性分离介质等。图 1-15 为常见的 3 种环糊精（α-CD，β-CD，γ-CD）的结构示意图，分别含有 6 个、7 个、8 个葡萄糖单元。

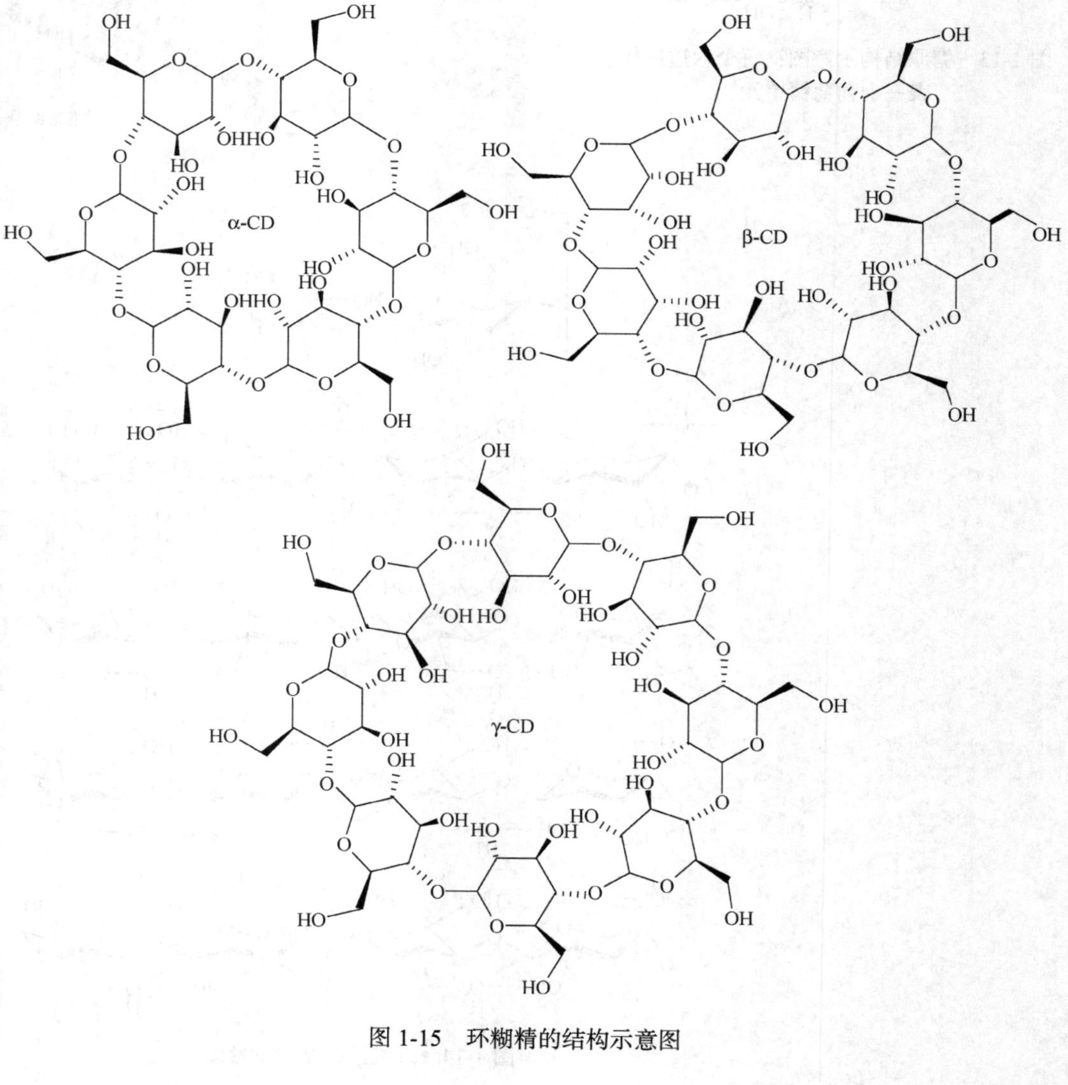

图 1-15　环糊精的结构示意图

5）壳多糖

壳多糖又称几丁质（chitin），其结构为乙酰 D- 葡糖胺以 β-1，4- 糖苷键相连而成（图 1-16A），结构类似于纤维素，是甲壳类动物壳的主要成分。将壳多糖氨基上的乙酰基水解后得到的多糖称为壳聚糖（图 1-16B），其分子内含多个氨基，是良好的、生物相容性佳的载体分子。壳聚糖的完全水解产物是葡萄糖胺，摄入一定量的糖胺对关节具有保护作用。

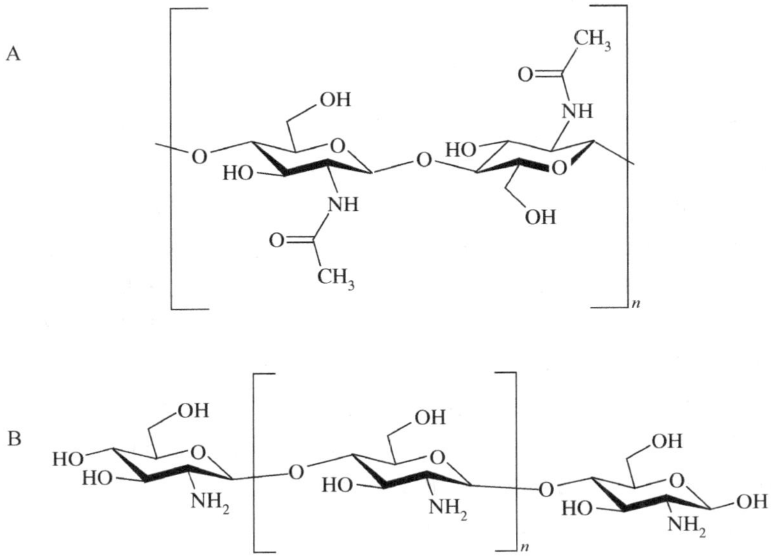

图 1-16　壳多糖及壳聚糖的结构示意图

除了上述多糖物质之外，机体内的一些寡糖链可以与蛋白质链中的某些氨基酸（丝氨酸、苏氨酸或赖氨酸）残基以糖苷键相连而形成糖蛋白。其中的糖链可以作为特定的信号分子，或对蛋白质的折叠过程、结构稳定性等产生重要影响，与许多生理功能密切相关。糖蛋白普遍存在于动物、植物及微生物中，种类繁多，功能各异。糖蛋白可分为以下 3 类。①可溶性糖蛋白，存在于细胞内液、各种体液及腔道腺体分泌的黏液中，包括酶（如核酸酶类、蛋白酶类）、肽类激素（如促甲状腺素、促红细胞生成素）、抗体，以及某些生长因子、干扰素及毒素等。例如，血浆中的蛋白质（除白蛋白外）皆为可溶性糖蛋白。②膜结合糖蛋白，其肽链由疏水段及亲水段组成。其中疏水部分可由一至数个肽段构成，并通过疏水相互作用嵌入膜脂双层中；亲水肽段通常暴露于膜外。糖链则连接在亲水肽段，并有严格的方向性：在质膜表

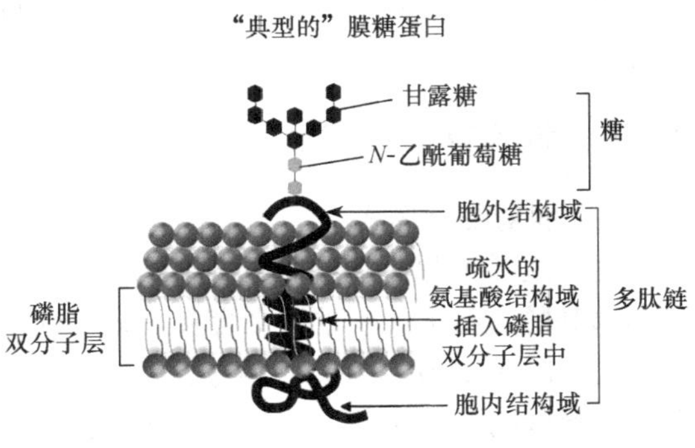

图 1-17　经典跨膜糖蛋白结构示意图
（六边形为糖蛋白的多糖链）

面糖链一律朝外（图 1-17）；在细胞内膜一般朝腔面。膜结合糖蛋白包括酶、受体、凝集素及运载蛋白等。此类糖蛋白常参与细胞识别，并可作为特定细胞或细胞在特定阶段的表面标志或表面抗原。③结构糖蛋白，为细胞外基质中的不溶性大分子糖蛋白，如胶原及各种非胶原糖蛋白（纤粘连蛋白、层粘连蛋白等）。它们的功能不仅是作为细胞外基质的结构成分起支持、连接及缓冲作用，也参与细胞的识别、黏着及迁移，并调控细胞的增殖及分化。

技术扩展 1-1

多糖的结构解析

组成多糖分子的单糖种类繁多，即使是由特定种类单糖分子构成的多糖，由于单糖间连接方式的不同，也会导致多糖结构和性质的巨大差异。多糖的构效关系研究也是糖生物学领域的难点问题。多糖结构的解析一般包括以下几个步骤：单糖组成分析，分子质量确定，糖残基连接位置、顺序、构型及分支点的结构分析。

单糖组成分析方面，主要技术有高效液相色谱、气相色谱质谱联用技术、离子色谱技术等。由于糖类物质没有紫外吸收，可以通过柱前衍生化使其结合上有光学活性的基团，1- 苯基 -3- 甲基 -5- 吡唑啉酮（PMP）是目前最常用的衍生化试剂，该反应条件温和，操作简便，衍生化效率高，适合复杂样品的单糖组成分析。

糖残基连接位置和顺序方面，当前常见的分析手段有气相色谱质谱联用技术。通过对多糖依次进行甲基化反应、水解反应、还原反应和乙酰化反应，然后运用气相色谱质谱联用技术对糖残基连接位置和顺序进行确定。核磁共振技术对糖类物质的结构解析起推动作用，通过核磁共振图谱分析可以推测出糖类物质中碳链的连接位置、构型等信息，还可以进行样品鉴定。

1.3　脂肪类（脂类或者脂质）

脂肪酸（C4 以上）和醇类包括甘油 / 丙三醇、鞘氨醇、高级一元醇、固醇等形成的酯类及衍生物统称为脂类。脂类一般无色、无味，不溶于水，溶于乙醚、氯仿、苯等非极性有机溶剂，密度和溶解度为 $0.91 \sim 0.94g/cm^3$。从化学组成来看，构成脂类物质的元素主要有氢、碳、氧，有些还含有氮、磷等其他元素。

1.3.1　脂的存在形式和功能

1）能量贮存形式

甘油三酯和蜡是能量的主要贮存形式。在构成生命的四大物质中，单位质量的物质蕴含能量最高的为脂肪：1g 油脂中含有 37kJ（约 9kcal）的可利用能量，而 1g 糖或者蛋白质大约只含有 17kJ 的能量。在糖代谢不足、血糖低、糖原消耗殆尽时，脂肪的 β- 氧化能迅速转化得到乙酰辅酶 A 和大量酮体，以补充能量的不足，因此脂肪对于生物体来说是必需的。

2）生物膜的结构组分

如图 1-18 所示，生物膜主要成分为脂质，包含甘油磷脂、鞘磷脂、胆固醇、糖脂等，

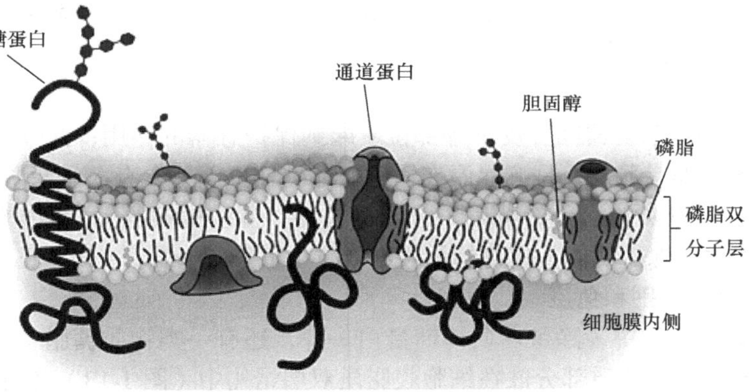

图 1-18　细胞膜结构示意图

在保护胞内物质，维持细胞的正常结构和功能方面起到重要作用。具有两亲性的脂分子在临界胶束浓度以上时，可形成脂质双层结构，该结构具有半通透性、流动性等特点。

3）激素、维生素和色素的前体

脂类物质可以转化为重要的体内活性分子，如激素、维生素和色素前体等。脂类分子与生物活性分子间的简单转化关系如图 1-19 所示。花生四烯酸可转化为前列腺素（图 1-19A），参与炎症、凝血、体温调节等许多生理过程的调控；胆固醇可转化为维生素 D_3（图 1-19B），进而参与钙吸收过程，胆固醇还可转变为固醇类激素，如性激素、皮质激素（皮质醇）的前体物质（图 1-19C）等，影响生殖和发育；胆固醇及其衍生物亦可参与脂

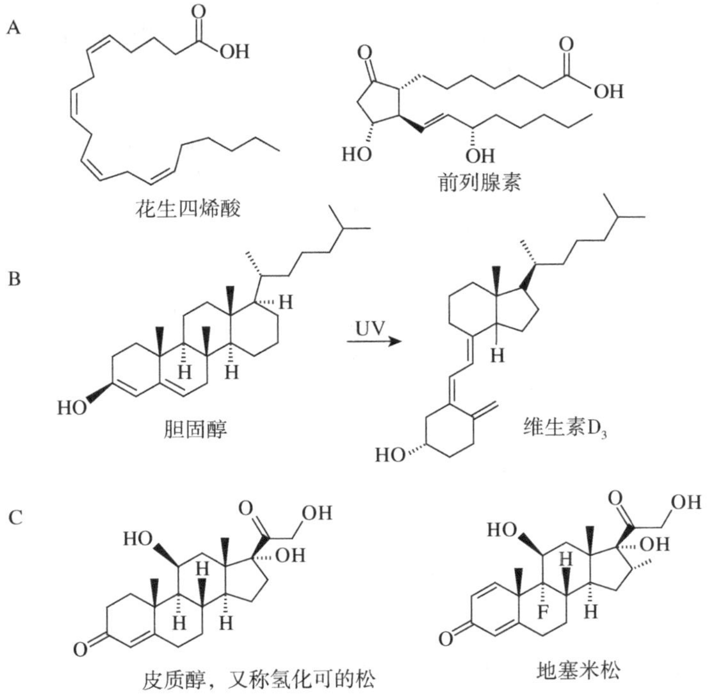

图 1-19　脂类分子与其他生物活性分子间转化示意图

肪转运、吸收、消化，改善细胞膜流动性等；此外，二酰甘油磷脂类物质可作为激素的第二信使起到重要作用等。

4）保护作用

脂类通常存在于脏器间、皮下等部位，起到保护脏器的作用；此外，脂肪还可以保护能量从体内向外界散发，具有保温作用（极地生物皮下均含有大量脂肪，如北极熊）；植物的蜡质还可以防止水分的蒸发（常青类植物、沙漠植被等）。动物的脂肪组织有保温、防机械压力等保护功能，植物的蜡质可以防止水分的蒸发。

5）参与信号识别和免疫

细胞膜的嵌合物中，除蛋白质（糖蛋白）外，还有一类物质糖脂（glycolipid）也与免疫、识别相关，其脂质部分嵌在细胞膜脂质双层结构中（图 1-18）。糖脂分为两大类：糖基酰甘油酯和鞘糖脂。鞘糖脂又分为中性鞘糖脂和酸性鞘糖脂。细胞膜上的鞘糖脂与细胞生理状况密切相关。例如，鞘糖脂的组成表现出一定的个体、组织甚至细胞的专一性，即使同一类细胞，在不同的发育阶段，鞘糖脂的组成也不同，所以糖脂常被作为细胞表面标志物质。又如，某些正常细胞癌化后，表面糖脂成分有明显变化，可作为检测或治疗癌症的靶点。

6）其他功能

脂类还可作为生长因子、抗氧化剂或转化为多种光合色素、酶的辅助因子或激活剂、电子载体等完成相应功能，这里不做一一介绍。

1.3.2 脂的分类、结构和性质

根据构成脂类的结构单元特点，脂质可以分为四大类（图 1-20）。①单纯脂：脂肪酸与醇类形成的酯。②复合脂：磷脂、糖脂。③固醇类及衍生物：胆固醇等。④萜类和甾类及其衍生物（以异戊二烯为结构单元）。

- 脂质
  - 单纯脂质
    - 酯：脂肪酸与甘油（甘油醇、高级一元醇）所组成的酯类
    - 油：不饱和脂肪酸
    - 腊：高级脂肪酸和高级一元醇
  - 复合脂质
    - 磷脂：脂肪酸与醇（甘油醇，鞘氨醇）所生成的酯，并含有其他非脂性物质（糖、磷酸及含氮碱等）
    - 糖脂：*N*-乙酰基鞘氨醇、甘油醇糖脂
  - 固醇类
  - 其他脂质：衍生物，萜：异戊二烯结构

图 1-20 脂类分类

单纯脂又称三酰甘油酯或甘油三酯，由甘油与 3 个脂肪酸酯化缩水而成。结构式如图 1-21 所示。如果 3 个脂肪酸相同，称为简单甘油三酯，如三硬脂酸甘油酯和三油酸甘油酯；如果 3 个 R 基不同，包含 2 种或 3 种不同的脂肪酸，称为混合甘油三酯。常温下

固态的甘油三酯俗称脂肪，液态的称为油。自然界大多数植物和动物的脂肪就是由简单甘油三酯和混合甘油三酯组成。

系统命名（stereospecific numbering，sn）：由于甘油三酯中甘油分子的第二碳原子有手性，根据 Fischer 投影式，2 位 C 上—OH 写在左边（L 型），碳原子按从上到下的顺序编号 1、2、3（立体专一编号），sn 则写在化合物名称前面。

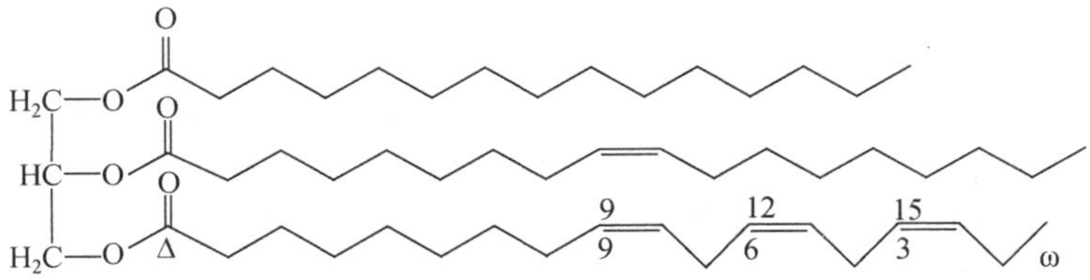

图 1-21　三酰甘油酯结构示意图

脂肪酸链从上至下分别为：棕榈酸、油酸、亚麻酸

构成三酰甘油的脂肪酸绝大多数含有偶数个碳原子，多在 4～28 之间，天然以 16、18、20 最常见［根据碳链长度分：短链（≤10）、中链（10<N<20）、长链（≥20）］。脂肪酸由于 R 基不同，可以是饱和、单不饱和多不饱和脂肪酸。甘油三酯中由于碳链长短各异，没有固定的熔点，熔点的高低与碳链的长短及不饱和程度等有关。一般来说，含饱和脂肪酸（图 1-22C）的熔点高于不饱和脂肪酸（图 1-22A）的熔点，对于不饱和脂肪酸，顺式结构（图 1-22A）的熔点低于反式结构（图 1-22D），不饱和程度越高（图 1-22B），熔点越低。可以根据链结构特点解释熔点变化规律。总之，不同脂肪酸之间的区别主要在于碳链的长度以及不饱和双键的位置、数目和构型。

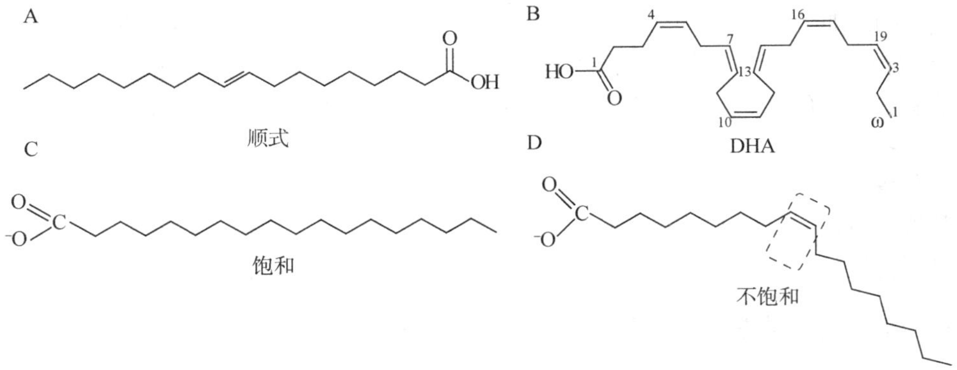

图 1-22　构成三酰甘油的脂肪酸的几种形式

对于（多）不饱和脂肪酸来说，分子式相同也会有不同的结构，如其双键的位置可在脂肪酸链的不同位点，因此需要明确不饱和双键的位置。命名有两个常用体系：Δ 体系和 ω 体系，分别从脂肪酸的两端开始编号。Δ 体系从羧基端开始编号，ω 体系则从羧基对应最长链的末端开始编号，如图 1-22 中 DHA 用两个体系进行命名分别为 $22:6\Delta^{4,7,10,13,16,19}$ 和 $22:6\omega^{3,6,9,12,15,18}$。其中 22 是碳原子数目，表示链长；6 是双键的数目，表示不饱和度；Δ 和 ω 右上角数字是双键的位置。

哺乳动物需要的脂肪酸可以来源于食物，也可以自身合成饱和脂肪酸和一些单不饱和脂肪酸，但是不能合成多不饱和脂肪酸，需要从食物中获取。这类多不饱和脂肪酸统称为“必需脂肪酸”。多不饱和脂肪酸（即必需脂肪酸）含量的高低是评价食物尤其是脂类产品营养价值的标准之一。常见的必需脂肪酸有亚油酸和亚麻酸。

1.3.3 脂肪酸的化学性质

1）水解和皂化

脂类化合物在酸、碱和脂酶作用下可水解产生脂肪酸和甘油。其中，在碱性条件下水解不产生游离的脂肪酸，而是生成脂肪酸的盐类，习惯上称为肥皂，这个反应称为皂化反应。每类油脂彻底水解需要消耗的碱的量定义为油脂的皂化值：皂化 1g 油脂所需的 KOH 的毫克数，其值的大小与油脂的相对平均分子质量成反比。皂化值是评价油脂组成的重要指标。

2）加成反应

油脂中不饱和脂肪酸的双键非常活泼，可以发生加成反应（氢化反应和卤化反应）。以卤化为例，油脂可以和卤素发生加成反应，生成卤代脂肪酸。脂肪酸的不饱和程度越高，加成反应消耗的卤素的量也就越大，油脂完全被卤化所消耗的卤素（如碘）的多少被称为油脂的碘值（碘价），具体定义为：100g 油脂卤化时所能吸收的碘的克数，其值与油脂不饱和度成正比。根据油脂的碘值，可以把油脂按照不饱和程度进行分类。碘价大于等于 130 的油脂称为干性油，如适宜做油漆用的桐油；碘价小于 100 的油脂是不干性油，如棕榈油、花生油；碘价在 130～100 之间的是半干性油，如豆油、芝麻油等。

3）乙酰化

含羟基脂肪酸（如麻油酸）的油脂可与乙酰酐或其他酰化剂作用形成乙酰油脂或其他酰基油脂。脂肪的羟基化程度用乙酰化值（乙酰价）表示，乙酰价是指中和 1g 乙酰化的油脂释放产生的乙酸所需要的 KOH 毫克数，其值与油脂羟基化程度成正比。

4）酸败

天然油脂长时间暴露于空气中产生难闻的气味，此过程称为酸败，酸败程度用酸价表示。酸价是中和 1g 油脂中的游离脂肪酸所需的 KOH 毫克数，是衡量油脂质量的指标之一。主要是不饱和双键与空气中的氧反应，双键断裂生成醛或酮进而氧化成酸的过程。

1.3.4 常见的脂类物质及其参与的生命过程

1）磷脂

磷脂（phospholipids）是分子中含有磷酸的脂质，包括甘油磷脂和鞘氨醇磷脂（鞘磷脂）。其中，甘油磷脂由甘油、脂肪酸、磷酸和一分子氨基醇（如胆碱、乙醇胺、丝氨酸或肌醇）组成，鞘磷脂则为以鞘氨醇置换甘油后所得的相应分子。磷脂均为两性分子：一端为亲水的头，另一端为疏水（亲油）的长烃基链的尾。磷脂是构成生物膜的重要组分。下面分别做简要介绍。

（1）甘油磷脂：甘油磷脂（phosphoglycerides）结构如图 1-23 所示，体内含量较多的是磷脂酰胆碱（卵磷脂）、磷脂酰乙醇胺（脑磷脂）。卵磷脂主要存在于大豆（植物）、脑、蛋卵黄（动物）中，具有调节肝脂代谢的功能。磷脂酰乙醇胺（脑磷脂）与血液凝结等相关。甘油磷脂的分子结构：甘油 1 位羟基常被饱和脂肪酸酯化 R_1，2 位羟基也能被 C16～C20 的不饱和脂肪酸酯化 R_2，磷酸的羟基可被氨基醇或肌醇酯化（图 1-23 中 X 基团）。表 1-5 中汇总了一些常见的甘油磷脂供参考。

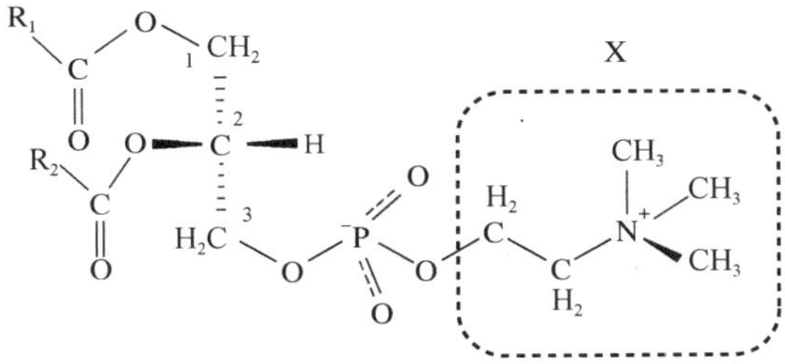

图 1-23　甘油磷脂的结构通式

表 1-5　常见甘油磷脂的分子结构

甘油磷脂	X	X 结构式
磷脂酸		—H
磷脂酰乙醇胺，脑磷脂	乙醇胺	$—CH_2—CH_2—NH_3^+$
磷脂酰胆碱，卵磷脂	胆碱	$—CH_2—CH_2—\overset{+}{N}(CH_3)_3$
磷脂酰丝氨酸	丝氨酸	$—CH_2—CH(COO^-)—\overset{+}{N}H_3$
磷脂酰甘油	甘油	$—CH_2—CH(OH)—CH_2—OH$
磷脂酰肌醇 - 磷酸	肌醇 2- 磷酸	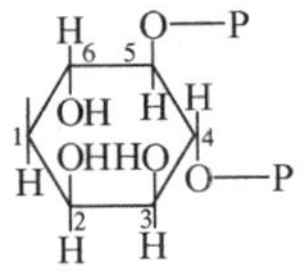
二磷脂酰甘油，心磷脂	磷脂酰甘油	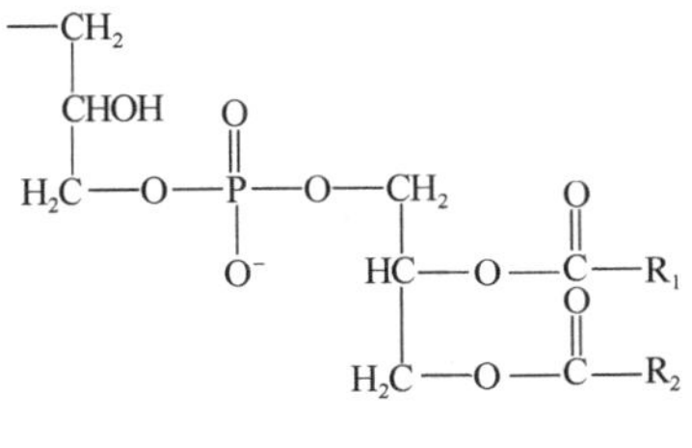

（2）鞘磷脂：鞘磷脂（sphingomyelin）是由神经酰胺的 1 位碳的羟基上连接了磷酸胆碱（或磷酸乙醇胺）构成的鞘脂（图 1-24）。一般先以软脂酸及丝氨酸为原料先合成鞘氨醇，再与脂酰 CoA 和磷酸胆碱合成。鞘磷脂极性头部分是磷脂酰胆碱或磷脂酰乙醇胺。鞘磷脂结构与甘油磷脂相似，因此性质与甘油磷脂基本相同。除了动物细胞膜外，鞘磷

脂在神经细胞的髓鞘中含量最丰富。

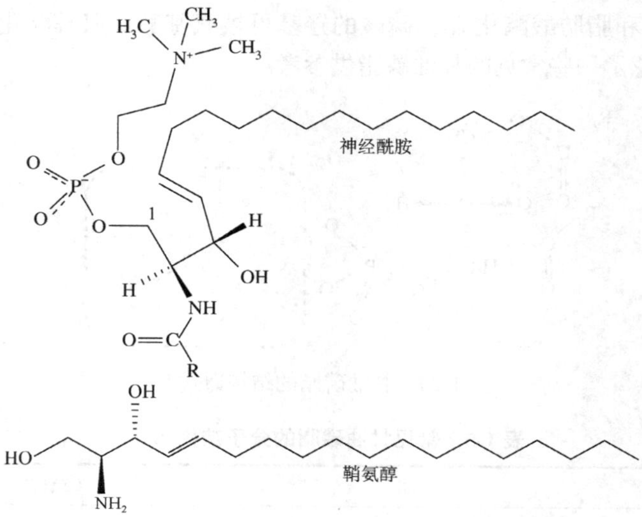

图 1-24　鞘磷脂与鞘氨醇结构图

2）糖脂

糖脂（glycolipid）分布广，但含量较少，简化结构见图 1-25A。糖脂可分为两类：甘油糖脂（图 1-25B）和鞘糖脂（图 1-25C）。后者根据糖基类型又可分为中性和酸性鞘氨醇糖脂两个亚类，其中中性鞘糖脂不含唾液酸成分。鞘糖脂的疏水部嵌入膜双层结构，极性糖基处于膜外表面，与血型抗原、器官特异性、细胞间识别有关。例如，霍乱弧菌分泌的外毒素由 A、B 亚基组成，为 AB_5 型。B 亚基可结合细胞膜上的神经节苷脂（图 1-26 为其携带致病糖残基的糖脂结构示意图），促使 A 亚基进入细胞，使 Gs 蛋白 α 亚基活化，不可逆激活腺苷酸环化酶，导致剧烈腹泻。目前，糖脂相关的研究尚处于初级阶段，多数鞘糖脂的生理功能有待进一步探究。

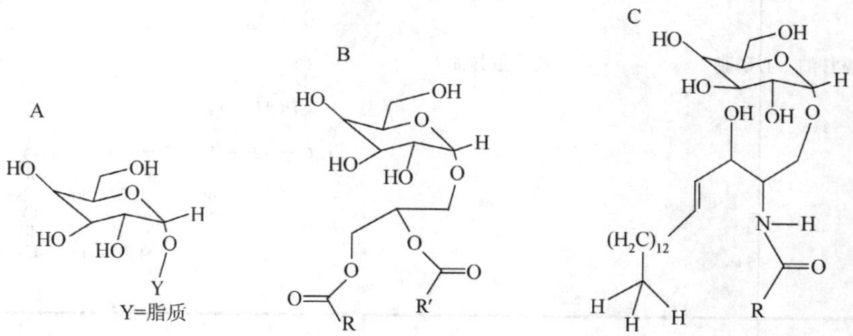

图 1-25　糖脂的化学通式

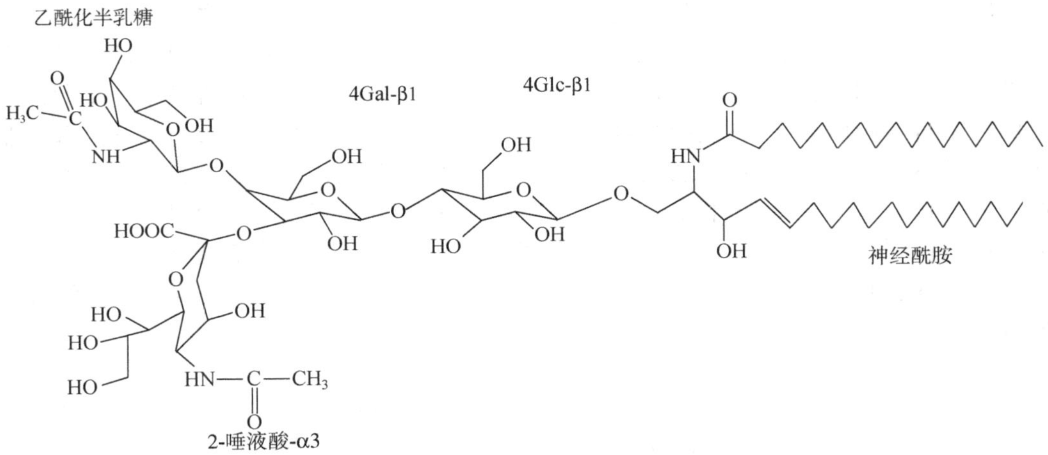

图 1-26　与霍乱外毒素相互作用的神经节苷脂结构图

3）固醇

固醇（sterol）类也称为甾类，这类物质均有一个共有的核心碳骨架（图 1-27A）：环戊烷多氢菲结构，骨架原子的编号如图 1-27B 所示。动物源的固醇最常见的是胆固醇（图 1-27C），植物源的有麦角固醇（图 1-27D）等，现做简要介绍。

胆固醇：胆固醇（cholesterol）在脑、神经组织、肝、肾中含量较多，也是两性分子，极性头为 3 位 C 上的羟基，极性较弱，因此在水中的溶解度较低，非极性部分是甾核和 17 位 C 上侧链。人体能从头合成胆固醇，但合成量不足，需从食物中摄取补充，过量摄入的胆固醇可以逐步通过粪便排泄。若长时间摄入量高，会导致体内胆固醇水平增高，增加患心血管疾病的可能性。

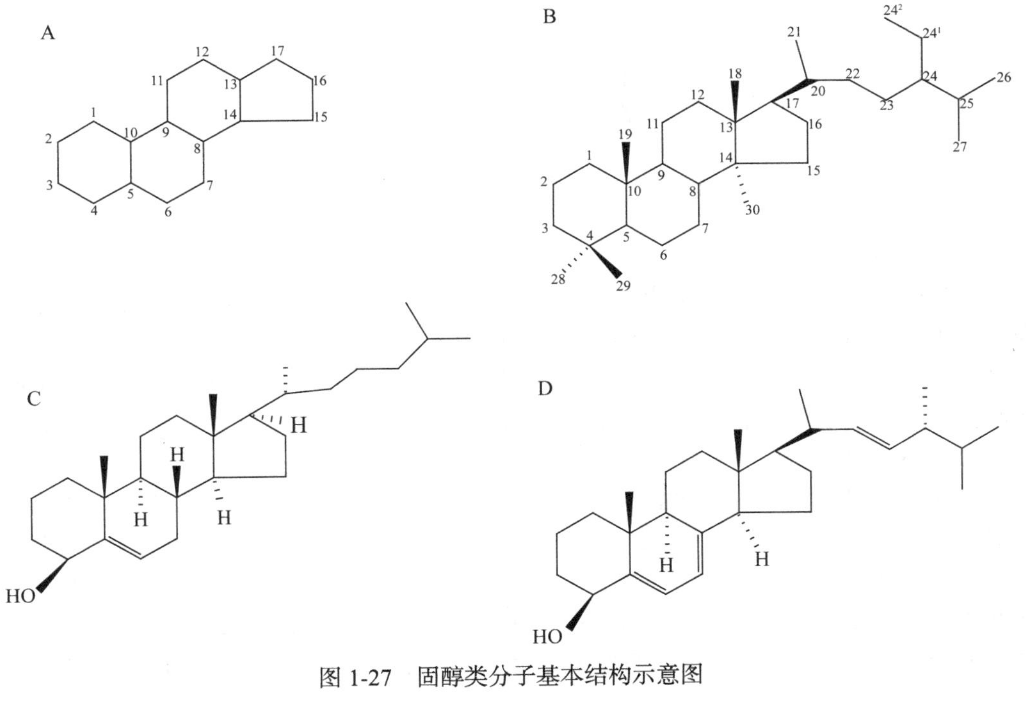

图 1-27　固醇类分子基本结构示意图

胆固醇具有多项生理功能。①胆固醇是细胞膜的基本结构成分之一，其分子嵌入细胞膜（图 1-28A）中可调节转相温度：细胞膜处于液相状态时，胆固醇的刚性，会降低流动性；细胞膜处于固态时，胆固醇的存在降低有序性，增加流动性。②胆固醇上的羟基可与脂肪酸的羧基脱水生成酯键，从而作为脂肪的载体，参与消化过程中脂肪酸的转运和吸收。③可转化为类固醇激素，如皮质激素、性激素，参与调节水盐平衡、发育等。④转化为胆汁酸（图 1-28B）后促进脂肪的消化：将大颗粒脂肪分散、乳化成微小颗粒，利于吸收，一般与甘氨酸、牛磺酸、硫酸、葡萄糖醛酸结合存储在胆囊内。⑤转化为维生素 D_3 促进钙吸收。⑥过多摄取会增加心血管疾病和胆结石的发病概率。

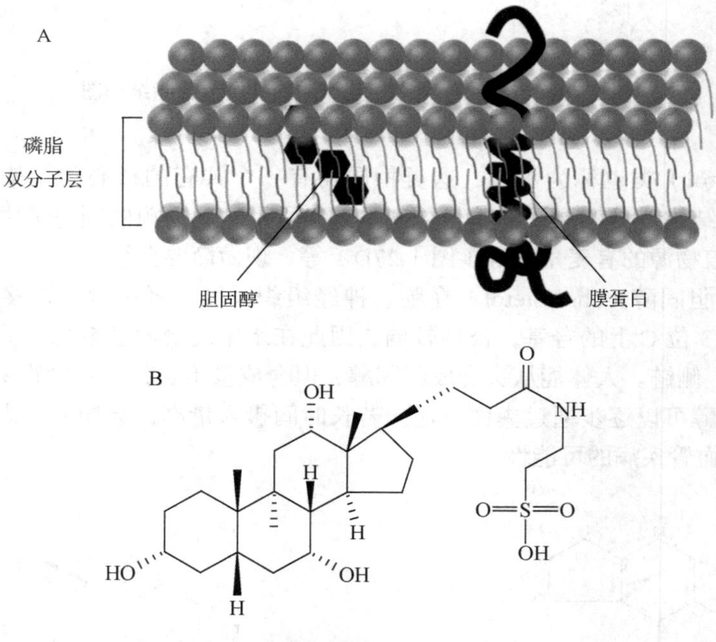

图 1-28　胆固醇部分功能示例

4）脂蛋白

脂蛋白（lipoprotein）定义为：与蛋白质结合在一起形成的脂质 - 蛋白质复合物，这类分子中脂类和蛋白质分子之间无共价键形成，主要通过脂质的非极性部分与蛋白质组分之间以疏水相互作用而结合在一起。通常用溶解特性、离心沉降行为和化学组成来鉴定脂蛋白并进行分类。例如，根据密度不同，血浆脂蛋白可分为如下几类。①乳糜微粒（CM，密度非常低）：颗粒最大，约为 500nm，脂类含量高达 98%，蛋白质含量少于 2%，因此密度非常低。主要功能是将甘油三酯和胆固醇脂从小肠运输到组织肌肉和脂肪组织。②极低密度脂蛋白（VLDL，在肝脏合成）：其主要功能是将脂类运输到组织中，当 VLDL 被运输到全身组织时，被分解为三酰甘油、脱辅基蛋白和磷脂，最后转变为低密度脂蛋白。③低密度脂蛋白（LDL）：其主要功能是把胆固醇运输到组织。④中密度脂蛋白（IDL），是极低密度脂蛋白向低密度脂蛋白转化过程的中间产物，其组成和密度介于极低密度脂蛋白和低密度脂蛋白之间。IDL 升高是动脉粥样硬化的危险因素。⑤高密度脂蛋白（HDL，由肝脏合成）：负责清除细胞膜上过量的胆固醇，是抗动脉粥样硬化的脂蛋白，因为 HDL 可减少患冠状动脉心脏病的危险。当血浆中的卵磷脂：胆固醇酰基转移酶将卵磷脂上的脂肪酸残基转移到胆固醇上生成胆固醇酯时，HDL 将这些胆固醇酯运输到肝，在肝脏中过量的胆固醇被转化为胆汁酸。表 1-6 列出了各种脂蛋白中组分的分子含量，供参考。

表 1-6　各脂蛋白中组分分子含量

密度 /（g/mL）	分类	直径 /μm	蛋白质 /%	胆固醇 /%	磷脂 /%	三酰甘油 / 胆固醇酯 /%
＞1.063	HDL	5～15	33	30	29	8
1.019～1.063	LDL	18～28	25	50	21	4
1.006～1.019	IDL	25～50	18	29	22	31
0.95～1.006	VLDL	30～80	10	22	18	50
＜0.95	CM	100～1000	＜2	8	7	84

5）脂质过氧化

脂质过氧化（lipid peroxidation）指氧自由基与不饱和脂肪酸之间发生的连锁反应，最终形成脂质过氧化物，损害生物脂质形态和功能，过程如图 1-29 所示。正常生理条件下，氧自由基反应和脂质过氧化反应在机体的新陈代谢过程中起着重要的作用，维持着体内许多生理生化反应和免疫反应，且两者处于协调与动态平衡状态。动态平衡打破后，会引起新陈代谢失常和免疫功能降低。

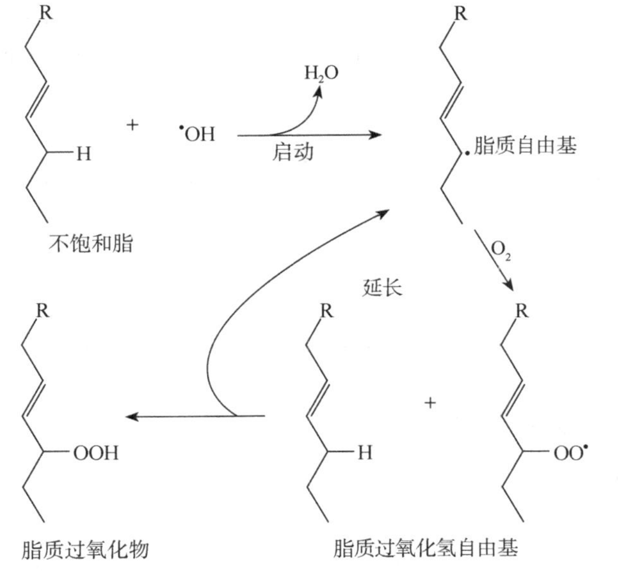

图 1-29　脂质过氧化过程示意图

脂质过氧化的危害：①可引发自由基链反应，产生的脂质自由基（lipid radical）以及生物大分子自由基之间可相互间聚合，形成脂 - 脂、脂 - 蛋白质等形式的分子，影响大分子本身的功能。②脂质过氧化物的代谢终产物是丙二醛，其分子中的两个醛基可与含氨基的分子（蛋白质、氨基酸、核酸碱基等）结合，形成非酶促的缩合物，影响原分子功能的发挥及代谢清除。③脂质过氧化对细胞膜的影响也较大，如过氧化过程会大大降低细胞膜中不饱和脂肪酸的含量，大大降低细胞膜的流动性。此外，脂质过氧化还会引发衰老、导致疾病。例如，低密度脂蛋白分子中脂质的过氧化会导致动脉粥样硬化等。

6）萜类

从有机化学角度看，萜类化合物的分子结构是以异戊二烯为基本单位的，是整数倍的烯烃类化合物，其分类依据是异戊二烯的单位数目的不同。因此可以统称为类异戊二烯类（isoprenoid）物质。体内经由乙酰 CoA 合成异戊烯焦磷酸。含有 2 个异戊二烯单位的称为单萜，含有 3 个异戊二烯单位的称为倍半萜——香料，含有 4 个异戊二烯单位的称为二萜——树脂，含有 5 个异戊二烯单位的称为二倍半萜，含有 6 个异戊二烯单位的称为三萜，以此类推，含有 8 个以上异戊二烯单位的称为多聚萜。萜类尤其在植物体内具有重要的功能，是植物香精油、色素、维生素，动植物激素等物质的主要组成成分。

1.4 蛋 白 质

蛋白质（protein），旧称"朊"，是生命体中重要的结构和功能分子，近乎所有的生命过程和生物功能的实现都有蛋白质参与。从元素组成看，蛋白质主要含有碳、氢、氧、氮 4 种元素；从结构组成单元来看，如同单糖聚合形成多糖一样，蛋白质亦是由结构单元按照一定的连接方式和规律组成的大分子。组成蛋白质的结构单元为氨基酸（amino acid），氨基酸通过脱水缩合形成酰胺键（肽键）连成"肽"（peptide）链及蛋白质。表 1-7 列出了不同生物体内蛋白质含量。

表 1-7　不同生物体内蛋白质含量

含量（干重）	蛋白质含量	物种	蛋白质的种类
微生物	50%～80%	大肠杆菌	～3000
人体	～45%	人	10 000
一般细胞	～50%	生物界	～1000 万

1.4.1 蛋白质的组成和分类

1）蛋白质的组成

（1）元素组成：主要由碳（50%）、氢（7%）、氧（23%）、氮（16%）组成，其他较常量的有硫（0～3%）等，微量的有磷、铁、铜、碘、锌、钼，其中氮元素的含量较为稳定，因此，对于以蛋白质为唯一的氮来源的样品，可根据样品中含氮量来估算样品中蛋白质的含量（凯氏定氮法）。

（2）氨基酸组成：一般来说，组成常见蛋白质的天然氨基酸有 20 种（参见 1.4.3），均为 L 型 α- 氨基酸。氨基酸通过脱水缩合成肽链（20 至数百个氨基酸残基不等），进而构成蛋白质。

2）蛋白质的分类

按照蛋白质的性质可以进行不同分类。

（1）按蛋白质组成可分为：简单蛋白（完全由氨基酸组成）和结合蛋白（含有对行使功能不可或缺的非蛋白质成分，如酶的辅基）。

（2）按蛋白质的分子形状可分为：球状蛋白和纤维状蛋白等。

（3）按蛋白质的功能可分为：酶、运输蛋白、营养和贮存蛋白、激素、受体蛋白、运动蛋白、结构蛋白、防御蛋白等。

（4）按蛋白质分子的大小可分为：多肽（少于 50 个氨基酸残基）和蛋白质（大于 50 个氨基酸残基）。某些时候，将只含有一条肽链的蛋白质也称为多肽，主要侧重表示其结构意义，而称为蛋白质时主要强调其功能。

（5）按照溶解度可分为：可溶蛋白，如清蛋白（白蛋白、乳清蛋白等）、球蛋白（血清球蛋白）；微溶蛋白，如谷蛋白（米、麦蛋白等）、醇溶蛋白（玉米蛋白）、硬蛋白（存在于软骨、腱、毛、发、丝等组织中，分为角蛋白、胶原蛋白、弹性蛋白和丝蛋白）。

（6）按照富含酸碱性氨基酸成分分类，如精 / 组蛋白为碱性蛋白质。

1.4.2　蛋白质的存在形式和主要功能

蛋白质是细胞中含量最丰富、功能最多的生物大分子。有多种存在形式：有些处于溶解 / 游离状态、有些处于固相 / 聚集状态；有些作为体内的活性物质存在的周期短，有些作为结构蛋白存在周期较长。下面对蛋白质的存在形式以及相应的功能进行简要介绍。

1）酶

酶（enzyme）的概念由居尼于 1872 年提出。一般来说，酶（除核酶外）是具有生物催化功能的蛋白质。除对催化反应具有高度的专一性外，酶通过降低活化能（用 ΔEa）来提高反应速率（大多数酶可以将其催化的反应速率提高百万倍）；酶作为催化剂，在反应过程中自身不被消耗，也不影响反应的化学平衡。酶有正催化作用也有负催化作用。目前，人体和哺乳动物体内已发现 5000 多种酶，有一些酶或是溶解于细胞质中，或是与各种膜结构结合在一起，或是位于细胞内其他结构的特定位置上，只有在被需要时才被激活，这些酶统称胞内酶；另外，还有一些酶在细胞内合成后再分泌至细胞外发挥作用，被称为胞外酶。第一个得到结晶并被证实酶是蛋白质的是脲酶，由美国科学家萨姆纳在 1926 年从刀豆种子中分离得到的。

2）结构成分

蛋白质作为结构成分以结构蛋白（structural protein）形式存在，如结缔组织的胶原蛋白（collagen）、血管和皮肤的弹性蛋白、膜蛋白等。以胶原蛋白为例，其是主要的细胞外结构蛋白，也是哺乳动物中最丰富的蛋白质，占全身蛋白质含量的 25%～35%，存在于肌内膜、肌腱、韧带和皮肤，也存在于眼角膜、软骨、血管、内脏、椎间盘和牙质。

胶原蛋白主要由甘氨酸（33%以上）和脯氨酸（17%）构成，另还含有一部分非编码的特殊氨基酸。胶原蛋白因具有良好的生物相容性、可生物降解性以及生物活性，在食品、医药、组织工程、化妆品等领域获得广泛的应用。

3）贮藏（卵清蛋白、种子蛋白）

贮藏蛋白即存储蛋白质（storage proteins）广泛存在于动植物的卵子/种子中，为生物体储存物质，供生长发育使用。可分为两类，一类是金属离子的储存载体，如铁蛋白，可储存铁离子，为血红素提供铁元素；另外一类作为氨基酸的储存体，如酪蛋白和卵清蛋白，可为发育中的胚胎提供氨基酸。植物种子中也有许多贮藏蛋白（醇溶蛋白、谷蛋白），是种子萌发的养料来源，也是食物中重要的蛋白质来源（贮藏蛋白在种子干重的比例可高达25%）。

4）物质运输载体

蛋白质的另一种主要存在形式是作为物质转运的载体（transporter）——运转蛋白。细胞膜在细胞或细胞器周围形成了一道疏水屏障，只有部分小分子可自由扩散通过膜，而大部分亲水性化合物，如糖、氨基酸、离子、药物、信号分子等，均需在特异性转运蛋白的辅助下才可通过细胞膜屏障。因此，转运蛋白在营养物质摄取、代谢产物释放以及信号转导等细胞活动中起着重要的作用。转运蛋白可转运的物质种类繁多，有电子（电子传递体）、气体分子（如血红蛋白可转运氧气分子）、金属离子（如K^+/Na^+转运相关的Na^+-K^+-ATPase）、有机小分子（如葡萄糖运输载体转运葡萄糖）等。以葡萄糖转运载体为例：因葡萄糖无法自由通过细胞膜脂质双分子层进入细胞，细胞对葡萄糖的摄入需要借助细胞膜上的葡萄糖转运蛋白才能实现。葡萄糖转运体存在于身体各个组织细胞中，转运过程并不直接消耗能量（ATP），而是伴随钠离子回流实现转运，而维持钠浓度梯度则由细胞膜钠钾泵耗能主动转运实现。葡萄糖转运载体的功能异常与视网膜病变、肾病等疾病相关。

5）细胞运动

参与细胞运动的蛋白质如肌肉收缩相关的肌球蛋白、肌动蛋白。其中肌球蛋白可组成粗肌丝，肌动蛋白等构成细肌丝。Ca^{2+}的存在使肌动蛋白上的结合位点暴露，与肌球蛋白头部接触，伴随ATP释放能量，使细肌丝滑入粗肌丝之间，完成运动过程。

6）激素功能

由内分泌腺或内分泌细胞分泌的高效生物活性物质，在体内作为信使传递信息，对机体生理过程起调节作用的物质称为激素。大部分含氮激素是氨基酸（衍生物）、多肽（脑啡肽）或蛋白质类（胰岛素）物质。例如，人胰岛素由A、B两个肽链组成。其中A链有11种21个氨基酸，B链有15种30个氨基酸，共16种51个氨基酸组成，功能是降低血糖、促进代谢等。

7）防御功能

生物体内具有防御功能的蛋白质有抗体、皮肤的角蛋白（帮助皮肤对抗磨碎和脱水）、血凝蛋白等。其中角蛋白（keratin）属于硬蛋白，是一类具有结缔和保护功能的纤维状蛋白质，由处于α螺旋或β折叠构象的平行的多肽链组成，不溶或微溶于水，起着保护或结构作用。

8）接受、传递信息

接受、传递信息的蛋白质有受体蛋白、味觉蛋白等。受体蛋白是一种可接受胞外信号（配体）的蛋白质分子，一般为跨膜蛋白。当信号分子与受体结合后，会导致某种形式的细胞 / 组织反应，如细胞膜电位的变化，或细胞内某些信号通路的激活。受体蛋白有细胞外的表面受体、细胞质中的胞质受体和核受体等。与受体结合的分子被称为配体，可为肽（蛋白质）或其他小分子，如神经递质、激素、药物、毒素、病毒等。

9）调节、控制细胞生长、分化和遗传信息的表达

此类蛋白质如组蛋白、阻遏蛋白等。阻遏蛋白是一种基于特定调节基因的控制蛋白，其能识别 DNA 上的特异性序列而阻遏 RNA 聚合酶与启动序列（启动子）的结合，从而抑制基因的转录。

1.4.3　蛋白质结构单元——氨基酸概述

生物体中蛋白质具有各种各样的存在形式及相应的功能，而这些功能的物质（基团）基础是什么？结构与功能之间有何联系？下面进行较为详细的叙述。

1．氨基酸的结构

氨基酸（amino acid）是蛋白质的结构单元。氨基酸的通式及分子的球棍示意图见图 1-30，通常意义上的氨基酸指 α- 氨基酸，有手性碳原子（除 R—H 的甘氨酸外）且天然构型为 L 型。自然界中的蛋白质多种多样，但组成其的常见氨基酸只有 20 种（图 1-31）。

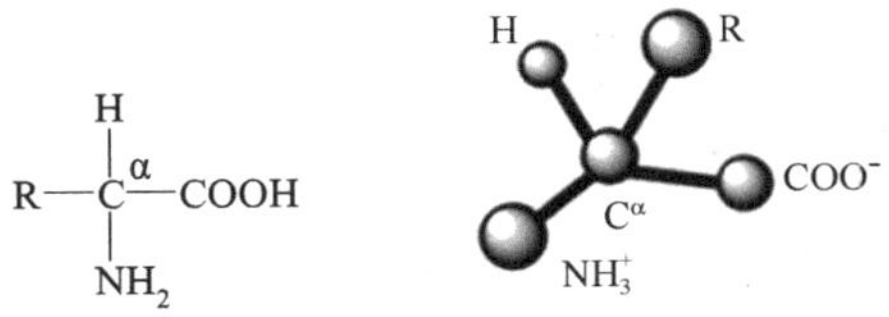

图 1-30　常见氨基酸结构示意图

氨基酸的研究历史可追溯到 1860 年，目前已发现的氨基酸有 300 余种。部分氨基酸人体（或其他脊椎动物）不能合成或合成速度远不能满足机体需求，必须从食物蛋白质供给，这些氨基酸统称为必需氨基酸。常见的 20 种氨基酸中，甲硫氨酸、缬氨酸、赖氨酸、异亮氨酸、苯丙氨酸、亮氨酸、色氨酸、苏氨酸属于必需氨基酸。半必需氨基酸有精氨酸、组氨酸（婴儿期供给不足）。

1）氨基酸的分类

由氨基酸的结构式（图 1-30）可以看出，共有的基团为 α- 氨基和 α- 羧基，区别在于侧链 R 基团，因此可根据侧链 R 基团的不同性质对氨基酸进行分类。

（1）R 为脂肪烃基的氨基酸（5 种）：分别是 Gly、Ala、Val、Leu、Ile。R 基均为中性烷基，R 基对分子酸碱性影响很小，它们几乎有相同的等电点（6.0±0.04）。Gly 是唯一不含手性碳原子的氨基酸，因此不具旋光性。从 Gly 至 Ile，R 基团疏水性增加，Ile 是其中脂溶性最强的。

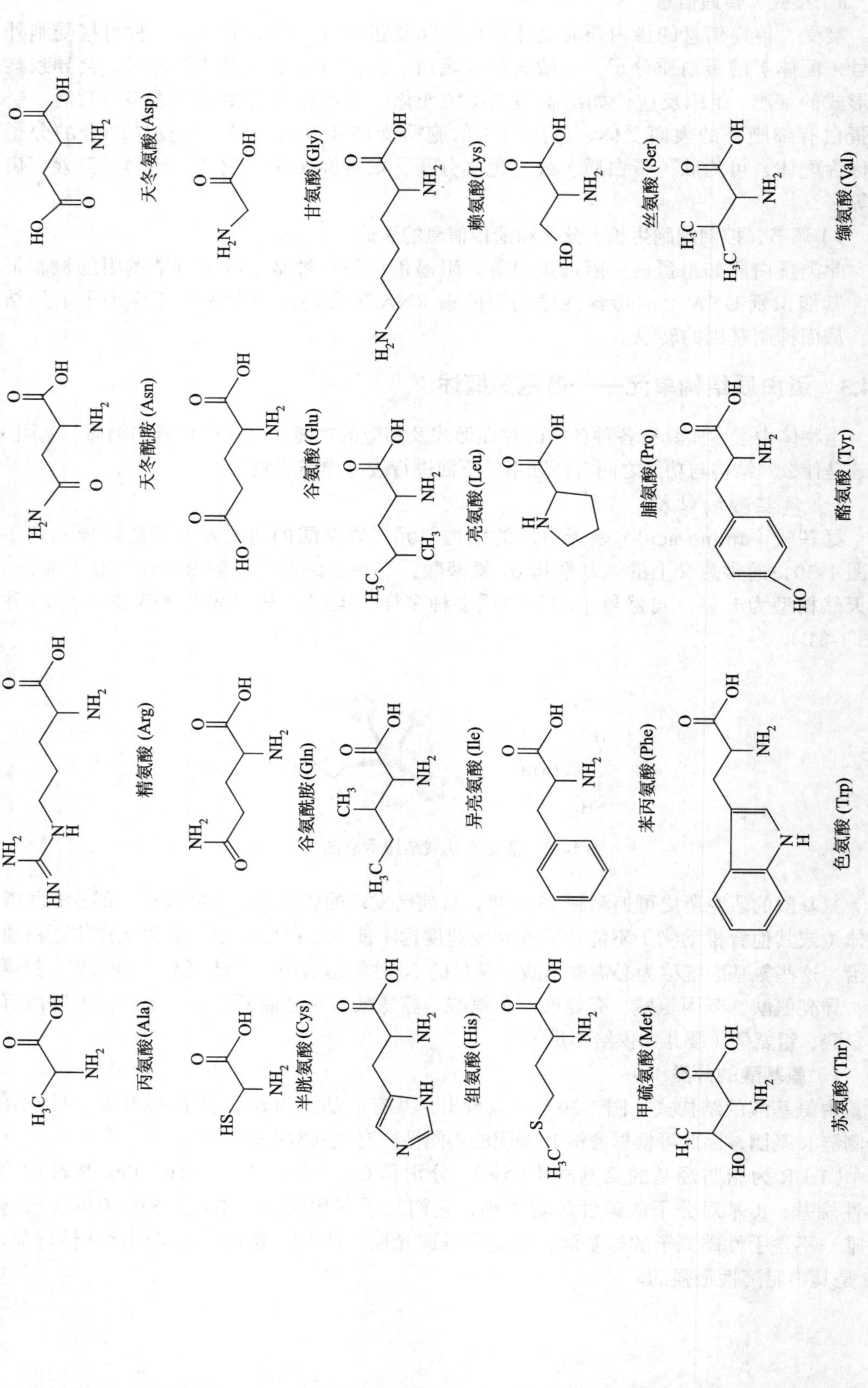

图 1-31　20 种天然氨基酸的结构式

（2）R 中含有羟基和硫的氨基酸（4 种）：含羟基的有 Ser 和 Thr，含硫的氨基酸有 Cys 和 Met。Ser 的—CH_2OH 的解离常数 pKa = 15，因此在生理条件下（约 pH7.2）不解离，但其仍是一个极性基团，能与其他基团形成氢键。此外，Ser 的羟基具有重要的生理意义，大多数酶的活性中心都发现有 Ser 残基存在。Thr 中的羟基是仲醇，具有亲水性，但此羟基形成氢键的能力较弱，因此在蛋白质活性中心中很少出现。Ser 和 Thr 的羟基都能与糖链相连，是形成糖蛋白时糖链与蛋白质相连的一类形式（O- 连接）。Cys 中侧链 R 基团含巯基（—SH），具有两个重要性质：①在较高 pH 条件，巯基离解；②两个 Cys 的巯基氧化生成二硫键，生成胱氨酸（Cys-S-S-Cys）。胱氨酸二硫键在维持蛋白质结构稳定方面具有重要意义。此外，Cys 亦常出现在酶的活性中心。Met 的侧链 R 基团中含有甲硫基（—SCH_3），是体内重要的甲基供体。

（3）R 中含有酰胺基团的氨基酸（2 种）：Asn 和 Gln。酰胺基中氨基易发生脱氨及逆反应，因此 Asn 和 Gln 有存储和转氨基的作用，相关反应在生物大分子合成和代谢中有重要意义。

（4）R 中含有酸性基团的氨基酸（2 种）：Asp 和 Glu。一般称酸性氨基酸。Asp 侧链羧基（β-COOH）pKa 为 3.86，Glu 侧链羧基（γ-COOH）pKa 为 4.25，它们是仅有的在生理条件下带负电荷的两个氨基酸。

（5）R 中含碱性基团的氨基酸（3 种）：Lys、Arg、His。一般称碱性氨基酸。Lys 的侧链上含有一个氨基，其 pKa 为 10.53，在生理条件下，侧链氨基带有一个正电荷（—NH_3^+），同时 Lys 侧链有 4 个碳的直链，柔性较大，使侧链的氨基反应活性增大。Arg 是碱性最强的氨基酸，侧链上的胍基是碱性最强的有机碱，其 pKa 为 12.48，生理条件下完全质子化。His 含咪唑环，咪唑环的 pKa 在游离氨基酸中和在多肽链中是不同的，前者 pKa 为 6.00，后者为 7.35。His 残基 pKa 最接近生理 pH，在生理条件下可双向离解（去质子化和质子化同时进行），达到平衡，因而其对生理 pH 条件的缓冲能力方面有一定贡献，并在酶的酸碱催化机制中起重要作用。

（6）R 中含有芳基的氨基酸（3 种）：Phe、Try、Trp。它们都具有共轭 π 电子体系，易与其他缺电子体系或 π 电子体系形成电荷转移复合物或电子重叠复合物，在受体 - 底物或分子相互识别过程中具有重要作用。其中，Phe 疏水性最强；Tyr 的—OH 磷酸化是体内十分普遍的酶活性调控途径；Trp 有复杂的 π 共轭体系，比 Phe 和 Tyr 更易形成电荷转移络合物。此外，这 3 种氨基酸在紫外区有特殊吸收峰，蛋白质的紫外吸收也主要来自这 3 种氨基酸的贡献，在 280nm 处，$A_{Trp}>A_{Tyr}>A_{Phe}$。

（7）R 为环状的氨基酸（1 种）：Pro。其“氨基”参与形成侧链环，为 α- 亚氨基，结构刚性强。Pro 在蛋白质空间结构中具有极重要的作用，一般出现在两段 α 螺旋之间的转角处，Pro 残基所在的位置必然发生骨架方向的变化。

此外，按照极性及带电性等，可将 R 基团分为非极性脂肪族氨基酸、芳香簇侧链氨基酸、不带电荷极性、带正电极性和带负电极性 5 组。

（1）非极性脂肪族氨基酸：Gly（G）、Ala（A）、Pro（P）、Val（V）、Leu（L）、Ile（I）、Met（M）。

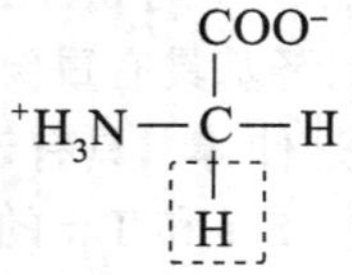
甘氨酸

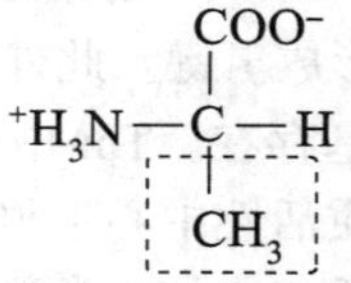
丙氨酸

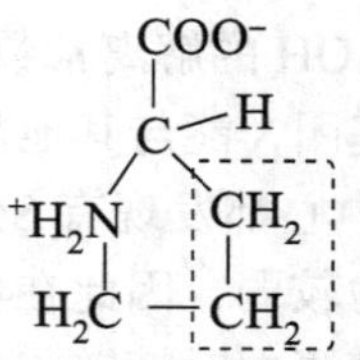
脯氨酸

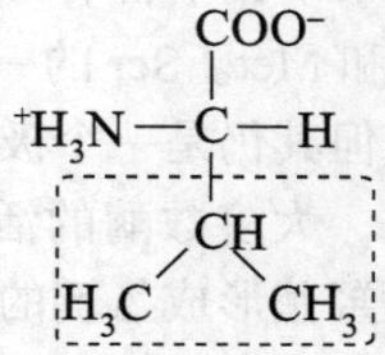
缬氨酸

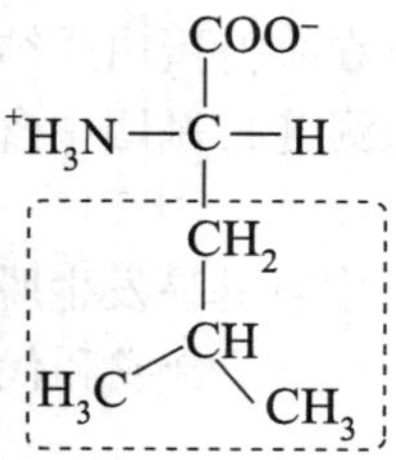
亮氨酸

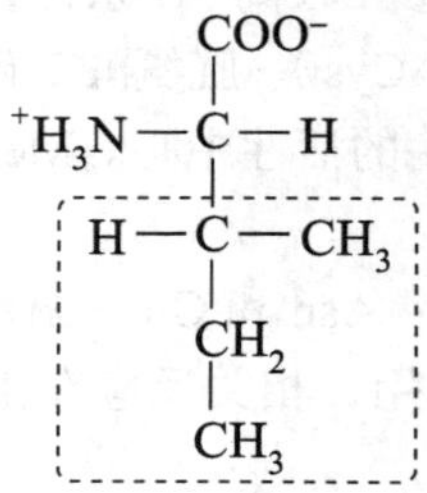
异亮氨酸

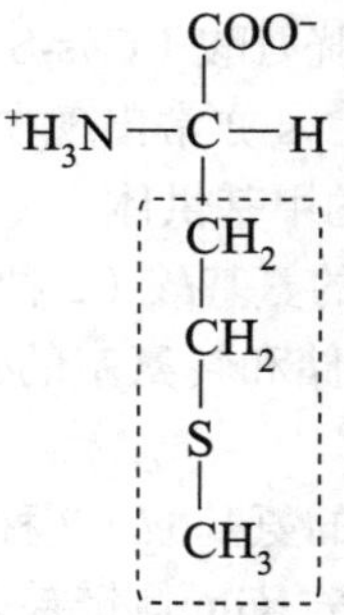
甲硫氨酸

（2）芳香族侧链氨基酸：Phe（F）、Tyr（Y）、Trp（W）。

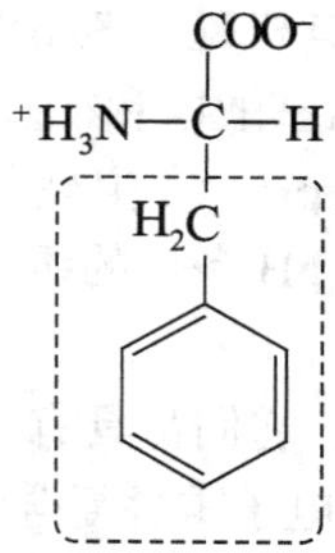
苯丙氨酸

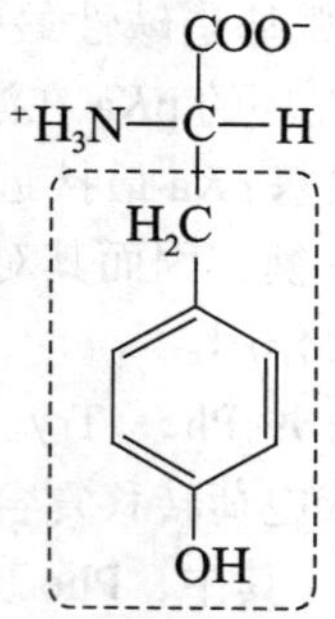
酪氨酸

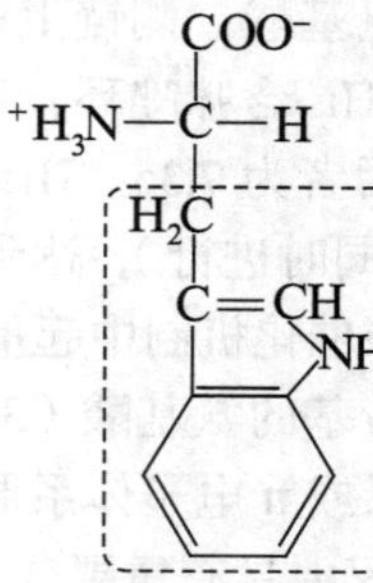
色氨酸

（3）极性中性氨基酸：Ser（S）、Thr（T）、Cys（C）、Gln（Q）、Asn（N）。

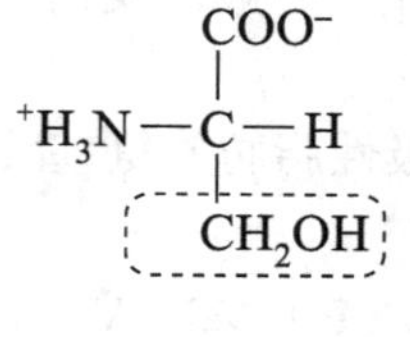
丝氨酸

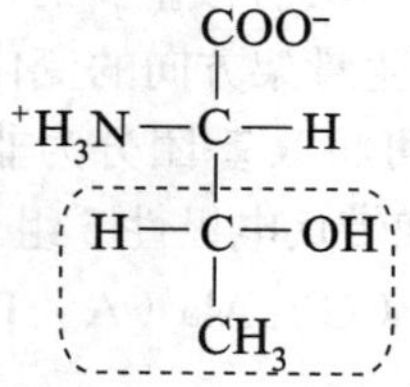
苏氨酸

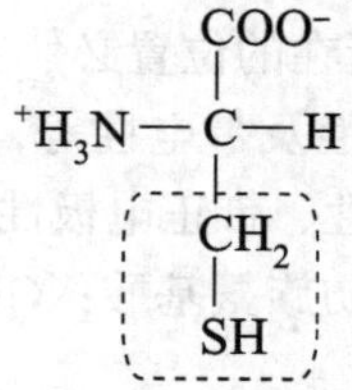
半胱氨酸

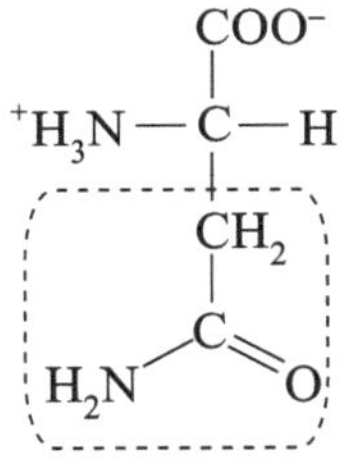

天冬酰胺

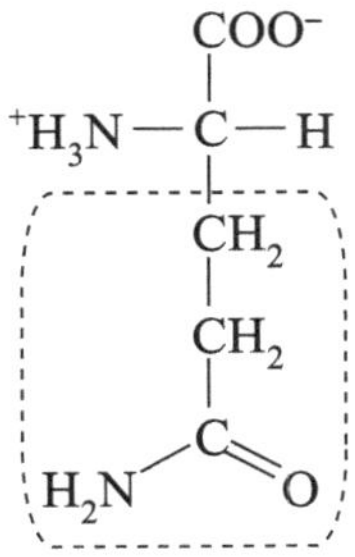

谷氨酰胺

（4）酸性氨基酸：Asp（D）、Glu（E）。

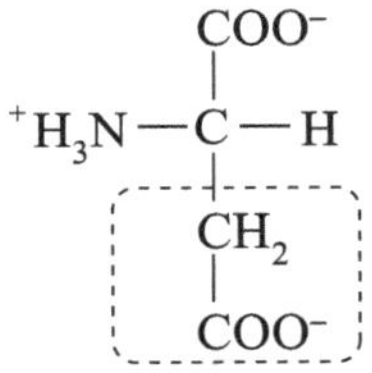

天冬氨酸

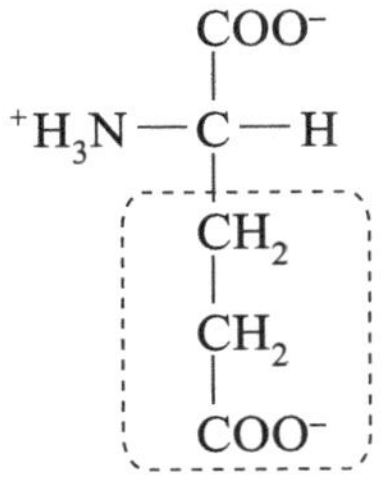

谷氨酸

（5）碱性氨基酸：Arg（R）、Lys（K）、His（H）。

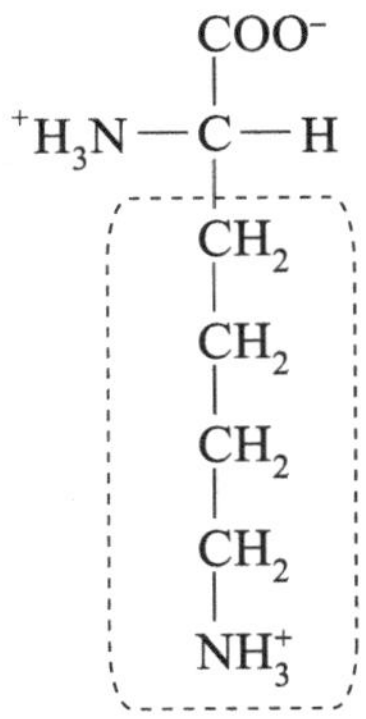

赖氨酸

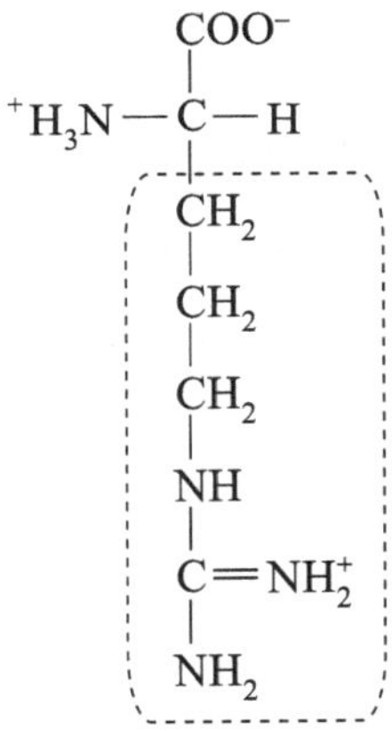

精氨酸

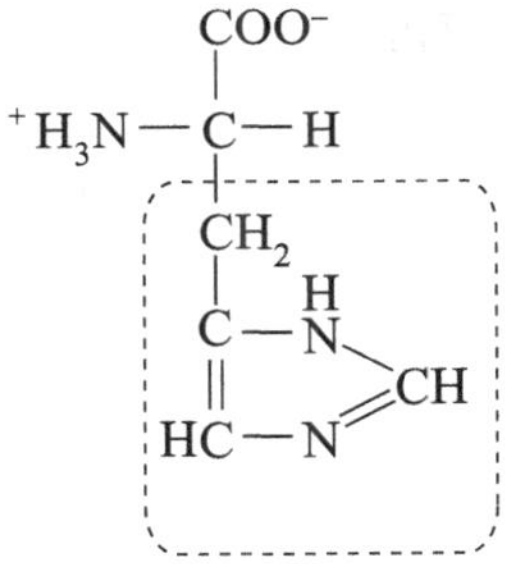

组氨酸

2）氨基酸的性质

α- 氨基酸都是白色晶体，熔点一般在 200℃以上。除胱氨酸和酪氨酸外都能溶于水，脯氨酸和羟脯氨酸还能溶于乙醇和乙醚。

氨基酸含有 α- 氨基和 α- 羧基以及侧链 R 的官能团，因而具有相应基团的性质，简要叙述如下。

（1）α- 氨基具有的性质：氨基酸的氨基和醛酮发生特有的加成 - 消除反应形成席夫碱，席夫碱是许多酶促反应的中间产物。席夫碱亦可通过逆反应还原到反应物，也可水解或将氨基酸转给醛基所在的分子，并以此中间物为中介，再将得到的氨基用同样的方式转给第三个分子（转氨酶的转氨方式之一）。具体过程见图 1-32。

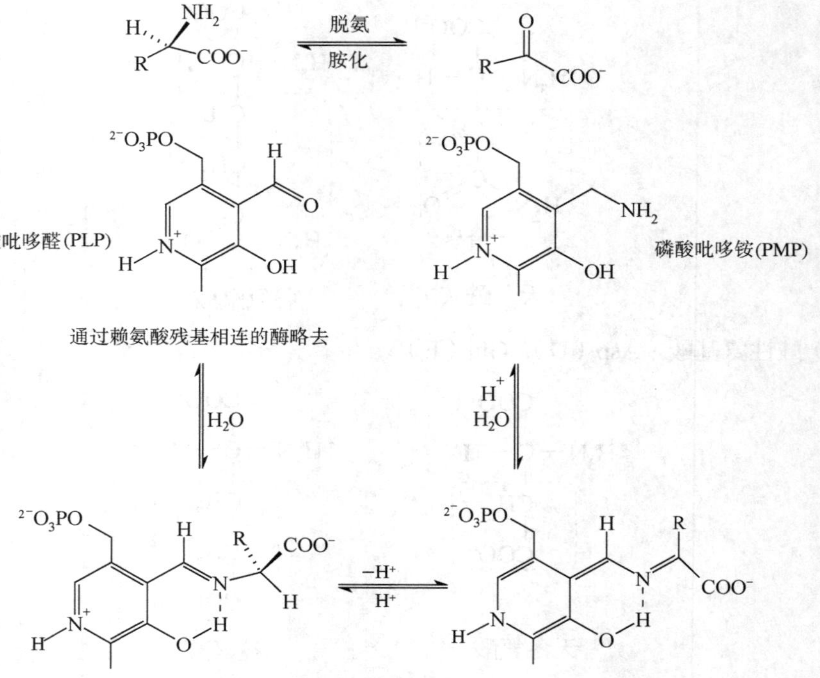

图 1-32　体内脱氨示意图

烃基化反应（或称为烷烃化）（sanger method）：亦可用于氨基酸种类鉴定和末端分析。使用的氨基衍生化试剂为 2，4- 二硝基氟苯（1-fluoro-2，4-dinitrobenzene，DNFB）。具体反应机制见图 1-33，由 F 结合氨基的氢，最终将苯环结构引入氨基酸分子，增加氨

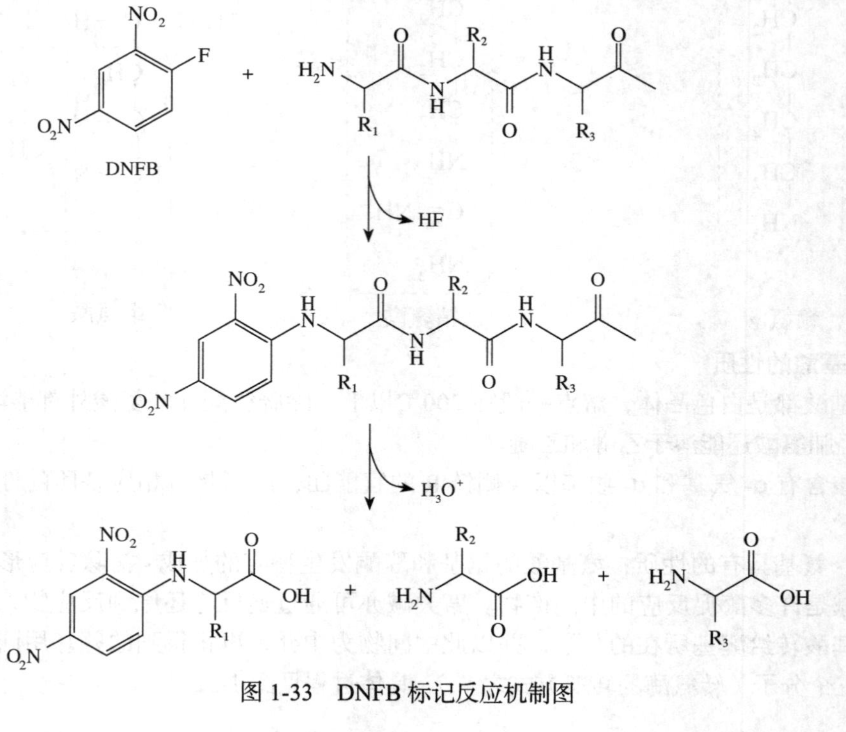

图 1-33　DNFB 标记反应机制图

基酸的吸光特性（紫外光及荧光），提高检测灵敏度。该方法得到的产物相比其他方法更容易分离分析。

与苯异硫氰酸（phenyl-isothiocyanate，PITC）反应：该反应又称 Edman 氨基酸顺序分析法，可用于氨基酸种类鉴定和末端分析，其本质也是一种烃基化反应。如图 1-34 所示，Edman 法中 PITC 能够不断重复循环，将肽链 N 端氨基酸残基逐一进行标记和解离。PITC 与氨基酸反应最终产物为苯乙内酰硫脲衍生物，即 PTH- 氨基酸，可用于鉴定氨基酸（反应停止在第一步，产物有荧光和紫外吸收特征）。

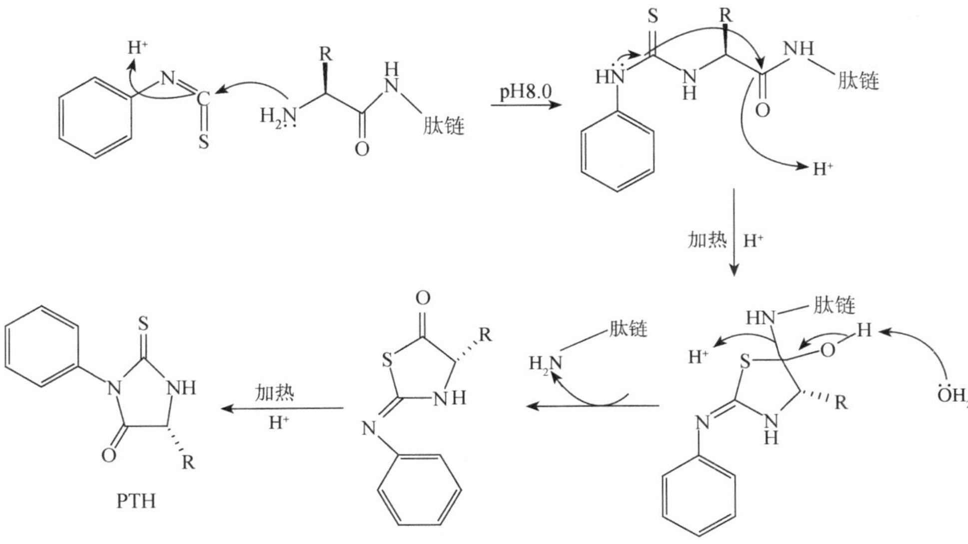

图 1-34　PITC 标记反应机制图

（2）α- 羧基具有的性质。

形成活性酯：α- 羧基与对硝基苯酚反应生成酯，酰基化能力大大增强，因此称为活化脂。

酰氯化：在干燥状态下，氨基酸与五氯化磷等试剂反应，可得到羰酰氯，羰酰氯的反应活性较强，容易与另一氨基酸的氨基结合，这一反应可用于多肽的化学合成。下式中 PG 为氨基的保护基因。

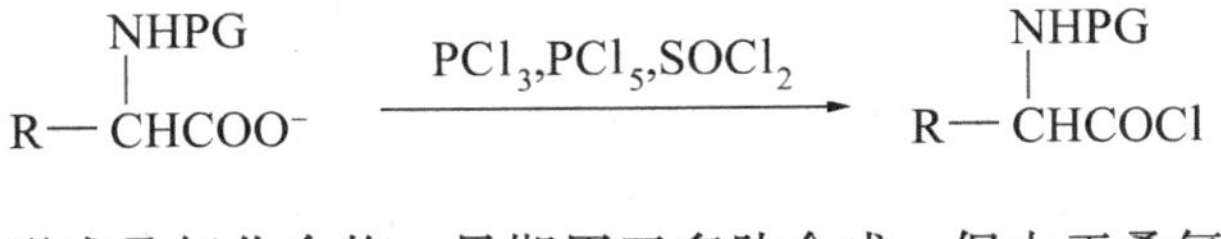

叠氮化反应：形成叠氮化合物，早期用于多肽合成，但由于叠氮化合物不稳定，易爆炸，使用时应控温并在防护体系下完成。

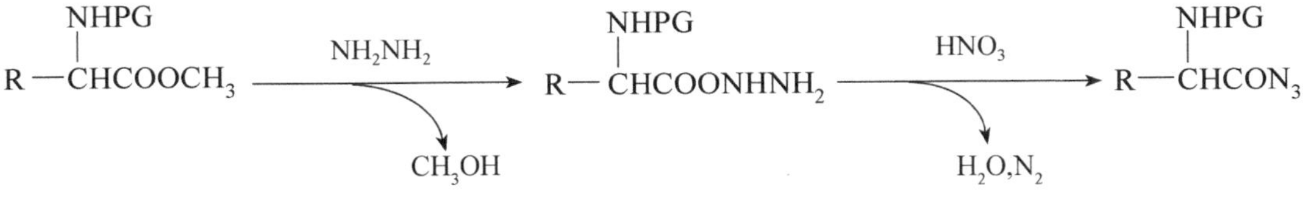

（3）氨基和羧基共同参与的性质。

两性性质：氨基酸既含有碱性氨基又含有酸性羧基，其侧链基团中亦有酸性或碱性基团，故氨基酸属于两性物质。两性物质处于电中性时，所在溶液的 pH 被称为等电点。等电点可根据氨基酸（电中性）两性离子左右两侧 p*K*a 的平均值来估算。详细参见图 1-35。以赖氨酸为例，从其滴定曲线上可以看出，2.2、9.0 和 10.5 三处为滴定的突变点，因此赖氨酸可分别带两个正电荷（羧基未解离，两个氨基质子化）、一个正电荷（羧基解离，两个氨基仍质子化）、电中性（羧基解离，一个氨基仍质子化）和带负电（羧基解离，氨基去质子化），因而等电点为 9.0 和 10.5 的平均值。

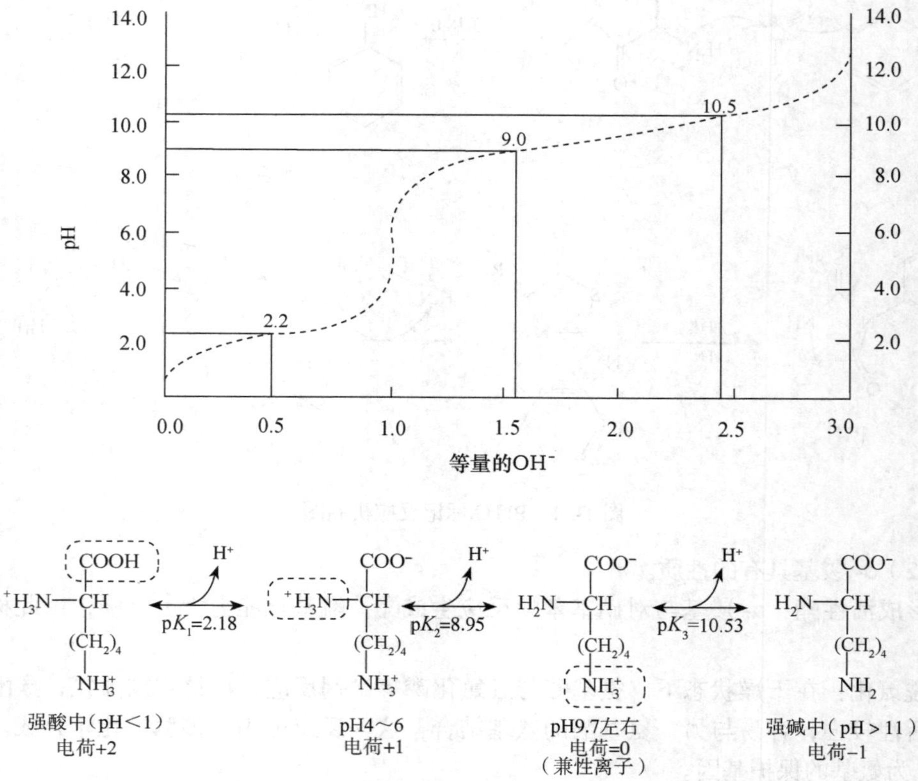

图 1-35　赖氨酸等电点的测定

茚三酮（ninhyrine）显色反应：用于蛋白质和氨基酸定性，反应后产物呈现紫红色（脯氨酸和羟脯氨酸生成黄色复合物，最大吸光波长 440nm），在 570nm 左右进行比色分析可用于定量测定。反应机制见图 1-36。

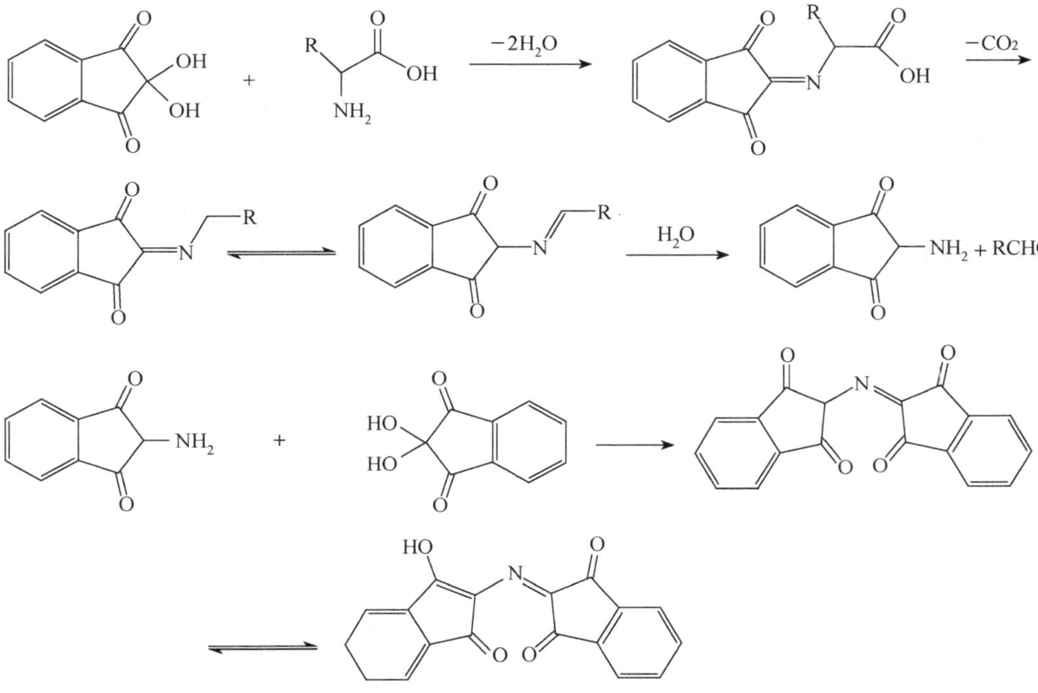

图 1-36　茚三酮显色反应机制

侧链基团的性质：氨基酸的侧链基团有苯基、酚基、羟基、巯基、吲哚基、胍基、咪唑基等，性质不一，现进行简要介绍。

巯基（—SH）：能形成二硫键。在氧化环境下（脱氢酶等），巯基很容易失去氢而氧化，硫原子相互间形成共价键——二硫键，下式是两分子半胱氨酸形成胱氨酸的过程示意。

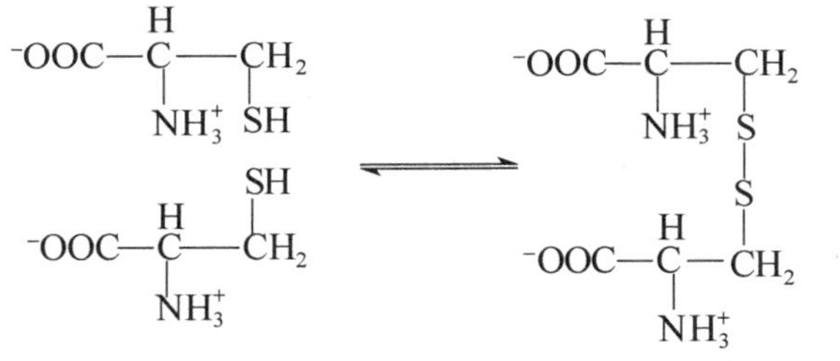

此外，巯基与重金属（Hg、Pb）离子间有较好的作用，可用于解毒。

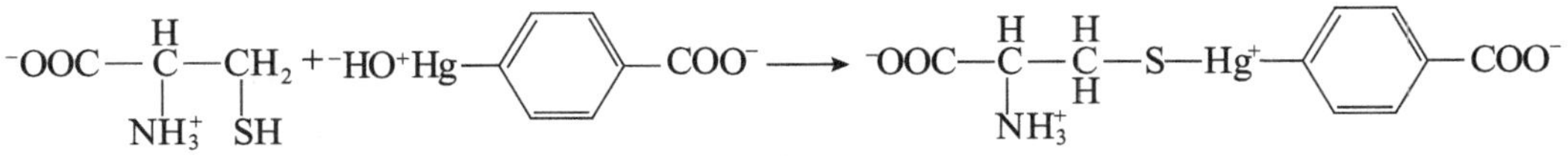

对羟汞苯甲酸

羟基（—OH）：可以发生磷酸化或去磷酸化，为很多酶的活性调控途径，如葡萄糖磷酸酶被磷酸化后活性增强，糖原合成酶被磷酸化后活性降低等。

咪唑基：p*K*a 接近 7，因而在生理条件下既可作为质子的供体，又可作为质子的受体，可参与酶活性中心中的酸碱催化等。

2．特殊氨基酸举例

非编码的蛋白质氨基酸，也称修饰氨基酸，是在蛋白质合成后，由基本氨基酸修饰而来。例如，凝血酶原中含有γ-羧基谷氨酸，能结合 Ca^{2+}，促进凝血的发生。结缔组织中最丰富的蛋白质——胶原蛋白含有大量4-羟脯氨酸和5-羟赖氨酸，与胶原蛋白的质量相关。6-*N*-甲基赖氨酸甲基化与表观遗传学相关：特定的组蛋白中的赖氨酸的甲基化会影响DNA与组蛋白结合，进而影响基因的表达。甲基化能减少氨基所带正电荷，因此其与带负电的DNA之间的静电作用减弱，甲基化在该位点可以不断重复，直至3甲基取代。

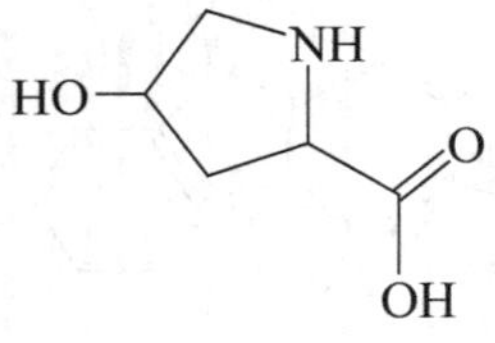

4-羟脯氨酸

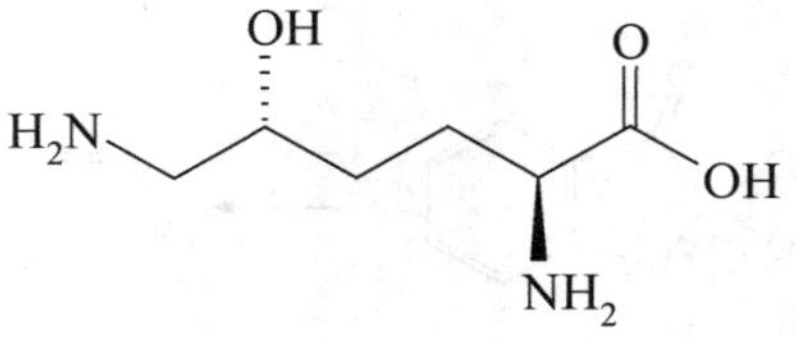

5-羟赖氨酸

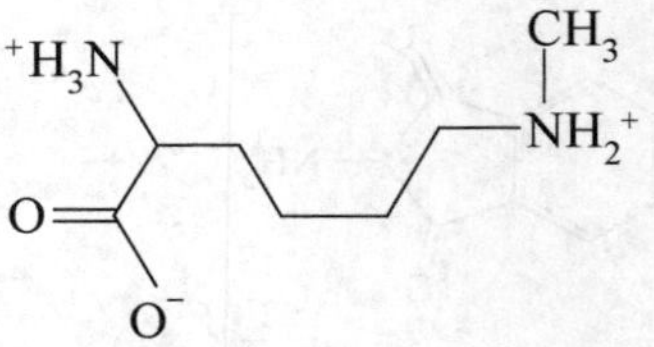

6-*N*-甲基赖氨酸

氨基酸衍生物类：甲状腺相关蛋白质的Tyr残基经碘化后得到3，5 - 二碘酪氨酸，再经过甲状腺处理后，相邻的碘化酪氨酸缩合形成甲状腺素。

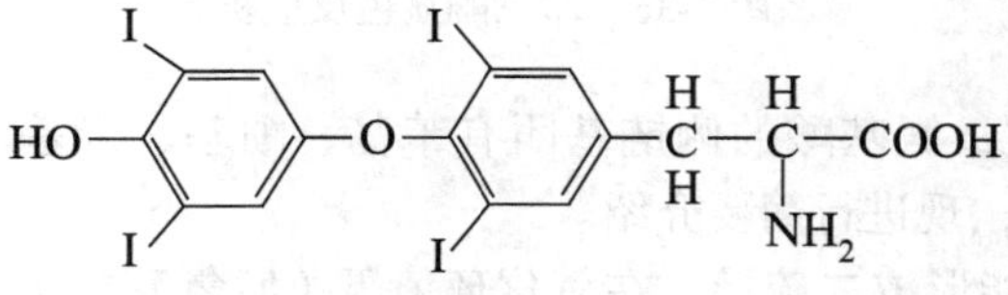

甲状腺素

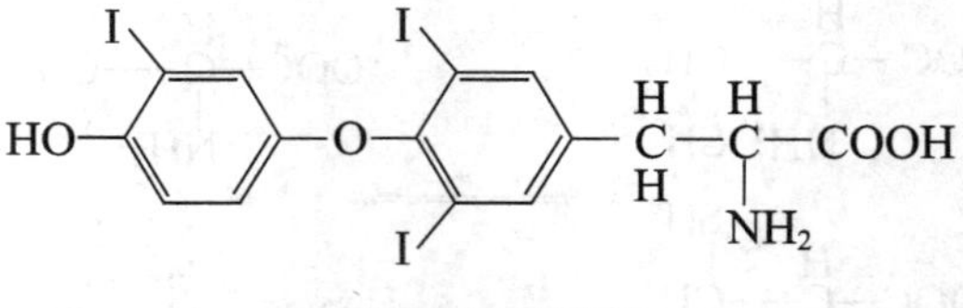

三碘甲腺原氨酸

谷氨酸在谷氨酸脱羧酶的作用下生成的γ-氨基丁酸属于神经递质，它能促进脑的活化性，健脑益智，抗癫痫，促进睡眠，美容润肤，延缓脑衰老，也有调节机体免疫的功能。

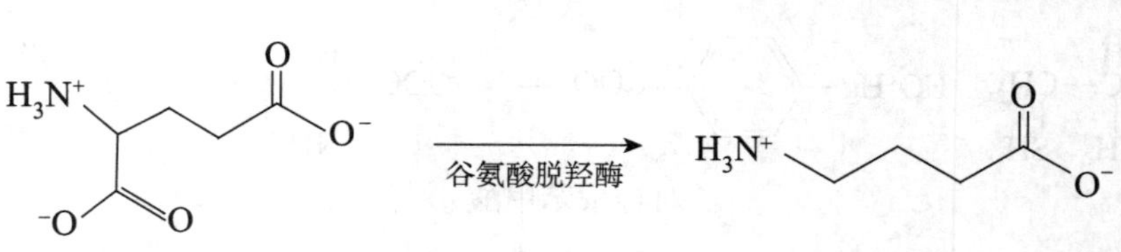

谷氨酸　　　　γ-氨基丁酸

除参与蛋白质组成的20多种氨基酸外，生物体内存在大量的氨基酸中间代谢产物，它们不是蛋白质的结构单元，但在生物体内具有很多生物学功能，如尿素循环中的 L- 瓜氨酸和 L- 鸟氨酸。

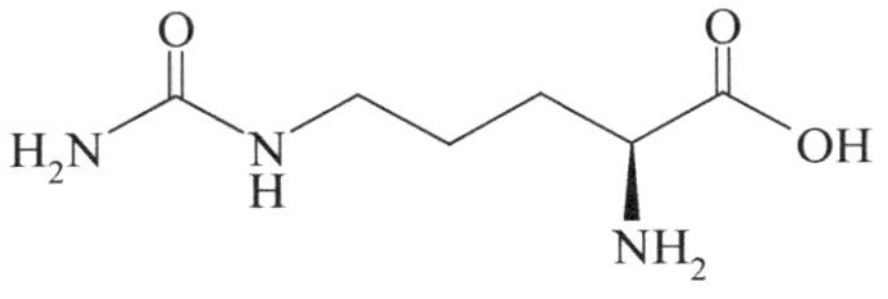

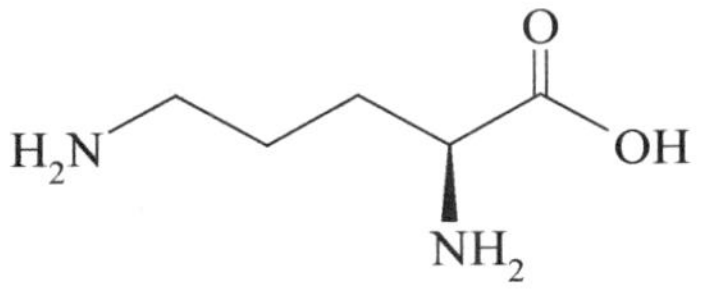

此外也含有一些 D- 型氨基酸，如肽聚糖中的 D-Glu、D-Ala 和短杆菌肽 S 中的 D-Phe 等参与结构单元的组装。总体来看，大多数非蛋白质氨基酸的功能未知，没有研究清楚，有待进一步阐明。

1.4.4　多肽 / 蛋白质的结构及其与功能的关系

蛋白质分子是由氨基酸首尾相连而成的共价多肽链，每一种天然蛋白质都有自身特有的空间结构，这种空间结构称为蛋白质的（天然）构象。蛋白质的构象是一级、二级、三级和四级结构的总称。

1．一级结构

1）连接方式 / 序列测定方法

肽键是一个氨基酸分子的 α- 羧基和另一个氨基酸分子的 α- 氨基脱水缩合形成的酰胺键：—CO—NH—（图 1-37）。肽键为共价键，虽是单键，但具有部分双键的性质（肽键比一般 C—N 键短，双键 0.127nm，单键 0.147nm，肽键 0.132nm，从键长角度看，其实肽键更接近双键），难以自由旋转而形成肽键平面（包括连接肽键两端的 C＝O、N—H 和 2 个 $C_α$ 共 6 个原子的空间位置处在一个相对接近的平面上），而相邻 2 个氨基酸的侧链 R 又形成反式构型，从而形成肽键与肽链复杂的空间结构。

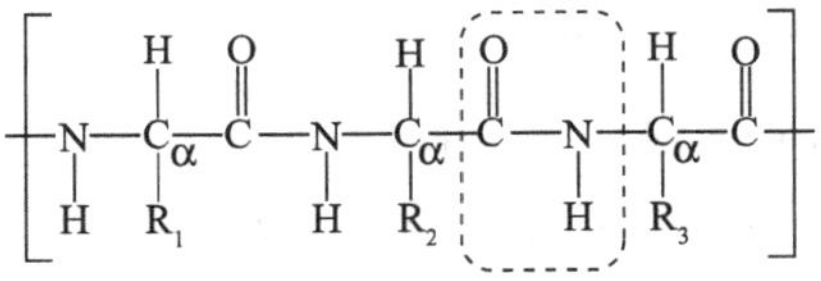

图 1-37　蛋白质肽键示意图

2）一级结构与功能的关系

一般认为，蛋白质的一级结构决定高级结构及功能。最直接的例子是著名的核糖核酸酶复性实验（蛋白质从失活和失去高级天然构象状态变回天然状态的过程称为蛋白质复性，逆过程称为蛋白质的变性），如图 1-38 所示。天然的核糖核酸酶在变性剂（高浓度盐酸胍、尿素等，作用是打开疏水键和氢键等）和巯基还原剂（二硫苏糖醇、巯基乙醇等）的共同作用下解成松散单链线状分子（变性，失去活性），将变性的蛋白质溶液放入透析袋后，缓慢移去变性环境（透析液为低浓度缓冲液）后发现核糖核酸酶的活性得到了恢复。

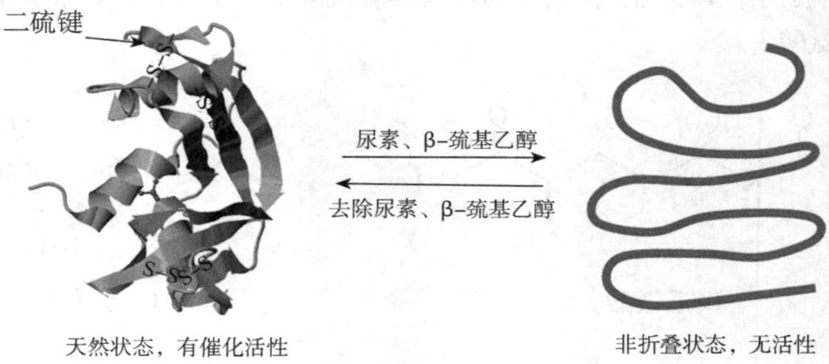

图 1-38　核糖核酸酶变复性实验

这类由一级结构决定功能的例子还有很多，如同源蛋白质一级结构的种属差异与生物进化程度有关。所谓同源蛋白质指在不同的生物体内具有同一功能的蛋白质。例如，血红蛋白在不同的脊椎动物中都具有输送氧气的功能，细胞色素在所有的生物中都是电子传递链的组分。同源蛋白质的特点：①多肽链长度相同或相近；②同源蛋白质的氨基酸顺序中有许多位置的氨基酸对所有种属来说都是相同的，称不变残基，不变残基高度保守，是必需的；③除不变残基以外，其他位置的氨基酸对不同的种属有很大变化，称可变残基，可变残基中，个别氨基酸的变化不影响蛋白质的功能。通过比较同源蛋白质的氨基酸序列的差异可以研究不同物种间的亲缘和进化关系，亲缘关系越远，同源蛋白质的氨基酸顺序差异就越大。例如，细胞色素 c 存在于线粒体膜内，在真核细胞的生物氧化过程中传递电子。其相对分子质量为 12 500 左右（100 个左右氨基酸残基）。亲缘关系越近的，其细胞色素 c 的差异越小；亲缘关系越远的，其细胞色素 c 的差异越大。具体见表 1-8。

表 1-8　不同物种间细胞色素 c 的氨基酸序列差异

物种间	细胞色素 c 中氨基酸序列差异数
人与黑猩猩	0
人与猴	1
人与狗	10
人与酵母	44

例如胰岛素，不同生物的胰岛素氨基酸序列中，有 24 个氨基酸残基位置始终不变，A 链和 B 链上 6 个 Cys 不变（重要），其余 18 个氨基酸多数为非极性侧链，对稳定蛋白质的空间结构起重要作用。其他氨基酸对稳定蛋白质的空间结构作用不大，但对免疫反应起作用，猪与人接近，而狗则与人不同，因此可用猪的胰岛素治疗人的糖尿病。

蛋白质一级结构的个体差异亦会导致“分子病”，由于基因突变引起某个功能蛋白的某个 / 些氨基酸残基发生了遗传性替代从而导致整个分子的三维结构发生改变，致使其功能部分或全部丧失。例如，镰状细胞贫血是由于血红蛋白发生了遗传突变引起的（参见第 4 章图 4-32），镰状红细胞中，血红蛋白正常的 Glu 变成了疏水性的 Val，导致静电作用减弱，最终细胞膜塌陷，患者的红细胞变成镰刀形，结合氧的能力大大降低。

此外，体内酶原、激素前体的切除激活也可支撑一级结构决定功能这一观点：一些蛋白质、酶、多肽激素在最初合成时是以无活性的前体形式存在，只有切除部分多肽后才呈现生物活性，如血液凝固系统的血纤维蛋白原和凝血酶原，消化系统的蛋白酶原、激素前体等。

2．二级结构

如前所述，参与肽键的 6 个原子 C、H、O、N、$C_{\alpha1}$、$C_{\alpha2}$ 不能自由转动，位于同一平面，称为肽平面（也叫酰胺平面）。肽平面以 α- 手性碳相连（图 1-39）。理论上围绕手性碳原子，两个肽平面可以随意旋转，但由于非键原子之间有最短距离的要求，因此肽平面之间的空间取向受到限制。可用 Φ、ψ 来表征相互间位置关系。其中，Φ 代表肽平面绕 N—C_α 键的旋转角，ψ 代表肽平面绕 C_α—C_1 键的旋转角。从 C_α 向 N_1 看，顺时针旋转 C_α—N_1 键形成的 Φ 角为正值，反之为负值。从 C_α 向 C_2 看，顺时针旋转 C_α—C_2 键形成的 Ψ 角为正值，反之为负值。

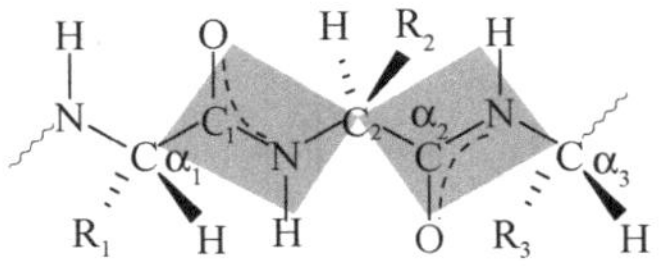

图 1-39　肽平面示意图

1）α 螺旋（α-helix）

在 α 螺旋中，多肽主链按右手或左手方向盘绕，形成右手螺旋或左手螺旋。相邻的螺圈之间形成链内氢键，构成螺旋的每个 C_α 都取相同的二面角 Φ、Ψ。如图 1-40 所示，典型的 α 螺旋有如下特征。①二面角：Φ＝－57°，Ψ＝－48°，是一种右手螺旋。②每圈螺旋由 3.6 个氨基酸残基构成，每个螺旋上升高度为 0.54nm。③每个残基绕轴旋转 100°，沿轴上升 0.15nm。④氨基酸残基侧链向外。⑤相邻螺圈之间形成链内氢键，氢键的取向几乎与中心轴平行。⑥肽键上 N—H 氢与它后面（N 端）第四个残基上的 C═O 氧间形成氢键。这种典型的 α 螺旋用 3.6_{13} 表示，3.6 表示每圈螺旋包括 3.6 个残基，13 表示氢键封闭的环包括 13 个原子。

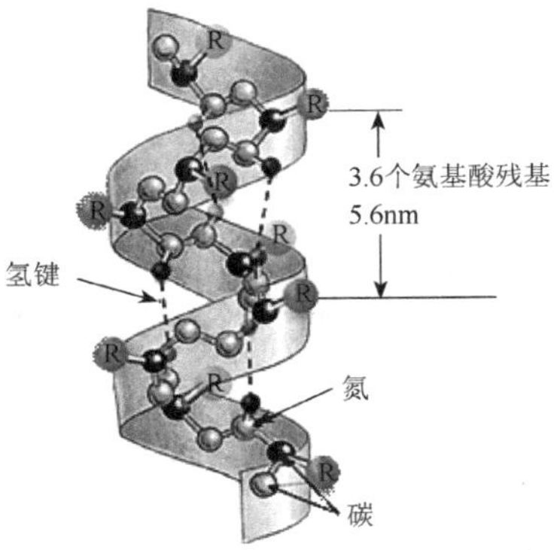

图 1-40　蛋白质 α 螺旋结构示意图

螺旋形成稳定性：通过影响氢键及分子内静电作用即可影响螺旋的形成和稳定性。①临近基团带电性相同不利于螺旋形成。②重复的 Asn、Ser、Thr、Leu 序列对螺旋的形成有阻碍。③由于 Pro 的 N—C_α 不能旋转，也没有 H 可以形成氢键形成转角，因此含有 Pro 的位置难以继续形成螺旋。④ Gly 过多，柔性大容易形成松散结构。

2）β 折叠（β-fold）

两条或多条几乎完全伸展的多肽链（或同一肽链的不同肽段）侧向聚集在一起，相邻肽链主链上的 N—H 和 C═O 之间形成氢键，这样的多肽构象就是 β 折叠。如图 1-41 所示，β 折叠中所有的肽链都参与链间氢键的形成，氢键与肽链的长轴接近垂直。多肽主链呈锯齿状折叠构象，侧链 R 基交替地分布在片层平面的两侧。平行式：所有参与 β 折叠的肽链的 N 端在同一方向。反平行式：肽链的极性一顺一倒，N 端间隔相同。两种构象在二面角上稍有差异：平行式 Φ＝－119°，Ψ＝＋113°；反平行式 Φ＝－139°，Ψ＝＋135°。从能量上看，反平行式 β 折叠比平行式的更稳定，前者的氢键 NH—O 几乎在一条直线上，氢键作用最强。

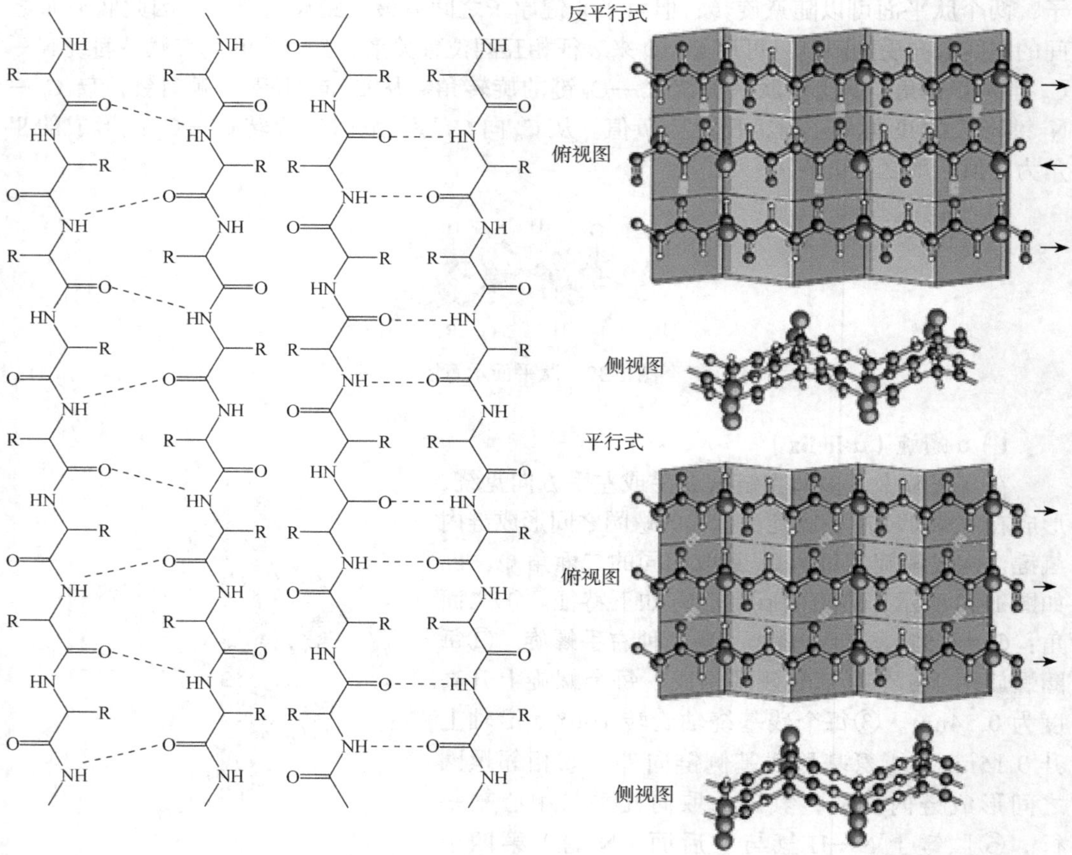

图 1-41　β 折叠构象图

β 折叠广泛存在在各类蛋白质中，如在纤维状蛋白质中 β 折叠主要是反平行式，而在球状蛋白质中反平行和平行两种方式都存在。在纤维状蛋白质的 β 折叠中，氢键主要是在肽链之间形成，而在球状蛋白质中，β 折叠既可在不同肽链间形成，也可在同一肽链的不同部分间形成。

3）β 转角（β-turn）

β 转角也称 β 回折（reverse turn）、β 弯曲（β-bend）、发夹结构（hair-pin structure）。由第一个氨基酸残基的 C=O 与第四个氨基酸残基的 N—H 间形成氢键。目前发现的 β 转角多数在球状蛋白质分子表面，β 转角在球状蛋白质中含量十分丰富，占全部残基的 1/4。

β 转角的特征见图 1-42，其由多肽链上 4 个连续的氨基酸残基组成；主链骨架以

180°返回折叠；第一个氨基酸残基的 C═O 与第四个氨基酸残基的 N—H 生成氢键；$C_{\alpha 1}$ 与 $C_{\alpha 4}$ 之间距离小于 0.7nm；多数由亲水氨基酸残基组成。

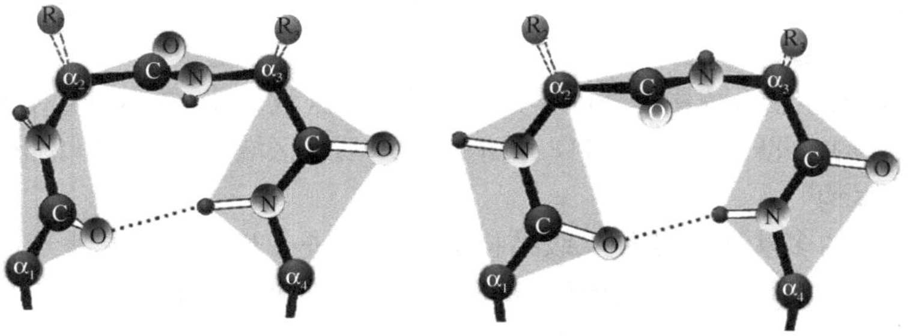

图 1-42 β 转角构象图

4）无规卷曲（randon coil）

无规卷曲是没有规律的多肽链主链骨架构象。球状蛋白质中含量较高，对外界理化因子敏感，与生物活性有关。α 螺旋、β 转角、β 折叠在拉氏图上有固定位置，而无规卷曲的 Φ、Ψ 二面角可存在于所有允许区域内。

5）超二级结构（supersecondary structure）

超二级结构是指在多肽链内顺序上相互邻近的二级结构，常常在空间折叠中靠近，彼此相互作用，形成规则的二级结构聚集体。目前发现的超二级结构有 3 种基本形式：α 螺旋组合（αα，图 1-43A）、β 折叠组合（βββ，图 1-43B）和 α 螺旋 β 折叠组合（βαβ，图 1-43C）。其中，以 βαβ 组合最为常见，也有如图 1-46D 形成回文结构的情况。它们可直接作为三级结构的“建筑块”或结构域的组成单位，是蛋白质构象中二级结构与三级结构之间的一个层次，故称超二级结构。

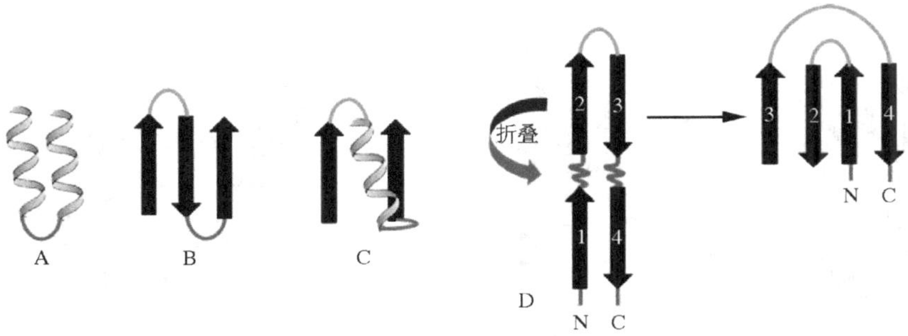

图 1-43 蛋白质超二级结构示意图

二级结构与功能的关系：在相同的一级结构基础上，蛋白质是否能形成不同的二级结构呢？答案是肯定的，究其原因则不只是由于所处微环境的变化。例如，α 螺旋水溶性好，β 折叠水溶性差，因此可以设想，如果一个蛋白质分子本来由 α 螺旋构成，在某种情况下，全转变成 β 折叠，那么可能该蛋白质的溶解度会变差，最终很可能就在所在部位沉淀下来，引发生理变化。疯牛病的发病便是这样一个一级结构相同，二级结构不同影响生理功能的经典例子。疯牛病致病的因子是 PrP 蛋白，正常情况下（图 1-44A），PrP 在大脑中广泛存在，由 α 螺旋构成（不含 β 折叠），溶解度很好（因而浓度较高时稳定），当有变性（致病）的 PrP^c 蛋白时（部分 α 螺旋变成 β 折叠）（图 1-44B），PrP^c 可诱发 PrP 继续向 PrP^c 转变，而 PrP^c 中的 β 折叠导致其溶解度大大降低，最终沉淀在脑组织内，引发病变。

此外，蛋白质生物合成中延长因子 EF-Tu 的调节区域（Pro-Glu-Glu-Lys-Ala-Arg）GTP 化后为 α 螺旋结构，此时有活性，GTP 水解为 GDP 后该区域构象会变为 β 折叠，无活性。

3．三级结构

构成蛋白质的多肽链在各种二级结构的基础上进一步盘曲或折叠形成的具有一定规律的三维空间结构，称为蛋白质的三级结构（tertiary structure）（图 1-45）。蛋白质三级结构的稳定主要靠次级键，包括氢键、疏水键、盐键以及范德瓦尔斯力等。这些次级键可存在于一级结构序号相隔很远的氨基酸残基的 R 基团之间。次级键都是非共价键，易受环境中 pH、温度、离子强度等的影响，变动的可能性较大。此外，二硫键作为共价键，可使蛋白质一级序列中远离的两个肽段联系在一起，亦对蛋白质三级结构的稳定起着重要作用。在蛋白质三级结构的描述中，常涉及结构域（domain）这一概念。其定义为：一级结构相去较远，但三级结构相邻，形成功能相对独立的区域。一般每个结构域由 100～200 个氨基酸残基组成，各有独特的空间构象，并承担不同的生物学功能。例如，免疫球蛋白（IgG）由 12 个结构域组成，其中两个轻链上各有 2 个，两个重链上各有 4 个；补体结合部位与抗原结合部位处于不同的结构域。同一蛋白质分子中的几个结构域有的相同，有的不同；而不同蛋白质分子中的某些结构域也可以相同。例如，乳酸脱氢酶、3- 磷酸甘油醛脱氢酶、苹果酸脱氢酶等均属以 NAD^+ 为辅酶的脱氢酶类，它们各自由 2 个不同的结构域组成，但它们与 NAD^+ 结合的结构域构象则基本相同。

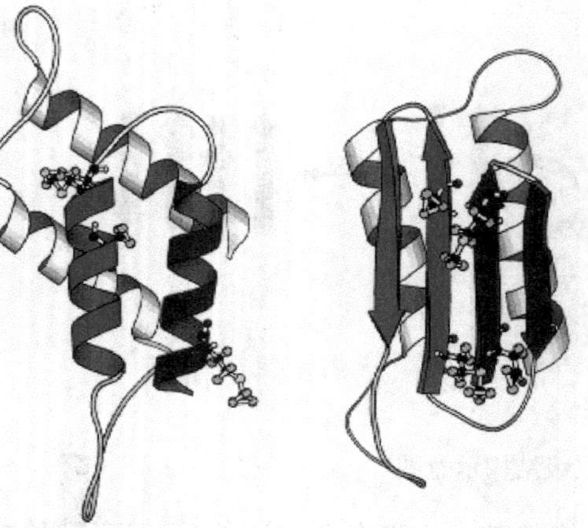

A 正常蛋白：PrP　　B 变性的蛋白：PrP^c

图 1-44　疯牛病致病因子的两种不同构象

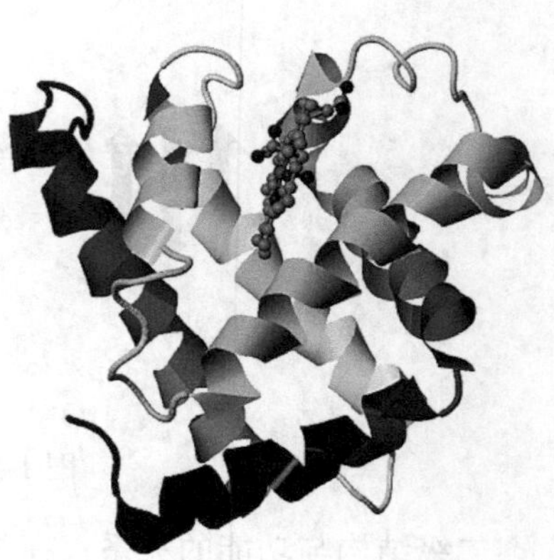

图 1-45　肌红蛋白三维结构图

稳定蛋白质三级结构的作用力有如下几种。

（1）氢键：大多数蛋白质采取的折叠策略是使主链肽基之间形成最大数目的分子内

氢键（如 α 螺旋、β 折叠），同时保持大部分能成氢键的侧链处于蛋白质分子表面，以便与水相互作用。

（2）范德瓦尔斯力（分子间及基团间作用力）：包括 3 种弱的作用力：定向效应（极性基团间）、诱导效应（极性与非极性基团间）、分散效应（非极性基团间）。

（3）疏水相互作用：蛋白质中的疏水残基避开水分子而聚集在分子内部的趋向力。它在维持蛋白质的三级结构方面占有突出的地位。

（4）离子键（盐键）：是正电荷和负电荷之间的一种静电作用。例如，在生理 pH 下，Asp、Glu 侧链解离成负离子，可与 Lys、Arg、His 离解成的正离子相互作用。多数情况下，这些基团分布在球状蛋白质分子的表面，与水分子形成排列有序的水化层；也会出现少数带相反电荷的侧链在分子的疏水内部形成盐键的情况。

（5）共价键：主要的是二硫键，在二硫键形成之前，蛋白质分子已形成三级结构，二硫键不指导多肽链的折叠，三级结构形成后，二硫键可稳定此构象。

（6）静电相互作用：最强的静电作用就是带相反电荷的离子基团间的静电作用，又称盐桥。盐桥和较弱的静电相互作用（离子 - 偶极、偶极 - 偶极、范德瓦尔斯力）也是维持亚基间以及蛋白质与配体间的作用力。图 1-46 是稳定蛋白质三级结构的作用力示意图。

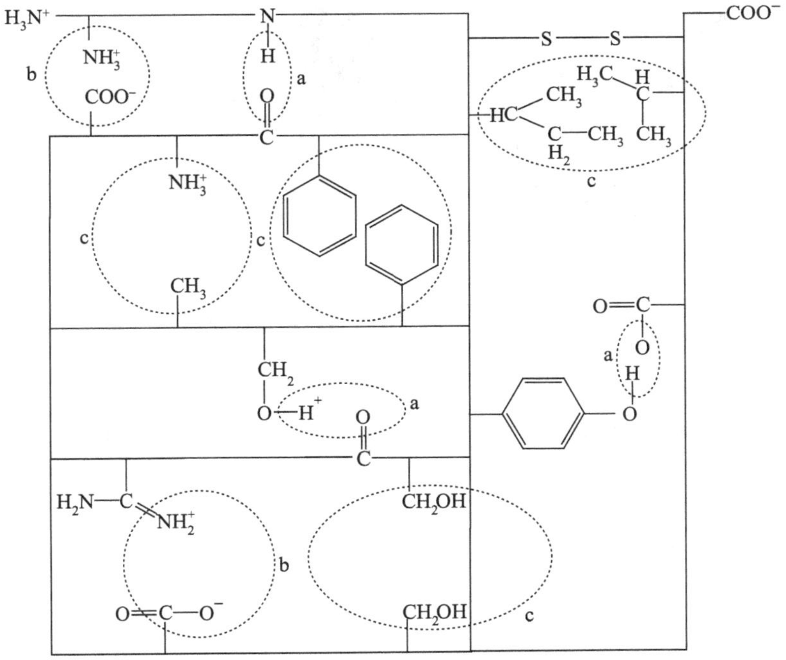

图 1-46　稳定蛋白质三级结构的作用力示意图

a. 氢键；b. 离子键；c. 疏水键

4．高级结构

具有两条或两条以上独立三级结构的多肽链组成的蛋白质，其多肽链间通过次级键相互组合而形成的空间结构称为蛋白质的四级结构。其中，每个具有独立三级结构的多肽链单位称为亚基（subunit）。四级结构实际上是指多个亚基的空间立体排布及相互作用位点的空间排布。亚基之间不含共价键，亚基间次级键的结合比二级、三级结构疏松，因此在一定的条件下，四级结构的蛋白质可分离为组成其的亚基，而亚基本身构象仍可不变。

图 1-47 是肌红蛋白与血红蛋白构象对比图。肌红蛋白是只有三级结构的蛋白质，血红蛋白具有高级结构，机体进行这种区分的原因是：高级结构的蛋白质具有特殊的效应——协同效应。以血红蛋白为例，由 4 个相近的（两类）亚基构成，每个亚基均能结合氧分子，因此结合能力增强；另外，其中一个亚基与第一个氧分子结合时，较为困难，但一旦结合一个氧分子后，原有的构象变动，最终使得其他亚基同氧分子的结合变得更为容易。这种由于蛋白质分子高级构象改变而导致蛋白质分子功能发生改变的现象称为变构效应。即当血红蛋白的一个亚基与氧分子结合以后，可引起其他亚基的构象发生改变，对氧的亲和力增加，从而导致整个分子的氧结合力迅速升高，使血红蛋白的氧饱和曲线呈“S”形（图 1-48）。

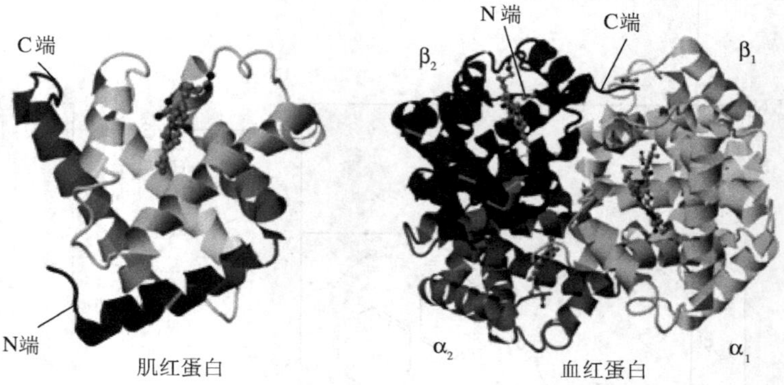

图 1-47　肌红蛋白与血红蛋白构象对比图

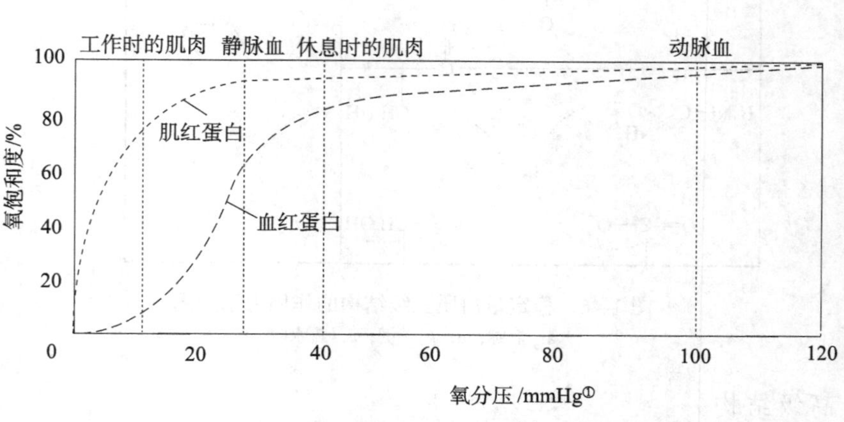

图 1-48　血红蛋白、肌红蛋白氧饱和曲线

① 1mmHg≈0.133kPa

技术扩展 1-2

蛋白质结构的解析

蛋白质作为生命系统中含量最丰富而且功能最多样的生物大分子，在几乎所有的生命过程中发挥着不可或缺的功能。而对于蛋白质结构的解析也贯穿于整个生命过程的认识和生命科学发展的变革当中，研究蛋白质的分子结构在过去的半个世纪得到了长足的发展。目前蛋白质数据库（protein data bank，PDB）是蛋白质结构信息最重要的数据来源。而测定蛋白质三维空间结构的方法主要有三大类。

1. X 线晶体衍射学（X-ray crystallography）

X 线晶体学是利用 X 线来研究晶体中原子排列结构的一种技术。在蛋白质数据库中约有 90% 的蛋白质（超过 110 000 种）的三维空间结构是用此方法获得的。1912 年劳尔首次观测到硫酸铜晶体的 X 线衍射图谱，1915 年 Bragg 父子发现了 Bragg 定律，从而使得通过 X 线衍射来测定原子的位置成为可能。1950 年 Kendrew 和普朗克分别解析了包含血红素配体的肌红蛋白和血红蛋白的结构，1953 年沃森和克里克揭示 DNA 双螺旋的结构也是得益于 X 线衍射的证据。可以说，在 20 世纪，X 线晶体学对生物大分子三维空间结构的解析伴随了多数生命科学领域革命性的认识。

2. 核磁共振（nucleic magnetic resonance，NMR）技术

核磁共振技术是利用原子核在强磁场中发生的核自旋能级跃迁的现象，通过化学物质中原子核的核磁共振信号的化学位移来获取分子的结构信息。核磁共振技术解析蛋白质结构的优点是其能对溶液和非晶体状态的蛋白质进行检测。

3. 冷冻电镜（cryo electron microscope，cryo-EM）技术

冷冻电镜技术是近两年由于检测技术的进步而发展起来的蛋白质结构解析技术。它是将蛋白质通过快速冷冻的办法形成玻璃态，使得其保持蛋白质的天然结构状态。然后通过高分辨率的电镜对样品进行观测和图像采集，最后通过三维重构技术完成对蛋白质结构的解析。目前冷冻电镜技术的分辨率可以达到 0.3nm。冷冻电镜的优点是，所观测的蛋白质样品可以处于含水的天然结构状态，同时可以将样品冻结在功能过程中的不同状态，观测蛋白质在功能发挥过程中的结构变化。

1.5 核　　酸

核酸是含由糖、碱基、磷酸等结构单元组成的生物大分子，由单核苷酸通过 3'-5' 磷酸二酯键连接而成。核酸存在于所有生命体中并常与蛋白质结合形成核蛋白。根据化学组成不同，核酸可分为核糖核酸（ribonucleic acid，RNA）和脱氧核糖核酸（deoxyribonucleic acid，DNA）。DNA 是储存、复制和传递遗传信息的主要物质基础。RNA 在蛋白质合成过程中起着重要作用，又分为：转运核糖核酸（tRNA），起着携带和转移活化氨基酸的作用；信使核糖核酸（mRNA），合成蛋白质的模板；核糖体核糖核酸（rRNA），参与细胞合成蛋白质。在第 4 章及第 5 章中将进一步了解核酸在细胞遗传信息维持及表达中发挥的作用，本节仅就核酸的结构和性质进行介绍。

1.5.1　核酸的化学组成

核酸是一种线形多聚核苷酸，基本组成单位是核苷酸。核苷酸又由磷酸和核苷组成，核苷是戊糖和碱基通过糖苷键连接而形成的。

核酸中戊糖的环状结构是由其 1'、2'、3'、4' 位的碳原子和氧排列连接构成，而其第 5' 位的碳原子则位于戊糖环外侧。根据戊糖中第 2' 位碳原子上连接的是氢原子还是羟基可以将其分为脱氧核糖与核糖，其中脱氧核糖是组成 DNA 的戊糖（图 1-49A），而核糖是 RNA 分子的组成部分（图 1-49B），这一微小的差异对 DNA 和 RNA 分子的功能和性质都有着巨大的影响。

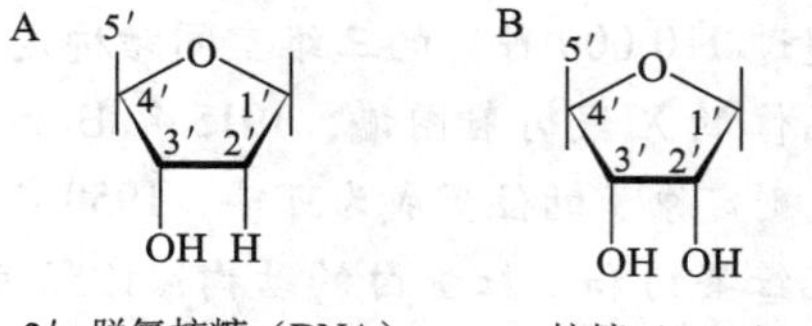

图 1-49　组成 DNA 和 RNA 的戊糖结构

核酸分子的另一个基本组成单元是碱基（图 1-50）。碱基分为碳氮双环的嘌呤碱基和单环结构的嘧啶碱基两大类。嘌呤碱基包括腺嘌呤（A，adenine）和鸟嘌呤（G，guanine）两种，而嘧啶碱基包括胞嘧啶（C，cytosine）、胸腺嘧啶（T，thymine）和尿嘧啶（U，uracil）。其中嘌呤碱基的 9 位和嘧啶碱基的 1 位是碱基和戊糖连接的位点，而嘌呤碱基 6 位上的功能基团和嘧啶碱基 4 位上的功能基团可以形成氢键从而实现碱基

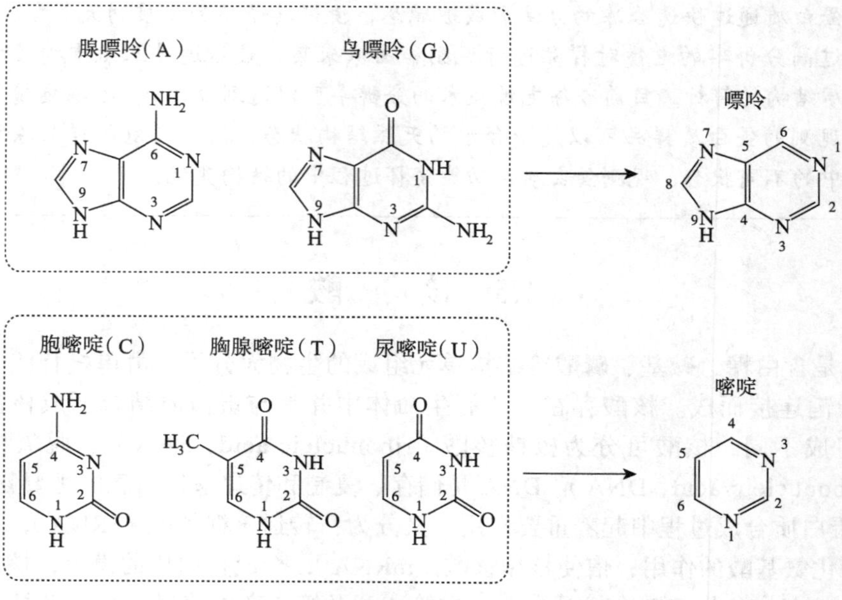

图 1-50　组成核酸的 5 种碱基的结构

配对。

AGCT 四种碱基出现在 DNA 中，而 AGCU 是构成 RNA 的碱基，注意，T 通常出现在 DNA 中，而 U 只出现在 RNA 分子中。某些 RNA 分子中还含有微量的其他碱基，称为稀有碱基，如 tRNA 中含有的假尿嘧啶和二氢尿嘧啶。

核酸分子的最后一个基本化学组成部分是磷酸根，磷酸根的存在使得 DNA 和 RNA 分子在生理环境下具有酸的特性，这也是其叫做核酸的原因。

戊糖 1 位 C 与嘧啶碱的 1 位 N 或与嘌呤碱的 9 位 N 连接形成 C—N 糖苷键，形成的分子叫做核苷（图 1-51），核酸中的核苷均为 β 型核苷。

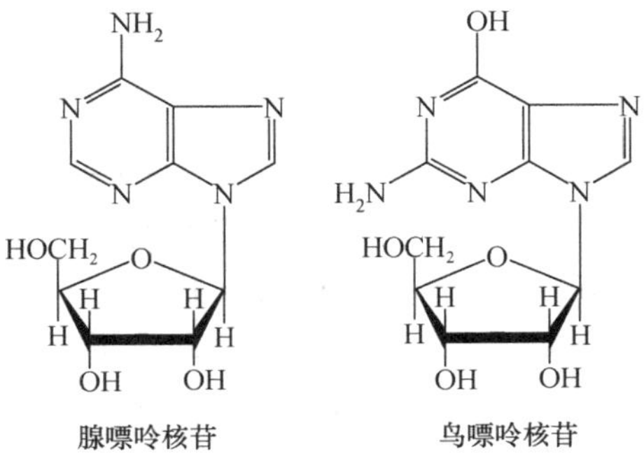

图 1-51　核苷结构示意图

核苷中戊糖 5 位 C 的羟基进一步被磷酸酯化，就生成了核苷酸。根据其连接的磷酸基团的数目，相应产物分别叫做单磷酸核苷酸、二磷酸核苷酸和三磷酸核苷酸（图 1-52），如体内的能量分子 ATP 就是三磷酸腺苷酸。

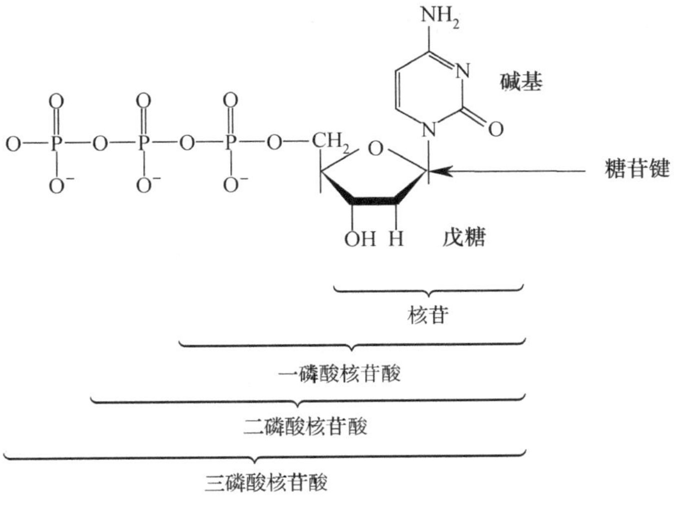

图 1-52　核苷酸的组成

当不区分是何种脱氧核苷三磷酸或三磷酸核苷时，可以把它们统称为脱氧核苷三磷酸（deoxynucleoside triphosphates，dNTPs）和三磷酸核苷（nucleoside triphosphates，NTPs）。表 1-9 列出了各种主要的核苷及核苷酸的命名，细胞中的各种游离核苷酸通常以三磷酸的形式存在，这也是 DNA 和 RNA 分子合成中的前体物质。

表 1-9　核酸的组成及命名

碱基	核苷		核苷酸	
	DNA	RNA	DNA	RNA
腺嘌呤（A）	脱氧腺嘌呤核苷	腺嘌呤核苷	脱氧三磷酸腺苷酸（dATP）	三磷酸腺苷酸（ATP）
鸟嘌呤（G）	脱氧鸟嘌呤核苷	鸟嘌呤核苷	脱氧三磷酸鸟苷酸（dGTP）	三磷酸鸟苷酸（GTP）
胞嘧啶（C）	脱氧胞嘧啶核苷	胞嘧啶核苷	脱氧三磷酸胞苷酸（dCTP）	三磷酸胞苷酸（CTP）
胸腺嘧啶（T）	脱氧胸腺嘧啶核苷	—	脱氧三磷酸胸苷酸（dATP）	—
尿嘧啶（U）	—	尿嘧啶核苷	—	三磷酸尿苷
一般碱基（N）	脱氧核苷	核苷	脱氧三磷酸核苷酸	三磷酸核苷酸

细胞内游离核苷酸除了作为核酸合成的前体之外，这些化合物及其衍生物还在生物体内发挥着许多其他的重要作用。①核苷 5′- 多磷酸化合物：ATP、GTP、CTP 等在能量代谢和物质代谢及调控中起重要作用。②环核苷酸：常见有 cAMP、cGMP 等，作为质膜的激素的第二信使起作用，cAMP 调节细胞的糖代谢、脂代谢。③核苷 5′- 多磷酸 3′- 多磷酸化合物：如 ppGpp、pppGpp，为细菌内的小分子信号物质，与细菌对环境胁迫的应答相关。④核苷酸衍生物：HS-CoA、NAD^+、$NADP^+$、FAD 等辅助因子。又如，GDP- 半乳糖、GDP- 葡萄糖等是糖蛋白生物合成的活性糖基供体。

1.5.2　核酸的一级结构

核苷酸之间的连接依赖于一个核苷酸上连接于戊糖 5′ 位上的磷酸基团和相邻核苷酸中戊糖 3′ 位上的羟基脱水形成的磷酸二酯键（phosphodiester bond）（图 1-53）。核苷酸依次相连形成的多聚核苷酸链就叫做核酸。核酸的一级结构也就指的是核酸单链上核苷酸的排列顺序。

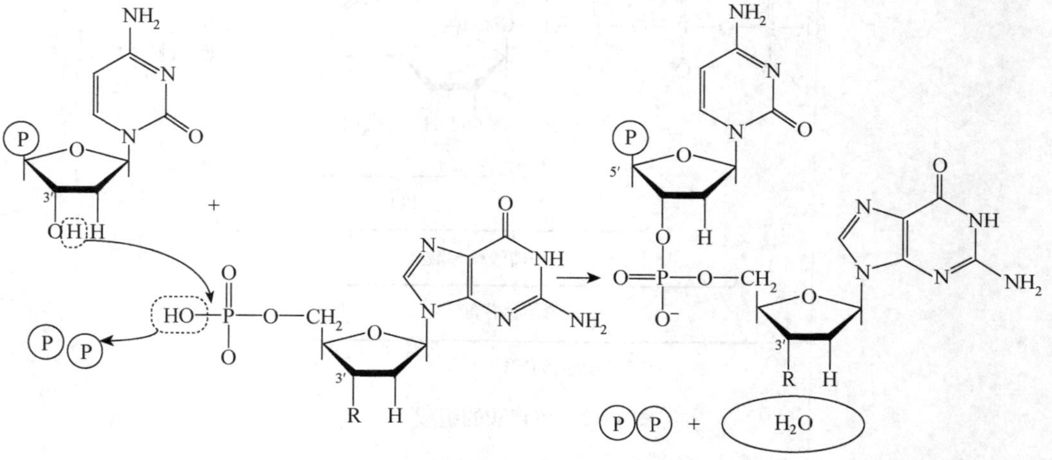

图 1-53　磷酸二酯键的形成过程

核酸链的骨架为磷酸二酯键连接的交替排列的戊糖和磷酸基团，称为糖磷酸骨架链（sugar-phosphate backbone），如图 1-54 所示。尽管形成了磷酸二酯键，但磷酸基团中的氧仍保持负离子化，所以核酸分子整体仍带负电。

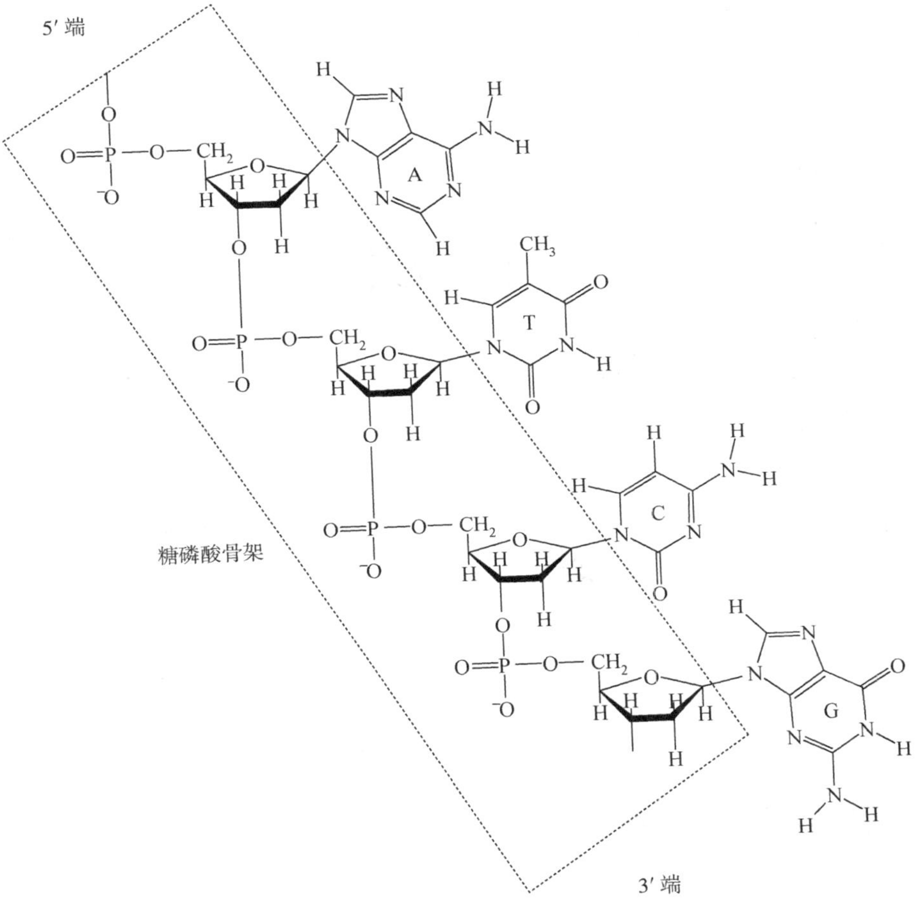

图 1-54 核酸单链的结构及其方向性

核酸单链的两个末端是不对称的，其一端是游离的 5′ 磷酸基团（有时磷酸可以被水解掉，留下 5′ 端游离羟基），而另一端是戊糖 3′ 位碳原子上的游离羟基。在书写核酸序列时习惯上由左向右按照 5′ 端向 3′ 端的方向书写，且可以用碱基的简写字母 AGCT 代表整个核苷酸，如图 1-54 中这段 DNA 单链序列可以写作：5′-ATCG-3′，或者再简略一点直接写 ATCG 就可以了。

核酸单链的长度可以用核苷酸数（nt）或碱基数（base）来表示。长度比较小的，一般短于 50 个核苷酸时叫做寡核苷酸（oligonucleotide）。在表示 DNA 双链长度的时候，通常用碱基对的数目（bp）来表示，很长的上千个碱基对的 DNA 可以用 kb 或 kbp 来表示。

RNA 的一级结构和 DNA 非常相似（图 1-55），只是其糖磷酸骨架链上戊糖的 2 位碳原子连接了羟基。这一个微小的差异还导致了 DNA 和 RNA 分子在碱性环境下稳定性的巨大差别（详见 1.5.3 中核酸的水解部分）。

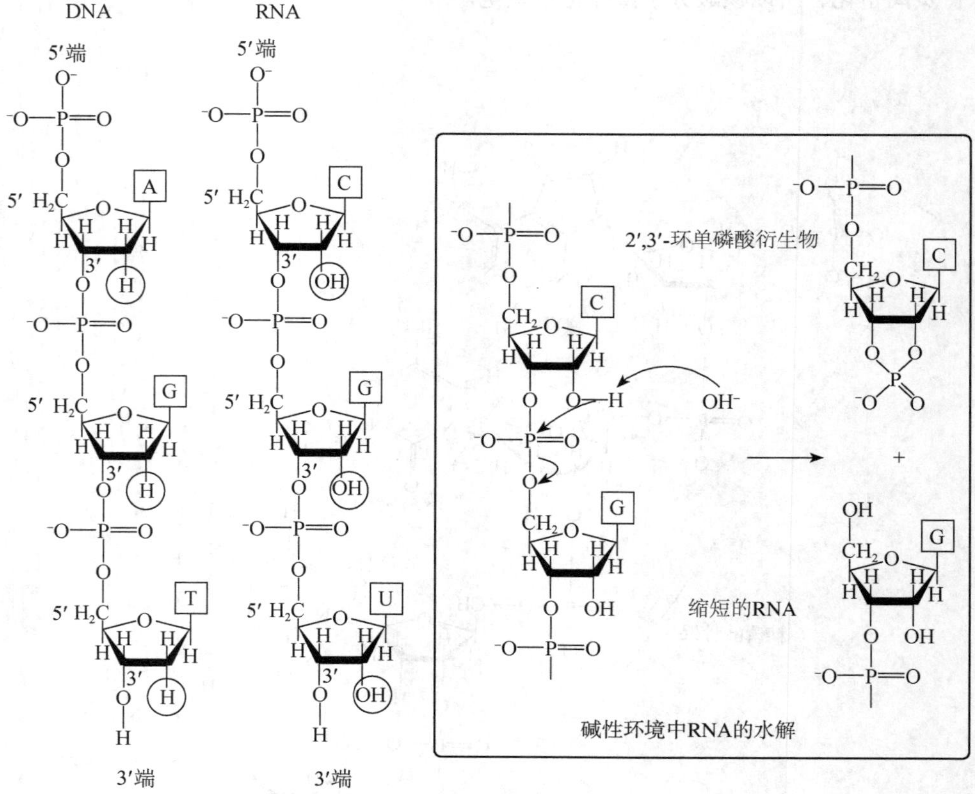

图 1-55　RNA 的结构及其在碱环境中的稳定性

1.5.3　核酸的主要理化性质

1．紫外吸光性质

碱基含有共轭双键体系，在紫外区有特征吸收。由图 1-56 可见，核酸分子大都在 260nm 左右有最大吸收峰，不同的核酸有不同的紫外吸收特性，可以作为定性和定量测定的依据。一般来说，OD_{260}＝1.0 相当于 50μg/mL 双链 DNA，40μg/mL 单链 DNA（或 RNA），20μg/mL 寡核苷酸；另外，核酸和蛋白质在 260nm 与 280nm 处的吸光特点有较大差异，可用于判断核酸的纯度（是否含有蛋白质）：DNA 纯品 OD_{260}/OD_{280}＝ 1.8；RNA 纯品 OD_{260}/OD_{280}＝ 2.0；蛋白质纯品 OD_{260}/OD_{280}＝0.5。例如，DNA 样品的 OD_{260}/OD_{280}＞1.8，说明有 RNA 污染；OD_{260}/OD_{280}＜1.8，说明有蛋白质污染。

2．核酸的两性性质及等电点

与蛋白质相似，核酸分子中既含有酸性的磷酸基基团，其碱基中也含有碱性的氨基或亚氨基基团，因而核酸分子也具有两性性质。由于核酸分子中的磷酸是一个中等强度的酸，而碱性（氨基）为弱碱，所以核酸的等电点比较低，如 DNA 的等电点为 4～4.5，

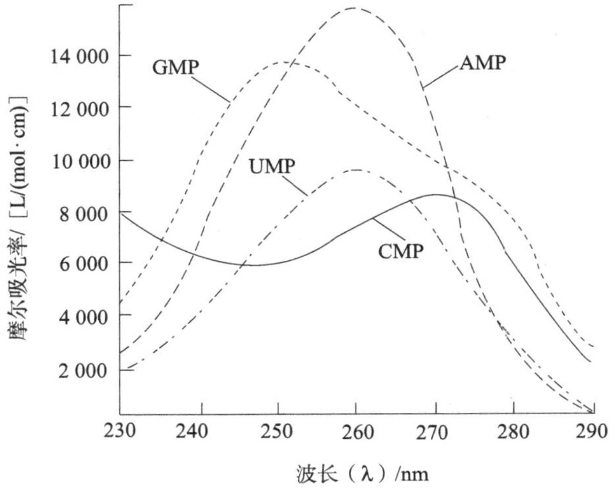

图 1-56　碱基 / 核苷酸的紫外吸光情况

RNA 的等电点为 2～2.5。RNA 的等电点比 DNA 低的原因是 RNA 分子中核糖基上 2′-OH 通过氢键促进了磷酸基上质子的解离。

3．核酸的水解及酶解

酸性或碱性条件下核酸骨架链中的磷酸二酯键可以水解断裂，但 DNA 和 RNA 对酸或碱的耐受程度有很大差别。例如，在 0.1mol/L NaOH 溶液中，RNA 几乎可以完全水解，生成 2′- 或 3′- 磷酸核苷；DNA 在同样条件下则不受影响。这种水解性能上的差别，与 RNA 核糖基上 2′-OH 的邻基参与作用有很大的关系。在 RNA 中，戊糖上的 2′ 羟基在这一分子内取代反应中发挥了亲核攻击的作用，首先进攻磷酸基，在断开磷酯键的同时形成环状磷酸二酯，而 DNA 由于 2 位上缺少羟基，因此在碱性环境中相对 RNA 要稳定得多。

核酸除了在酸性及碱性条件下发生水解外，在生物体内，其主要通过各种核酸酶的作用发生降解。能水解核酸的酶类非常多，特异性水解 RNA 的酶称为核糖核酸酶（RNA 酶），其在自然界广泛存在。水解 DNA 的酶称为脱氧核糖核酸酶（DNA 酶）。从核酸链的末端一个一个水解核苷酸的酶称为核酸外切酶，而从核酸链内部打断磷酸二酯键的酶称为核酸内切酶。有些 DNA 酶能够识别特异的 DNA 碱基序列并在序列中的特定位点对 DNA 双链产生切割，这一类酶称为限制性核酸内切酶，基于这一特性，限制性核酸内切酶作为 DNA 操作中的工具酶在基因工程技术中被广泛采用。

DNA 的双螺旋二级结构、超螺旋及染色体形成中的高级结构都与其功能有密切关系，与之相关的变性、复性等性质及核酸杂交的技术将在第 4 章中重点讲述。

技术扩展 1-3

DNA 的酶切和连接

基因工程操作中需要将不同来源的 DNA 在体外进行切割和重新连接，这些过程中常需要使用到限制性核酸内切酶和 DNA 连接酶等工具酶类。

限制性核酸内切酶是一类能够识别 DNA 双链中的某些特定核苷酸序列，并能够在序列中的特定位点切割 DNA 链的酶，其主要是从原生生物中分离纯化得到的。限制性核酸内切酶的命名一般是以其来源的微生物属名的第一个字母和种名的前两个字母组成，第四个字母表示菌株（品系）。例如，从 *Bacillus amyloliquefaciens* H 中提取的限制性核酸内切酶称为 *Bam*H，在同一品系细菌中得到的识别不同碱基顺序的几种不同特异性的酶，可以编成不同的号，如 *Hind* Ⅰ、*Hind* Ⅲ、*Hpa* Ⅰ、*Hpa* Ⅱ，*Eco*R Ⅰ、*Eco*R Ⅴ等。DNA 酶切割 DNA 双链得到的产物有平末端和黏末端之分，如图 1-BOX4 所示。相同末端的 DNA 双链又可以在 DNA 连接酶的作用下重新被连接形成完整的 DNA 双链。这也为人工操作 DNA 提供了强有力的工具。

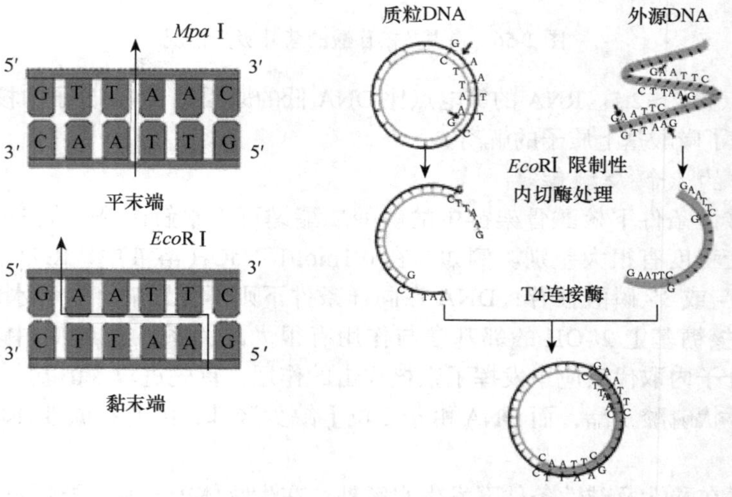

图 1-BOX4　DNA 分子的酶切和连接

本章小结

生命世界丰富多彩，但生物体的化学组成却大体相同。C、H、O、N 是组成生命体的基本元素，C 则是最基本的元素，具有非常重要的作用。碳原子相互之间通过化学键连接成链状或环状的结构，构成生物体最重要的生物分子的碳骨架。生物大分子包括糖、脂肪、蛋白质和核酸，都是由许多单体连接而成的多聚体。

糖类是生命活动的主要能量来源，是代谢反应重要的中间产物，是构成糖蛋白的重要生物大分子，是细胞识别的信息分子。糖类含有 C、H、O 元素，是多羟基醛或酮类化合物总称，化学通式 $C_n(H_2O)_n$，按照组成的结构单元数目和特点可分为单糖、寡糖、多糖。单糖是最简单的糖类，单糖之间通过脱水缩合构成寡糖和多糖，在水溶液中呈环状结构。生活中重要的多糖有淀粉、糖原和纤维素。

脂类由 C、H、O 三种元素组成，不溶于水，可溶于有机溶剂，具有疏水性。脂类主要包括甘油三酯、磷脂、鞘脂、固醇类和萜类等。甘油三酯是由甘油和脂肪酸结合而成的脂类，是能量的主要贮存形式；磷脂是甘油的一个 α- 羟基和磷酸结合成的酯，具有一个亲水头、两条疏水长链尾的结构特征，磷脂双分子层是构成生物膜的骨架。

蛋白质是细胞中含量最丰富、功能最多样的生物大分子。氨基酸是组成蛋白质的单体，常见天然氨基酸有 20 多种，除甘氨酸外，19 种氨基酸都为 L 型氨基酸，基本结构包括一个 α- 碳连接一个 α- 氨基、一个 α- 羧基、一个氢和一个 R 基，R 基不同则氨基酸不同。氨基酸的羧基与氨基酸的氨基脱水缩合形成的酰胺键，称肽键，蛋白质就是多个氨基酸通过肽键连接而成的。天然蛋白质都有其特定的三维空间结构，即构象。蛋白质的一级结构是指多肽链中氨基酸残基的数目、种类和排列顺序，蛋白质的一级结构决定高级结构及功能。二级结构是指多肽链通过氢键在链内形成的局部空间结构，包括 α 螺旋、β 折叠和 β 转角等。三级结构是指多肽链在各种二级结构的基础上进一步盘曲折叠成紧密的近似球状的结构。四级结构是指多条肽链以弱键（疏水力、氢键和盐键）相互组合而形成的空间结构。

核酸具有存储和传递遗传信息的功能，核苷酸是构成核酸的结构单体。一个核苷酸包括一个含氮碱基、一个核糖（或脱氧核糖）和一个磷酸根。核酸分为脱氧核糖核酸（DNA）和核糖核酸（RNA）两大类，DNA 含 G、A、C、T 四种碱基，RNA 含 G、A、C、U 四种碱基。核苷酸及其衍生物还能够作为化学能量的携带者，ATP 称为能量“货币”单位；此外，cAMP 作为重要的信号分子，在细胞信号转导中起着第二信使作用。核酸分子在 260nm 左右有最大的吸收，不同的核酸有不同的紫外吸收特性，可以作为定性和定量测定的依据。

思　考　题

1．碳为什么是构成生物体的最基本元素？

2．光合作用得到的糖类最终在自然界有哪些存在形式？

3．血液中葡萄糖分子的存在形式有哪些可能？它们之间的比例关系如何？试着写出这些结构的 Fischer 式和 Haworth 式。

4．脂类在生命体中能发挥哪些作用？

5．为什么动物选择脂肪贮存能量而不选择淀粉？

6．20 种氨基酸是否都有旋光性？是否都是 L 型 α- 氨基酸？什么是氨基酸的等电点？氨基酸或蛋白质处在大于自身 pI 的 pH 溶液中净电荷为正还是负？

7．维持蛋白质二级、三级、四级结构的作用力分别是什么？球状蛋白质三维结构的特点是什么？

8．请对比图 1-48 中血红蛋白、肌红蛋白氧饱和曲线，解释肌肉组织中肌红蛋白能从血液中获得氧的原因。

9．为什么 DNA 不易在碱性条件下水解，而 RNA 却易水解？

10．利用核酸的紫外吸收特性能够在研究工作中进行哪些测定？

拓展读物

王镜岩，朱圣庚，徐长法．2012．生物化学（上册）．3 版．北京：高等教育出版社
郑集，陈钧辉．2010．普通生物化学．4 版．北京：高等教育出版社
Bray A，et al. 2007．Essential Cell Biology．3rd. Garland Science，Taylor and Francis Group
Nelson D L，et al. 2013．Lehninger Principles of Biochemistry. 6th . Macmillan Publishers Limited

（孔　宇　孔令洪　卢晓云　武亚艳）

第 2 章　细胞中能量及物质的代谢与转化

物质代谢与能量代谢紧密联系，物质代谢过程中所伴随的能量释放、转移和利用等称为能量代谢。本章以能量为主线，介绍细胞能量代谢及相关的主要营养物质，如糖、脂肪、蛋白质等的代谢活动。物质的分解代谢过程中，营养物质蕴藏的化学能经过转化，成为了机体各种生命活动的能源，故分解代谢是放能反应。合成代谢过程需要供给能量，因此是吸能反应。

2.1　生物体中的能量来源及其存在形式

2.1.1　生物体与能量

如同机械的运转需要动力，自然界中生物体的一切生命活动都需要有能量供应。生物体的生长、发育离不开核酸、蛋白质等的合成，而机体运动如肌肉收缩、生物膜的物质传递、运输等，也都需要消耗能量。如果没有能量，生命活动将无法进行，生命也就停止了。

太阳能几乎是所有生物最根本的能量来源，生物体内所含的能量通常以生物能形式存在。生物能是太阳能以化学能形式贮存在生物中的一种能量形式，一种以生物质为载体的能量，它直接或间接地来源于植物的光合作用，在各种可再生能源中，生物质是独特的，它是贮存的太阳能，更是一种唯一可再生的碳源，可转化成常规的固态、液态和气态燃料。

生物体中，直接参与能量转换的场所是叶绿体或线粒体（图 2-1）。

对于绿色植物，其细胞中广泛存在着叶绿体，相当于能量转换器，可将吸收的太阳能转变为化学能贮存在它所合成的有机物中，如利用 CO_2 合成葡萄糖，就是通过光合作用过程，将太阳能贮存在葡萄糖分子中。因此说，叶绿体是进行光合作用制造有机物的场所。叶绿体内的能量转换过程主要依赖于叶绿体内膜系统上有关成分的精细排列。在叶绿体内含有许多扁平盘状的、内膜包围着的颗粒或囊泡，称为类囊体（thylakoid），它们通常堆积在一起形成称为基粒（grana）的结构。类囊体膜上嵌合着光合作用的色素以及进行光合反应和 ATP 合成的酶复合体，光合作用的光反应，即由光能驱动 NADPH 和 ATP 的合成过程就发生在类囊体膜内。NADPH 和 ATP 在叶绿体基质中被用来将 CO_2 固定以形成糖类。

动物细胞主要依靠外界营养物质提供能量，为了能使这些能源物质中的化学能用于生长和繁殖等，机体必须采用一种有效的形式来提取它。由于生物体细胞内的各种化学反应均需要在温和的条件下进行，从食物分子中提取能量采用了一个逐渐氧化的过程，或称控制性燃烧过程。线粒体（图 2-1）是细胞进行燃烧产生能量的主要场所。

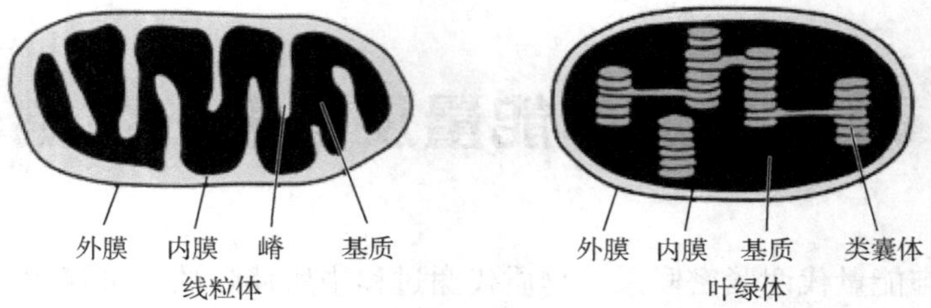

图 2-1　线粒体与叶绿体的结构模式图

一个普通细胞含有几百个到上千个线粒体，非常大的细胞可以含有几十万个，而厌氧菌里一个也没有。线粒体有两层膜，其内膜分布有大量向内的折叠称为嵴（cristae），许多脱氢酶类、电子传递体及氧化磷酸化酶类等均定向有序地排列在内膜及嵴上。由于它们的精确定位与排列，使得呼吸底物脱下的电子，能够沿着内膜上的电子传递链进行传递，并能与 ADP 磷酸化偶联形成 ATP。

生物体的一切生命活动都需要提供能量，生物体所需的能量大都来自糖类、脂肪及氨基酸等的氧化，并通过氧化磷酸化将有机物中贮存的化学能转化为生物能 ATP。

2.1.2　体内能量分子类别及主要能量分子功能

如前所述，机体所需的能量来源于食物中的糖、脂肪和蛋白质。因此，糖类、脂类和蛋白质是生物体的能源物质。这些能源物质分子结构中的碳氢键蕴藏着化学能，在氧化过程中碳氢键断裂，生成 CO_2 和 H_2O，同时释放出蕴藏的能量。这些能量一半以上迅速转化为热能，用于维持体温，并向体外散发，其余的能量则以高能磷酸键的形式贮存于体内，供机体需要时利用。

生化反应中，在水解或基团转移反应中可释放出大量自由能（大于 20.92kJ/mol 或 5kcal/mol）的化合物称为高能化合物（high energy compound）。机体内有很多高能化合物，但最重要的一类就是高能磷酸化合物，它们的特点是这类分子中的酸酐键水解时能释放出大量自由能。这类能释放出大量自由能的化学键称为高能键（high energy bond），为了区别于一般的化学键，常用符号“～”表示。这里需要说明的是，生物化学中使用的“高能键”的含义与化学中使用的“键能”是完全不同的。生物化学中所说的“高能键”是指该键水解时能释放出大量能量，而化学中的“键能”是指断裂一个化学键所需要提供的能量。高能化合物是生物释放、贮存和利用能量的媒介，是生物界直接的供能物质。下面介绍几种常见的高能化合物。

1．ATP

生物组织细胞能够直接利用的能源就是 ATP。在产能物质如糖、脂类及蛋白质等的氧化分解中释放出的能量，相当大的一部分能使 ADP 磷酸化成为 ATP，从而把能量保存在 ATP 分子内。ATP 也叫做腺苷三磷酸，是高能磷酸化合物的典型代表。ATP 由 1 分子腺嘌呤、1 分子核糖和 3 个相连的磷酸基团构成。这 3 个磷酸基团从与分子中腺苷基团连接处算起，依次分别称为 α、β、γ 磷酸基团。

ATP 的结构式见图 2-2，腺嘌呤与核糖结合形成腺苷，腺苷通过核糖中的第 5 位羟基与 3 个相连的磷酸基团结合，形成 ATP。ATP 分子中的磷酸与磷酸之间是借磷酸酐键相

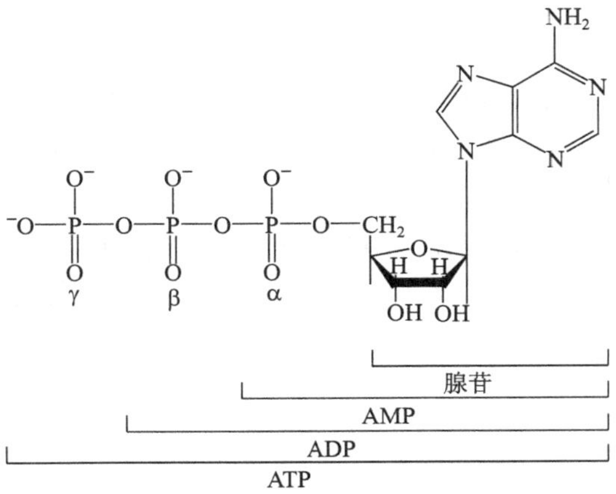

图 2-2　ATP 的结构式

连的，当 γ 磷酸基团水解时，能释放 30.5kJ/mol 的能量，而一般的磷酸酯键如葡萄糖 -6-磷酸水解时释放的能量只有 13.8kJ/mol，因此该磷酸酐键又被称为高能磷酸键。需要指出的是，ATP 分子既可以水解一个磷酸基团（γ 磷酸基团），形成二磷酸腺苷（ADP）和磷酸（Pi），又可以同时水解两个磷酸基团（β 磷酸基团和 γ 磷酸基团），而形成一磷酸腺苷（AMP，腺嘌呤核糖核苷酸）和焦磷酸（PPi）。后一种水解方式在某些生物合成中具有特殊意义。AMP 可以在腺苷酸激酶的作用下，由 ATP 提供一个磷酸基团而形成 ADP，ADP 又可以迅速地接受另外的磷酸基团而形成 ATP。所以，在能量代谢中起关键作用的是由 ATP-ADP 构成的循环系统，称为 ATP 循环。

ATP 是活细胞内一种特殊的能量载体，在细胞核、线粒体、叶绿体以及细胞质基质中广泛存在，并不断与 ADP 相互转化而形成 ATP 系统。ATP 在细胞内的含量是很少的。但是，ATP 与 ADP 在细胞内的相互转化却是十分迅速的。一般而言，ATP 在细胞内形成后不到 1min 就要发生转化。这样累计下来，生物体内 ATP 转化的总量是很大的。例如，24h 内，一个成年人在静止状态下有 40kg 的 ATP 发生转化；在剧烈活动时，ATP 的消耗可达 0.5kg/min。总之，在活细胞中，ATP 末端磷酸基团的周转是极其迅速的，其消耗与再生的速度是相对平衡的，ATP 的含量因而维持在一个相对稳定的、动态平衡的水平。这对于构成细胞内稳定的供能环境具有十分重要的意义。

ATP 是细胞内的主要磷酸载体，ATP 作为细胞的主要供能物质参与体内的许多代谢反应，还有一些反应需要 UTP 或 CTP 做供能物质。例如，UTP 参与糖原合成和糖醛酸代谢，GTP 参与糖异生和蛋白质合成，CTP 参与磷脂合成过程，核酸合成中需要 ATP、CTP、UTP 和 GTP 做原料合成 RNA，或以 dATP、dCTP、dGTP 和 dTTP 做原料合成 DNA。

作为供能物质所需要的 UTP、CTP 和 GTP 可经下述反应再生。

$$\mathrm{UDP+ATP \longrightarrow UTP+ADP}$$

$$\mathrm{GDP+ATP \longrightarrow GTP+ADP}$$

$$\mathrm{CDP+ATP \longrightarrow CTP+ADP}$$

dNTP 由 dNDP 的生成过程也需要 ATP 供能。

$$\mathrm{dNDP+ATP \longrightarrow dNTP+ADP}$$

如图 2-3 所示，生物体内能量的利用、转移和贮存都是以 ATP 为中心。机体利用 ATP 合成组成细胞的各种分子、各种生物活性物质和一些其他物质；细胞利用 ATP 进行各种离子和一些其他物质的主动转运，维持细胞两侧离子浓度差所形成的势能；肌肉还可利用 ATP 所载荷的自由能进行收缩和舒张，完成多种机械功。一般而言，除骨骼肌运动时所完成的机械功外，其余的能量最后都转变为热能。例如，心肌收缩所产生的势能（动脉血压）与动能（血液流速），均在血液流动过程中克服血流的黏性阻力而转化为热能。人体内，热能是最“低级”形式的能，热能不能转化为其他形式的能，不能用来做功。

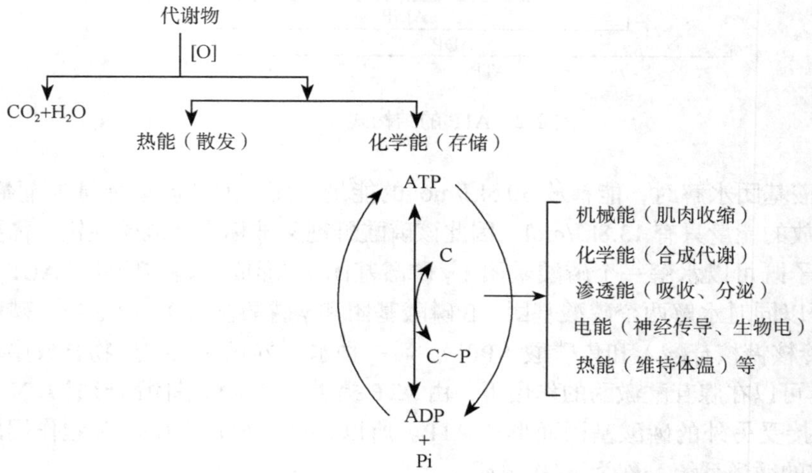

Pi. 磷酸　C～P. 磷酸肌酸　C. 肌酸

图 2-3　ATP 的生成与利用

2．磷酸肌酸

除 ATP 外，体内还有另一种含有高能磷酸键的贮能化合物，即磷酸肌酸（creatine phosphate，CP）。当生物体处于安静状态或体内能量供过于求时，ATP 会将高能磷酸键转移给肌酸生成 CP，将能量贮存起来，但 CP 不能直接被利用；反之，当组织细胞耗能增加、ATP 浓度降低时，磷酸肌酸水解，又将贮存的能量转移给 ADP，生成新的 ATP，且每摩尔磷酸肌酸水解释放的自由能比 ATP 多些。

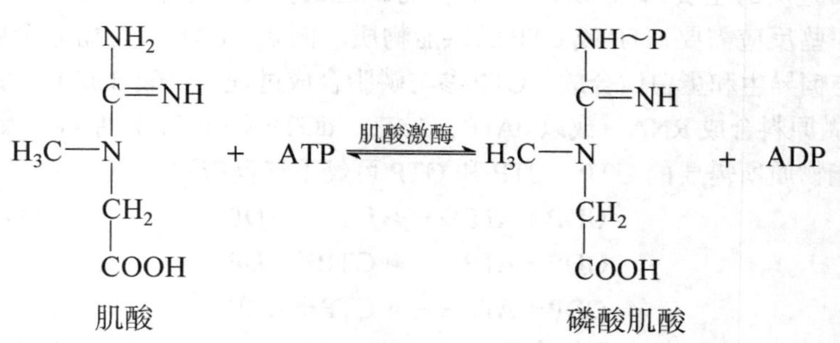

肌酸　　　　磷酸肌酸

作为一种贮存形式，肌酸主要存在于肌肉组织中，而且骨骼肌中含量多于平滑肌。

此外，脑组织中含量也较多，肝、肾等其他组织中含量很少。

当一些 ATP 用于肌肉收缩时，就会产生 ADP，而在肌酸激酶的催化下，磷酸肌酸能将其磷酸基转移到 ADP 分子中，从而恢复正常的 ATP 高水平。由于肌肉细胞中 ATP 的含量仅是磷酸肌酸含量的 1/4～1/3，因此磷酸肌酸可以贮存供短期活动利用的、足够多的磷酸基团。在活动后的恢复期，积累的肌酸在上述肌酸激酶的催化下又可被 ATP 磷酸化，重新生成磷酸肌酸，即发生了逆反应。可见，在肌酸激酶的催化下，肌酸与 ATP 反应能可逆地生成磷酸肌酸。对于动物和人来说，CP 在能量的释放、转移和利用之间起着缓冲作用，使细胞内 ATP 的含量保持相对的稳定。在许多无脊椎动物中，磷酸精氨酸代替磷酸肌酸作为能量的贮存形式。

3．体内其他高能键型及相应化合物

生物氧化的特征之一就是能量的贮存和释放是逐步进行的，这个过程主要通过高能化合物的生成和水解来完成，所以高能化合物在生物体的能量转换过程中占有重要地位。

高能磷酸化合物中的磷酸大多数与另一个酸形成酸酐，与之形成酸酐的酸有羧酸、磷酸、硫酸等。还有磷酸与胍基、烯醇式羟基之间结合的化合物也是高能磷酸化合物。

除了含磷酸的高能化合物外，还有不含磷酸的高能化合物，如酰基 CoA 中的硫酯键、S- 腺苷甲硫氨酸中甲基与 S 之间的硫醚键也是高能键。按键型可分为以下几类。

（1）磷氧键型高能磷酸化合物：如乙酰磷酸、氨甲酰磷酸、ATP 等。

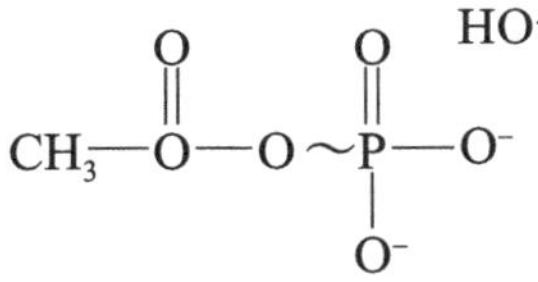

乙酰磷酸

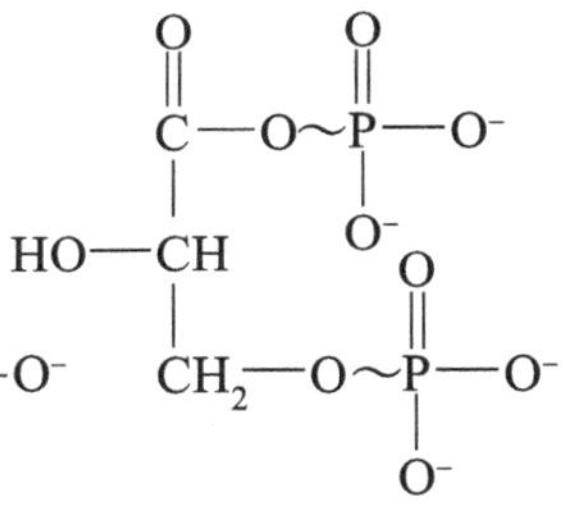

1,3-二磷酸甘油酸

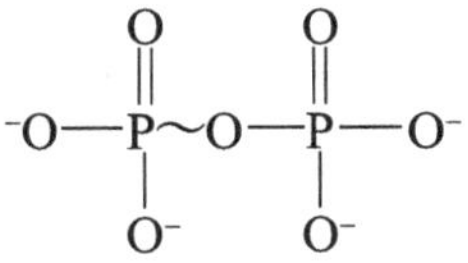

焦磷酸

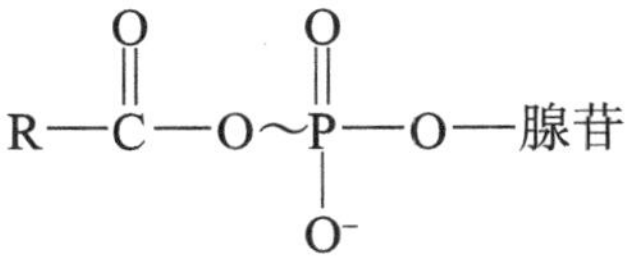

酰基腺苷酸

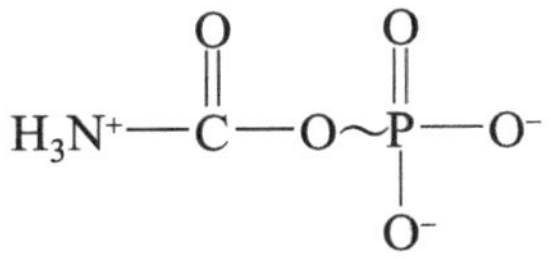

氨甲酰磷酸

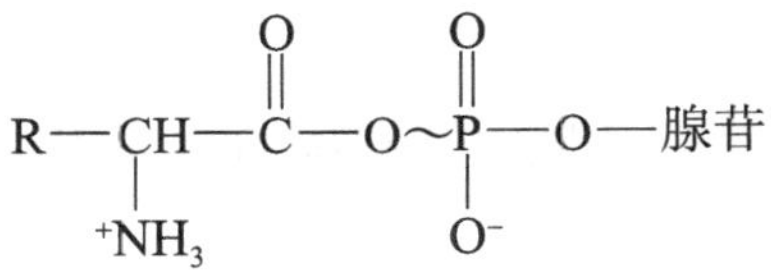

氨酰腺苷酸

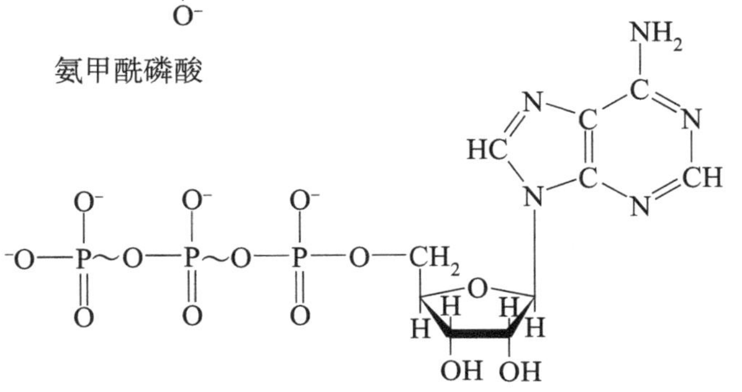

ATP

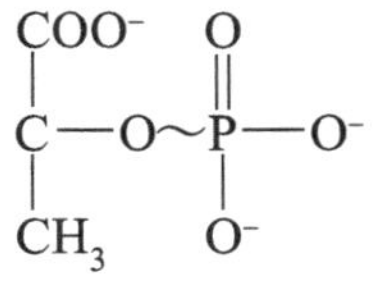

磷酸烯醇式丙酮酸

（2）氮磷键型高能磷酸化合物：如磷酸精氨酸和磷酸肌酸。

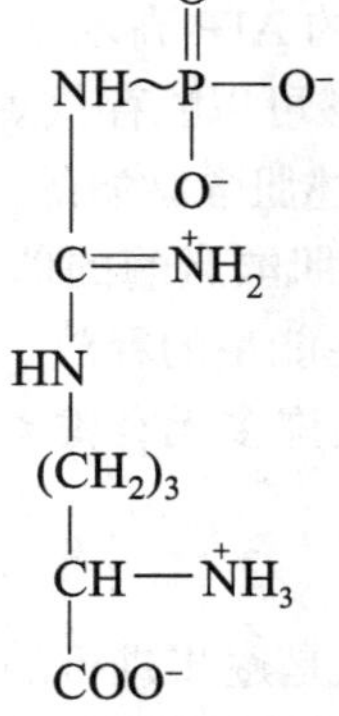
磷酸精氨酸

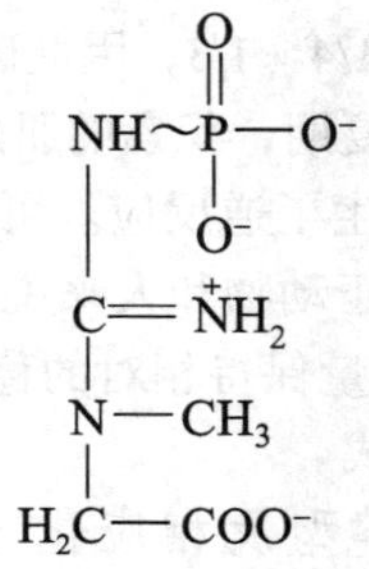
磷酸肌酸

（3）硫酯键型高能化合物：如 3'- 腺苷磷酸 -5'- 磷酸硫酸和酰基 CoA。

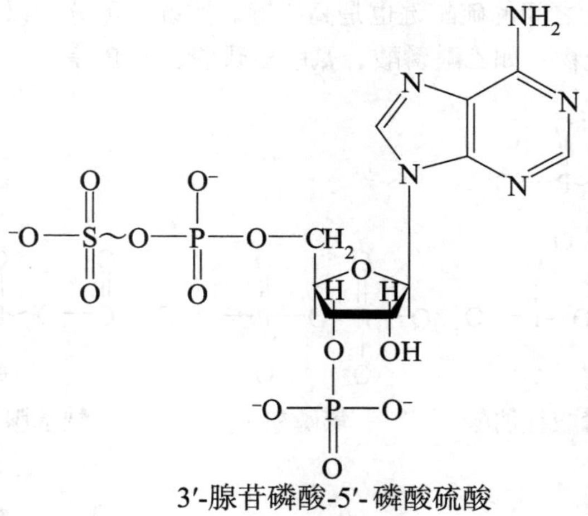
3′-腺苷磷酸-5′- 磷酸硫酸

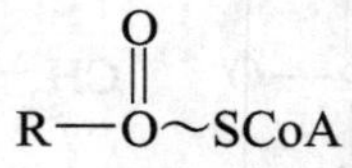
酰基CoA

（4）甲硫键型高能化合物：如 S- 腺苷甲硫氨酸。

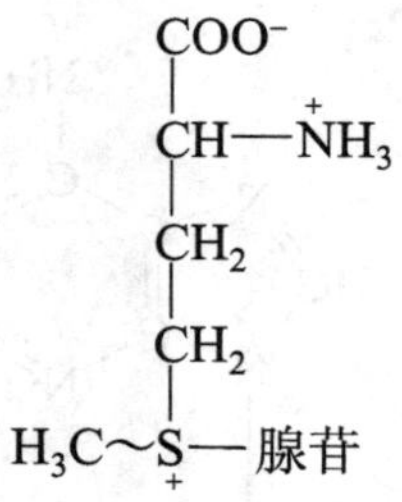
S-腺苷甲硫氨酸

尽管体内存在各种类型的高能化合物，但是在能量转换过程中起到枢纽作用的却是高能磷酸化合物，即 ATP。

2.1.3　能量分子的产生与 ATP 的合成

新陈代谢是机体生命活动的基本特征，包括物质代谢与能量代谢两个方面。在物质代谢过程中，一方面，有机营养物，不管是从外界环境获得的，还是自身储存的，通过一系列反应步骤转变为较小的、较简单的物质的过程，称为分解代谢（catabolism）。分解代谢过程中，蕴藏在有机物大分子中的化学能也将随之被释放，这些化学能经过转化，便成了机体各种生命活动的能源，所以说分解是代谢的放能反应。另一方面，生物体又利用小分子或大分子的结构元件构建自身的大分子以及自身所需的其他分子，称为合成代谢（anabolism）。由小分子构建成大分子使分子结构变得更为复杂，这种过程需要提供能量，是吸能反应。可见，在物质代谢过程中，物质的变化与能量代谢是紧密联系着的。生物体内物质代谢过程中，与物质代谢过程相伴随发生的能量释放、转移和利用等转化过程，称为能量代谢（energetic metabolism）。

生物体的生长发育、组织细胞的更新、维持基本的生命活动（如心跳、呼吸、体温和保持大脑的清醒状态等）以及劳动等均需要从外环境中获取必需的营养素。这些必需营养素包括糖类、脂类、蛋白质、水、无机盐和维生素，其中糖、脂肪和蛋白质又被称为三大能源物质。能源物质在体内分解时，逐步释放能量，最终生成 CO_2 和水，实质上是物质在生物体内进行的氧化过程，因此这个过程又称为生物氧化（biological oxidation）。生物氧化释放的能量主要（40% 以上）用于 ADP 磷酸化生成 ATP，供生命活动之需。其余以热能形式散发用于维持体温。生物氧化与体外燃烧过程类似，二者既有共性又有区别。其共同点是：①耗氧量相同；②终产物相同；③释放的能量相同。其不同点是：体外燃烧是有机物的 C 和 H 在高温下直接与 O_2 化合生成 CO_2 和 H_2O，并以光和热的形式瞬间释放能量；而生物氧化过程中能量逐步释放并可用于生成高能化合物，供生命活动利用。

糖、脂肪和蛋白质三大能源物质在体内氧化分解产能（ATP）过程具有共同规律，可分为 3 个阶段（图 2-4），依次为：①分解为各自的组成单位，如葡萄糖、甘油、脂肪酸、氨基酸等，此阶段以热能形式释能，约占总能量的 1%，没有 ATP 产生；②各组成单位经不同分解代谢过程生成乙酰辅酶 A（乙酰 CoA）中的乙酰基，所释能量约占总能量的 1/3，有少量 ATP 形成；③乙酰辅酶 A 进入三羧酸循环脱氢脱羧，脱下的氢经电子传递链（呼吸链）将电子传递给氧生成水，同时释放出能量，合成 ATP（氧化磷酸化），该过程所释能量约占总能量的 2/3，是形成 ATP 的主要阶段。

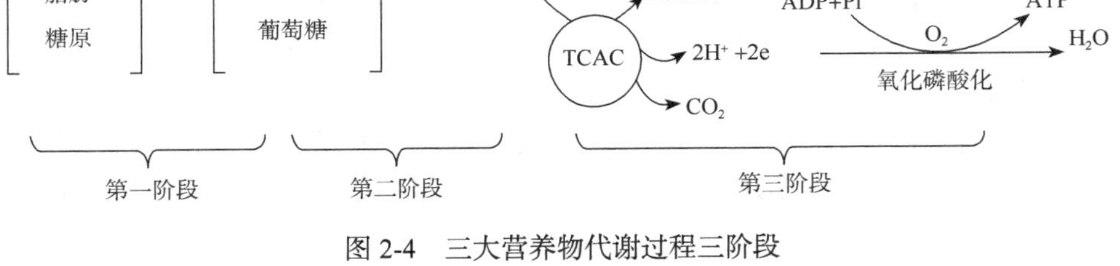

图 2-4　三大营养物代谢过程三阶段

广义来讲，上述 3 个阶段均为生物氧化，狭义地说只有第 3 个阶段中氢经呼吸链将电子传递给氧生成水，氧化过程中释放出来的能量用于 ATP 合成才算是生物氧化，这是体内能量生成的主要形式。实际上，体内 ATP 的生成方式有两种，即底物水平磷酸化与氧化磷酸化。

1．底物水平磷酸化

在营养物质的分解代谢过程中，底物因脱氢、脱水等作用而使能量在分子内部重新分布，形成高能磷酸化合物，然后将高能磷酸基团转移给 ADP 形成 ATP，该过程称为底物水平磷酸化（substrate level phosphorylation）。

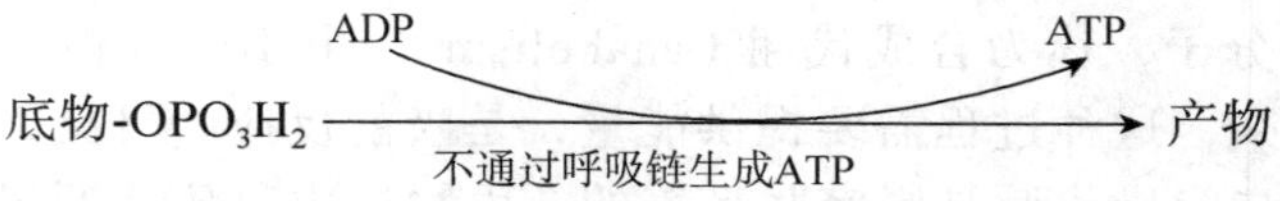

底物水平磷酸化对于酵解组织、红细胞和相对缺氧时的组织的能量来源是十分重要的。这一磷酸化过程在胞浆和线粒体中进行，包括如下几种。

（1）糖酵解途径（见糖代谢）中，第一次底物水平磷酸化反应。

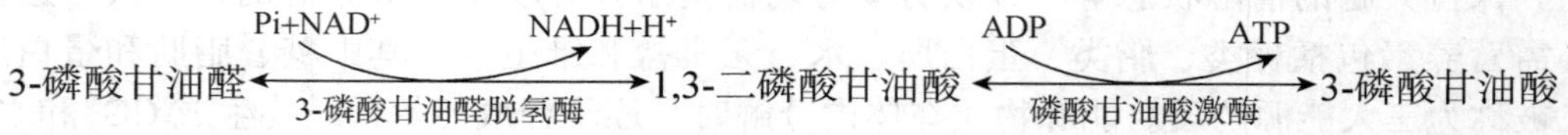

（2）糖酵解途径（见糖代谢）中，第二次底物水平磷酸化反应。

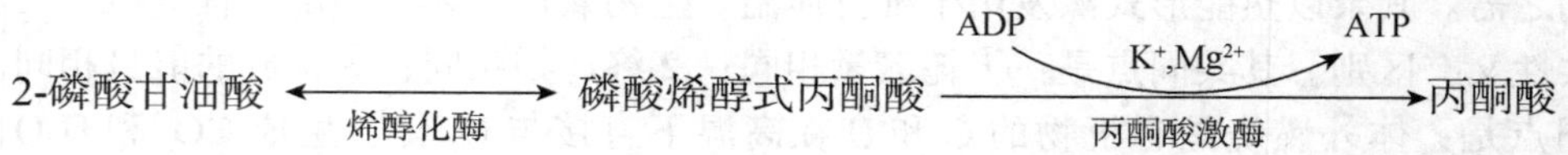

（3）三羧酸循环（见糖代谢）中的一次底物水平磷酸化反应。

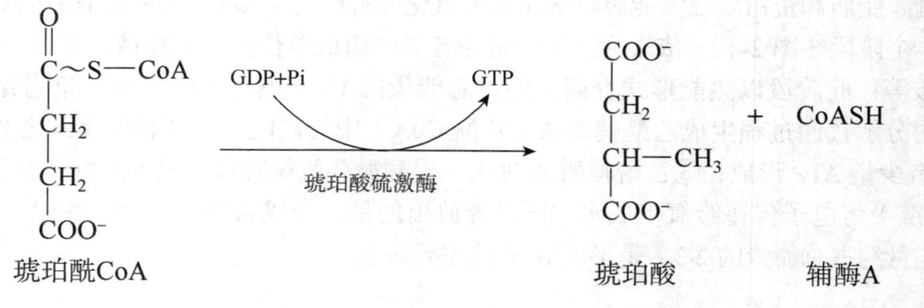

（1）、（2）两个反应发生在葡萄糖无氧分解的过程中，由甘油醛 -3- 磷酸氧化磷酸化转变生成的甘油酸 -1，3- 二磷酸，以及甘油酸 -2- 磷酸脱水生成的磷酸烯醇式丙酮酸分子，两者均含有高能磷酸键，在酶的作用下分别发生底物水平磷酸化各生成 1 分子 ATP。反应（3）中在三羧酸循环过程中由 α- 酮戊二酸氧化脱羧转变生成的琥珀酰 CoA，分子中含有高能硫酯键，在琥珀酰 CoA 合成酶（琥珀酸硫激酶）作用下可使底物分子释放能量并转移给 GDP 生成 GTP，后者再将高能磷酸基团转移给 ADP 生成 1 分子 ATP。

2．氧化磷酸化

除了底物水平上发生磷酸化以外，体内合成ATP的主要方式是氧化磷酸化（oxidative phosphorylation）。

如同体外物质的氧化，生物氧化过程中物质的加氧、脱氢和失电子也均称为氧化反应。但生物氧化释出的电子或氢原子不能游离存在，必须被另一物质接受，这种接受电子或氢原子的物质称为受电子体或受氢体，而提供电子或氢原子的物质称为供电子体或供氢体。参与氧化还原反应的酶能以它们的辅酶或辅基接受电子或氢而被还原，又可供出电子和氢而被氧化，在连续的氧化还原过程中，这些酶或辅酶实际上起了传递电子或氢原子的作用，所以又把这些酶或辅酶称为递电子体或递氢体。这个过程在生物体内是靠呼吸链进行的（图2-5）。

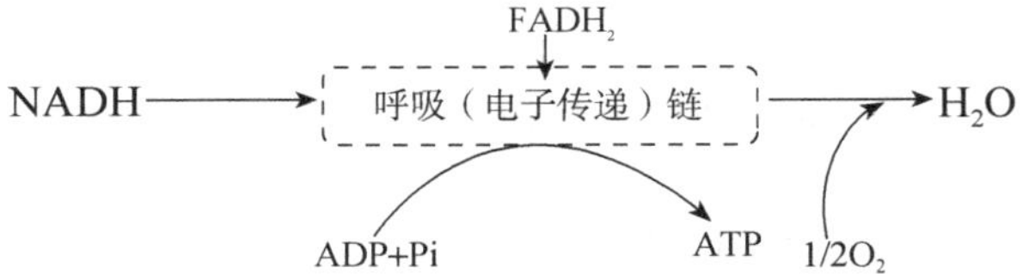

图2-5 氧化磷酸化偶联示意图

呼吸链（respiratiory chain）是定位于线粒体内膜上的一组排列有序的递氢体和递电子体（酶与辅酶）构成的链状传递体系，也称电子传递链（electron transfer chain）。呼吸链包含15种以上组分，主要由4种酶复合体（Ⅰ、Ⅱ、Ⅲ、Ⅳ）和2种可移动电子载体（辅酶Q和细胞色素c）构成。复合体Ⅰ、Ⅱ、Ⅲ、Ⅳ、辅酶Q和细胞色素c的数量比为1：2：3：7：63：9。

在生物氧化过程中，呼吸链的功能是把底物的氢以质子形式脱下，电子沿呼吸链转移到氧分子，形成离子型氧，再与质子结合成水，所释放的能量能够偶联ADP磷酸化而生成ATP，此过程称为氧化磷酸化。可见，氧化磷酸化的作用是利用生物氧化放出能量合成ATP。氧化和磷酸化是两个不同的概念。氧化是底物脱氢或失电子的过程，是放能反应；而磷酸化是指ADP与Pi合成ATP的过程，是吸能反应。机体内，在结构完整的线粒体中氧化与磷酸化这两个过程是紧密地偶联在一起进行的，即氧化释放的能量用于ATP合成，这样可以提高产能效率。这是细胞内ATP生成的主要方式，约占ATP生成总数的80%，是维持生命活动所需要能量的主要来源。可见，氧化是磷酸化的基础，而磷酸化是氧化的结果。

在生物体内，目前已知主要存在着两条呼吸链，即NADH氧化呼吸链和$FADH_2$氧化呼吸链（图2-6）。

1）NADH氧化呼吸链

NADH氧化呼吸链是体内分布最广的一条重要呼吸链。如图2-6所示，生物氧化中大多数脱氢酶是以NAD^+为辅酶，如异柠檬酸、苹果酸等在相应脱氢酶作用下，脱下的2H交给NAD^+生成$NADH+H^+$，后者进入NADH氧化呼吸链将氢与电子依次经过FMN、Fe-S、泛醌（CoQ）和细胞色素（Cyt）类传递，最后由$Cyta_3$将电子交给$1/2O_2$生成H_2O，在此过程中逐步释放能量，驱动ADP磷酸化生成约2.5分子ATP。

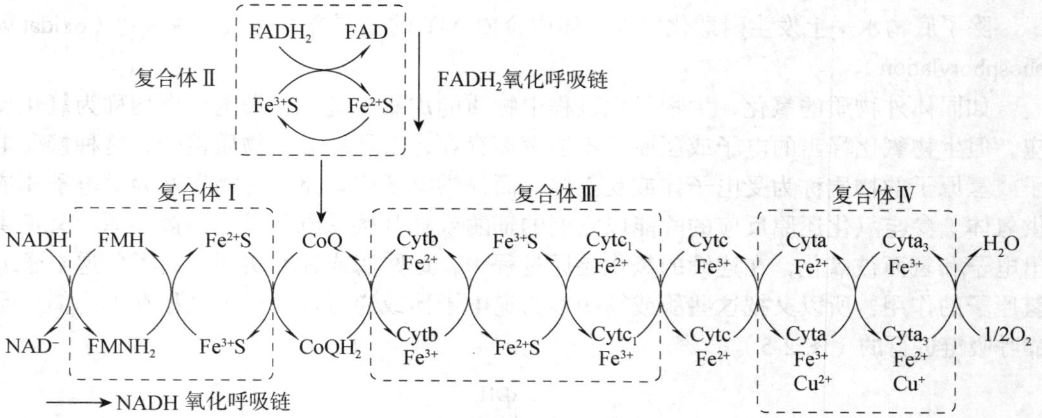

图 2-6　体内两条重要呼吸链及相互联系

2）$FADH_2$ 氧化呼吸链（琥珀酸氧化呼吸链）

体内还有部分代谢物，如琥珀酸、脂酰 CoA 等在黄素蛋白酶作用下，将脱下的 2H 交给其辅基 FAD 接受，进入 $FADH_2$ 氧化呼吸链进一步传递。该呼吸链与 NADH 氧化呼吸链传递的主要差别是：$FADH_2$ 在 Fe-S 参与下将氢与电子直接传给 CoQ，再往下的传递则与 NADH 氧化呼吸链相同。$FADH_2$ 氧化呼吸链在 CoQ 之前少了 FMN 参与的递氢过程，因此 $FADH_2$ 氧化呼吸链比 NADH 氧化呼吸链稍短，释放的能量也相应减少，只能生成约 1.5 分子 ATP。

呼吸链在真核细胞位于其线粒体内膜上，在原核细胞则位于其质膜上。

体内物质的氧化在细胞的线粒体内外均可进行，但氧化过程及意义不同。线粒体内的氧化伴有能量——ATP 的生成；而线粒体外如微粒体、过氧化物酶体等亚细胞器的氧化是不伴有 ATP 生成的，主要与药物、毒物等物质的生物转化有关。其特点是含有一些不同于呼吸链酶系的氧化酶类，如肝细胞微粒体的单氧酶系、过氧化物酶体中的过氧化物酶、过氧化氢酶、谷胱甘肽过氧化物酶，以及存在于胞质中的超氧化物歧化酶等。这些酶促氧化过程不伴有偶联磷酸化，不能生成 ATP，但往往可以清除氧自由基，以及与药物、毒物等的生物转化密切相关，从而保护生物体免遭氧化损伤作用而健康生存。

氧化磷酸化的机制包括了 1953 年 E.Slater 提出的化学偶联假说，1964 年 P. Boyer 提出的构象偶联假说和 1961 年 P. Mitchell 提出的化学渗透假说（chemiosmotic hypothesis），其中化学渗透假说获得 1978 年诺贝尔化学奖，是目前比较认可的氧化磷酸化机制。化学渗透假说主要是指：电子传递的自由能驱动 H^+ 从线粒体基质跨过内膜进入膜间隙，从而形成 H^+ 跨线粒体内膜的电化学梯度，这个梯度的电化学势驱动 ATP 的合成。化学渗透假说（图 2-7）的要点包括以下几点。①呼吸链中传氢体和电子传递体是间隔交替排列的。且在线粒体内膜中有特定的位置，催化反应是定向的。②线粒体内膜的电子传递链是一个质子泵；传氢体有氢泵作用，传氢体从内膜接受氢（H）后，将其中的电子（2e）传给其后的电子传递体，将两个 H^+ 泵出内膜

（膜对 H^+是不通透的）。这样，在膜的内侧与外侧就产生了跨膜质子梯度和电位梯度（$\Delta\Psi$）。③在膜内外势能差的驱动下，膜外高能质子沿着一个特殊通道（ATP 酶的组成部分），跨膜回到膜内侧。质子跨膜过程中释放的能量，直接驱动 ADP 和磷酸合成 ATP。

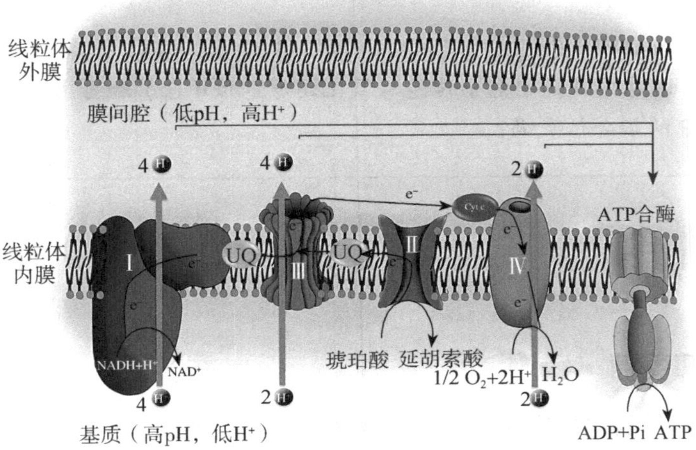

图 2-7 化学渗透假说示意图

知识扩展 2-1

呼吸链耦合的能量释放，要如何通过实验来确定呢？通过实验手段来测磷氧比就是一种可行的方法。

磷氧比（P/O）是呼吸过程中无机磷酸（Pi）消耗量和原子氧（1/2 O_2）消耗量的比值，即每消耗一摩尔氧所消耗无机磷酸的摩尔数。

由于在氧化磷酸化过程中，每传递一对电子消耗一个氧原子，而每生成一分子 ATP 消耗一分子 Pi，因此 P/O 的数值相当于一对电子经呼吸链传递至分子氧所产生的 ATP 分子数。线粒体离体实验测得的一些底物的 P/O 见表 2-BOX1。

表 2-BOX1 线粒体离体实验测得的一些底物的磷氧比值

底物	呼吸链的组成	P/O 值	生成 ATP 量
β- 羟基丁酸	$NAD^+ \rightarrow O_2$	2.4～2.8	3
琥珀酸	$FAD \rightarrow O_2$	1.7	2
抗坏血酸	$Cytc \rightarrow O_2$	0.88	1
细胞色素 c	$Cytaa_3 \rightarrow O_2$	0.61～0.68	1

从实验结果，可以确定两条呼吸链生成的 ATP 数量，也能够分析出 ATP 产生的耦合位点。请结合表中的磷氧比，分析下面两条呼吸链的 ATP 耦合位点吧。

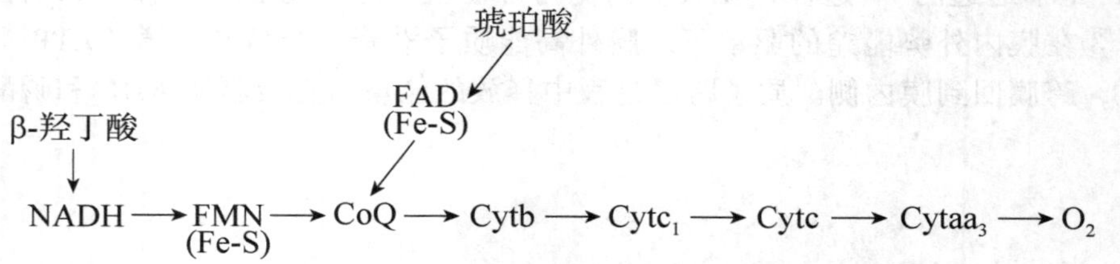

答案是：① NADH～CoQ；② CoQ～Cytc；③ $Cytaa_3$～O_2。

请再想想，通过呼吸链中电子传递时氧化还原电位（E_0'）和自由能，可以分析出来呼吸链上 ATP 的耦合位点吗？

2.2　糖类的代谢

2.2.1　糖类与葡萄糖

糖类是生物能量的主要来源。人和动物体内的糖主要来自植物性食物，特别是小麦、大米、玉米等主食中的淀粉。食物中的淀粉及其他糖类先经消化道中的酶水解成单糖，再吸收入血液输送到各种组织。动物、植物和微生物都能分解葡萄糖产生能量以供生命活动以及生长发育所用。纤维素是由葡萄糖组成的大分子多糖，是植物细胞壁的主要成分，是自然界中分布最广、含量最多的一种多糖。人和动物的消化道中没有水解纤维素的酶，不能消化纤维素。但不少微生物如细菌、真菌等能产生纤维素酶。反刍动物能食草，就是因为其胃中有这类微生物。因此，微生物和低等动物除了可以利用葡萄糖外，也能利用其他糖类，如真菌可分解纤维素。

糖类摄入体内后一般在酶的作用下转化为葡萄糖，经血液运输到各个细胞及组织，氧化后产生能量。氧化供能是糖的主要功能。此外还提供合成体内其他物质的原料，如可提供合成某些氨基酸、脂肪、胆固醇、核苷等物质的原料；还可以作为机体组织细胞的组成成分，如糖蛋白、蛋白聚糖、糖脂等的组成等（图 2-8）。

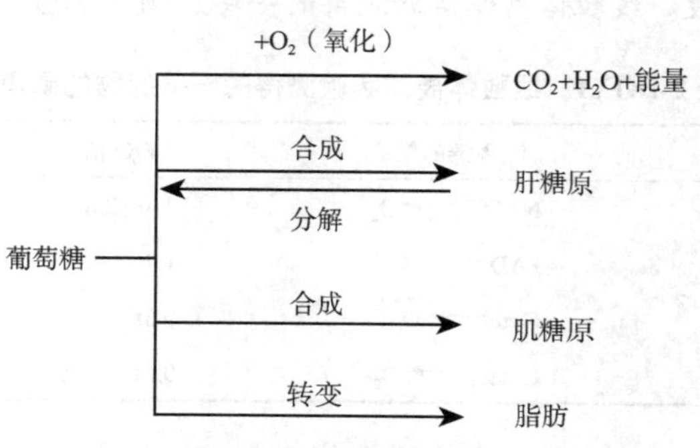

图 2-8　细胞内葡萄糖的主要去向

绝大多数生物细胞进行糖类的分解代谢都是以葡萄糖为底物。而多糖、双糖必须水解成单糖才能进行分解代谢，而其他类型单糖如半乳糖、鼠李糖等，通常是经一些特定的途径转化为葡萄糖才能进入分解代谢。

糖原（glycogen）是由许多葡萄糖缩合成的支链多糖，可以看做是动物淀粉，结构与支链淀粉相似，只是分支更多，主要贮存于肝脏和肌肉组织中，是动物体内糖的贮存形式，摄入的糖类大部分转变成甘油三酯贮存在脂肪组织中，只有小部分以糖原形式贮存。很易降解为葡萄糖，为各项生理活动提供能量。肌肉与肝脏是贮存糖原的主要组织器官。肌糖原主要供肌肉收缩时的能量需要，肝糖原则是血糖的重要来源。其意义在于当机体需要葡萄糖时它可以迅速被动用以供急需。分解时，肝糖原与肌糖原均先经酶促降解成磷酸葡萄糖再与葡萄糖分解代谢汇合。肝糖原也可经磷酸葡萄糖，转变为葡萄糖以补充血糖，肌糖原只能供肌肉利用。类似地，淀粉在植物细胞中也需先分解为单糖再利用。

当机体需要葡萄糖时，糖原发生降解以维持血糖浓度的稳定。动物对自身糖原的降解主要通过酶促磷酸解进行。在磷酸存在下，糖原磷酸化酶从糖原非还原性末端每次磷酸解下一个葡萄糖，产物是葡萄糖 -1- 磷酸。而脱支酶负责对支链的切除。其中，糖原磷酸化酶的活性受到磷酸化的共价修饰调节，糖原磷酸化酶被磷酸基修饰后表现为有催化活性，称为糖原磷酸化酶 a，脱去磷酸基后则失去活性，称为糖原磷酸化酶 b。但葡萄糖 -1- 磷酸不能直接进入糖酵解或磷酸戊糖途径，必须经葡萄糖磷酸变位酶催化转变成葡萄糖 -6- 磷酸，然后进入糖的分解代谢。

2.2.2　葡萄糖代谢概况

葡萄糖在细胞内的分解有无氧氧化、有氧氧化、磷酸戊糖循环等多种途径（图 2-9）。在无氧情况下，葡萄糖酵解成丙酮酸，再还原成乳酸或乙醇及其他产物。此过程称无氧酵解或发酵，所产生的能量较少。在有氧情况下，葡萄糖经酵解生成丙酮酸，再经氧化脱羧基作用，转变成乙酰 CoA。后者通过三羧酸循环彻底氧化为二氧化碳和水。此过程产生的能量较多，是需氧生物获取能量的主要途径。糖酵解与有氧氧化是糖供给机体能量的两种主要方式，也是 ATP 形成的两条主要途径。

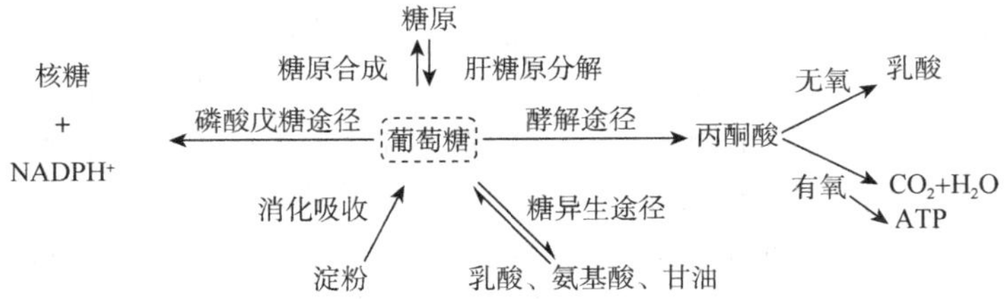

图 2-9　葡萄糖在细胞内的分解代谢途径

2.2.3　糖的无氧分解（糖酵解）

糖酵解途径是指细胞在胞浆中分解葡萄糖生成丙酮酸（pyruvate）的过程，伴有少量 ATP 的生成，是生物体内普遍存在的葡萄糖降解的途径。该途径也称为 Embden-Meyethof-Parnas 途径，简称 EMP 途径。它是动植物及微生物细胞中葡萄糖分解产生能量的共同代谢途径。机体在缺氧条件下，丙酮酸被 NADH 还原为乳酸（lactate），称为糖的无氧分解。在有氧条件下，丙酮酸可进一步氧化分解生成乙酰 CoA，然后进入三羧酸循环，生成 CO_2 和 H_2O，并产生大量的 ATP，称糖的氧化分解或有氧氧化。

1．糖酵解概述

糖酵解的整个过程可以用图 2-10 来描述。

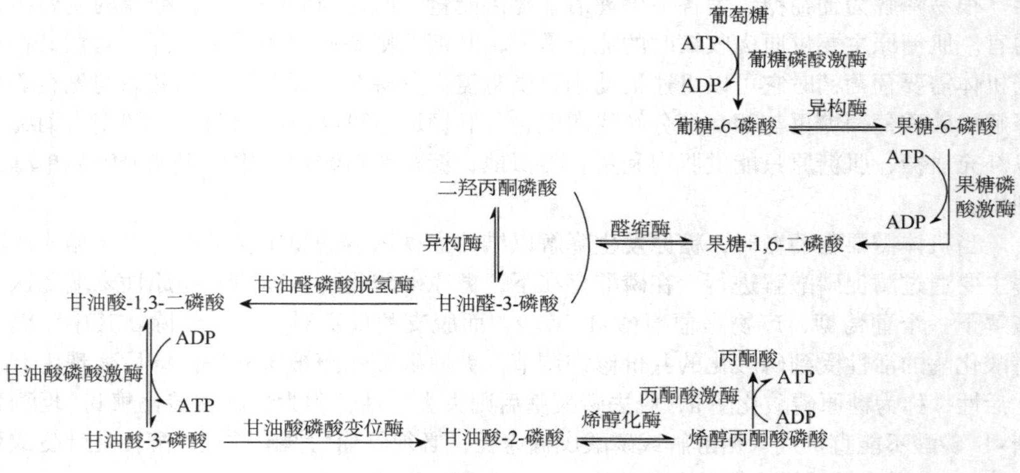

图 2-10　葡萄糖的糖酵解过程

2．糖酵解历程和催化酶类

糖酵解共分 10 步，前 5 步是准备阶段，葡萄糖分解为三碳糖，消耗 2 分子 ATP；后 5 步是放能阶段，三碳糖生成丙酮酸，共产生 4 分子 ATP。总过程需 10 种酶，都在细胞质中，多数需要 Mg^{2+}。酵解过程中所有的中间物都是磷酸化的，可防止从细胞膜漏出、保存能量，并有利于与酶结合。

1）磷酸化（葡萄糖被一分子 ATP 磷酸化，产生葡萄糖 -6- 磷酸）

葡萄糖是较稳定的化合物。细胞内的葡萄糖不能直接进入分解反应，必须先进行活化，使葡萄糖从“稳定状态”变为“活跃状态”。该过程由己糖激酶或葡萄糖激酶催化，ATP 提供磷酸基团，需要 Mg^{2+} 或 Mn^{2+} 做辅酶。活化的葡萄糖有利于进一步参与代谢，也使进入细胞的葡萄糖不再渗出，反应是不可逆的。己糖激酶是别构酶，葡萄糖 -6- 磷酸和 ADP 分别是其负调节物和正调节物。己糖激酶的专一性不强，除催化葡萄糖的磷酸化以外，也可以催化其他己糖的磷酸化，如果糖和甘露糖的磷酸化。

葡萄糖 -6- 磷酸也可由糖原合成。由糖原磷酸化酶催化，生成葡萄糖 -1- 磷酸，在葡萄糖磷酸变位酶的催化下生成葡萄糖 -6- 磷酸。葡萄糖 -6- 磷酸是一个重要的中间代谢产物，是许多糖代谢途径（无氧酵解、有氧氧化、戊糖磷酸途径、糖原合成、糖原分解）的连接点。

2）异构化（葡萄糖 -6- 磷酸生成果糖 -6- 磷酸）

反应中间物是酶结合的烯醇化合物，反应是可逆的，由浓度控制。由葡萄糖磷酸异构酶催化，受磷酸戊糖支路的中间物如葡萄糖 -6- 磷酸的竞争抑制。戊糖支路通过这种方式抑制酵解和有氧氧化，pH 降低使抑制加强，减少酵解，以免组织过酸。

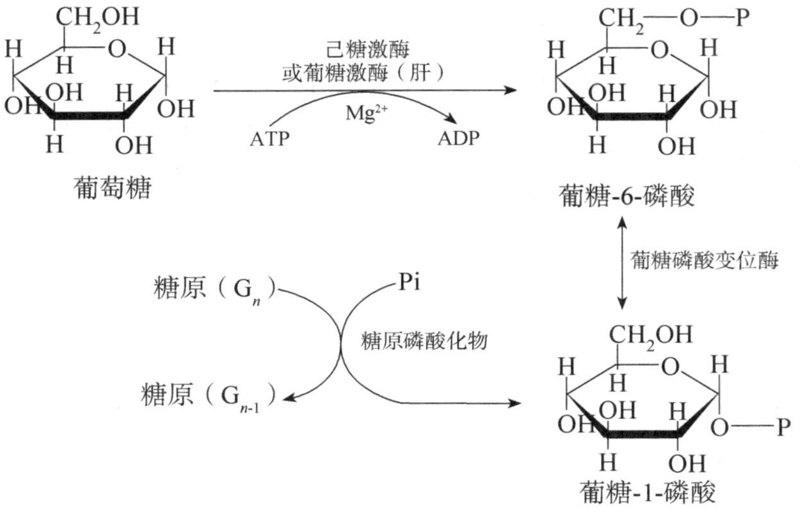

3）磷酸化（果糖 -6- 磷酸被 ATP 磷酸化，生成果糖 -1，6- 二磷酸）

由果糖磷酸激酶催化，反应不可逆，是酵解的限速步骤。该酶是别构酶，四聚体，调节物很多，ATP、柠檬酸、磷酸肌酸、脂肪酸、DPG 是负调节物；果糖 -1,6- 二磷酸、AMP、ADP、磷酸、cAMP 等是正调节物。

$$\text{果糖-6-磷酸} + \text{ATP} \xrightarrow{\text{果糖磷酸激酶}} \text{果糖-1,6-二磷酸} + \text{ADP}$$

4）裂解（生成 2 分子三碳糖，即甘油醛 -3- 磷酸和磷酸二羟丙酮）

由果糖二磷酸醛缩酶催化。这一步是可逆反应，但由于代谢分解产物甘油醛 -3- 磷酸不断被消耗，其浓度很低，使正反应能够进行。磷酸二羟丙酮是连接糖代谢与甘油代谢的中介分子。

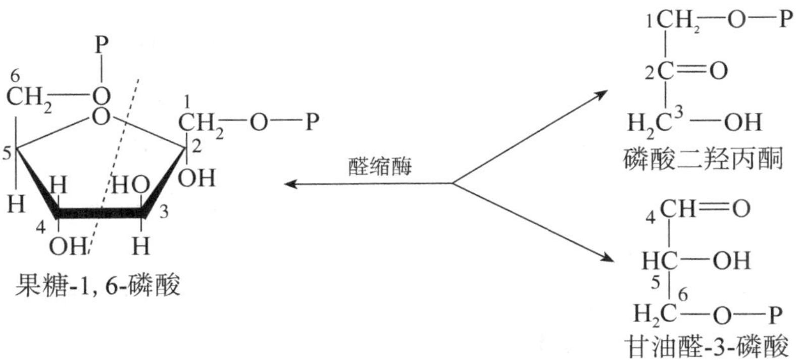

5）异构（磷酸二羟丙酮生成甘油醛 -3- 磷酸）

磷酸二羟丙酮要转变成甘油醛磷酸才能继续氧化，此反应由磷酸丙糖异构酶催化，平衡时甘油醛磷酸占 10%，由于甘油醛磷酸的不断消耗而进行。受磷酸和磷酸缩水甘油竞争抑制。该反应共消耗 2 分子 ATP，产生 2 分子甘油醛 -3- 磷酸。

磷酸二羟丙酮 $\xrightleftharpoons{\text{磷酸丙糖异构酶}}$ 甘油醛-3-磷酸

6）氧化（G-3-P＋NAD^+＋H_3PO_4 ⇌ 1, 3-DPG＋NADH＋H^+）

甘油醛 -3- 磷酸在相应脱氢酶催化下脱氢，生成甘油酸 -1, 3- 二磷酸。这是糖酵解过程中唯一的脱氢反应，脱下的氢交给脱氢酶的辅酶 NAD^+，生成 NADH＋H^+，同时形成含有一个高能磷酸酯键的甘油酸 -1, 3- 二磷酸。反应中的磷酸来自细胞质中的无机磷。

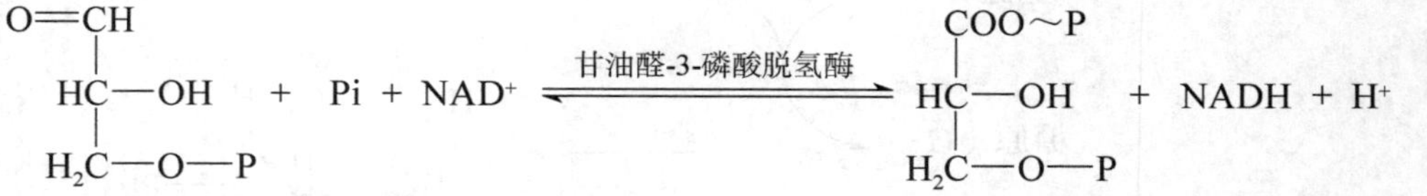

甘油醛-3-磷酸 甘油酸-1,3-二磷酸

7）放能（1, 3-DPG＋ADP ⇌ 甘油酸 -3- 磷酸＋ATP）

甘油酸 -1, 3- 二磷酸继续受甘油酸 -3- 磷酸激酶催化转变生成甘油酸 -3- 磷酸，同时产生 1 分子 ATP。这里将底物分子中的高能磷酸基团直接转移给 ADP 形成 ATP 的方式，称为底物水平磷酸化，抵消了消耗的 ATP。

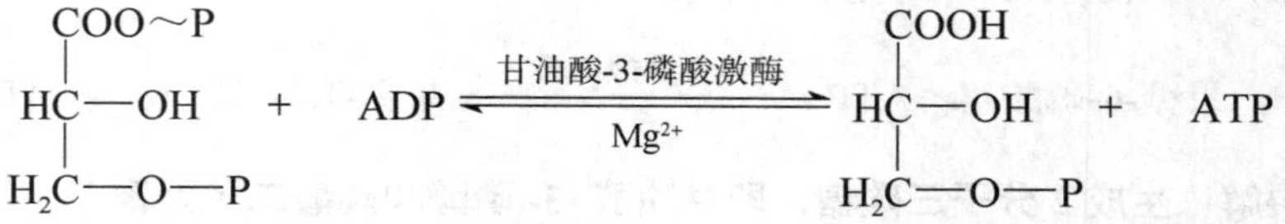

甘油酸-1,3-二磷酸 甘油酸-3-磷酸

8）变位（甘油酸 -3- 磷酸变成甘油酸 -2- 磷酸）

由磷酸甘油酸变位酶催化，需 Mg^{2+}。

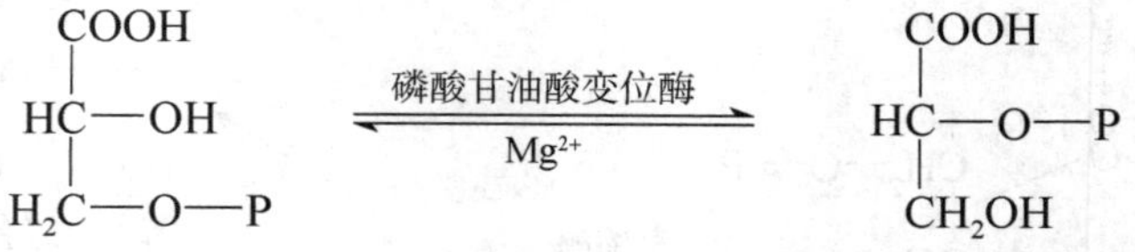

甘油酸-3-磷酸 甘油酸-2-磷酸

9）脱水（生成磷酸烯醇式丙酮酸）

甘油酸 -2- 磷酸脱水生成磷酸烯醇式丙酮酸（PEP），由烯醇化酶催化，需 Mg^{2+} 或 Mn^{2+}。反应可逆，分子内能量重新分布，产生一个高能键。

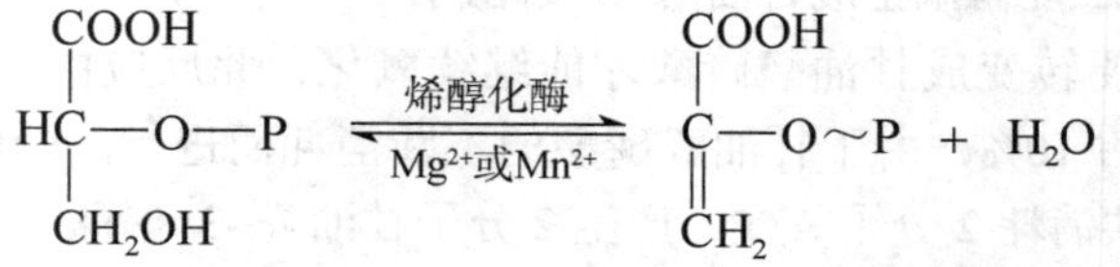

甘油酸-2-磷酸 磷酸烯醇式丙酮酸

10）放能（生成丙酮酸和 ATP）

由丙酮酸激酶催化，需 Mg^{2+}，不可逆。这是糖酵解过程中发生的又一次底物水平的磷酸化反应。

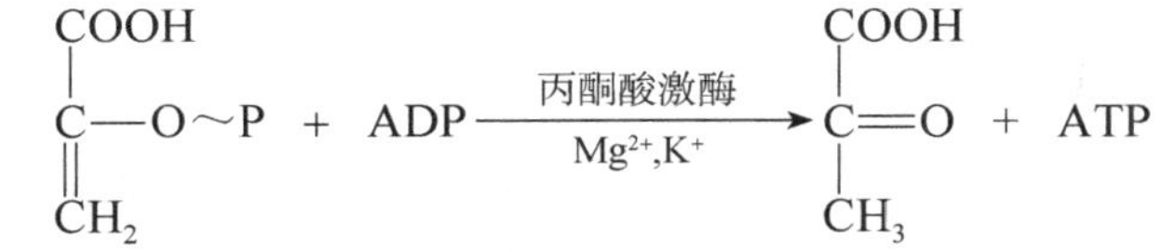

磷酸烯醇式丙酮酸　　丙酮酸

2.2.4　丙酮酸的去路

在胞浆中，糖酵解产生了丙酮酸，其进一步代谢依赖于组织供氧状况。

1．氧气不足时的去路

在氧气供应不足或无氧条件下，丙酮酸的代谢因物种或组织的不同有两条不同的途径。

1）乳酸菌及肌肉

在供氧不足时，葡萄糖酵解产生的丙酮酸接受甘油醛-3-磷酸脱氢时产生的 NADH＋H^+，在乳酸脱氢酶催化下还原生成乳酸。因此，通过 NAD^+与 NADH＋H^+间的反复氧化、还原而传递 2H，使糖酵解过程在无氧或缺氧条件下得以持续进行。

丙酮酸　　乳酸

2）酵母菌

在酵母菌中，由丙酮酸脱羧酶催化生成乙醛，再在乙醇脱氢酶催化下由 NADH 还原生成乙醇。

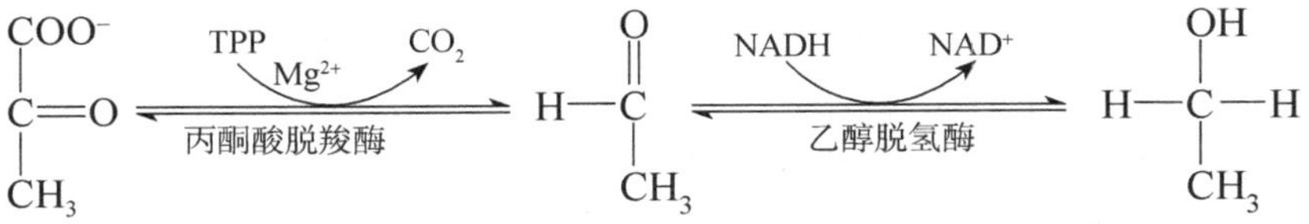

丙酮酸　　乙醛　　乙醇

2．有氧条件下的去路

在有氧气和线粒体存在时，丙酮酸进入线粒体内，氧化脱羧形成乙酰 CoA。其过程如下。

1）丙酮酸进入线粒体

丙酮酸可自由进入线粒体外膜，进入内膜时需要内膜上载体蛋白转运，载体蛋白嵌在内膜上，称为丙酮酸转运酶，具有特异性，可将丙酮酸转运至线粒体基质内。

2）丙酮酸脱氢酶复合体（系）

丙酮酸氧化脱羧并转变成乙酰 CoA 的反应，由丙酮酸脱氢酶复合体催化完成。该复合物位于线粒体中。丙酮酸脱氢酶系的总反应式为

$$CH_3COCOOH + CoASH + NAD^+ \longrightarrow CH_3CO\sim SCoA + CO_2 + NADH + H^+$$

2.2.5 糖的有氧氧化

多细胞的大型生物对能量的需求量大，为了更加有效地利用糖来产生能量，在有氧条件下，好氧生物对糖的分解并不局限于糖酵解过程，还要进一步降解。那么，葡萄糖或糖原在有氧条件下彻底氧化分解生成 CO_2 和 H_2O 并释放大量能量的过程，称为糖的有氧氧化（aerobic oxidation）。将糖的有氧氧化与糖酵解过程相比较，可以看到它们有一段共同的代谢途径，即在细胞质内糖分解为丙酮酸。如 2.2.4 中所述，丙酮酸以后的代谢过程取决于细胞内供氧情况，在缺氧条件下丙酮酸还原为乳酸；在有氧条件下丙酮酸进入线粒体，氧化脱羧生成乙酰 CoA，后者经三羧酸循环（TCA）彻底氧化分解为 CO_2 和 H_2O，释放出全部能量。

1．糖有氧氧化的反应过程概况

糖的有氧氧化过程可分 3 个阶段：葡萄糖或糖原在细胞质内分解为丙酮酸；丙酮酸进入线粒体氧化脱羧生成乙酰 CoA；乙酰 CoA 进入三羧酸循环，彻底氧化为 CO_2 和 H_2O 并释放能量（图 2-11）。

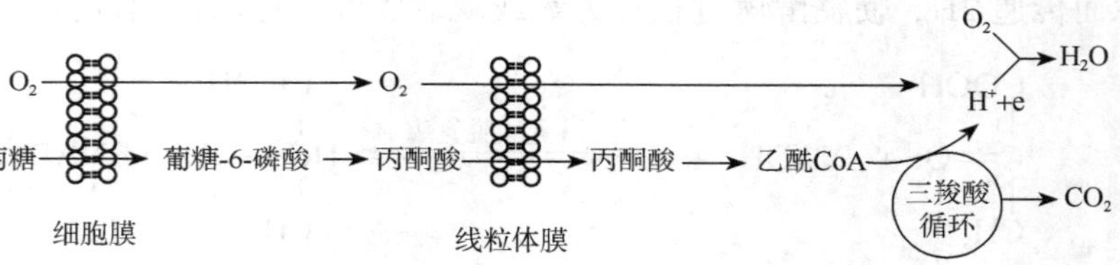

图 2-11 葡萄糖的有氧氧化过程

首先是糖酵解，糖酵解总反应式为

$$葡萄糖 + 2Pi + 2ADP + NAD^+ \longrightarrow 2\ 丙酮酸 + 2ATP + 2NADH + 2H^+ + 2H_2O$$

其中的 2NADH 会经过两条穿梭途径进入线粒体。在骨骼肌和脑组织中，NADH 进入线粒体要经过甘油磷酸穿梭系统，产生 3 个 ATP。在肝脏和心肌等，NADH 通过苹果酸穿梭系统，可生成 5 个 ATP。

2．胞浆中酵解过程产生的 $NADH+H^+$进入线粒体基质

这一阶段与糖酵解反应过程基本相同，所不同的是细胞质中甘油醛 -3- 磷酸脱氢生成的 $NADH+H^+$不是用于丙酮酸还原为乳酸，而是必须通过穿梭方式从细胞质进入线粒体内，经呼吸链传递给氧生成 H_2O，同时释放能量形成 ATP。采用穿梭方式的原因是，细胞质中 $NADH+H^+$不能被线粒体直接氧化，必须进入线粒体内才行，而 $NADH+H^+$又不能直接通过线粒体内膜。因组织不同，穿梭方式也有甘油 -3- 磷酸穿梭和苹果酸穿梭两种。

1）磷酸甘油穿梭（glycerol phosphate shuttle）

主要存在于昆虫的飞翔肌中，靠这一途径维持很高速度的氧化磷酸化。大多数哺

乳动物骨骼肌、脑等组织中也有此系统，但所占比重较小。如图 2-12 所示，当胞液中 NADH 浓度升高时，胞液中的磷酸二羟丙酮在甘油磷酸脱氢酶（辅酶为 NAD^+）催化下，被 NADH 还原成 α- 磷酸甘油（3- 磷酸甘油），后者穿过线粒体外膜进入膜间隙，再经镶嵌于线粒体内膜近外侧部的甘油磷酸脱氢酶催化，氧化生成磷酸二羟丙酮。线粒体内与胞液中的甘油磷酸脱氢酶为同工酶，两者的不同在于：线粒体内的酶是以 FAD 为辅基的脱氢酶，而不是 NAD^+，FAD 所接受的质子、电子可直接经泛醌、复合体Ⅲ和Ⅳ传递到氧，这样线粒体外的还原当量就被转运到线粒体氧化了。可见，磷酸甘油穿梭是把胞浆 NADH 的氢传递给 FAD 生成 $FADH_2$，故 1 分子 NADH 经此穿梭产生 1.5 分子 ATP，比线粒体内 NADH 氧化能量（2.5 分子 ATP）少。

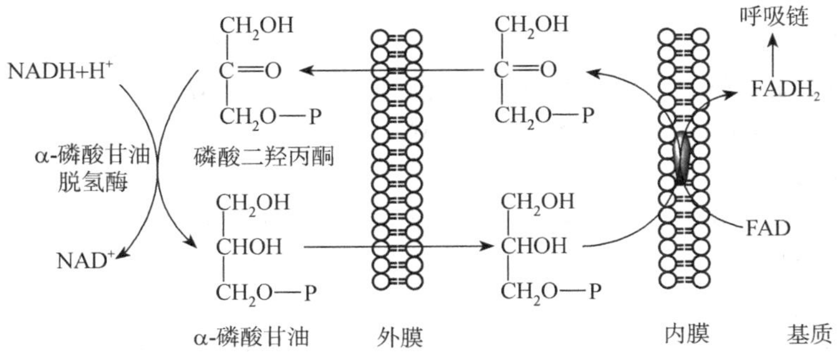

图 2-12　磷酸甘油穿梭系统

2）苹果酸（- 天冬氨酸）穿梭

在心脏、肝、肾等细胞中，胞质中的 $NADH+H^+$属于苹果酸 - 天冬氨酸穿梭。如图 2-13 所示，胞质中的苹果酸脱氢酶，催化草酰乙酸还原为苹果酸，后者可以进入线粒体基质。线粒体基质内则有另一种苹果酸脱氢酶，可催化进入的苹果酸脱氢形成草酰乙酸和 $NADH+H^+$，于是胞质内的 $NADH+H^+$上的 H 便间接地被转运进入线粒体基质中。草酰乙酸则通过基质和胞质均含有的谷 - 草转氨酶的作用，从基质返回胞质中。每 1 分子 NADH 进入线粒体内膜的呼吸链氧化可产生 2.5 分子 ATP。

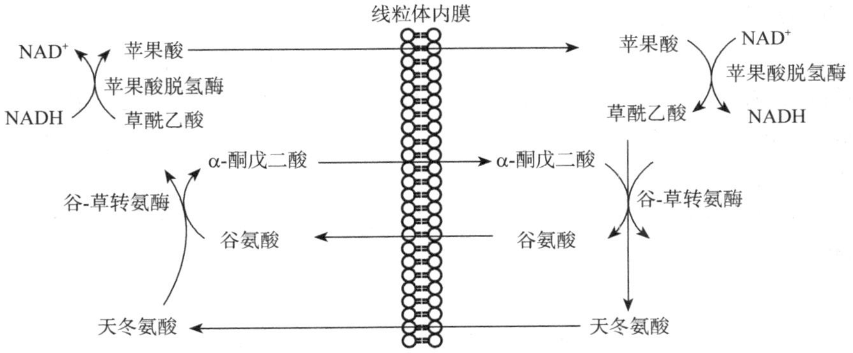

图 2-13　苹果酸（- 天冬氨酸）穿梭系统

3．丙酮酸氧化脱羧生成乙酰 CoA

细胞质中的丙酮酸透过线粒体膜进入线粒体后，在丙酮酸脱氢酶复合体（丙酮酸脱氢酶系）催化下发生氧化脱羧，并与 HSCoA 结合生成乙酰 CoA，同时生成 $NADH+H^+$。这是一个高度不可逆的反应，是连接糖酵解途径和三羧酸循环的关键环节，也是糖类物质经丙酮酸进入线粒体氧化分解的必经途径。

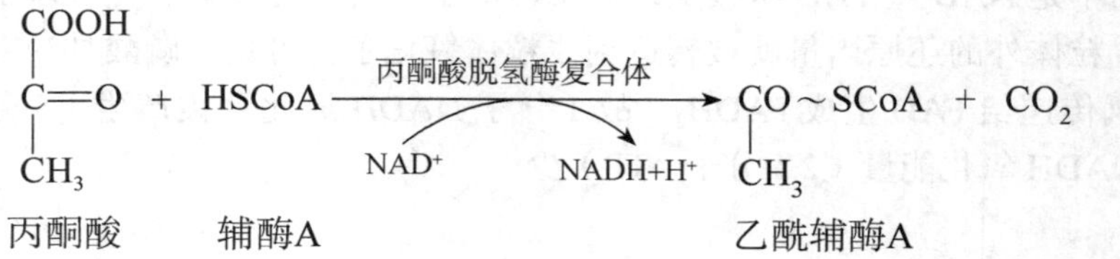

丙酮酸脱氢酶复合体是糖有氧氧化的关键酶，是糖有氧氧化过程的重要调节点。由 3 种酶（丙酮酸脱氢酶、二氢硫辛酰转乙酰基酶、二氢硫辛酸脱氢酶）和 6 种辅助因子（焦磷酸硫胺素、硫辛酸、FAD、NAD^+、CoA 和 Mg^{2+}）组成，在它们的协同作用下，使丙酮酸转变为乙酰 CoA 和 CO_2。

这个反应在线粒体中进行，NADH 氧化不用穿梭，NADH 呼吸链的 P/O 值是 2.5，所以产生 2.5 个 ATP。

4．三羧酸循环途径

乙酰 CoA 的进一步氧化是由三羧酸循环来完成的（图 2-14）。三羧酸循环（tricarboxylic acid cycle，TCA）是指乙酰 CoA 先与草酰乙酸缩合形成柠檬酸，而后经一系列氧化、脱羧等连续反应生成 CO_2，并再生草酰乙酸的循环反应过程。由于循环反应的第一个产物是含有 3 个羧基的柠檬酸，故称为三羧酸循环，也称柠檬酸循环（citric acid cycle）或 Krebs 循环。

三羧酸循环共 8 步反应，除琥珀酸脱氢酶固定在线粒体内膜上外，循环中的其他酶都在线粒体基质中。

TCA 循环从 2 个 C 的乙酰 CoA 与 4 个 C 的草酰乙酸缩合生成 6 个 C 的柠檬酸开始，乙酰基经 2 次脱羧形成 CO_2 被完全分解，又生成 4 个 C 的草酰乙酸进入下一轮循环。反应中有 4 步脱氢氧化，每次脱去的氢转移到作为氢载体的辅基或辅酶上形成 $FADH_2$ 或 NADH，在琥珀酰 CoA 裂解时发生一次底物水平的磷酸化，产生 1 分子 GTP。

1）三羧酸循环反应过程

（1）草酰乙酸与乙酰 CoA 缩合形成柠檬酸：在柠檬酸合酶（citrate synthase）催化下，使乙酰 CoA 的高能硫酸酯键水解，释出能量促进乙酰基与草酰乙酸缩合生成柠檬酸，同时释放出 CoA，此反应为耗能的不可逆反应。柠檬酸合酶是三羧酸循环的关键酶之一，是第一个调节点。

（2）柠檬酸异构化形成异柠檬酸：在顺乌头酸酶催化下，柠檬酸通过脱水反应形成顺乌头酸；然后再加水生成异柠檬酸。该两步反应的总结果是使柠檬酸的 β-OH 转移为 α-OH，生成异柠檬酸。

（3）异柠檬酸氧化脱羧形成 α- 酮戊二酸：在异柠檬酸脱氢酶（isocitrate dehydrogenase）催化下，异柠檬酸发生氧化脱羧生成 α- 酮戊二酸，释放 1 分子 CO_2。反应中

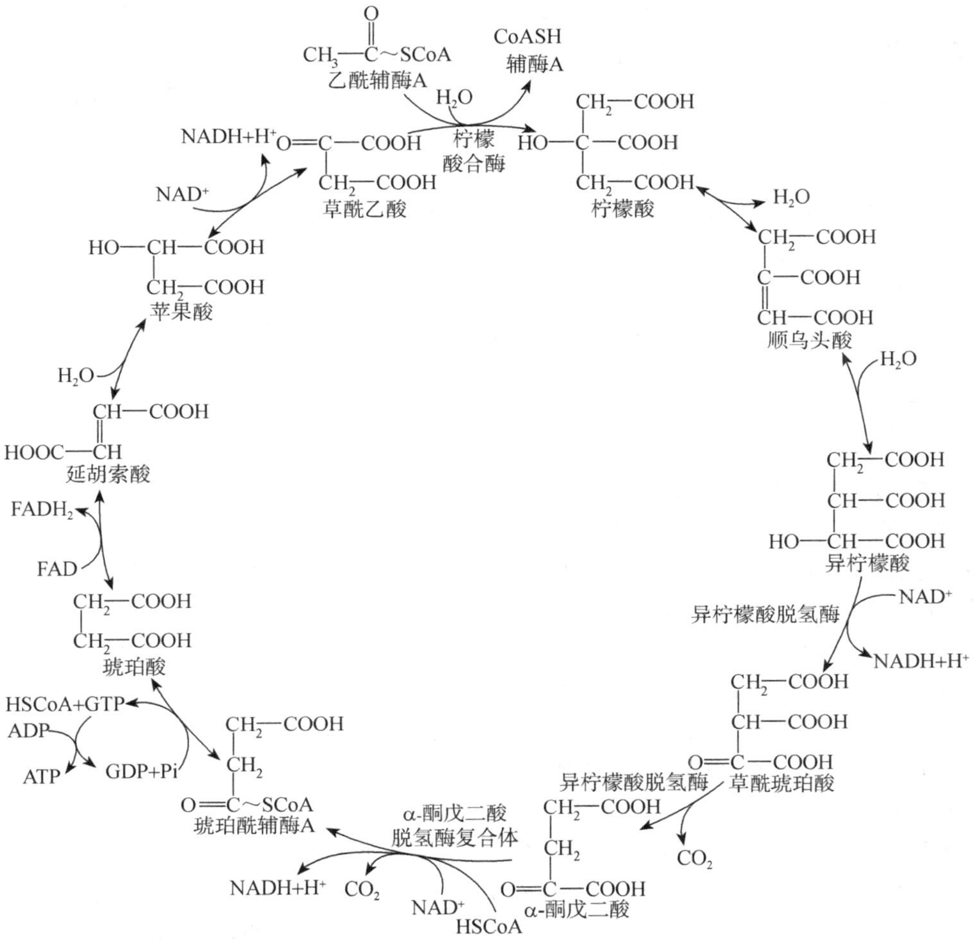

图 2-14　三羧酸循环途径

脱下的 2H 由 NAD^+接受生成 $NADH+H^+$。异柠檬酸脱氢酶是三羧酸循环第二个催化不可逆反应的关键酶，是重要的调节点，其活性受 ADP 的别构激活，受 ATP 的别构抑制。

（4）α- 酮戊二酸氧化脱羧形成琥珀酰 CoA：该反应由 α- 酮戊二酸脱氢酶复合体（α-ketoglutatrate dehydrogenase complex）催化。该复合体的组成、功能和催化机制与丙酮酸脱氢酶复合体相似，也是由 3 种酶和 5 种辅酶构成的多酶复合体催化的氧化脱羧反应，生成琥珀酰 CoA，释放 1 分子 CO_2。脱下的 2H 最后由 NAD^+接受生成 $NADH+H^+$。α- 酮戊二酸脱氢酶复合体催化的反应高度不可逆，是三羧酸循环第三个关键酶和重要调节点。

（5）琥珀酰 CoA 转化成琥珀酸并产生一个高能磷酸键：琥珀酰 CoA 是含有高能硫酯键的化合物，在琥珀酰 CoA 合成酶催化下，高能硫酯键水解释放能量，驱动 GDP 磷酸化生成 GTP，而其分子本身转变生成琥珀酸。生成的 GTP 通常可将高能磷酸基团继续转移给 ADP 生成 ATP。这是三羧酸循环中发生的唯一一次底物水平磷酸化反应。

（6）琥珀酸脱氢形成延胡索酸：在琥珀酸脱氢酶催化下，琥珀酸脱氢生成延胡索酸。琥珀酸脱氢酶的辅基是 FAD，脱下的 2H 交给 FAD 生成 $FADH_2$。

（7）延胡索酸水合形成 L- 苹果酸：在延胡索酸酶催化下，使延胡索酸加水生成苹果酸。

（8）L- 苹果酸脱氢形成草酰乙酸：反应由苹果酸脱氢酶催化。脱下的 2H 由其辅酶 NAD^+接受生成 $NADH+H^+$。再生的草酰乙酸可以与另一分子乙酰 CoA 缩合生成柠檬酸，进入下一轮循环。

三羧酸循环的总反应方程式为

$$\text{乙酰 CoA}+3NAD^+ + FAD + GDP + Pi + 2H_2O \longrightarrow$$
$$HSCoA + 3(NADH+H^+) + FADH_2 + 2CO_2 + GTP$$

2）三羧酸循环小结

（1）三羧酸循环是乙酰基彻底氧化的过程：每循环一次都消耗 1 个乙酰 CoA。反应过程中有 4 次脱氢（脱下 4 对氢）、2 次脱羧反应和 1 次底物水平磷酸化。

（2）三羧酸循环有 3 个关键酶：包括柠檬酸合酶、异柠檬酸脱氢酶和 α- 酮戊二酸脱氢酶复合体，其中异柠檬酸脱氢酶是最主要的调节酶。这 3 个酶催化的反应在生理条件下是不可逆的，所以使整个循环不可逆。

（3）三羧酸循环从草酰乙酸开始，最后又再生成草酰乙酸：参与三羧酸循环的中间物，虽数量不变，但实际上通过与其他代谢联系而在不断更新。例如，通过转氨基作用，草酰乙酸与天冬氨酸可以相互转变，α- 酮戊二酸与谷氨酸可以互变，草酰乙酸可经脱羧基反应生成丙酮酸，丙酮酸也可经丙酮酸羧化酶催化生成草酰乙酸。

5．磷酸戊糖途径

磷酸戊糖途径（pentose phosphate pathway）葡萄糖氧化分解的另一种方式。由于此途径是由 6- 磷酸葡萄糖（G-6-P）开始，故亦称为已糖磷酸旁路。此途径在胞浆中进行，可分为两个阶段：氧化脱羧阶段和非氧化分子重排阶段。第一阶段由 G-6-P 脱氢生成 6- 磷酸葡糖酸内酯开始，然后水解生成 6- 磷酸葡糖酸，再氧化脱羧生成 5- 磷酸核酮糖。$NADP^+$是所有上述氧化反应中的电子受体。第二阶段是 5- 磷酸核酮糖经过一系列转酮基及转醛基反应，经过磷酸丁糖、磷酸戊糖及磷酸庚糖等中间代谢物最后生成 3- 磷酸甘油醛及 6- 磷酸果糖，后二者还可重新进入糖酵解途径而进行代谢。

磷酸戊糖途径直接从 G 上脱氢、脱羧，部位在 1 位 C，不必经过酵解和 TCA，因此为生物提供了另一条糖的分解代谢途径。其生理意义也非常重要。首先，通过磷酸戊糖途径中的转酮醇基及转醛醇基反应，使丙糖、丁糖、戊糖、己糖、庚糖（C3～C7）在体内得以互相转变。而磷酸戊糖途径也成为体内利用葡萄糖生成 5- 磷酸核糖的唯一途径，为体内核酸的合成提供了原料。其次，磷酸戊糖途径提供了细胞代谢所需的 NADPH。而 NADPH 不仅在脂肪酸及胆固醇等物质的生物合成作为供氢体，还作为谷胱甘肽还原酶的辅酶，对于维持细胞中还原型谷胱甘肽（G-SH）的正常含量，从而对维持细胞特别是红细胞的完整性有重要作用。不仅如此，NADPH 还参与肝脏内的生理转化反应。

6．糖的有氧氧化化学计量和生物学意义

TCA 脱下的 4 对氢中有 3 对氢以 NAD^+为受氢体、1 对氢以 FAD 为受氢体，经呼吸链的氧化磷酸化分别生成 7.5 个 ATP 和 1.5 个 ATP，共生成 9 个 ATP，另加 1 次底物水平磷酸化生成 1 个 ATP。这样线粒体每循环一次共产生 10 个 ATP 分子（比以前的计算方法少了 2 个 ATP）。若从丙酮酸脱氢酶开始计算，每分子丙酮酸氧化脱羧产生 1 个 NADH，经电子传递链最后产生 2.5 个 ATP。因此，从丙酮酸开始经过一次循环共产生 2.5＋10＝12.5 个 ATP。若从葡萄糖开始计算，若不考虑糖酵解产生的 2 个 ATP 分子和 2 个 NADH，每分子葡萄糖可形成 2 分子丙酮酸，因此，从葡萄糖形成 2 分子丙酮酸开始，经柠檬酸循环共产生 2 倍的 12.5 个 ATP 分子，即 25 个 ATP 和 2 个 NADH，则 1 分子葡萄糖共产生 25（柠檬酸循环）＋2（糖酵解）＋2×2.5＝32 个 ATP 分子。糖的有氧氧化是机体获得能量的主要方式，1 分子葡萄糖经有氧氧化可生成 30（或 32）分子 ATP（表 2-1），与糖酵解只生成 2 分子 ATP 相比，为其 15～16 倍。在一般生理条件下，绝大多数组织细胞皆从糖的有氧氧化途径获得能量。

表 2-1　糖的有氧氧化各阶段的能量计算

项目名称	主要反应过程	递氢体	生成 ATP 量
第一阶段	葡萄糖→葡糖 -6- 磷酸		−1
	葡糖 -6- 磷酸→果糖 -1，6- 二磷酸		−1
	甘油醛 -3- 磷酸→甘油酸 -1，3- 二磷酸	NAD^+	2.5×2 或（1.5×2）
	甘油酸 -1，3- 二磷酸→甘油酸 -3- 磷酸		1×2
	磷酸烯醇式丙酮酸→丙酮酸		1×2
	小计		7（或 5）
第二阶段	丙酮酸→乙酰 CoA	NAD^+	2.5×2
	小计		5
第三阶段	异柠檬酸→ α 酮戊二酸	NAD^+	2.5×2
	α- 酮戊二酸→琥珀酰 CoA	NAD^+	2.5×2
	琥珀酰 CoA →琥珀酸		1×2
	琥珀酸→延胡索酸	FAD	1.5×2
	苹果酸→草酰乙酸	NAD^+	2.5×2
	小计		20
合计			32（或 30）

2.2.6　糖类的合成——以葡萄糖为例

植物可以通过光合作用合成糖。植物细胞内的叶绿体是进行光合作用的场所，能利用光能将水和二氧化碳转化为糖类。在动物体体内，主要通过糖异生来合成糖。

1．糖异生的概念与意义

由非糖物质转变为葡萄糖或糖原的过程称为糖异生作用（gluconeogenesis）。能进行糖异生的非糖物质主要有甘油、乳酸、丙酮酸、三羧酸循环中间物和生糖氨基酸等，糖异生的器官主要是肝脏。肾脏的糖异生能力仅为肝脏的 1/10。当长期饥饿或酸中毒时，肾脏的糖异生作用增强。

如图 2-15 所示，将非糖物质转变为糖，以维持血糖恒定，满足组织对葡萄糖的需

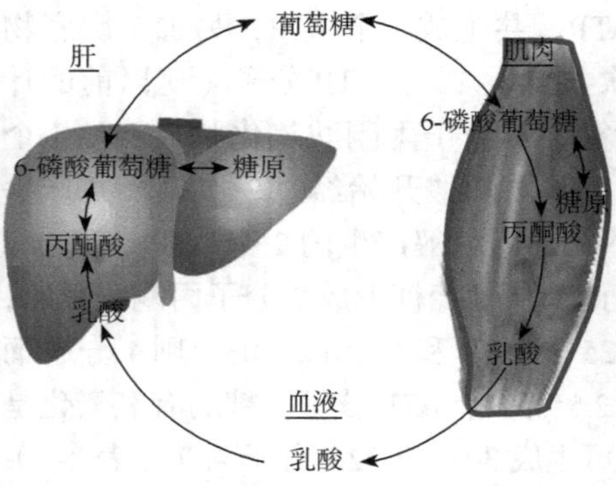

图 2-15 糖异生作用及其意义

要；将肌肉酵解产生的乳酸经细胞膜弥散进入血液运到肝脏，通过糖异生作用合成葡萄糖，再经血液运输可供肌肉重新利用，即乳酸循环（Cori 循环）。当肌肉活动剧烈时，通过 Cori 循环，可将肌肉中不能直接分解为葡萄糖的肌糖原间接转变成血糖，这对于回收乳酸分子中的能量，补充血糖和防止乳酸酸中毒均有重要意义。还有利于在短时间内提供大量能量（无氧氧化产能速度与有氧氧化产能速度之比大约是 100∶1）。乳酸循环是耗能的过程，2 分子乳酸异生成葡萄糖需消耗 6 分子 ATP，此循环为动物组织特有。

2．糖异生的途径

糖异生途径基本是糖酵解的逆过程。

糖酵解途径中由己糖激酶（肝内为葡糖激酶）、磷酸果糖激酶 -1 及丙酮酸激酶催化的 3 个单向反应，都有相当大的能量释放，这些反应的逆过程需要吸收等量的能量，在生物体内难以实现，因而构成所谓的“能障”。实现糖异生必须由另外的一些酶来催化，绕过这 3 个“能障”而使其逆行。这些酶包括丙酮酸羧化酶、磷酸烯醇式丙酮酸羧激酶、果糖 -1, 6- 二磷酸酶和葡糖 -6- 磷酸酶 4 个催化单向反应的酶，是糖异生途径中的关键酶。

1）由丙酮酸生成磷酸烯醇式丙酮酸（图 2-16）

丙酮酸在丙酮酸羧化酶作用下生成草酰乙酸：细胞质中的丙酮酸进入线粒体后，在丙酮酸羧化酶的作用下，将 CO_2 固定生成草酰乙酸。此酶存在于肝脏和肾脏的线粒体中，需生物素和镁离子。镁离子与 ATP 结合，提供能量，先生成羧基生物素，再转给丙酮酸，形成草酰乙酸。此酶是别构酶，受乙酰 CoA 调控，缺乏乙酰 CoA 时无活性。此反应联系三羧酸循环和糖异生，乙酰 CoA 可促进草酰乙酸合成，如 ATP 含量高则三羧酸循环被抑制，糖异生加快。

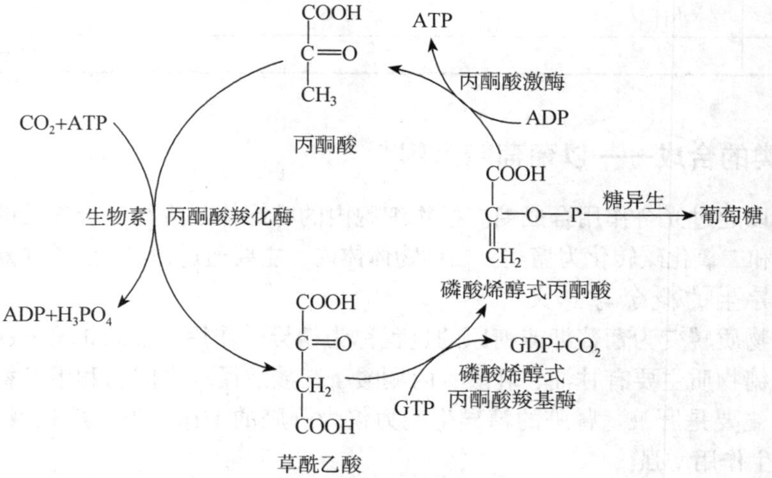

图 2-16 丙酮酸生成磷酸烯醇式丙酮酸

草酰乙酸透过线粒体膜：糖异生在细胞质中进行，草酰乙酸要转化为苹果酸才能出线粒体膜，在细胞质中再氧化成草酰乙酸。这是由苹果酸脱氢酶催化的，同时带出一个 NADH。因为线粒体中还原辅酶多，NAD^+/NADH 在细胞质中是 500～700，线粒体中是 5～8。

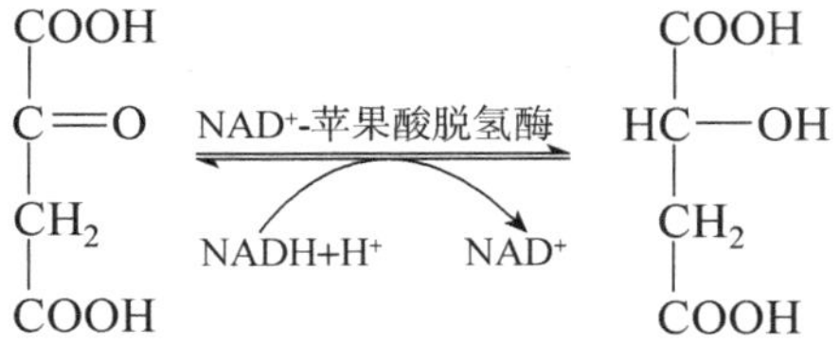

草酰乙酸　　　　　苹果酸

草酰乙酸生成磷酸烯醇式丙酮酸（PEP）：在磷酸烯醇式丙酮酸羧激酶催化下进行。反应需 GTP 提供磷酰基，速度受草酰乙酸浓度和激素调节。胰高血糖素、肾上腺素、糖皮质激素可增加肝脏中的酶量，胰岛素则相反。总反应为

$$\text{丙酮酸} + ATP + GTP + H_2O = PEP + ADP + GDP + Pi + H^+$$

反应消耗 2 个高能键，比酵解更易进行。

2）果糖 -1, 6- 二磷酸水解生成果糖 -6- 磷酸

反应在果糖 -1, 6- 二磷酸酶催化下进行，需镁离子。果糖 -1, 6- 二磷酸酶是别构酶，AMP 强烈抑制酶活，平时抑制酶活 50%。果糖 -2, 6- 二磷酸也可抑制其活性，ATP、柠檬酸和 3- 磷酸甘油酸可激活。

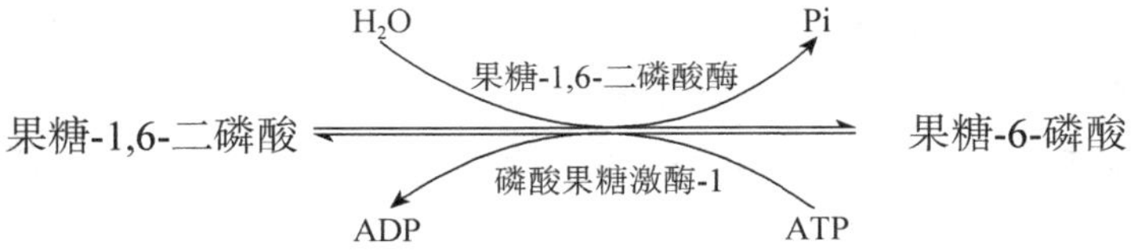

3）葡萄糖 -6- 磷酸水解生成葡萄糖

由葡萄糖 -6- 磷酸酶催化，需镁离子。此酶存在于肝脏，在脑和肌肉中没有。

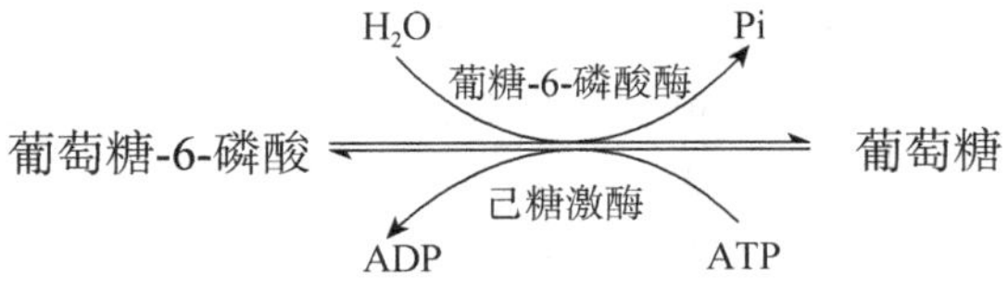

总反应为

$$2\,\text{丙酮酸} + 4ATP + 2GTP + 2NADH + 2H^+ + 4H_2O = \text{葡萄糖} + NAD^+ + 4ADP + 2GDP + 6Pi$$

3．糖异生的前体物质

糖异生的前体物质包括：①三羧酸循环的中间产物，如柠檬酸、琥珀酸、苹果酸等；②大多数氨基酸是生糖氨基酸，如丙氨酸、丝氨酸、半胱氨酸等，可转变为三羧酸循环的中间产物，参加糖异生；③肌肉产生的乳酸，可通过乳酸循环（Cori 循环）生成葡萄糖。

反刍动物胃中的细菌将纤维素分解为乙酸、丙酸、丁酸等，奇数碳脂肪酸可转变为琥珀酰 CoA，参加异生。

知识扩展 2－2

你了解血糖吗？

我们平时所说的血糖，是指血液中的糖——主要是葡萄糖。其含量相对恒定，在 80～120mg/100mL。

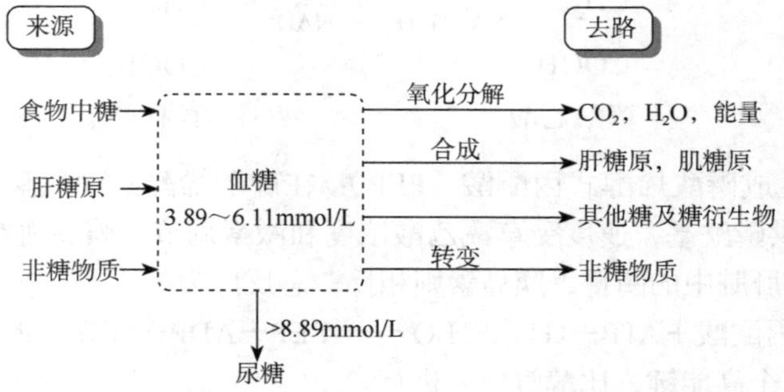

图 2-BOX1 血糖的来源和去路

血糖的来源有食物、糖原和糖异生，而其去路包括了氧化分解，合成糖原和转变为其他的非糖物质。人体内的血糖水平与用餐和胰岛素水平密切相关。每当我们吃完饭，人体内的血糖水平会迅速上升，然而，这时候的胰岛素分泌水平会紧随其后上升并抑制血糖水平。正常的血糖会在 2h 内降到正常水平，而糖尿病患者的血糖水平在进食 2h 后还是会居高不下。

胰岛素主要通过以下作用来抑制血糖水平：①促进肌细胞、脂肪细胞摄取葡萄糖；②促进糖原合成，抑制糖原分解；③加快糖有氧氧化；④抑制糖异生作用；⑤减缓脂肪的动员，从而减少脂肪酸对糖氧化的抑制。

虽然平时都是通过检测血糖浓度来确定血糖水平的，但其实人体血液中还有另一种蛋白质，能够指示人长期的血糖水平，即糖化血红蛋白。糖化血红蛋白是人体血液中红细胞内的血红蛋白与血糖结合的产物。血糖和血红蛋白的结合生成糖化血红蛋白是不可逆反应，并与血糖浓度成正比，且保持 120d 左右，所以可以观测到 120d 之前的血糖浓度。糖化血红蛋白的英文代号为 HbA1c。HbA1c 测试通常可以反映患者近 8～12 周的血糖控制情况。目前我国将糖尿病患者糖化血红蛋白的控制标准定为 6.5% 以下。

2.3 脂类的代谢

脂类（lipids）包括脂肪（triacylglycerol，TAG，又称甘油三酯或三酰甘油）和类脂两大类，它们的共性是疏水性强的化合物，具有多种生物学功能。甘油三酯是机体内主要的贮能和供能物质，主要分布在脂肪组织中，如皮下、腹腔大网膜、肠系膜、内脏周围等处，这些贮存脂肪的部位被称为脂库。脂库中脂肪的含量占体重的 10%～20%，其易受生物体的营养状况、能量消耗情况、神经和激素等多种因素的影响而变动，故又被称为可变脂。类脂包括磷脂、糖脂、胆固醇及其酯等，它们是生物膜结构的重要组成成分，约占体重的 5%。类脂含量比较恒定，营养状况和活动量等因素对其影响很小，故被称为基本脂或固定脂，它们往往是细胞膜的组成成分。

2.3.1　脂肪的分解

1．脂肪动员

哺乳动物的脂肪主要以脂肪颗粒的形式贮存在脂肪细胞中。脂肪颗粒的主要成分是脂肪。脂库中的脂肪被脂肪酶逐步水解为游离脂肪酸及甘油并释放入血供给全身各组织氧化利用的过程，称为脂肪动员（图 2-17）。动物脂在脂肪动员中，脂库中三酰甘油脂肪酶起决定性作用，是脂肪分解的限速酶。

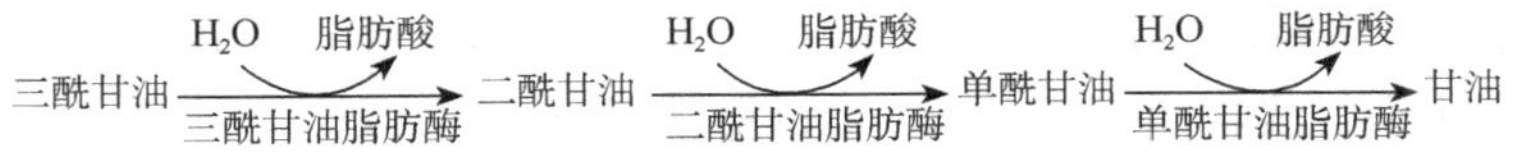

图 2-17　脂肪动员途径

2．甘油与脂肪酸的代谢

甘油代谢和糖代谢的关系极为密切。在脂肪细胞内，脂肪经降解生成脂肪酸和甘油。甘油溶于水进入血液，转运至肝、肾、肠等后才能被甘油激酶催化，生成甘油 -3- 磷酸，再经磷酸甘油脱氢酶氧化脱氢生成磷酸二羟丙酮，后者为磷酸丙糖，是糖酵解途径的中间产物，可遵循糖分解代谢途径，经异构化生成 3- 磷酸甘油醛后，可以继续氧化为丙酮酸进入三羧酸循环，从而被彻底氧化产能，或经糖异生途径合成葡萄糖乃至合成多糖，但甘油绝大部分经糖异生途径转化为葡萄糖（图 2-18）。

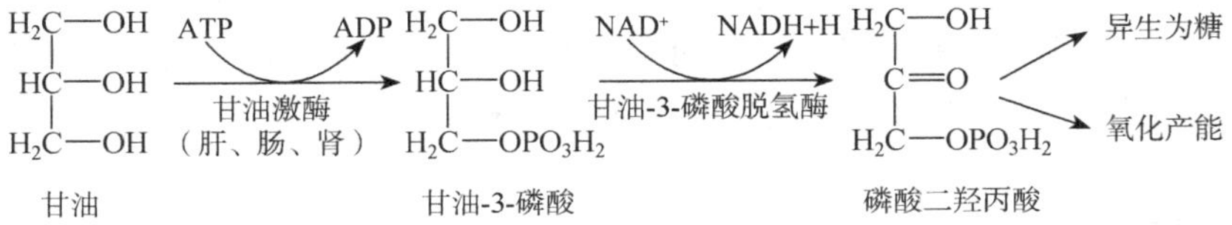

图 2-18　甘油代谢途径

游离的脂肪酸不溶于水，与血清清蛋白结合，以脂肪酸 - 清蛋白复合体形式而被运送，通过血液循环转运到心脏、骨骼肌和肝脏等被利用。脂肪酸是人类主要能源物质之一。在供氧充足条件下，脂肪酸在体内可以 β- 氧化的方式分解成 CO_2 和 H_2O，释放出大量能量供机体利用。除脑组织外的大多数组织均能进行 β- 氧化，但在肝脏和肌肉组织中脂肪酸氧化反应最为活跃。

3．脂肪酸的分解代谢 β- 氧化过程

脂肪酸主要以 β- 氧化的方式生成大量乙酰辅酶 A，继而进入三羧酸循环生成大量能量。脂肪酸在体内氧化时，在羧基端的 β 位的碳原子上进行氧化，逐步将碳原子成对地从脂肪酸链上切下，该过程称为 β- 氧化。在 β- 氧化过程中，每次切下一个二碳单位，即乙酰 CoA，同时生成比原来少两个碳原子的脂肪酰辅酶 A。

1）脂肪酸活化（细胞质）

在脂酰 CoA 合成酶的催化下，胞液中的脂肪酸可以与 CoA 酯化而被激活。生成 1 个高能硫酯键，需消耗 2 个高能磷酸键，即相当于消耗了 2 分子 ATP，由于焦磷酸（PPi）不稳定，极易水解，所以反应不可逆（图 2-19）。

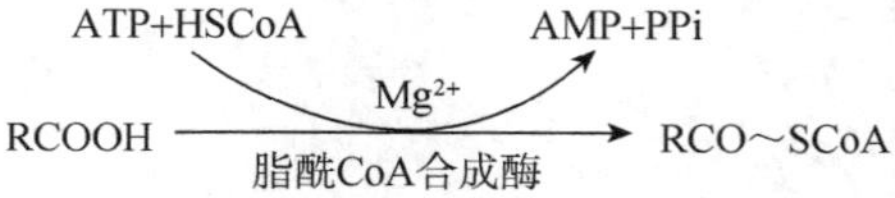

图 2-19　脂肪酸活化

2）脂酰 CoA 转运系统

因为催化脂肪酸氧化的酶系存在于线粒体基质中，β- 氧化过程是在线粒体内进行，因此在细胞质中生成的脂酰 CoA 必须进入线粒体内才能进行氧化。4～10 碳的中、短链脂肪酸可直接进入线粒体，并在线粒体内活化生成脂酰 CoA。但在胞质中生成的长链脂酰 CoA 不能自由通过线粒体内膜，须经肉碱穿梭系统（图 2-20）转运。

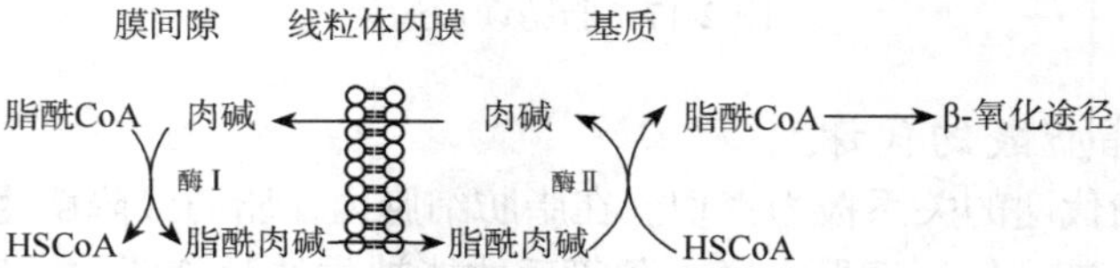

图 2-20　肉碱穿梭系统

穿梭转运的基本过程如下：在线粒体内膜的两侧分别存在肉碱酰基转移酶Ⅰ和Ⅱ。在内膜外侧的肉碱酰基转移酶Ⅰ（carnitine acyltransferase Ⅰ，CAT Ⅰ）催化下，脂酰 CoA 中的脂酰基转移到 L- 肉碱（carnitine）上，形成脂酰肉碱。在肉碱 - 脂酰肉碱转运酶的作用下，与游离的肉碱交换后进入线粒体基质。在线粒体基质中，脂酰肉碱在与内膜内侧结合的肉碱酰基转移酶Ⅱ（CAT Ⅱ是 CAT Ⅰ的同工酶）的催化下，重新生成脂酰 CoA 和肉碱。脂酰 CoA 可以直接进行 β- 氧化，肉碱脂酰转移酶Ⅰ是脂肪酸 β- 氧化的限速酶。

3）脂肪酸 β- 氧化

进入线粒体基质后，脂酰 CoA 在脂肪酸 β- 氧化酶系的催化下，逐步进行氧化分解。由于脂肪酸的氧化分解主要发生在 β 碳原子上，故称为 β- 氧化。脂酰 CoA 氧化生成乙酰 CoA 涉及 4 个连续反应：氧化、水化、再氧化和硫解（图 2-21）。

第一次氧化反应：在脂酰 CoA 脱氢酶（acyl CoA dehydrogenase）的催化下脂酰 CoA 脱氢，在 α 和 β 碳间形成一个双键，生成反式 Δ^2- 烯脂酰 CoA，脱下的氢使酶的辅基 FAD 还原为 $FADH_2$。线粒体基质内发现的 3 种脂酰 CoA 脱氢酶，分别催化链长为 C4～C6，C6～C14，C6～C18 的脂酰 CoA 脱氢，均以 FAD 为辅基。

水化反应：在烯脂酰 CoA 水化酶（enoyl CoA hydratase）的催化下，烯脂酰 CoA 水化生成 L-β- 羟脂酰 CoA。

第二次氧化反应：在 L-β- 羟脂酰 CoA 脱氢酶（L-β-hydroxyacyl CoA dehydrogenase）的催化下，L-β- 羟脂酰 CoA 的 β 碳上的两个氢被脱去，生成 β- 酮酰 CoA 和 NADH 和 H^+

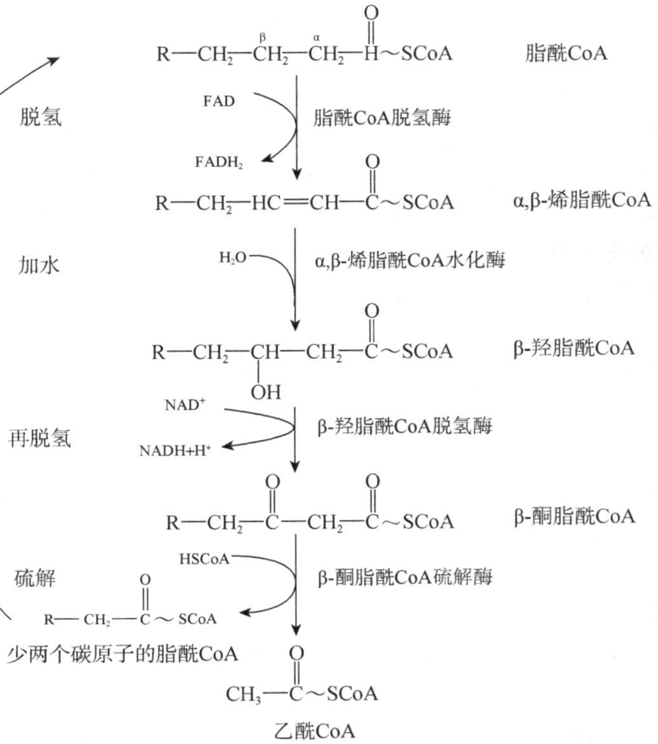

图 2-21　脂肪酸 β- 氧化途径

（该酶以 NAD^+作为辅酶）。

硫解反应：β- 酮脂酰 CoA 在硫解酶（thiolase）催化下裂解，生成一个乙酰 CoA 和一个少了 2 个 C 的脂酰 CoA。后者再作为底物重复上述反应，直至整个脂酰 CoA 都转换成乙酰 CoA。产生的乙酰 CoA 则可以进入三羧酸循环。

4）脂肪酸 β- 氧化的能量形成

脂肪酸代谢的能量产生分为 3 个阶段：长链脂肪酸经 β- 氧化，降解为乙酰 CoA；乙酰 CoA 经柠檬酸循环氧化为 CO_2；前面两个阶段产生的 NADH 和 $FADH_2$ 经呼吸链氧化，合成 ATP。

以十八碳饱和脂肪酸彻底氧化为例，在胞质中消耗 2 ATP，活化生成硬脂酰 CoA；线粒体内脂酰 CoA 经 8 次 β- 氧化，生成 8 分子 $FADH_2$、8 分子 $NADH+H^+$和 9 分子乙酰 CoA。

脂肪酸的活化消耗：－2ATP

脂肪酸的 8 次 β- 氧化产能：$8\times1.5=12$ATP（$FADH_2$）

$8\times2.5=20$ATP（$NADH+H^+$）

9 个乙酰 CoA 的彻底氧化：$9\times10=90$ ATP

合计净生成 120 个 ATP。

由上可见，脂肪酸和葡萄糖一样可以氧化供能。但是，正常情况下机体优先利用葡萄糖供能。只有当糖的氧化供能不足，如饥饿、高脂低糖饮食或糖尿病时，机体才能加强脂肪动员氧化供能。另一方面，与脂肪相比，相同碳原子数的糖完全氧化时释放的能量仅是其 70%～80%；脂肪具有疏水性，使得它能够大量被贮存，无水贮存使得单位重量中贮存的能量更多。

5）奇数碳脂肪酸的氧化

体内奇数碳脂肪酸也和偶数碳脂肪酸一样，可以进行 β- 氧化，只是在最后一轮 β- 氧化硫解反应中生成 1 分子乙酰 CoA 和 1 分子丙酰 CoA。丙酰 CoA 在丙酰 CoA 羧化酶的催化下，生成甲基丙二酰 CoA，再经甲基丙二酰 CoA 变位酶的作用生成琥珀酰 CoA，进入 TCA。

6）不饱和脂肪酸的氧化

与饱和脂肪酸相同，也是经 β- 氧化而降解。但不饱和脂肪酸的氧化还需要另外两种酶的作用：一个是异构酶，一个是还原酶。

单不饱和脂肪酸的降解，需要烯脂酰 CoA 异构酶的催化，使 Δ^3- 顺式 - 烯脂酰 CoA 异构化转化为 Δ^2- 反式 - 烯脂酰 CoA；Δ^2- 反式 - 烯脂酰 CoA 再经烯脂酰 CoA 水合酶催化，生成 L-β- 羟脂酰 CoA，然后经正常的 β- 氧化进一步水解。

多不饱和脂肪酸的氧化，除了上述的异构化酶外，还需要另外一个酶，即 2，4 - 二烯脂酰 CoA 还原酶的作用。

4．酮体

1）概念

脂肪酸 β- 氧化产生的乙酰 CoA，在肌肉和肝外组织中直接进入 TCA，然而在肝、肾细胞中除部分氧化供能外，还可在肝内生酮酶系作用下，生成乙酰乙酸（acetoacetate）、D-β- 羟丁酸（β-hydroxybutyrate）和丙酮（acetone），这 3 种物质统称酮体（ketone body）。酮体在肝中生成后，再运到肝外组织中利用。

2）酮体的合成

在哺乳动物中，酮体是在肝细胞、肾细胞的线粒体的基质中，在生酮酶系作用下合成的。酮体合成过程见图 2-22，主要包括：① 两分子乙酰 CoA 在硫解酶催化下，缩合形

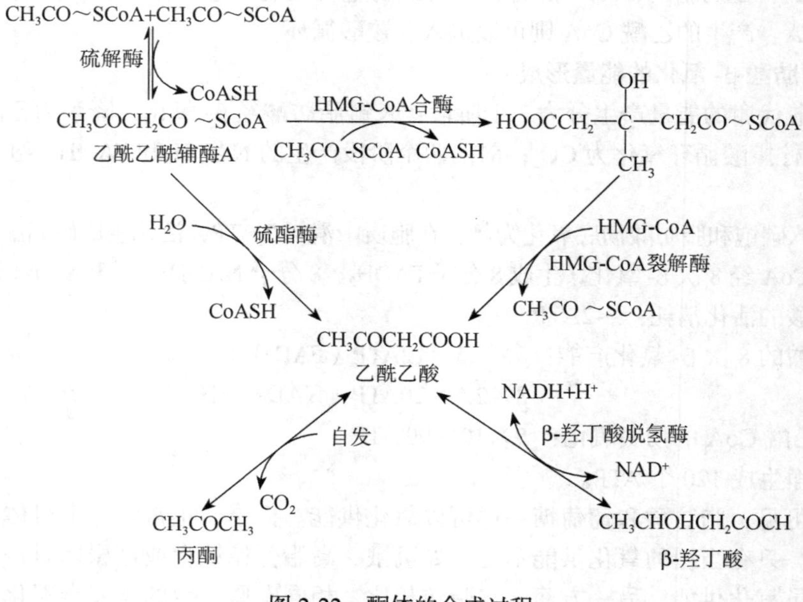

图 2-22　酮体的合成过程

成乙酰乙酰 CoA；②乙酰乙酰 CoA 在 3- 羟 -3- 甲基戊二酸单酰 CoA（HMG-CoA）合酶催化下，再与第三个乙酰 CoA 分子结合，形成 HMG-CoA；③ HMG-CoA 被 HMG-CoA 裂解酶（HMG-CoA lyase）裂解，形成乙酰乙酸和乙酰 CoA；④乙酰乙酸在 β- 羟丁酸脱氢酶（β-hydroxybutyrate dehydrogenase）的催化下生成 β- 羟丁酸。部分乙酰乙酸也可脱羧生成丙酮。

酮体形成的作用是将肝中代谢产生的大量乙酰 CoA 转移出去，酮体中 β- 羟丁酸约占 70%，乙酰乙酸占 30%，丙酮含量很少，主要由肺呼出体外。

肝脏线粒体中的乙酰 CoA 走哪一条途径，主要取决于草酰乙酸的可利用性。饥饿状态下，草酰乙酸离开 TCA，用于糖异生合成葡萄糖。当草酰乙酸浓度很低时，只有少量乙酰 CoA 进入 TCA，大多数乙酰 CoA 用于合成酮体。当乙酰 CoA 不能再进入 TCA 时，肝脏合成酮体送至肝外组织利用，肝脏仍可继续氧化脂肪酸。肝中催化酮体生成的酶类很活泼，但没有能利用酮体的酶类。因此，肝脏线粒体合成的酮体，迅速透过线粒体并进入血液循环，送至全身，即肝内合成肝外用。

乙酰乙酸和 β- 羟丁酸都可以被转运出线粒体膜和肝细胞质膜，进入血液后被其他细胞用作燃料。在血液中少量的乙酰乙酸脱羧生成丙酮。

3）酮体的氧化利用

β- 羟基丁酸和乙酰乙酸都可以进入线粒体，乙酰乙酸在线粒体中转化为乙酰 CoA 后进入 TCA；β- 羟基丁酸由 β- 羟基丁酸脱氢酶催化，生成乙酰乙酸，然后进入上述途径。

肝脏氧化脂肪时可产生酮体，但不能利用它（缺少 β- 酮脂酰 CoA 转移酶），肝外组织在脂肪氧化时不产生酮体，但能利用肝中输出的酮体。酮体是很多组织（除了肝脏和红细胞）的重要能源，包括中枢神经系统。心肌和肾脏主要利用乙酰乙酸。脑在正常代谢时主要以葡萄糖作燃料，但在饥饿和患糖尿病时也可以利用乙酰乙酸，长期饥饿时，脑需要的燃料中有 75% 是乙酰乙酸。

当酮体的浓度过量时，也会产生比较严重的后果。长期饥饿或患糖尿病的人，血液中的酮体水平是正常时的 40 多倍。酮体浓度高，会导致体内酸碱平衡紊乱，出现酸中毒，即酮症酸中毒。

2.3.2　脂类的合成

人体除从食物摄取脂肪（称外源性脂肪，在体内可通过改造、加工被机体利用）外，同时机体内还可以利用糖和蛋白质转变为脂肪酸（称为内源性脂肪酸），用于甘油三酯的生成，贮存能量。

1．脂肪酸的合成

1）合成部位与原料

合成脂肪酸的主要器官是肝脏和哺乳期乳腺，另外脂肪组织、肾脏、小肠均可以合成脂肪酸。其中肝脏是合成脂肪酸的主要场所，其合成能力较脂肪组织大 8～9 倍。

合成脂肪酸的直接原料是乙酰 CoA，消耗 ATP 和 NADPH，首先生成十六碳的软脂酸，经过加工生成机体各种脂肪酸，该合成过程在细胞质中进行。

乙酰 CoA 可来自糖、脂肪和蛋白质的氧化分解，其中糖的氧化分解是主要来源。乙酰 CoA 是在线粒体内产生的，而催化脂肪酸合成的酶系却存在于细胞质中，因此线粒体内的乙酰 CoA 必须先进入细胞质中才能参与合成脂肪酸。但是，乙酰 CoA 不能自由透过线粒体的内膜，必须借助柠檬酸 - 丙酮酸循环才能从线粒体进入细胞质中（图 2-23）。

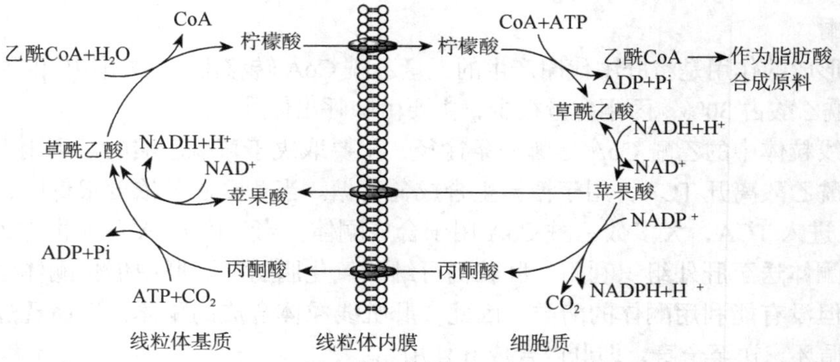

图 2-23 柠檬酸 - 丙酮酸循环过程

其循环过程是：线粒体内的乙酰 CoA 首先与草酰乙酸缩合生成柠檬酸，后者通过线粒体内膜上的载体转运至细胞质，再经细胞质中的柠檬酸裂解酶催化，使柠檬酸裂解为乙酰 CoA 和草酰乙酸。乙酰 CoA 可用来作为合成脂肪酸的原料，而草酰乙酸则在苹果酸脱氢酶的作用下还原成苹果酸，再转运到线粒体内。苹果酸也可在苹果酸酶的作用下氧化脱羧生成丙酮酸，再进入线粒体羧化为草酰乙酸，后者可与另一分子乙酰 CoA 缩合生成柠檬酸，继续转运乙酰 CoA。

脂肪酸的合成除需要乙酰 CoA 作为原料外，还需要 NADPH＋H^+ 供氢，ATP 供能，以及生物素、CO_2 和 Mn^{2+} 或 Mg^{2+} 等的参与。其中 NADPH＋H^+ 主要来自磷酸戊糖途径。

2）合成过程

脂肪酸的合成是一个复杂的过程，主要包括 3 个阶段：①乙酰 CoA 活化生成丙二酸单酰 CoA；②软脂酸的合成；③脂肪酸链的延长。

（1）乙酰 CoA 的活化：脂肪酸合成的第一步反应是乙酰 CoA 由乙酰 CoA 羧化酶（acetyl CoA carboxylase）催化，羧化成丙二酸单酰 CoA。乙酰 CoA 羧化酶是脂肪酸合成的限速酶，它存在于胞液中，在反应过程中起到携带和转移羧基的作用，其辅基为生物素，Mn^{2+} 为激活剂，反应需要 ATP 供能。生成的丙二酸单酰 CoA 在脂肪酸合成过程中作为二碳单位的供体。

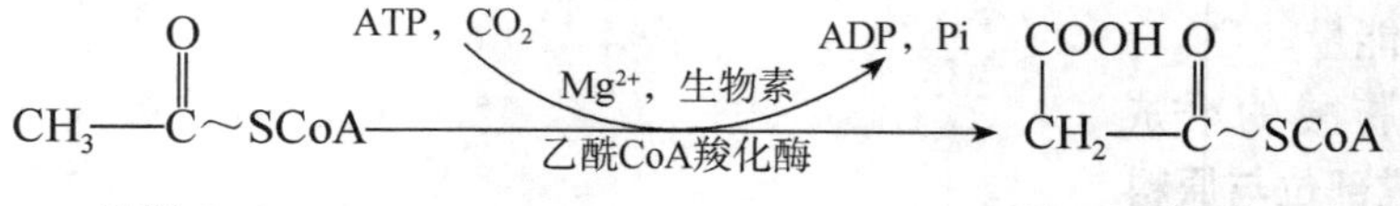

乙酰CoA　　　　丙二酸单酰CoA

（2）软脂酸的合成：催化这一过程的酶是脂肪酸合成酶系（图 2-24），该酶系是一个以酰基载体蛋白（acyl carrier protein，ACP）为核心的、由 7 种酶蛋白聚合在一起的多酶复合体。包括：①脂酰基转移酶（AT，将乙酰 / 酯酰 CoA 转移到周围—SH）；②丙二酰转移酶（MT，将丙二酰基转移到中央—SH）；③ β- 酮脂酰 -ACP 合成酶（KS，将乙酰基转移到脱羧后的丙二酰残基上）；④ β- 酮脂酰 -ACP 还原酶（KR）；⑤ β- 羟脂酰 ACP 脱水酶（HD）；⑥ β- 烯脂酰 ACP 还原酶（ER）；⑦ 硫酯酶（生成 C16 时将软脂酸 ACP 上移）。

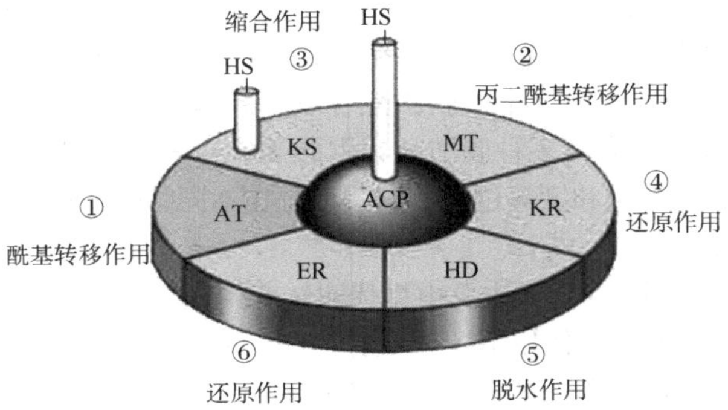

图 2-24　脂肪酸合成酶系的结构与功能

软脂酸的合成过程实际上是在脂肪酸合成酶系的催化下，由乙酰 CoA 和丙二酸单酰 CoA 参与的重复循环过程。该过程是由 1 分子乙酰 CoA 与 7 分子丙二酰 CoA 经转移、缩合、加氢、脱水和再加氢的重复过程，每一次使碳链延长 2 个碳，共 7 次重复，最终生成含十六碳的软脂酸（图 2-25）。其总反应式为

$$\text{乙酰 CoA}+7\ \text{丙二酰 CoA}+14NADPH+H^{+}\longrightarrow\text{软脂酸}$$
$$+7CO_2+6H_2O+8CoASH+14NADP^{+}$$

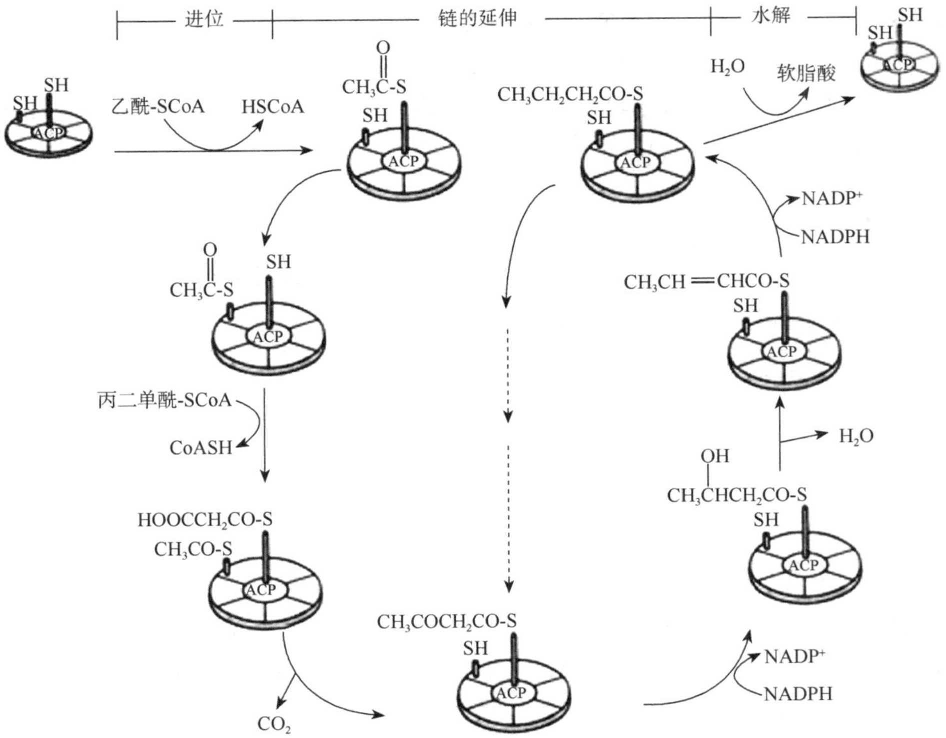

图 2-25　软脂酸合成的反应流程

脂肪酸合成需消耗 ATP 和 NADPH＋H^+，NADPH 主要来源于葡萄糖分解的磷酸戊糖途径。此外，苹果酸氧化脱羧也可产生少量 NADPH。

脂肪酸合成过程不是 β- 氧化的逆过程，它们反应的组织、细胞定位、转移载体、酰基载体、限速酶、激活剂、抑制剂、供氢体和受氢体以及反应底物与产物均不相同。

（3）碳链的加工：在细胞质中由脂肪酸合成酶系催化，首先合成的是软脂酸。但人体内需要分子质量大小不同的多种脂肪酸，因此需要对软脂酸进行碳链加工，主要包括碳链的延长或缩短、改变饱和度等过程。这些都是在不同的酶系催化下完成的。

2．甘油 -3- 磷酸的生成

合成脂肪所需的甘油 -3- 磷酸主要由糖代谢转变生成，糖分解代谢产生的磷酸二羟丙酮可在甘油 -3- 磷酸脱氢酶的作用下还原成甘油 -3- 磷酸。此外，在肝、肾、肠黏膜等组织中含有丰富的甘油激酶，此酶能催化甘油磷酸化生成甘油 -3- 磷酸。

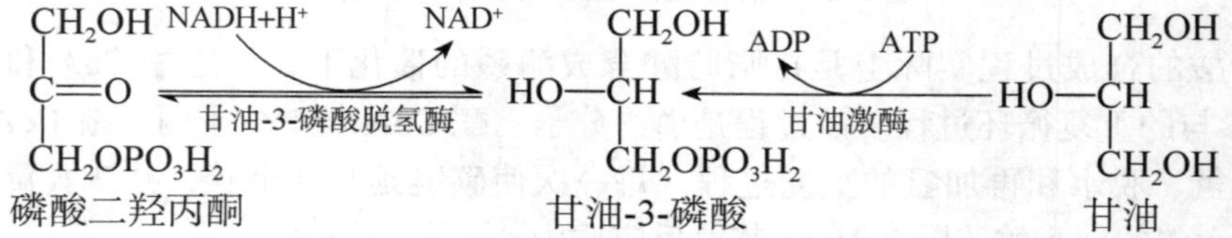

3．甘油三酯的合成过程

脂酰 CoA 和甘油 -3- 磷酸是合成甘油三酯的直接原料。2 分子脂酰 CoA 与 1 分子甘油 -3- 磷酸在脂酰转移酶的作用下，先将 2 个脂酰基逐步转移至甘油 -3- 磷酸分子上，生成磷脂酸，然后脱去磷酸，再与另一分子脂酰 CoA 缩合生成甘油三酯。

由此可见，合成甘油三酯所需的甘油 -3- 磷酸主要由糖代谢转变而成，而用于脂酰 CoA 合成的乙酰 CoA 也主要来自糖分解代谢，因此糖是合成脂肪的重要原料。这是嗜好甜食或长期饱食易引起肥胖的重要原因之一。

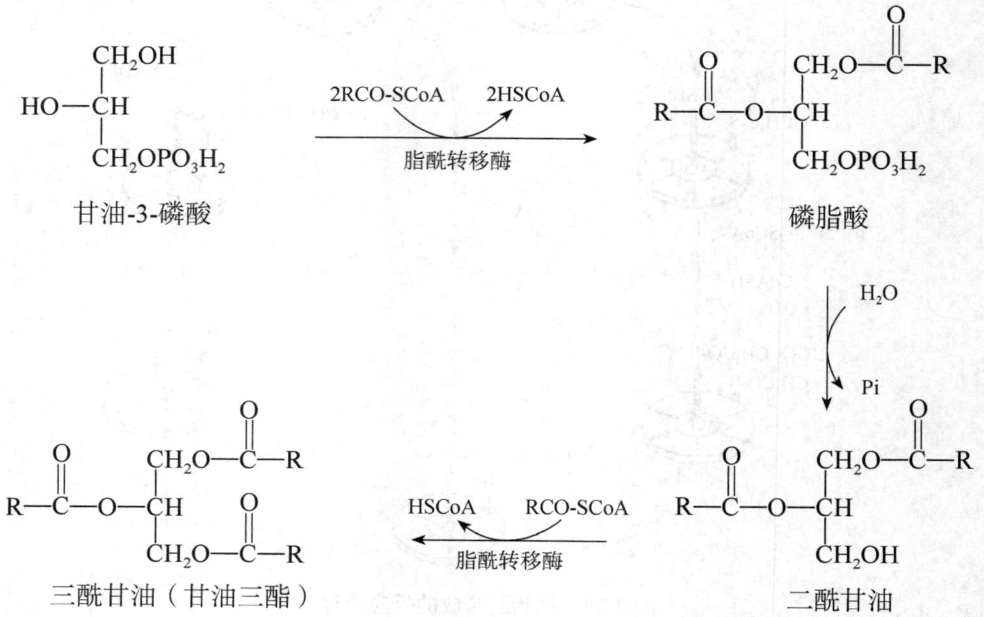

2.4　蛋白质的代谢

2.4.1　蛋白质的消化

食物蛋白质分子质量大，结构复杂，不易直接被肠黏膜细胞吸收；另外，食物蛋白质具有免疫原性，如果不经消化进入体内会引起过敏反应。因此，食物蛋白质必须经胃肠道消化酶分解成氨基酸，才能被机体安全地吸收利用。

1．胃内消化

胃黏膜主细胞分泌的胃蛋白酶原，在胃酸或自身激活下转变成有活性的胃蛋白酶（pepsin），对食物蛋白质产生部分消化作用。胃蛋白酶属于内肽酶，对肽键作用的特异性较差，最适 pH 为 1.5。食物蛋白质经胃蛋白酶消化主要产生多肽和少量氨基酸。

2．小肠内消化

食物在胃内停留时间较短，消化很不完全，小肠内有胰腺和肠黏膜细胞分泌的多种蛋白水解酶和肽酶，在这些酶的协同作用下，可将蛋白质分解为氨基酸。因此小肠是蛋白质消化的主要场所。

1）胰腺分泌的蛋白酶

胰腺分泌的各种蛋白酶统称为胰酶，根据对肽链作用部位的不同，分为内肽酶和外肽酶。内肽酶（endopeptidase）是指水解蛋白质肽链内部肽键而产生多肽的酶，包括胰蛋白酶（trypsin）、糜蛋白酶（chymotrypsin，又称胰凝乳蛋白酶）、弹性蛋白酶（elastase）等。外肽酶（exopeptidsse）是指水解肽链末端肽键而产生氨基酸的酶，主要有羧基肽酶（carboxypeptidase）A 和羧基肽酶 B，它们自肽链的羧基末端水解肽键。食物蛋白质在各类胰酶的协同作用下，分解为氨基酸（约占 1/3）和寡肽（约占 2/3）。

2）肠黏膜细胞分泌的蛋白酶（包括肠激酶与氨基肽酶和二肽酶）

肠激酶（enterokinase）：胰腺细胞分泌的各类蛋白酶最初均以无活性的酶原形式存在，随胰液进入十二指肠被激活后才发挥作用。肠激酶存在于肠黏膜细胞纹状缘表面，在胆汁酸盐作用下，可大量释放入肠液。首先肠激酶激活胰蛋白酶原转变为胰蛋白酶，有活性的胰蛋白酶除了对自身产生微弱的激活作用外，可以依次激活糜蛋白酶原、弹性蛋白酶原和羧基肽酶原，继而启动连续的蛋白质水解作用，将食物蛋白质分解为氨基酸和寡肽。由于胰液中的各种蛋白水解酶均以酶原形式存在，同时，胰液中还存在有胰蛋白酶抑制剂，这样可以保护胰腺组织免受蛋白酶的自身消化作用。

氨基肽酶和二肽酶：在肠黏膜细胞纹状缘和脑液中存在一些寡肽酶，包括氨基肽酶和二肽酶。氨基肽酶可将寡肽从氨基末端逐个水解产生氨基酸以及最后的二肽，二肽再经二肽酶水解生成氨基酸。

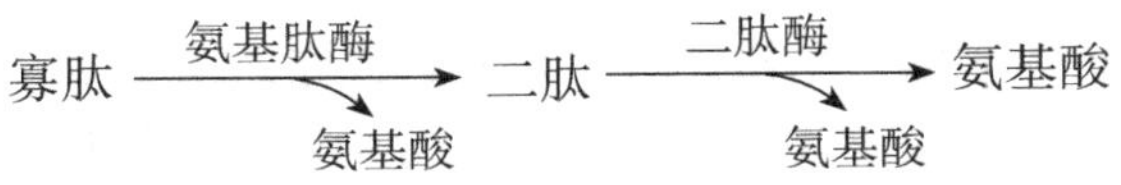

食物蛋白质在胃肠道各种消化酶的协同作用下，95% 以上被完全水解为氨基酸，不但消除了食物蛋白质的免疫原性，也有利于机体充分地吸收利用氨基酸。

2.4.2　氨基酸的代谢概况

体内各种来源（内源性和外源性）的氨基酸混合在一起，分布于全身各组织细胞内外参与代谢，称为氨基酸代谢库（amino acid metabolic pool）。

1．氨基酸的来源

氨基酸的来源包括以下途径。

（1）食物蛋白质的消化、吸收。

（2）组织蛋白质的分解：成人每天有 1%～2% 的体内蛋白质被降解成氨基酸进入血液中。

（3）非必需氨基酸的合成：体内组织细胞可以利用一些组分和氨合成非必需氨基酸进入血液中。

2．氨基酸的去路

氨基酸的去路如图 2-26 所示。

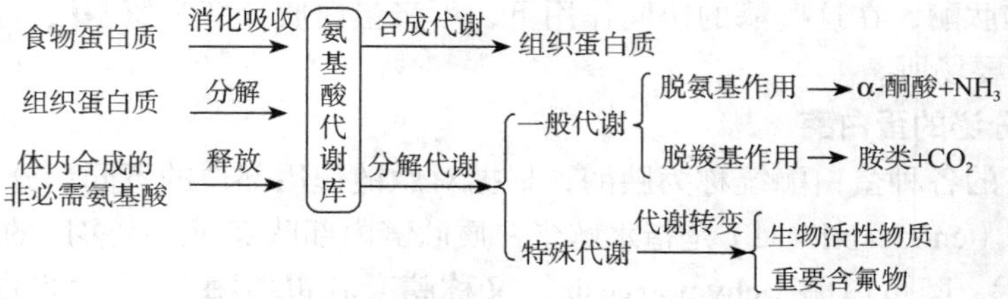

图 2-26　氨基酸代谢的概况总结

（1）合成组织蛋白质：血液中的氨基酸被组织细胞摄取合成组织蛋白质，完成蛋白质的更新代谢。

（2）氨基酸的一般代谢：各种氨基酸均含有氨基和羧基，可以进行脱氨基和脱羧基作用。

（3）氨基酸的特殊代谢：因各种氨基酸侧链基团的差异，有些氨基酸还可代谢转变为生物活性物质或重要含氮物，如转变为去甲肾上腺素和甲状腺素、嘌呤碱和嘧啶碱等。

2.4.3　氨基酸代谢

食物中的蛋白质都要降解为氨基酸才能被机体利用，体内蛋白质也要先分解为氨基酸才能继续氧化分解或转化。因此，氨基酸是蛋白质代谢的核心。在生物体内，游离氨基酸可用于合成自身蛋白质，可氧化分解放出能量，可转化为糖类或脂类，也可合成其他生物活性物质。合成蛋白质是主要用途，约占 75%，而蛋白质提供的能量约占人体所需总能量的 10%～15%。

1．脱氨和脱羧

氨基酸失去氨基称为脱氨，是机体氨基酸分解代谢的第一步。绝大多数氨基酸先脱氨生成 α- 酮酸，再氧化或转化为其他物质。脱氨分为氧化脱氨和非氧化脱氨两类，前者普遍存在，后者存在于某些微生物。

1）转氨基作用

转氨基作用是指氨基酸在氨基转移酶（aminotransferase）或称转氨酶（transaminase）

催化下，将一个氨基酸的 α- 氨基转移到另一个酮酸的酮基位置上，进而生成相应的 α- 酮酸和一个新的 α- 氨基酸（图 2-27）。此过程只发生了氨基的转移，而无游离氨产生。反应是可逆的，由浓度控制。如谷丙转氨作用或谷草转氨作用（图 2-27）。

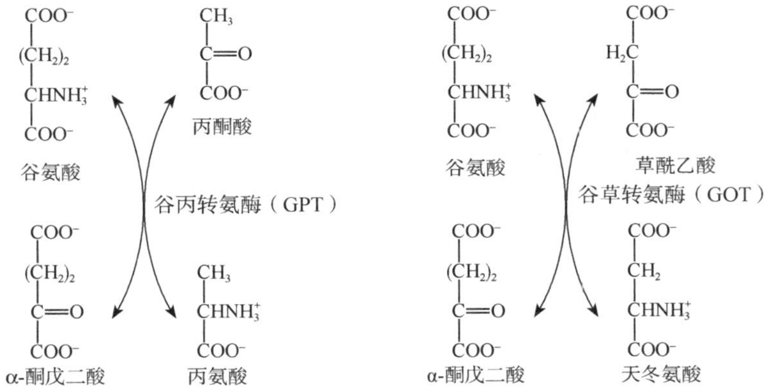

图 2-27 氨基酸的转氨基作用

转氨酶的种类很多，多需要谷氨酸，对另一个氨基酸要求不严，以活力最大的命名。转氨酶的辅酶是维生素 B_6 的磷酸酯——吡哆醛磷酸和吡哆胺磷酸，参与氨基的传递。转氨基反应是可逆的，所以它既是氨基酸脱氨基的方式之一，其逆过程又是合成非必需氨基酸的重要途径。吡哆醛还参与脱羧、脱水、脱硫化氢及消旋等反应。

2）氧化脱氨

氨基酸在氨基酸氧化酶或氨基酸脱氢酶催化下脱氢生成亚氨基酸，再水解生成 α- 酮酸和氨。脱氢酶中最重要的是 L- 谷氨酸脱氢酶，其辅酶是 NAD^+ 或 $NADP^+$，它催化 L- 谷氨酸氧化脱氨，生成 α- 酮戊二酸及氨。

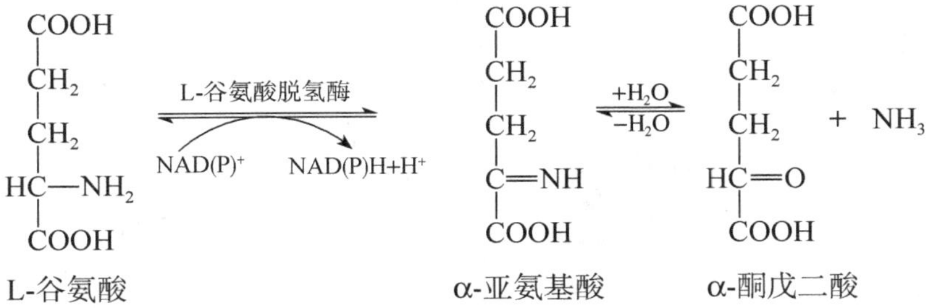

L- 谷氨酸脱氢酶是一种别构酶，分子质量为 330kDa。它由 6 个相同的亚基组成，已知 GTP 和 ATP 是此酶的别构抑制剂，GDP 和 ADP 是此酶的别构激活剂。因此，当细胞能荷低（GTP 和 ATP 不足）时，谷氨酸加速氧化脱氨，生成的 α- 酮戊二酸可进入三羧酸循环，这对于氨基酸氧化供能起到重要的调节作用。此反应是可逆的，其逆过程是细胞内合成谷氨酸的主要方式。

3）联合脱氨

联合脱氨指脱氨与转氨联合进行，使氨基酸脱去氨基生成 α- 酮酸和游离氨，是氨基酸降解的主要方式。常见的有两种方式：转氨基联合氧化脱氨基作用和嘌呤核苷酸循环。

（1）转氨基联合氧化脱氨基作用：氨基酸先转氨生成谷氨酸，再由谷氨酸脱氢酶脱去氨基。该反应过程是可逆的。其逆过程又是体内合成非必需氨基酸的主要途径，在体内普遍存在。

（2）腺苷酸循环脱氨：氨基酸将氨基转给谷氨酸，谷氨酸与草酰乙酸再生成天冬氨酸，后者与次黄嘌呤核苷一磷酸生成腺苷酸代琥珀酸，生成的腺苷酸代琥珀酸再裂解成腺苷酸（AMP）和延胡索酸。腺苷酸水解成次黄嘌呤核苷酸（IMP），放出氨；延胡索酸水化、氧化再生成草酰乙酸。此途径主要存在于肌肉和脑，其腺苷酸脱氨酶活性较高。肝脏谷氨酸脱氢酶活力高，但 90% 转化为天冬氨酸（图 2-28）。

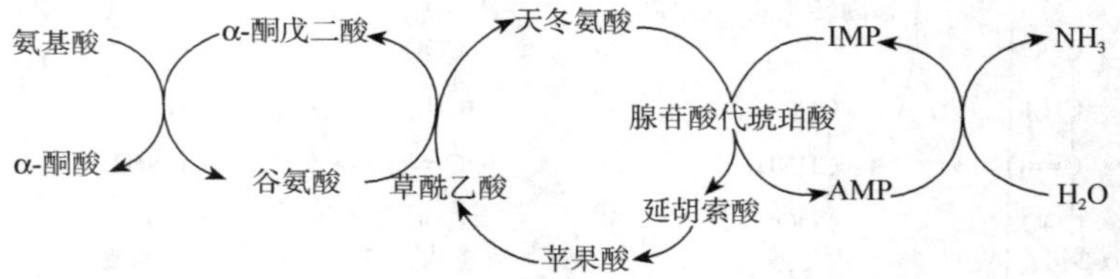

图 2-28 腺苷酸循环脱氨过程

4）脱羧

少数氨基酸先脱羧生成一级胺。此反应由特异的氨基酸脱羧酶催化，辅酶为磷酸吡哆醛，专一性强，每种酶只催化一种 L- 氨基酸。此酶在各种组织中普遍存在，生成的胺有重要生理作用，如脑中谷氨酸脱羧生成的 γ- 氨基丁酸是神经递质。

2．氨的排泄

氨对机体有毒，特别是对脑，血液中 1% 的氨即可使神经中毒。水生动物可直接排氨，陆生动物排溶解度较小的尿素，卵生动物排不溶的尿酸。

1）氨的转运

在脑和肌肉等组织中，谷氨酰胺合成酶将氨与谷氨酸合成谷氨酰胺，消耗一个 ATP。谷氨酰胺中性无毒，容易通过细胞膜，进入血液运到肝脏或肾脏后被谷氨酰胺酶分解，放出氨。在肝脏，氨合成尿素经肾随尿排出。在肾脏，氨与 H^+ 结合成铵盐，随尿排出体外。

肌肉还可以通过葡萄糖 - 丙氨酸循环转运氨。氨经谷氨酸转给丙氨酸，运到肝后再转氨生成谷氨酸。丙酮酸异生为葡萄糖返回肌肉。这样肌肉活动产生的丙酮酸和氨都得到处理，一举两得（图 2-29）。

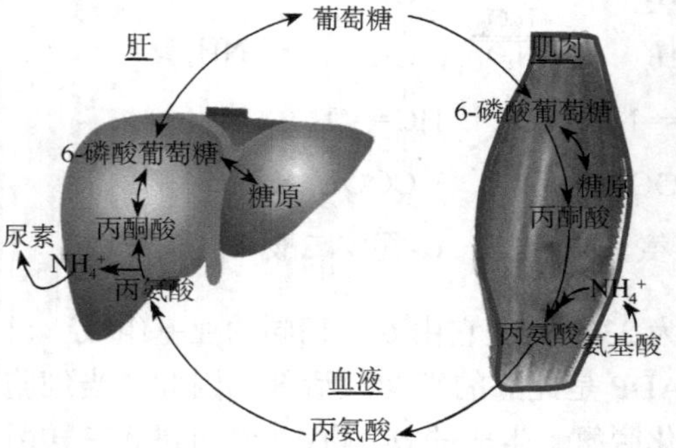

图 2-29 葡萄糖 - 丙氨酸循环

2）合成尿素 - 鸟氨酸循环

（1）在肝细胞线粒体中，氨甲酰磷酸合成酶Ⅰ（CPS- Ⅰ）将氨和 CO_2 合成氨甲酰磷酸，消耗 2 个 ATP。此反应不可逆，CPS- Ⅰ是别构酶，*N*- 乙酰谷氨酸是此酶的正调节物。氨甲酰磷酸合成酶Ⅱ存在于细胞质，与核苷酸的合成有关。

$$CO_2 + H_2O + NH_3 + 2ATP \xrightarrow{\text{CPS-I}} H_2N—\overset{\overset{\displaystyle O}{\|}}{C}—O\sim P + 2ADP + Pi$$

氨甲酰磷酸

（2）在线粒体内，氨甲酰磷酸与鸟氨酸形成瓜氨酸和磷酸，由鸟氨酸氨甲酰转移酶催化，需镁离子。

（3）在线粒体内膜上的载体转运下，瓜氨酸出线粒体进入细胞质。在精氨酸代琥珀酸合成酶催化下，瓜氨酸与天冬氨酸生成精氨酸代琥珀酸。该酶需镁离子，消耗 1 个 ATP 的两个高能键。

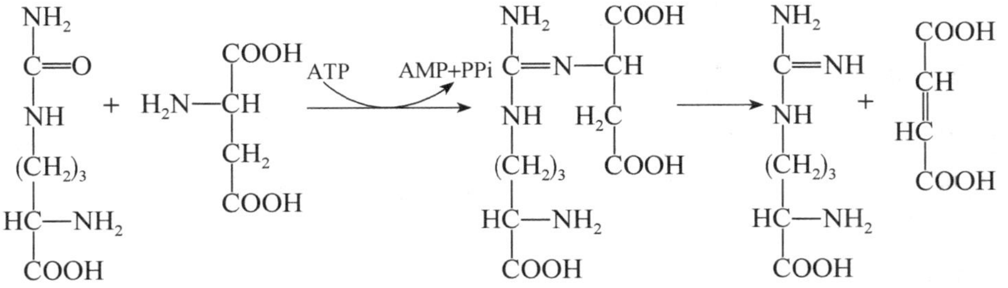

瓜氨酸　　天冬氨酸　　精氨酸代琥珀酸　　精氨酸　　延胡索酸

（4）精氨琥珀酸裂解酶催化精氨酸代琥珀酸裂解，生成精氨酸和延胡索酸。

（5）精氨酸酶催化精氨酸水解生成鸟氨酸和尿素。

总反应为：

$$NH_4^+ + CO_2 + 3ATP + Asp + 2H_2O = 尿素 + 延胡索酸 + 2ADP + 2Pi + AMP + PPi$$

共除去 2 分子氨和 1 分子 CO_2，消耗 4 个高能键。前两步在线粒体中进行，可避免氨进入血液，引起神经中毒。此途径称为尿素循环或鸟氨酸循环（图 2-30）。如果缺乏有关酶，人会中毒死亡。

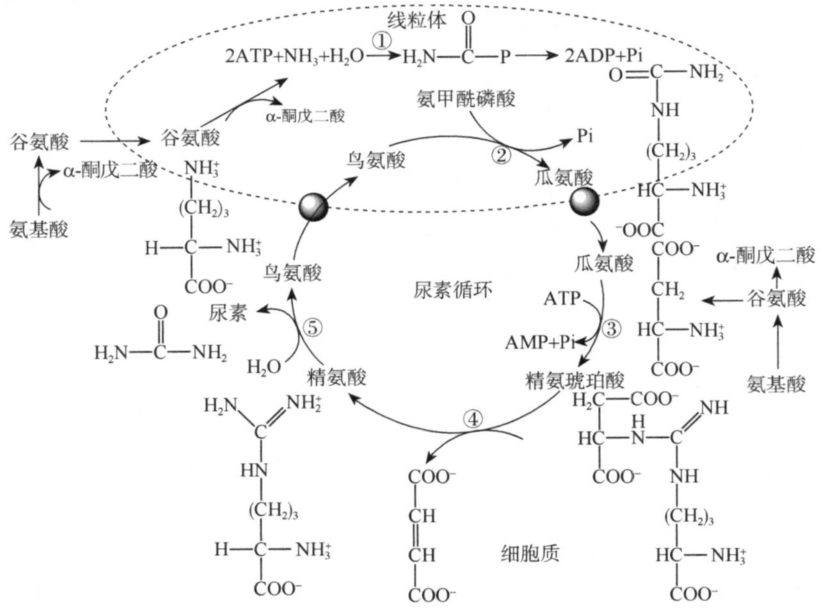

图 2-30　尿素循环

3．碳架的降解与氧化

20 种氨基酸代谢后最终分别以 5 种物质进入三羧酸循环：乙酰 CoA、α- 酮戊二酸、琥珀酰 CoA、延胡索酸和草酰乙酸。分解主要在肝和肾进行，某些中间代谢物可转化为糖、酮体及生物活性物质。若氨基酸脱羧形成胺，不能进入三羧酸循环。

氨基酸在可以氧化为 CO_2 和 H_2O 的同时，还存在着另外的代谢命运。降解为三羧酸循环中间代谢物的氨基酸，可以进入糖异生途径生成葡萄糖，这样的氨基酸称为生糖氨基酸；而那些形成乙酰 CoA 的氨基酸，可以成为脂肪酸或酮体的前体，因此这类氨基酸称为生酮氨基酸；还有的氨基酸降解时既可生成三羧酸循环中间代谢物，又可生成乙酰 CoA，这样的氨基酸称为既生糖又生酮氨基酸。

2.4.4 蛋白质的合成代谢

蛋白质合成是生物按照从脱氧核糖核酸（DNA）转录得到的信使核糖核酸（mRNA）上的遗传信息，逐渐添加氨基酸形成肽链，进而合成蛋白质的过程。

1．氨基酸的合成

1）氨基酸的分类

从营养学的角度来分，氨基酸可以分成必需氨基酸、半必需氨基酸（条件氨基酸）和非必需氨基酸。必需氨基酸（essential amino acid）：指机体不能合成或合成速度远不适应机体的需要，必须由食物蛋白质供给的氨基酸。成人必需氨基酸的需要量为蛋白质需要量的 20%～37%，共有 8 种，分别是色氨酸、赖氨酸、苯丙氨酸、甲硫氨酸、苏氨酸、亮氨酸、异亮氨酸、缬氨酸。人体对必需氨基酸的需要量随着年龄的增加而下降，成人比婴儿显著下降。半必需氨基酸：精氨酸和组氨酸，是人体虽能合成，但通常不能满足正常的需要，在幼儿生长期这两种是必需氨基酸（近年很多资料和教科书将组氨酸划入成人必需氨基酸）。非必需氨基酸（nonessential amino acid）：指人机体自身能由简单的前体合成，不需要从食物中获得的氨基酸，如甘氨酸、丙氨酸等。

2）氨基酸的合成

微生物和植物能在体内合成所有的氨基酸，动物有一部分氨基酸不能在体内合成（即必需氨基酸）。人体内的非必需氨基酸大多由 4 种共同代谢中间产物（丙酮酸、草酰乙酸、α- 酮戊二酸及甘油 -3- 磷酸）之一作为其前体物简单合成（图 2-31）。例如，丙酮酸经转氨作用合成丙氨酸；草酰乙酸经转氨作用合成天冬氨酸，后者在天冬酰胺合成酶及 ATP 条件下合成天冬酰胺；α- 酮戊二酸经转氨作用合成谷氨酸，后者在谷氨酰胺合成酶及 ATP 条件下合成谷氨酰胺。谷氨酰胺是许多生物合成反应的氨基供体，同时也是体内 NH_3 的贮存形式。

2．蛋白质的合成

蛋白质生物合成亦称为翻译（translation），即把 mRNA 分子中碱基排列顺序转变成为蛋白质或多肽链中的氨基酸排列顺序。不同的组织细胞为了完成不同的生理功能，就需要产生具有不同的、特殊功能的蛋白质。蛋白质生物合成主要以 20 种氨基酸为原料，mRNA 为模板，tRNA 为氨基酸搬运工具，核糖核蛋白体为合成场所，ATP、GTP 等为供能物质，有关的酶和蛋白质因子参与，共同协调完成的过程，其详细内容将在第 5 章 5.3 进行讲解。

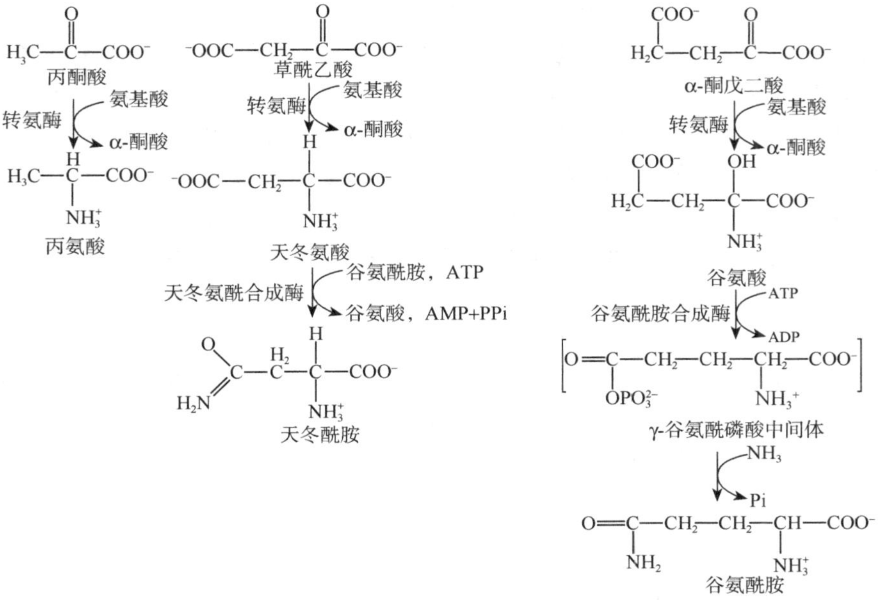

图 2-31　非必需氨基酸的合成

本章小结

生物体内各种物质都在有规律地进行不间断的新陈代谢，以实现生物体与外界之间的物质交换、自我更新及机体内环境的相对稳定。本章讲述了细胞内的能量代谢和主要物质代谢。细胞内的能量通过高能化合物贮存、运输和转化，其中 ATP 作为最重要的能量载体在体内发挥着能量枢纽的作用。糖、脂肪、蛋白质这些有机物质在氧化分解的过程中伴有代谢物脱氢、还原性辅酶 NADH 或 $FADH_2$ 的生成。还原性辅酶 NADH 和 $FADH_2$ 所携带的氢离子和电子通过电子传递链最终传给氧，并将释放的能量以 ATP 形式贮存。电子传递过程中形成的 ATP，即氧化磷酸化占全部生物氧化产生能量的绝大部分。

糖是多羟基醛、多羟基酮及其衍生物或聚合物。糖的主要生理功能是为生命体提供能量和碳源。糖的分解代谢包括有氧呼吸和无氧呼吸。其中糖酵解是它们的共同途径。葡萄糖能够通过糖酵解生成丙酮酸。无氧条件下葡萄糖通过发酵生成乳酸或乙醇。在有氧条件下，丙酮酸氧化脱羧生成乙酰辅酶 A，并进入三羧酸循环彻底氧化为 CO_2 和 H_2O，释放大量的能量。这也是糖、脂、氨基酸代谢的共同末端途径。葡萄糖还可以经磷酸戊糖途径进行分解代谢，过程中产生大量 C3～C7 物质，成为体内利用葡萄糖生成 5- 磷酸核糖的唯一途径，为体内核酸的合成提供了原料。葡萄糖可以转化为多种非糖物质，某些非糖物质也可以通过糖异生转化为葡萄糖。在糖代谢中，葡萄糖代谢居主要地位，人体内几乎所有的组织细胞都能利用葡萄糖，人体有 50%～70% 的能量来源于糖代谢。

脂类代谢包括分解代谢和合成代谢。三酰甘油分解代谢生成甘油和脂肪酸，而脂肪酸的 β- 氧化是脂肪酸最主要的分解代谢方式，包括脂肪酸活化生成脂酰 CoA，肉碱穿梭系统转移至线粒体基质，β- 氧化脱氢、加水、再脱氢、硫解 4 步反应生成乙酰辅酶 A。

乙酰辅酶A进入三羧酸循环最终彻底氧化为CO_2和H_2O。脂肪酸分解产生的乙酰辅酶A还在过量时生成酮体，作为很多组织的重要能源。脂肪酸的合成发生在细胞质中，合成原料乙酰辅酶A通过柠檬酸转运至细胞质，羧化合成丙二酸单酰CoA作为脂肪酸合成的二碳供体。软脂酸合成反应是在包含了酰基载体蛋白的脂肪酸合成酶复合体上完成的，包括了缩合、加氢、脱水、再加氢4步循环反应，直至生成软脂酸。

氨基酸的代谢包括了氨基酸的分解代谢和合成代谢。氨基酸分解代谢总是先脱去氨基。L-谷氨酸脱氢酶催化的氧化脱氨作用普遍存在于动植物中。转氨基作用是氨基酸脱去氨基的另一种重要方式，其转氨酶以磷酸吡哆醛为辅酶。联合脱氨基作用偶联氧化脱氨基和转氨基作用，是生物体内脱去氨基的主要方式。氨基酸脱氨后生成的氨是通过鸟氨酸循环生成尿素排出体外的。氨基酸生物合成中，氮的来源是无机氮的生物固氮和氨的同化作用。碳骨架来源于三羧酸循环、糖酵解及磷酸戊糖途径等代谢途径，氨基酸的生物合成根据需要有严格的调控机制。

思 考 题

1．什么是氧化磷酸化？简述两条呼吸链的组成和ATP耦合位点。

2．什么是糖酵解？糖酵解包括哪些关键反应？

3．糖的有氧氧化过程包括哪几个阶段？其代谢过程需要怎样调节？

4．什么是三羧酸循环？描述其关键反应。一次三羧酸循环有几次脱羧和脱氢反应？

5．请分段描述一分子葡萄糖彻底氧化会产生多少分子ATP？

6．什么是糖异生？糖异生是糖酵解的逆反应吗？为什么？

7．什么是脂肪酸的β-氧化？其包括哪些关键反应？

8．脂肪酸生物合成的过程包括几个阶段？请简单描述脂肪酸合成酶复合体作用下的软脂酸合成过程。

9．简述体内氨基酸代谢库的动态平衡是如何形成的。

10．简述蛋白质生物合成的主要过程。

拓展读物

王镜岩，朱圣庚，徐长法．2012．生物化学（上册）．3版．北京：高等教育出版社

郑集，陈钧辉．2010．普通生物化学．4版．北京：高等教育出版社

Bray A, et al. 2007. Essential Cell Biology. 3rd. Garland Science, Taylor and Francis Group

Nelson D L, et al. 2013. Lehninger Principles of Biochemistry. 6th. Macmillan Publishers Limited

（孔令洪　孔　宇　冯　怡）

第 3 章　细胞结构及其功能

细胞（cell）是生物体的基本单位，由膜包围原生质所组成，能进行分裂增殖并完成特定的生命功能。原生质（protoplasm）是指细胞膜内含有的生物活性物质，包括细胞核以及核周围的细胞质（cytoplasm）。细胞质是细胞膜包围的除核区外的所有半透明、胶状、颗粒状物质，包括胞质溶胶（cytosol）、细胞骨架以及线粒体（或叶绿体）、内质网、高尔基体、溶酶体、核糖体等细胞器。胞质溶胶与细胞骨架构成了细胞质基质，细胞质基质是细胞生命活动的内环境。

细胞分为原核细胞（prokaryotic cell）与真核细胞（eukaryotic cell）两大类。原核细胞中无细胞核及其他膜性结构体，支原体、细菌、蓝藻等均属于原核细胞。真核细胞内存在细胞核，细胞核由核膜包围与细胞质分割，遗传物质包裹在细胞核内，细胞质中包含有生命所需的各种酶以及能够执行特殊功能的细胞器。

细胞生命及其功能的实现是一种有序的、可严密调控的、需要其内细胞器之间相互协作的自主过程。能够维持自身结构与功能的相对稳定性、能够对环境与其他细胞的刺激产生响应、能够进行增殖或分化、具有特定生物学功能等是细胞的共同特征。细胞能够与周围环境进行能量、物质与信息的交流。本章主要介绍细胞的组成、结构及其功能。

3.1　细胞质膜与细胞质基质

细胞通过细胞质膜包绕形成独立的结构，细胞质膜将细胞内外环境分割，其内部含有细胞质基质、核糖体与膜性细胞器等。

3.1.1　细胞质膜

细胞质膜（plasma membrane）简称细胞膜（cell membrane），厚度为 6～8nm，主要成分是脂质与蛋白质。另外，细胞膜外表面还有糖基，主要与细胞识别有关。细胞膜内表面存在膜骨架，起形态固定作用。细胞膜使细胞具有一个相对稳定的内环境，是细胞与周围环境进行物质、能量、信息交换的门户。图 3-1 给出了细胞膜的结构示意图。

1．细胞膜的脂质成分

细胞膜的脂质成分主要包括磷脂（phospholipid）、糖脂（glycolipid）与胆固醇（choleterol）等。脂质是一种双极性线状结构，因此，细胞膜的脂质以双层结构形式存在，其中疏水尾部相对在内排列，亲水头部朝向细胞所处的内、外水性环境，细胞膜外表面的部分脂质分子与糖结合形成糖脂。这种脂双层结构是一种自组织形式，即在水性环境中能够自发形成封闭的膜包被结构。脂双层膜具有很好的柔性与易流动性，研究表明，膜脂分子能够沿膜平面方向进行扩散运动，每秒可移动 2μm。

磷脂是细胞膜的基本成分，包括甘油磷脂与鞘磷脂两种结构，甘油磷脂包括磷脂酰胆碱、磷脂酰丝氨酸、磷脂酰乙醇胺以及少量的磷脂酰肌醇。磷脂约占细胞膜脂质成分

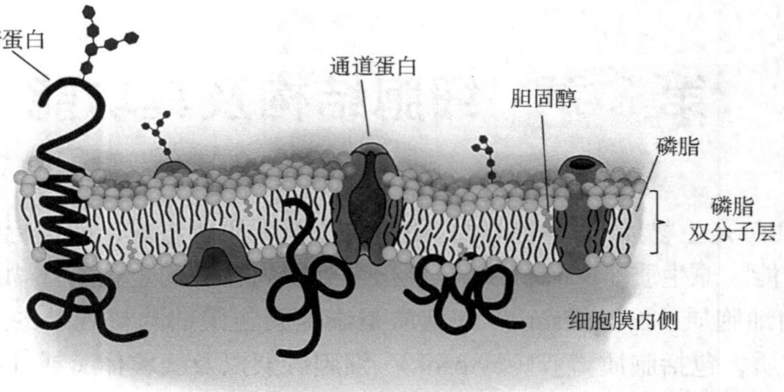

图 3-1　细胞膜结构示意图

的 50% 以上。

糖脂占膜脂总量的 5% 以下，目前已经发现有 40 余种糖脂，不同细胞所含糖脂种类不同，如红细胞表面含有 ABO 血型糖脂，神经元含有神经节苷脂。

胆固醇含量不超过膜脂的三分之一，胆固醇在调节膜流动性、增加膜的稳定性以及降低水溶性物质的通透率等方面起着重要作用。

2．细胞膜蛋白

细胞膜上镶嵌有很多蛋白质，称为膜蛋白。膜蛋白承担着细胞与外界进行物质、能量、信息交换的功能。按照蛋白质与膜脂结合的方式，分为外在膜蛋白、膜锚定膜蛋白与内在膜蛋白（图 3-2）。外在膜蛋白为水溶性膜蛋白，分布于细胞膜表面，通过离子键或其他较弱的键与其他膜蛋白分子或膜脂分子结合，可以通过改变细胞外溶液的离子强度将其从膜上分离。膜锚定膜蛋白通过与之共价相连的脂分子锚定在细胞质膜上。内在膜蛋白与膜结合紧密，需要去垢剂使膜崩解后才能分离，一方面内在膜蛋白通过其跨膜结构域与脂双层的疏水核心相互作用形成结合，另一方面，也可以通过与膜表面负电荷直接作用而结合。

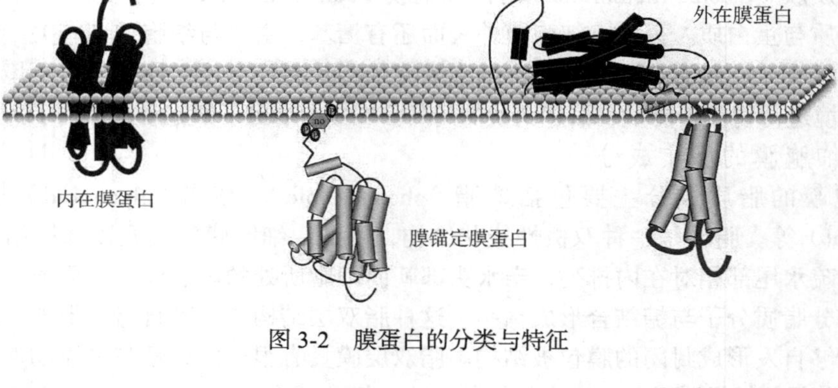

图 3-2　膜蛋白的分类与特征

3．膜糖基

细胞膜外表面分布有很多糖基（图 3-1），大部分通过共价键与细胞膜上的蛋白质结合，形成糖蛋白，少部分与脂结合形成糖脂。糖蛋白、糖脂与细胞识别等有关。膜糖基的成分主要有半乳糖、甘露糖、葡萄糖、半乳糖胺、葡萄糖胺以及唾液酸等。由于唾液酸带有负电荷，因此，细胞膜外表面静电荷是负值。

4．细胞膜骨架

细胞膜骨架是指细胞膜内表面与膜蛋白相连的由纤维蛋白等组成的网状结构，它参与细胞膜形态的维持等。

3.1.2　细胞质基质

细胞质基质是指细胞内除去细胞器以外的胶状物质，主要含有与生命活动有关的数千种酶，以及维持细胞形态、参与胞内物质输运的细胞骨架等，约占细胞体积的一半。细胞质基质为细胞生命活动提供了稳定的物质环境与空间。

1．细胞质基质的成分与功能

细胞质基质含有一定比例的水、无机盐、金属离子以及生命活动所必需的其他物质，是一种物理与化学性质稳定的介质。细胞质基质中蛋白质含量占 20%～30%，多数水分子以水化物的形式紧密结合在蛋白质和其他大分子表面的极性部位，只有部分水分子以游离态存在，因此，细胞质基质宏观表现为一种黏稠状的胶体，其内小分子的扩散速度仅为正常水溶液中的五分之一，而较大的分子以及分泌泡等一般锚定在细胞质基质中的固定位置或沿细胞骨架定向传输。

细胞质基质承担着多种功能。一方面，细胞质基质作为一种胞内空间环境，承担着物质、能量与信息的传输功能；另一方面，细胞质基质内也进行着诸如糖酵解、蛋白质合成、修饰与降解等过程，这些过程均由特定的酶辅助完成。

2．细胞骨架

细胞骨架（cytoskeleton）是细胞质基质中的网络结构，承担着细胞形态维持、细胞器定位等功能。此外，细胞运动（如心肌细胞收缩、癌细胞迁移等）、生物大分子运输等均需要细胞骨架参与。破坏细胞骨架将导致细胞形态变化以及细胞器和细胞内大分子分布异常。

细胞骨架是一种高度动态的结构体系，在细胞增殖过程的不同时相，细胞骨架具有完全不同的分布与状态。体内不同分化状态的细胞中，不仅细胞骨架分布不同，甚至构成细胞骨架的蛋白质组分也可能不同。细胞骨架包括微丝（microfilament，MF）、微管（microtubule，MT）与中间丝（intermediate filament，IMF）3 种结构（图 3-3）。

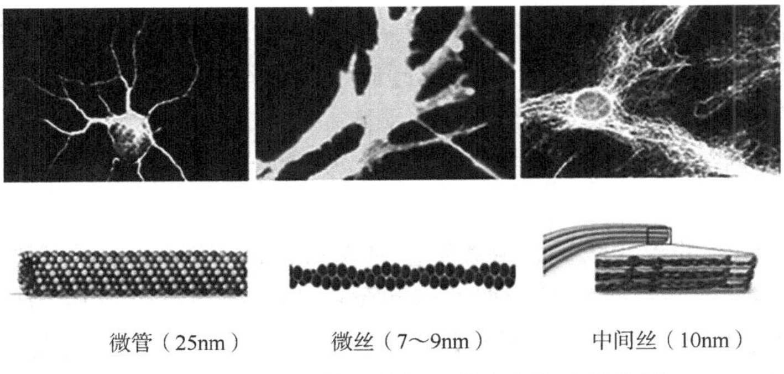

图 3-3　微丝、微管、中间丝的免疫荧光染色图

1）微丝

微丝又称肌动蛋白丝，是由肌动蛋白单体相互串联而成的一种直径为 8nm 左右的双螺旋丝状结构，肌动蛋白丝可以与其他蛋白质交联形成多种细胞结构。

肌动蛋白（actin）是一种高度保守的蛋白质，在细胞内含量较高，占细胞蛋白质总量的 1%～5%，在肌细胞中该比例可以达到 10% 左右。肌动蛋白单体由 4 个亚结构域构成（图 3-4A），结构 2 与结构 4 之间有一个裂隙，核苷酸 ATP（或 ADP）与二价金属钙、镁离子可以填充在其中，裂隙使肌动蛋白在结构上具有不对称性。在整条微丝上，每一个裂隙都朝向微丝的同一端，从而使微丝在结构上具有极性，裂隙端为负极，另一端（1、3 结构端）为正极。在微丝上，由于肌动蛋白结构域能够与其上下以及旁边的其他肌动蛋白结构域形成相互作用（图 3-4B），因此，微丝具有较大的稳定性及抗拉强度。

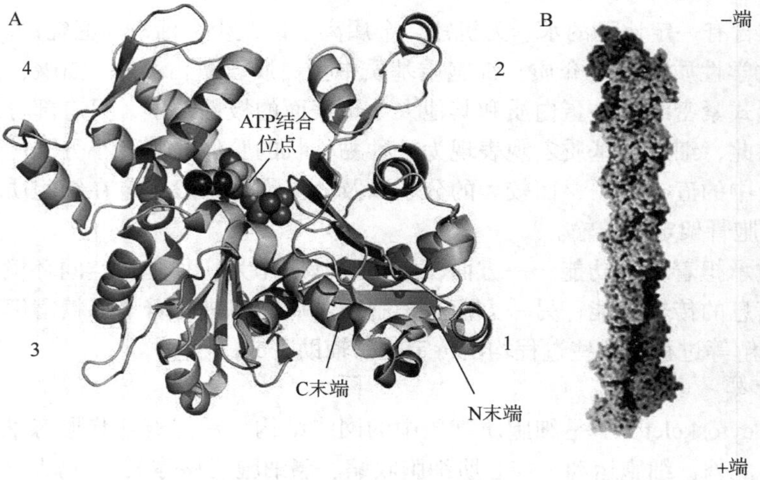

图 3-4　肌动蛋白单体（A）与微丝（B）结构示意图

微丝是一种动态结构，能够快速地组装与去组装。肌动蛋白单体组装成微丝的过程可以分为以下 3 个阶段。第一阶段为成核反应，该过程需要肌动蛋白相关蛋白 Arp2/3 复合物的参与，该复合物与其他蛋白质相互作用，形成微丝组装的起始复合物，肌动蛋白单体与该复合物结合，形成可供肌动蛋白继续组装的寡聚体。第二阶段是微丝的延长，肌动蛋白单体具有 ATP 酶活性，在参与微丝组装前必须先跟 ATP 结合，当其组装到微丝末端时，肌动蛋白水解 ATP 为 ADP，当微丝组装速度快于肌动蛋白水解 ATP 速度时，肌动蛋白丝末端就形成一个肌动蛋白 -ATP 帽，这种结构比较稳定，可以继续组装，相反，当末端是肌动蛋白结合的 ADP 时，该单体倾向于从微丝上解离。第三阶段是稳定期，此时，肌动蛋白在微丝上的组装与去组装达到平衡，微丝长度保持不变。

微丝作为一种张力纤维，主要参与了细胞运动以及形态维持等。

2）微管

微管是一种中空的管状结构，由微管蛋白（tubulin）组装而成，其外径 24nm，内径为 15nm。微管蛋白是由 2 个非常相似的球状蛋白（α- 微管蛋白与 β- 微管蛋白）结合而成的二聚体，微管由 13 根微管蛋白组成的原纤维丝围成（图 3-5）。细胞内微管通常以单管、双联体微管、三联体微管等多种形式存在。

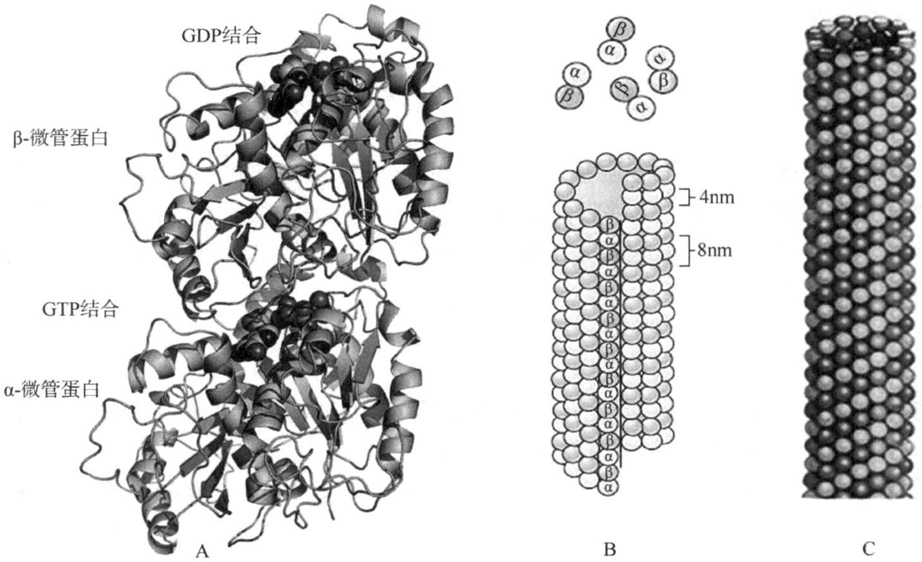

图 3-5　微管蛋白二聚体（A）、原纤维丝（B）与微管结构（C）示意图

α- 微管蛋白与 β- 微管蛋白上均有 GTP 结合位点，但形成微管时，结合在 α- 微管蛋白上的 GTP 不会被水解，而结合在 β- 微管蛋白上的 GTP 在组装微管后即被水解。

与微丝类似，微管蛋白二聚体按照头尾相接的顺序构成了微管的原纤维丝，这些原纤维丝平行排列，相邻原纤维丝之间存在 1nm 左右的纵向错位，围成了微管。

与微丝类似，微管也是一种动态结构，包括组装与去组装两个过程。微管组装分成核、延伸两个阶段。首先是微管蛋白二聚体纵向聚合形成短直的丝状结构，而后在两端与侧面增加微管蛋白二聚体，扩展成片状结构，当片状结构加宽到 13 根原纤维丝的宽度时合拢围成一段较短的微管；延伸阶段就是二聚体微管蛋白不断添加到其两端，并使之延长的过程，延长过程与环境成分及 β- 微管蛋白上 GTP 水解速度相关。

微管与细胞内物质输运、细胞结构承压等功能相关。

3）中间丝

直径约 10nm，组成成分复杂，不同来源的组织细胞表达不同类型的中间丝蛋白，具有组织特异性。与微管、微丝不同，中间丝组装不需要 ATP 或 GTP 提供能量，组装时也不存在极性，尤其是中间丝结构稳定，用高盐溶液和非离子去垢剂处理细胞，微管、微丝基本上都能被除去，但中间丝能够保存下来。

中间丝起源于核膜的周围，并与核膜有联系，尤其是核膜下由中间丝蛋白组装的核纤层在核膜内侧呈正交状排列，并与内层核膜上的核纤层蛋白受体结合，成为核膜重要的支撑结构。

中间丝在胞质中形成发达的纤维网络，与细胞质膜特定部位连接，还能够通过一些跨膜蛋白与胞外基质或相邻细胞的中间丝相连。

尽管微丝、微管、中间丝被称为细胞骨架，但它们在细胞结构形成中的作用仍然不是非常清楚，不过如果知道搭帐篷原理的话，就能够对它们的功能大致了解。微管蛋白就是支撑“帐篷”不塌的那几根“受压支柱”，微丝就是将“帐篷”拉直让其保持张开的

“固定绳索”，中间丝可能是其中的辅助锚定结构。

3.2 细胞器的结构与功能

细胞器是一些分布于细胞质基质中、能够执行特定功能的结构体，其中大部分结构体为膜包裹的膜性细胞器。每种膜性细胞器构成了能够完成特定功能的相对独立的环境，其内环境与胞浆有差异。细胞器分工协作，并将细胞质区室化，使细胞功能能够高效运作与精确调控。

3.2.1 核糖体

核糖体（ribosome）是一类没有膜包被的颗粒状的细胞器，主要功能是合成蛋白质肽链，其主要成分为 RNA 与蛋白质。核糖体 RNA（rRNA）约占 2/3，蛋白质约占 1/3，蛋白质分子分布于表面，rRNA 位于内部，核糖体颗粒直径为 25～30nm。真核细胞核糖体的沉降系数为 80S，相对分子质量为 4.8×10^6，由大小不同的两个亚基组成，沉降系数分别为 60S 与 40S。核糖体大、小亚基常游离于细胞质基质中，只有当小亚基与 mRNA 结合后大亚基才与小亚基聚合形成完整核糖体，直到肽链合成终止，大、小亚基再解离，分别游离于细胞质基质中。

核糖体是细胞内最复杂的结构之一，它通过 mRNA 将不同氨基酸以肽键连接在一起合成生物蛋白质，真核细胞中每个核糖体每秒钟能将 2 个氨基酸加到肽链上。合成蛋白质时核糖体在细胞内并不是单个独立执行功能，而是由多个甚至几十个核糖体串联在一条 mRNA 上进行肽链合成，通常将这种核糖体串与 mRNA 的聚合体称为多聚核糖体。多聚核糖体所包含的核糖体数量由 mRNA 的长度决定。

蛋白质合成（也称蛋白质翻译）是细胞内最复杂、最精细的生命活动之一，需要各种携带氨基酸的 tRNA、核糖体、mRNA、相关蛋白因子、阳离子、GTP 等共同参与，同时还需要其他相关细胞器的加工与修饰。

3.2.2 内膜系统

细胞内膜系统是指在结构、功能以及发生上有相互关联，由膜包被的细胞器，主要包括内质网（endoplasmic reticulum，ER）、高尔基体（Golgi apparatus）、溶酶体（lysosome）、核膜与分泌小泡等（图 3-6）。内膜系统表面积大，为细胞生命过程提供了合适的空间与结构，细胞生命过程中，内膜系统也进行着相应的动态变化。

1．内质网

内质网是一种复杂的管状或扁平囊状膜性结构，膜厚度为 5～6nm，膜内蛋白质约占 2/3，脂质成分约为 1/3，内质网膜蛋白成分多主要因为其含有数十种酶。内质网通常占细胞体积的 10% 以上，不过，不同细胞内质网的数量、形态、类型等差异较大，即便同一细胞的不同状态其内质网的结构与功能也均有明显变化。

根据结构与功能差异，内质网分为粗面内质网与滑面内质网两种类型。粗面内质网多为扁平囊状，其朝向细胞质的胞质面分布有大量核糖体颗粒；滑面内质网一般为小管或小囊状，由于没有核糖体，因此表面光滑（图 3-6）。

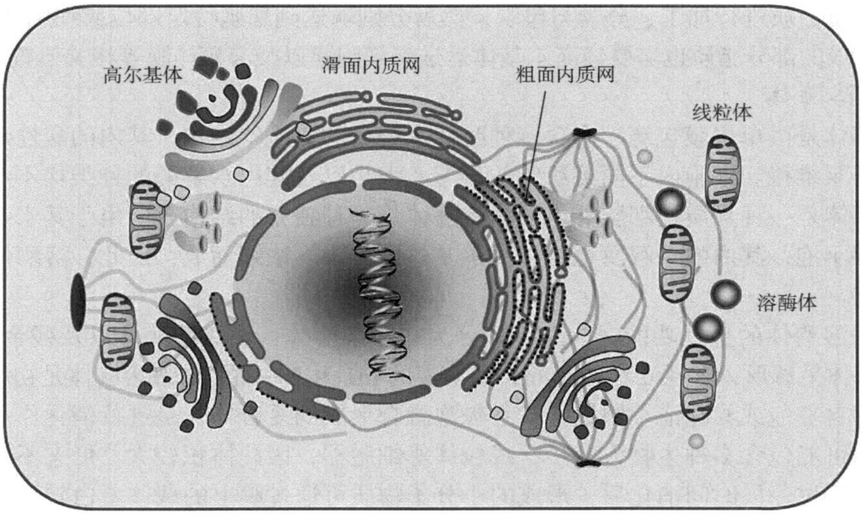

图 3-6　细胞内膜系统示意图（黑色颗粒为核糖体）

内质网是细胞内蛋白质与脂质的加工厂，内质网腔提供一种氧化环境，完成蛋白质的修饰、折叠与装配多亚基寡聚体的功能。粗面内质网为核糖体合成蛋白质的场所，分泌蛋白、膜蛋白、内膜系统中的可溶蛋白均在粗面内质网上合成。一方面，核糖体胞质内合成的蛋白质有一部分需要转运到内质网进行加工处理；另一方面，向细胞外分泌的蛋白质、细胞膜蛋白及细胞器膜蛋白、内膜系统中的驻留蛋白均由附着在粗面内质网胞质面的核糖体合成，并进入内质网加工处理。再有，几乎所有脂质，如卵磷脂与胆固醇等，均是在滑面内质网胞质面上合成的，而后进入内质网进行加工处理。此外，内质网中钙离子浓度很高，可以达到 10mmol/L 数量级，因此，内质网也称为细胞内的钙库。这些储存在内质网中的钙离子可以被激活后释放到胞浆中，并作为一种重要信号源调节细胞的功能。

2．高尔基体

高尔基体早在 1898 年就被意大利医生 C. Golgi 发现，但由于其形态复杂，在不同细胞中以及同种细胞的不同阶段均不一样，因此，对其功能与结构的认识一直是细胞生物学家面临的难题。

已经发现，高尔基体是大小不一、形态多变的囊泡体系，一般以一种排列整齐的扁平膜囊簇的形式出现（图 3-6），这些膜囊之间有膜性结构相连。膜囊直径多在 1μm 左右，膜囊之间的距离为 15～30nm。膜囊呈极性排列，靠近细胞核的一侧膜囊弯曲成凸面（也称顺面，*cis* face），面向细胞质膜的一面呈凹面（也称反面，*trans* face）。物质一般从顺面进入，经反面输出。

高尔基体在内膜系统中处于中介地位，主要参与细胞的分泌活动。事实上，分泌蛋白在内质网加工处理后，内质网以出芽方式将其包裹成小泡，输运到高尔基体扁平囊内，经一系列加工、修饰，被转移到高尔基体的反面，而后反面胀大形成小泡，小泡与高尔基体分离，小泡被运送至质膜后通过胞吞方式分泌到胞外。

高尔基体也负责对胞内合成物加工、修饰、分选、包装与输运等，它能将内质网合成的多种蛋白质进行加工、分类与包装，然后分别输送到细胞特定部位或细胞外。此外，内质网合成的部分脂质也需要经高尔基体运送到细胞膜以及溶酶体膜等相关位置。

3．溶酶体

溶酶体是由单层膜包绕、内含多种酸性水解酶的囊泡状结构，其内的酸性环境由膜上的质子泵维持。细胞内不同溶酶体的形态、大小以及其内水解酶的种类均不相同，因此，溶酶体是一种异质性细胞器。虽然溶酶体是一种独立的结构，但由于其来自高尔基体的出芽小泡，其内的水解酶也是在高尔基体内修饰、浓缩而成，因此，溶酶体也归为内膜系统。

根据溶酶体的生理功能，一般将其分为初级溶酶体、次级溶酶体以及残余体三类。初级溶酶体呈球形，直径 0.2～0.5μm，酶溶液的 pH 为 5 左右。次级溶酶体是初级溶酶体与细胞内自噬泡或异噬泡、胞饮泡或吞噬泡融合形成的复合体，是进行消化作用的溶酶体，其内可能包含多种生物大分子、线粒体等细胞器，因此体积较大，形态不规则。次级溶酶体经过一段时间消化后，形成的小分子物质可通过膜上的载体蛋白转运到细胞基质中供细胞代谢用，未被消化的物质残余形成残余体，残余体通过与质膜融合后被排到胞外。

溶酶体的主要功能是进行细胞内消化。溶酶体能够清除一些外来的细菌或病毒，加强细胞的防御功能；溶酶体也能清除一些自体不需要的物质，如无用的生物大分子、衰老和多余的细胞器等，进而使细胞能够进行正常的生理活动与代谢。细胞生理状态常常随酶系统改变而改变，细胞内有多种酶调节途径，溶酶体能够通过对酶的清除功能实现对细胞生理功能的调节。另外，生物大分子与细胞器都是有寿命的，为了保证细胞正常生理与代谢活动，必须不断清除这些衰老的生物大分子与细胞器，这也是溶酶体的主要功能之一，关于溶酶体如何识别这些老化物质的机制目前还没有被阐明。

3.2.3 线粒体

线粒体是真核细胞内的一种能量转换器，能将物质的化学能转换为细胞可以利用的生物能。据估计人体每天要合成数千克 ATP 以满足生命过程需求，其中 80% 以上的 ATP 均由线粒体生产，因此，线粒体对细胞至关重要。

线粒体一般呈条形或椭圆形，横切面直径 0.5～1μm、长度 2～8μm，其大小与形状能够随细胞功能变化而改变。线粒体有内外两层膜，外膜起边界作用，同时与内质网、细胞骨架等有结构与功能的联系，内膜向线粒体内折叠形成嵴。线粒体内膜包围的空间称基质（matrix），内外膜之间的腔隙称为膜间隙。膜间隙宽一般为 6～8nm，细胞代谢旺盛时线粒体膜间隙会变宽，同时，线粒体的某些部位没有膜间隙，这为一些物质在胞质与线粒体基质之间的交换提供了途径（图 3-7）。

线粒体外膜厚约为 6nm，外膜中脂质与蛋白质组分各占一半，由于外膜上还分布有多种孔蛋白，ATP、NAD^+、辅酶 A 等分子质量小于 5kDa 的小分子能够自由通过。

线粒体内膜厚 6～8nm，其中蛋白质含量占 70% 以上，脂质中心磷脂含量较高，这种组成使内膜的通透性很低，只有分子质量较小、不带电荷的小分子（如水与丙酮酸）能够穿过。很多分子进出内膜都需要转运蛋白，传递电子的酶复合体与 ATP 合成酶等都附着在内膜上。内膜两侧有很大的质子梯度，氢离子跨内膜的扩散运动能够驱动 ATP 合成酶将磷酸根添加在 ADP 上转化为 ATP。

线粒体的基质是进行氧化磷酸化以及线粒体特异性蛋白合成的场所，主要由蛋白质、脂、核酸等组成。蛋白质包括催化三羧酸循环、脂肪酸和丙酮酸氧化的酶以及核糖体等，核酸包括线粒体自身的环状 DNA 与 RNA。线粒体也通过与内质网之间的信息交流，对细胞功能起调节作用，尤其对细胞内钙离子调控以及细胞凋亡、自噬有较大影响。

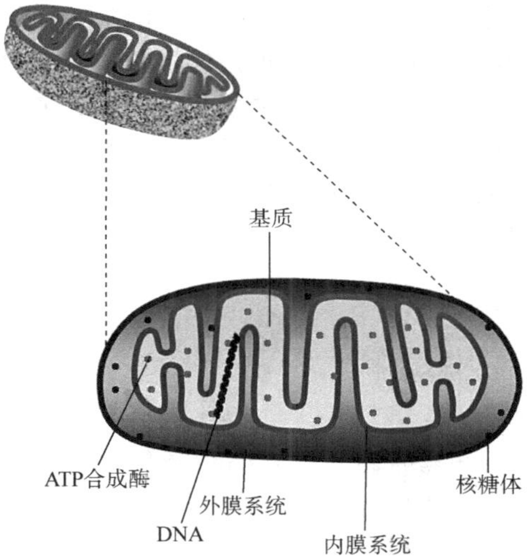

图 3-7　线粒体结构示意图

3.2.4　细胞核

细胞核由内外两层核膜包裹形成，并与细胞质隔离，核内外膜厚度约 7.5nm，核内、外两层膜之间形成 20～40nm 的核间隙，其空间大小随细胞状态而变。核膜上存在横跨内外核膜与核间隙的核孔复合物。细胞核内含有除线粒体 DNA 外的所有遗传物质，细胞核的大小主要与其 DNA 含量相关。

核外膜与内质网膜相联，使核间隙与内质网腔相通，因此，核外膜也可以被看成是粗面内质网的一个特化区域（图 3-6）。核外膜外表面常常附有核糖体颗粒，核内膜表面光滑，向核质内表面有一层致密的纤维网络结构——核纤层，核纤层对核形态维持以及核内物质如染色质等的固定有重要的作用。

横跨核内外膜分布有很多孔状结构，称为核孔复合物。核孔复合物是一种特殊的跨膜蛋白，具有亲水性，能够在细胞质基质与核内进行双向物质输运，既能将核内的 RNA、核糖体蛋白运送到细胞质基质，也可以将细胞质基质中的相关蛋白输送到核内。方式可以是被动扩散，也可以是主动输运。核孔复合物的有效直径为 10nm 左右，长度约 15nm，因此，一般离子、小分子以及直径 10nm 以下的亲水颗粒物能够通过被动扩散进入细胞核；对于生物大分子，如核糖体蛋白、组蛋白、核酸聚合酶等，主要通过耗能的主动输运通过核孔复合物。

细胞核内存在能被碱性染料强烈着色的物质，该类物质 1879 年就被 W. Flemming 称为染色质（chromatin）。现在已经知道，染色质就是遗传物质 DNA 与染色质蛋白构成的一种聚合体，是间期遗传物质的存在形式。染色质以不同状态存在，一些染色质中 DNA 高度折叠，在电镜下呈深色，这些折叠状的 DNA 称为异染色质，这类染色质主要靠近核被膜；另外一些折叠压缩程度较低，转录活性高，称为常染色质。染色质在有丝分裂期将浓缩为紧密的棒状结构（图 3-8），被命名为染色体，每条 DNA 链折叠形成一个染色体，不同染色体位于细胞核的不同区间。

与染色质 DNA 结合的蛋白质主要有两大类：一类是组蛋白（histone），与 DNA 结合但没有序列特异性；另一类是非组蛋白，需要通过其特殊的结构与特定序列 DNA 结合。组蛋白是染色质的结构蛋白，富含带正电荷的 Arg 与 Lys 等碱性氨基酸，可以和酸性的 DNA 通过静电力紧密结合在一起。目前发现的组蛋白组主要有 H_1、H_2A、H_2B、H_3、H_4 5 种，后 4 种能够通过 C 端疏水氨基酸相互结合形成四聚体复合物，该复合物中带正电荷的氨基酸暴露在外面，能够通过静电将 DNA 紧密结合在其周围形成基本结构（图 3-9），即核小体。每个核小体直径 10nm，其上缠绕 2 圈 200bp 左右 DNA。1 条 DNA 需要缠绕在多个核小体上，形成核小体串，核小体串再进行复杂的折叠即可形成染色质。

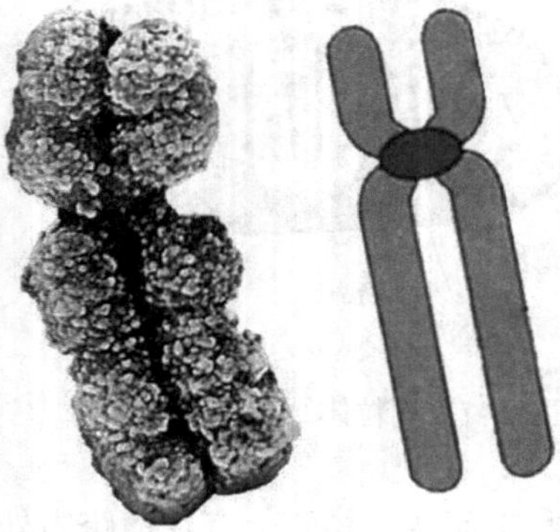

图 3-8　染色体结构

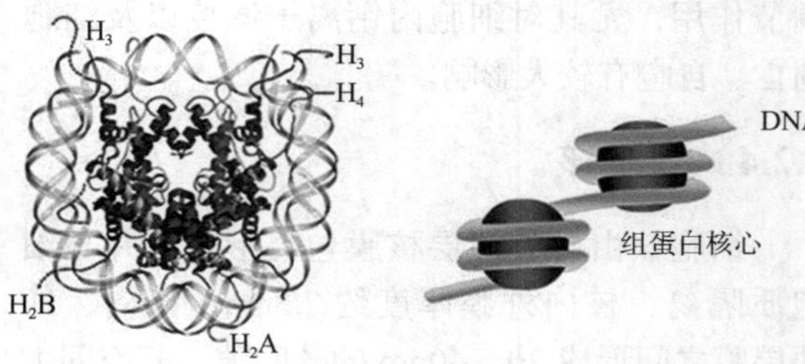

图 3-9　核小体结构示意图

3.3　细胞的大小与形态

细胞形态极为多样，大小也有很大差异，细胞的大小与形态跟其功能密切相关。

尽管生物体的大小差异巨大，但组成生物体，尤其是哺乳动物细胞的大小比较接近。一般细胞的直径 20μm 左右。最小细胞（支原体）的长度约为 100nm，其大小已经接近最小细胞体积的极限；人体内最大细胞（卵细胞）的直径约为 0.1mm。细胞大小主要与其内容物和功能有关，因此，不同细胞存在大小差异，同一种细胞处于不同状态时也会有大小差异。

由于不同细胞的功能差异以及细胞膜与周围环境、胞质等的相互作用，细胞呈现不同的形态特征。一般而言，细胞的形态与其功能相适应。例如，具有收缩功能的心肌细胞一般呈杆状，起支撑保护作用的上皮细胞多为扁平鳞状或紧密排列成柱形，神经细胞的胞体与一般细胞的大小一致，但有些神经细胞的轴突与树突达到了数厘米甚至更长。不同种类的细胞形态存在差异，不同形态的同类细胞其功能也会有差异，如近圆形的成骨细胞的增殖能力显著弱于梭形成骨细胞。细胞形态也显著依赖于所处环境，如基质材料的力学性能等。

3.4　细胞的生命过程

作为独立的生命体，细胞能够增殖与分化，存在凋亡现象，细胞也服从死亡的生命规律，此外，细胞还具有生存与适应环境，以及应激等不同的功能。细胞这些功能的实现基本上都需要物质交换、蛋白质合成与定向转运以及细胞运动与变形等基本事件的参与。

3.4.1　细胞质膜的物质交换

细胞质膜的主要作用是保持细胞内环境的相对稳定性与独立性，因此，一般物质不能直接穿过细胞质膜，但细胞又必须与环境进行物质、能量及信息的交流，于是，在细胞质膜上就出现了能够让需要的物质与能量、信息进出的通道，使其成为细胞与环境进行交流的感受器。

细胞质膜是细胞与环境的交界面，它既保证了细胞内环境的稳定，同时也形成了细胞与外界进行物质交换的屏障，为此，细胞质膜也形成了多种能够让相关物质进出细胞的模式，保障了细胞对营养物质的摄取、对代谢产物的排除以及对内环境稳定的维持。通过细胞质膜的物质交换主要有被动扩散、易化扩散、主动输运以及膜泡转运 4 种方式。

1．被动扩散

被动扩散是指物质跨越细胞质膜由高浓度侧向膜低浓度另一侧的热运动过程，该过程决定于细胞质膜是否对该物质通透。细胞质膜是脂双层结构，因此，只有疏水的或不带电荷的非极性小分子可以借此方式自由通过细胞质膜。另外，由于不同分子与细胞膜脂分子之间存在相互作用，因此，不同小分子通过膜的难易程度也有很大差异。一般而言，氧气、氮气、二氧化碳非常容易扩散过细胞膜。水分子虽然不带电荷，但有极性，因此水分子只能以一种较缓慢的方式扩散过细胞膜，多数情况下，水分子需要借助细胞膜上的水孔蛋白（aquaporin）通道通过细胞膜。

一般而言，某些物质不能直接经扩散方式快速通过脂双层结构的细胞膜，但膜上却存在可以让这些物质特异性通过的蛋白质通道，不过这些通道存在闸门，闸门平时处于关闭或失活状态，只有达到允许开放的条件，蛋白质通道才会开放，物质才能经通道穿过细胞质膜。细胞质膜上的钠离子与钙离子通道就属于该类通道。

钠离子在细胞内外存在较大差别，一般细胞内外的钠离子浓度分别为 5mmol/L 与 140mmol/L，细胞内外的跨膜电位差约为－80mV。细胞质膜上的钠离子通道是一类电压依赖的门控通道，当细胞去极化使跨膜电位差达到一定阈值（如大于－60mV）后，通道即可开放，通道开放后钠离子就能顺着离子浓度梯度方向快速由细胞外流入细胞内，而后通道很快自行关闭。这种通道的开放经常作为细胞功能启动的一种信号。

2．主动运输

主动运输是指物质运输过程需要消耗能量，消耗的能量可以是 ATP 提供，也可以是离子浓度梯度或细胞膜内外的电化学势提供。输运工具为细胞膜上的跨膜蛋白，钠钾泵、细胞膜钙离子泵、葡萄糖转运泵均属于该类跨膜蛋白。

钠钾泵是一种钠 - 钾 -ATP 酶，它能够逆浓度梯度将细胞内的钠离子泵出，同时将细胞外的钾离子泵入细胞，使细胞环境保持相对稳定。该泵的细胞内部分与钠离子结合后，激活 ATP 酶使 ATP 水解，引致蛋白质构象改变，将细胞内的 3 个钠离子逆浓度梯度泵出，同时将细胞外的 2 个钾离子泵入细胞，而后构象恢复。钠钾泵是细胞膜电位维持以及细胞内外保持离子浓度差的基础，所有细胞上均存在钠钾泵。

除钠钾泵外，细胞还存在一些其他的主动转运过程。小肠上皮细胞负责将机体摄入的葡萄糖运入其内，而后再将葡萄糖转运入循环系统。小肠上皮细胞对葡萄糖的摄入过程也是一种耗能的主动转运过程，不过能量不是直接来自 ATP，而是由钠离子浓度梯度提供。事实上，小肠上皮细胞上的该转运子首先需要同时与钠离子和葡萄糖结合，然后才能在钠离子浓度梯度驱动下将葡萄糖转入小肠上皮细胞内。而后钠离子通过钠钾泵被排出胞外（图 3-10）。

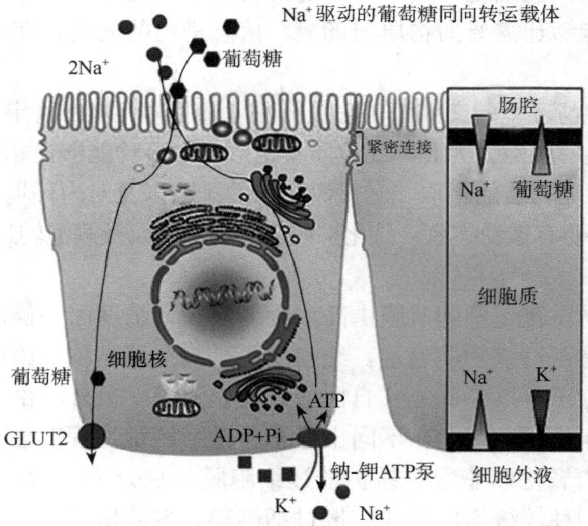

图 3-10　葡萄糖的主动输运

3．膜泡输运

小分子能够通过主动或被动方式进出细胞膜，但一些大分子与蛋白质通过细胞膜时需要专门的工具——膜泡。膜泡可以同时批量地让物质进出细胞。根据膜胞输运方向，膜泡转运分为胞吞途径（endocytic pathway）与胞吐途径（exocytic pathway）两种方式。胞吐方式是指将细胞内物质通过运输小泡与细胞膜融合，而后将小泡内物质排出细胞的过程，神经递质分泌、分泌蛋白输出等都使用该方式；胞吞是指细胞外的物质与细胞膜接触，而后细胞膜内陷将该物质包裹在内陷小泡，内陷小泡被整体输运到胞内的过程，胞吞有受体介导的特异性胞吞与非特异性胞吞两大类。

3.4.2　蛋白质合成途径

蛋白质是生命活动的物质基础，也是生命的物质呈现。细胞对环境的快速响应可以通过蛋白质的修饰等实现，蛋白质修饰可以通过直接对蛋白质添加或去除磷酸根（磷酸化与去磷酸化）等方式进行，但细胞对环境的适应以及细胞生理功能的改变却需要蛋白质的合成。蛋白质合成与修饰是细胞内最精细的事件之一，需要多个细胞器参与。

所有蛋白质合成均是在胞浆中开始的。如图 3-11 所示，蛋白质的肽链是核糖体在 mRNA 指导下开始组装的，核糖体开始合成肽链都是在细胞质基质中进行的，当初始装配的肽链达到一定长度时（如含 80 个左右的氨基酸），如果该蛋白质需要在内质网上合成，该肽链将出现特异性的内质网定向信号序列（也称信号识别序列），该序列与内质网

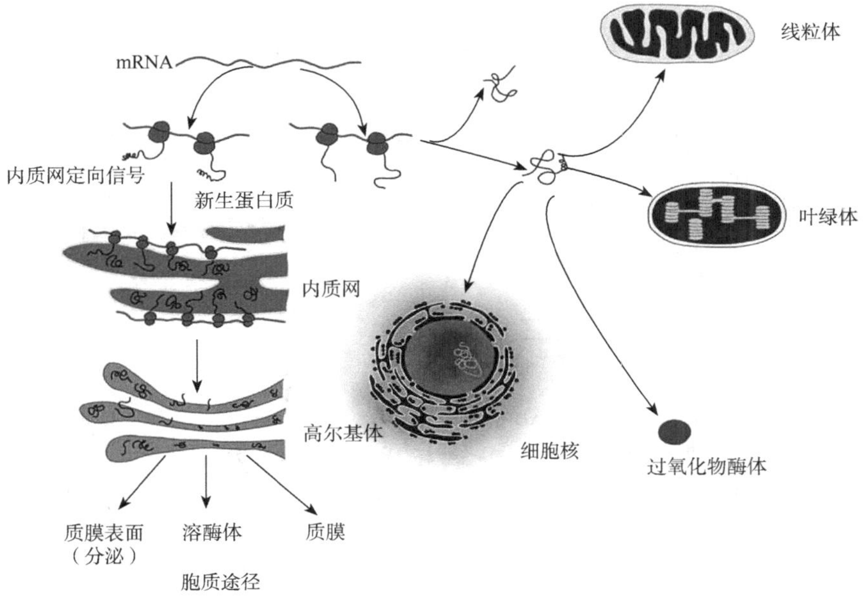

图 3-11　蛋白质的合成与分选过程

上的识别受体结合，将其引导到粗面内质网表面合成，并被内质网膜上的移位子引入内质网，经内质网的加工与修饰，被分泌小泡包裹后送入高尔基体内，在高尔基体内进一步修饰后被转运到相关部位（如细胞质膜、溶酶体，分泌到胞外）。假如初始形成的肽链不包含内质网定向信号序列，该蛋白质将在细胞质基质中进一步合成，合成后的蛋白质将通过目前还未明确的途径，被分别运送到各自的靶标（如细胞核、线粒体、过氧化物酶体、细胞质其他位置）。

3.4.3　细胞的运动

细胞能够进行多种运动。白细胞能够沿血管壁滚动，并从感染部位的血管内迁移到病灶部位执行免疫功能；肿瘤组织部位存在内皮细胞迁移引起的新型心血管生成。细胞运动源自细胞骨架，下面以心肌细胞收缩为例说明细胞运动的原理之一。

心肌细胞收缩的结构基础是肌球蛋白与结合有原肌球蛋白、肌钙蛋白的微丝。正常情况下，原肌球蛋白覆盖在微丝的螺旋沟内，阻止了肌球蛋白头部与肌动蛋白的结合。当细胞内钙离子浓度升高后，钙离子与肌钙蛋白结合，使其构象发生变化，去除了肌动蛋白与肌球蛋白结合点的障碍，暴露出了可以与肌球蛋白头部结合的肌动蛋白位点。当其肌动蛋白与肌球蛋白的结合点暴露出来后，它们之间发生结合，形成产生力量的前状态（图 3-12 步骤 3），而后肌球蛋白头部朝肌动蛋白丝弯曲，引起肌动蛋白丝运动，每次运动距离约 10nm，同时释放 ADP＋Pi 和能量（步骤 4），弯曲后的肌球蛋白头部再结合 ATP，使二者分开（步骤 1），肌球蛋白恢复原来构型（步骤 2）。经过上述过程，肌动蛋白发生了移动，这就是心肌细胞收缩的原理。

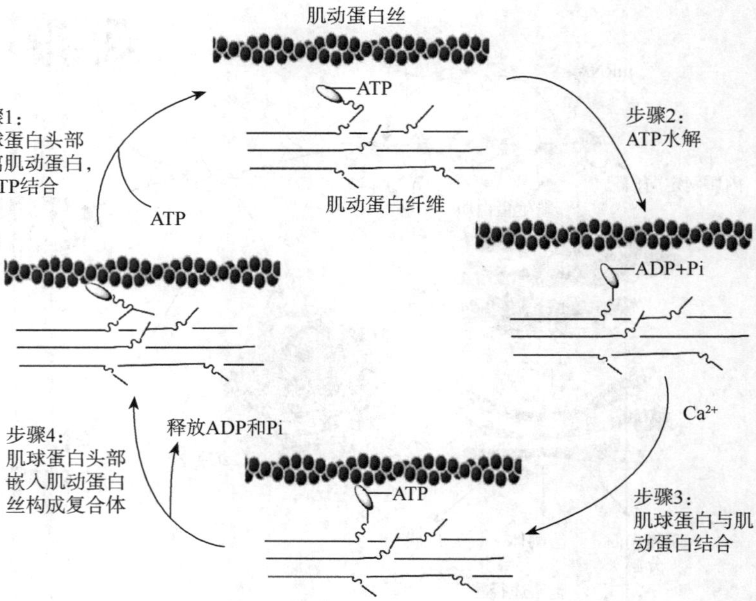

图 3-12　肌丝滑动过程

3.5　植 物 细 胞

植物细胞不但包含有细胞膜、细胞核、内质网、核糖体、高尔基体、线粒体等一般细胞器，还具有细胞壁、液泡与叶绿体等特殊功能的细胞器。此外，植物细胞的增殖与成熟过程也显著区别于其他真核细胞。

3.5.1　植物细胞特有的细胞器

1．细胞壁

细胞壁是包裹在植物细胞膜外层的特殊结构，其主要成分是纤维素、果胶与木质素等。纤维素包裹在表面，使细胞壁非常坚韧，能够防止细胞被破坏，同时细胞壁也限制了植物细胞的运动与变形。

2．液泡

液泡是植物细胞的代谢库，能够吸收细胞的水分，起调节细胞内外环境的作用。植物细胞将吸收的水分储存于液泡之中，液泡也能够积累无机盐通过渗透作用吸收水分，使细胞体积增大。研究表明，植物细胞充分伸展后，液泡体积可以占整个细胞体积的90%以上。此外，液泡还能执行类似动物细胞内溶酶体的消化功能，有吸收、储存从周围环境进入细胞的毒性物质的功能。

3．叶绿体

叶绿体是植物细胞进行光合作用的细胞器。它通过叶绿素将光能转化为化学能，即将二氧化碳与水转变为糖。

3.5.2　植物细胞的增殖

一般而言，植物细胞有无限增殖能力。另外，植物细胞在有丝分裂后，有一个体积增大与成熟的过程。在这一过程中，细胞的结构也会经历一个发育阶段，如液泡的增大，细胞壁由初始的、具有较好弹性的、1～3μm 厚的初生壁，发展成较硬的、厚度为 5～10μm 的次生壁。成熟的植物细胞中液泡占有相当比例的内部空间（图 3-13）。

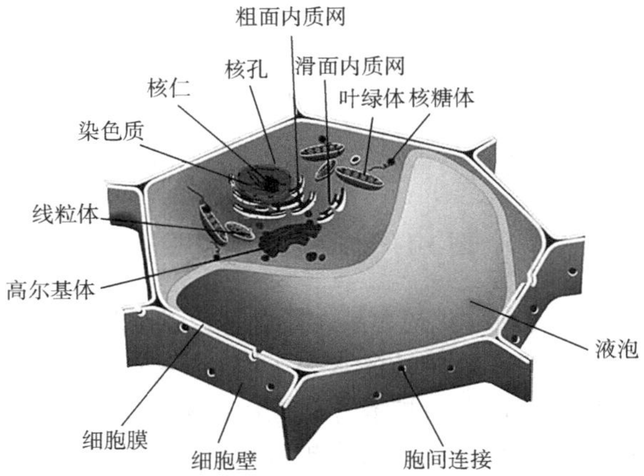

图 3-13　成熟植物细胞的结构

3.6　原 核 细 胞

支原体、衣原体、立克次体、细菌、放线菌与蓝细菌等均属于原核细胞。原核细胞内没有细胞核，一般也没有膜性细胞器。典型的原核细胞主要包括细胞壁、细胞质膜、细胞质、核糖体等结构。原核细胞结构简单，遗传信息少，含有一条环状染色体，环状染色体与结合蛋白位于细胞内特定区域，形成拟核。原核细胞往往作为独立的生命体存在，形成了原核生物。原核生物能够适应于多种极端环境。下面主要介绍原核细胞中的细菌。

细菌按形状主要分为球菌（球形或卵形）、杆菌（圆柱形）以及螺旋菌（弯曲圆柱体）等（图 3-14）。按照革兰氏染色结果，细菌也可分为革兰氏阴性菌与革兰氏阳性菌，大肠杆菌和枯草芽孢杆菌分别是革兰氏阴性菌与革兰氏阳性菌。与真核细胞相比，细菌较小。考虑到面积体积比与半径成反比，因此，细菌能够与环境进行更高效率的交换以及具有更快的代谢速率。

3.6.1　细菌的表面结构与功能

细菌的表面结构包括细胞质膜、细胞壁、鞭毛等。

1）细菌质膜

细胞质膜厚约 8nm，其结构成分与真核细胞膜类似。细胞质膜的作用之一是分隔细菌内外环境，另外，细胞质膜更重要的功能是物质交换、代谢等。已经发现，细菌的质

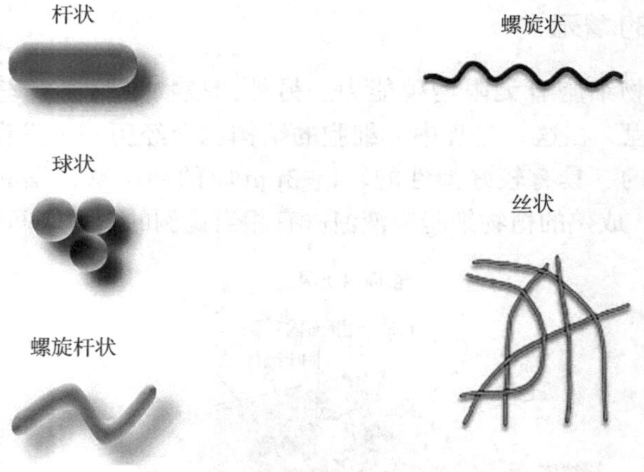

图 3-14　细菌形态示意图

膜内侧锚定了电子传递与氧化磷酸化的酶系，还含有合成细胞壁成分的酶。

由于细胞膜的疏水性，除了电中性的水分子以及一些小的非极性和脂溶性物质，如有机酸、乙醇、苯等，可以通过自由扩散方式进出细菌外，其他大部分物质需要通过蛋白质载体介导的主动运输方式传输。与自由扩散相比，主动输运具有效率高、特异性强以及饱和性等特点，同时主动运输一般需要消耗能量。能量主要来自 ATP 以及质子、钠离子等的浓度梯度。

2）细胞壁

细菌内容物可形成大的膨胀压。已经发现，大肠杆菌（*E. coli*）的膨胀压大约为 2 个大气压，这么大的压强主要通过细菌的细胞壁承受。细菌细胞壁中有一坚硬的层，主要成分是肽聚糖，是由乙酰氨基葡萄糖、乙酰胞壁酸与短肽交叉连接而成的网状结构。细胞壁对细胞有保护作用，此外，细胞壁的成分与抗原性、致病性和对病毒的敏感性等有关。革兰氏染色针对的就是细菌壁，革兰氏阴性菌具有非常薄的肽聚糖层，而革兰氏阳性菌的肽聚糖层非常厚。链球菌、葡萄球菌是革兰氏阳性菌，对青霉素敏感；大肠杆菌、沙门氏菌是革兰氏阴性菌，对链霉素敏感。

知识扩展 3-1

抑制细胞壁合成的抗生素

抗生素（antibiotic）是由微生物（包括细菌、真菌、放线菌属）或高等动植物在生活过程中所产生的具有抗病原体或其他活性的一类次级代谢产物，是能干扰其他生活细胞发育功能的化学物质。

细菌的细胞壁主要是肽聚糖，多种抗生素以抑制细胞壁的合成为机制导致细菌细胞破裂死亡。哺乳动物的细胞没有细胞壁，不受这些药物的影响。目前以抑制细胞壁合成为作用机制的抗生素主要包括：溶菌酶、青霉素、头孢菌素、万古霉素、磷霉素、环丝氨酸和持久霉素等。

溶菌酶能水解 *N*- 乙酰葡萄糖胺和 *N*- 乙酰胞壁酸间的 β-1，4- 糖苷键，使细胞壁出现孔洞，甚至解体，从而杀死球菌。人的眼泪中存在大量的溶菌酶，某些噬菌体在传染宿主时也可分泌溶菌酶，鸡蛋中也含大量的溶菌酶。

青霉素是发明最早的抗菌药物，含有 β- 内酰胺结构，是肽聚糖单体五肽尾末端的 D- 丙胺酰 -D- 丙氨酸的结构类似物，它们两者可相互竞争转肽酶的活力中心。转肽酶被青霉素结合后，前后 2 个肽聚糖单体间不能形成肽桥，因此合成的肽聚糖是缺乏机械强度的“次品”。青霉素类抗菌药物对人体的毒性很低，治疗剂量的青霉素对人体细胞几无影响。

头孢类是继青霉素类之后发明一类广谱半合成抗菌药物，化学结构中亦含有 β- 内酰胺结构。头孢类目前已发展到第四代，抗菌范围和抗菌活性也不断扩大和增强。

万古霉素是糖肽类抗生素，能与肽聚糖生物合成前体——*N*- 乙酰葡萄糖胺 -*N*- 乙酰胞壁酸（- 五肽）- 焦磷酸酯类中的 D- 丙氨酰 -D- 丙氨酸结合，抑制肽聚糖转糖基反应和转肽反应，对革兰氏阳性菌有效。

3）其他表面结构

荚膜是细胞壁表面的一层松散结构，是由葡萄糖与葡萄糖醛酸组成的聚合物，有些荚膜还含有多肽与脂质，不同细菌具有不同厚度与成分的荚膜。荚膜的主要作用是保护细菌以及帮助细菌与环境及宿主组织的黏附。

知识扩展 3-2

细菌荚膜多糖与致病性

很多细菌的表面都具有荚膜，如肺炎链球菌、B 群链球菌、猪链球菌等。荚膜的成分因菌种不同而异，主要是由糖与糖醛酸组成的聚合物，如猪链球菌的荚膜多糖。也有部分细菌的荚膜多糖含有多肽及脂质，如炭疽杆菌。

荚膜由于其具有耐干燥、黏附、储存养分等功能，成为致病性细菌的一种重要的毒力因子。细菌荚膜中水分占到 95% 以上，含有大量水分的荚膜在细菌的表面，可以避免细菌脱水死亡，这就使得有荚膜的细菌更容易在宿主间相互传播。荚膜多糖还能够促进细菌与细菌或者细胞之间的黏附，可以促进细菌积聚成微菌落，它们具有共同的荚膜层，可以产生大量的毒素和胞外酶等，比单个细菌有更强的抗吞噬作用，从而促进其在不同生存环境中的定植。例如，能够引起龋齿的唾液链球菌和变异链球菌会分泌己糖基转移酶，使口腔中的蔗糖转变成果聚糖，这种果聚糖能使细菌牢牢黏附于牙齿表面，而细菌发酵糖类产生的乳酸在局部积累后，会使牙齿表面的珐琅质层发生腐蚀而引起龋齿。某些细菌的荚膜还是储存养分的场所，以备细菌处于营养缺乏时可以利用，如黄色杆菌的荚膜。此外，以往认为荚膜的存在增强了致病菌的毒力并不是因为荚膜本身带有毒性，而是由于荚膜的存在增强了致病菌的侵袭力。近年来研究发现，有些荚膜物质确有毒性作用。表皮葡萄球菌的黏液能干扰机体的免疫系统。由于其对宿主正常反应的抑制，不仅可延长表皮葡萄球菌感染，而且可增加其他致病菌感染的危险性。

鞭毛（flagella）与菌毛（pili）是从细菌表面衍生出的附属物。菌毛是表达在表面的丝状蛋白寡聚物，负责细菌与其他细胞之间的联系以及细菌之间遗传物质的交换；鞭毛主导细菌的运动，由基体、鞭毛钩与鞭毛丝组成，鞭毛钩将基体与鞭毛丝连接为一体。基体在质子泵驱动下带动鞭毛丝旋转，进而控制细菌的运动，当不存在营养物质时，基体带动鞭毛顺时针旋转，细菌做翻滚运动，当存在营养物质时，基体带动鞭毛丝逆时针旋转，细菌向营养物质运动。细菌向营养物质的运动是翻滚与前行间断进行。

3.6.2　细菌胞内结构成分与功能

与真核细胞相比，细菌胞内成分较为简单，主要有拟核、质粒、核糖体以及其他胞内容物等。

1）拟核结构

细菌没有细胞核，但存在类核结构区，细菌 DNA 主要盘绕在该区域。正常情况下，一个细菌只有一个类核区，该区折叠着上千微米长的环状 DNA，即细菌的基因组。大多数细菌 DNA 都呈螺旋状结构，遵循环状 DNA 分子的双向复制方式进行复制，DNA 复制时一般要锚定在质膜上。复制一开始，环状 DNA 分子在环上的特定位点首先形成一个复制泡，而后沿着环的两个方向进行复制，随着复制的进行，复制泡逐渐增大，形成 θ 状的结构，并最终将 DNA 环复制为两个子环，且每个子环均保留一个亲本分子链。由于细菌没有核膜隔离细胞质，因此，DNA 复制、RNA 转录与蛋白质合成等没有在空间上分开，使这 3 个过程在时间上也没有严格的阶段性。一般而言，细菌中这 3 个过程往往同时进行，这也是细菌增殖速度快的一个主要原因。

2）核糖体

核糖体大部分游离于细胞之中，部分核糖体附着在细胞质膜内侧。细菌增殖旺盛时核糖体数量大增，而当细菌处于极度饥饿状态时，核糖体一般仅有数百个。核糖体能够与 mRNA 形成多聚核糖体，承担细菌翻译肽链的功能。

3）质粒

细菌除了拟核区的功能 DNA 外，胞内还含有另外一种裸露的环状 DNA，称为质粒。质粒是可进行自我复制的遗传因子，但失去质粒后不会影响细菌的正常活性。质粒常作为基因转染的载体。

3.6.3　细菌的生命过程

原核细胞的主要功能就是生存，因此，它们在营养物质丰富的环境中生长快速。细菌的增殖方式简单，DNA 复制形成两个子环后，形成两个核区，细胞膜在两个核区间凹陷、延伸，形成中间隔膜，最后形成细胞壁直接分裂为两个子细胞。

细菌在环境改变时会快速调整，而这种调整部分是通过改变基因表达实现的。例如，大肠杆菌在环境中的营养物质被消耗殆尽时，会启动饥饿应对反应，这种反应是由一种专门的因子介导。

3.6.4　细菌的多样性

细菌存在于自然界的各种环境，空气、湖泊、深海、温泉以及人体内都有不同的细菌生存。根据其生存环境，人们将细菌分为了不同的类型。例如，依据不同温度下的生存能力，将细菌分为嗜冷菌、中温菌、嗜热菌；依据不同 pH 下的生存能力，将细菌分为噬酸性菌、噬中性 pH 菌、噬碱性菌；依据不同氧分压下的生存能力，将细菌分为好氧菌与厌氧菌。

3.7　病　　毒

病毒（virus）是由核酸以及包裹核酸的蛋白质构成的显微颗粒，一般须使用电镜才能观察其形态特征。按照组成成分，病毒分为真病毒、类病毒以及朊病毒等。真病毒是由核酸分子（DNA 或 RNA）与蛋白质构成的复合体；类病毒仅由一个感染性的 RNA 分子构成；朊病毒仅由感染性的蛋白质构成。蛋白质在真病毒中所占比例很大，主要构成病毒的衣壳，病毒衣壳对病毒有保护作用，病毒的抗原性也主要由衣壳蛋白决定。有些病毒在衣壳外面还有包膜，包膜的成分为脂质或蛋白质，有包膜的病毒对有机溶剂敏感，有机溶剂能够杀灭这类病毒。

病毒自身没有生命特征，没有独立的代谢与能量转化系统，须依赖宿主细胞的能量、酶等进行复制、增殖。依据宿主细胞类型，病毒分为细菌病毒与真核细胞病毒等。

寄生于细菌的病毒称为噬菌体（bacteriophage）。噬菌体一般分为头尾两部分，头部衣壳呈多角形或螺旋形，核酸位于头部中心，尾部为长管状。噬菌体侵染细胞时，通过尾部后端特异性地附着于细菌表面，将核酸通过尾部管道直接注入细菌胞内。噬菌体核酸进入细菌后，开始利用细菌的复制、转录、翻译机制，复制噬菌体的 DNA，生产噬菌体蛋白，并在细菌内组装产生新的噬菌体，而后细菌膜溶解，噬菌体逸出并侵染别的细菌。另外，有些噬菌体侵入细菌后，其 DNA 直接拼接到细菌 DNA 上，成为了宿主 DNA 的一部分，随宿主细菌 DNA 一同复制。

病毒入侵真核细胞之前先要通过病毒表面的识别装置与细胞表面受体结合发生特异性吸附，而后细胞通过主动吞噬或质膜融合等方式进入细胞；病毒进入细胞后，在蛋白水解酶（也称脱衣酶）作用下，壳体裂解并释放出核酸。病毒核酸可以在细胞核内，也可以在细胞质内复制，随不同病毒而不同，不过病毒蛋白的合成则一定是在细胞核糖体上进行。复制的核酸与蛋白质即可重新组装新的病毒。每个细胞组装的病毒颗粒少则数千个，多则百万以上，组装的病毒颗粒可以从细胞膜挤出去。与噬菌体类似，病毒侵染真核细胞后，也可以通过其增殖、释放致宿主细胞死亡，或阻断宿主细胞自身蛋白质与核酸合成，或通过病毒蛋白直接作用等方式破坏宿主细胞。

本章小结

细胞是生命的基本单位，对细胞结构与功能实现的了解是认识生命的基础。本章主要介绍了真核细胞的结构、细胞器的特性与功能以及细胞物质交换、运动、蛋白质合成等功能实现的过程。最后还对原核细胞做了简单介绍。

思考题

1. 请思考真核细胞与原核细胞的主要差异。
2. 请思考细胞结构与功能的关系。
3. 简述细胞内膜系统的功能及其相互关系。
4. 简述线粒体的氧化磷酸化及 ATP 的形成过程。
5. 简述真核细胞内蛋白质的合成过程。
6. 简述病毒感染细胞的过程。

拓展读物

翟中和，王喜忠，丁明孝．2007．细胞生物学．3 版．北京：高等教育出版社

Plopper G, Sharp D, Sikorski E. 2015. Lewin's Cells. 3rd. Jones & Bartlett Learning Company

（张建保）

第 4 章　细胞的遗传物质及其维持

生命体得以生存及延续依赖于其每一个细胞存储、读取及传递遗传信息的能力。这些遗传信息在细胞分裂的过程中传递给子代细胞，而对多细胞生物而言，其通过生殖细胞传递给下一代个体。随着核酸的发现及 DNA 结构的解析，人们已经将细胞遗传信息是如何得以维持并继续传递的机制逐步揭示。本章将从 DNA 和染色体的结构及组织形式入手，重点介绍 DNA 如何通过复制将遗传信息传递给子代细胞。此外，还将对遗传物质的损伤及损伤修复等问题进行简要的介绍。

4.1　DNA 和染色体

生物学家们对细胞遗传性质的认识也随着生命科学的发展不断进化。1865 年，孟德尔通过对他在庭院里种植的豌豆的遗传性状进行观察，总结出了奠定遗传学基础的性状遗传法则，他推断生物体的某一性状是由一对遗传因子决定的。这种遗传因子在 1909 年被丹麦生物学家约翰逊（W. L. Johannsen）赋予了“基因”的名称。1880 年细胞遗传学的奠基人德国生物学家弗莱明（W. Flemming）和史特拉斯柏格（E. Strasburger）分别在动物和植物细胞中发现了有丝分裂（mitosis）和后来被称为“染色体”（chromosome）的物质。早期的研究显示，基因以一种离散的形式存在于染色体上，染色体携带基因的观点成为了遗传学中的染色体理论（图 4-1）。

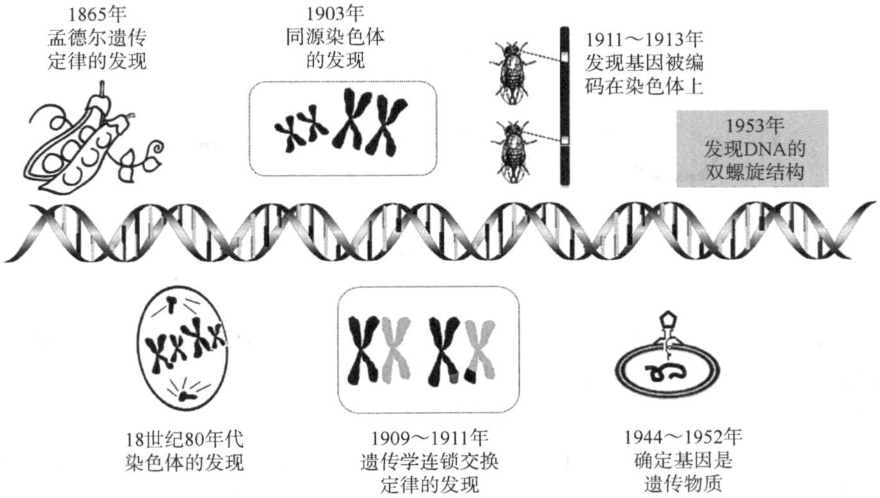

图 4-1　早期遗传物质及基因研究大事记

对基因的认识可以追溯到 1869 年，当时，F. Miescher 就从白细胞中首次分离到了一种称为“核素”的化学物质，即我们现在知道的 DNA。1929 年，利文（P. A. Levene）分析出了核素中含有 4 种碱基和磷酸成分，并将其命名为“核酸”。1938 年，

R. Signer 等分析出 DNA 是一种多聚核苷酸的高分子。而早在 1928 年 F. Griffith 就开展了著名的细菌毒力转化实验，开始为“DNA 是遗传物质”提供实验证据。直到 1944 年，O. Avery、C. MacLeod 和 M. McCarty 三位科学家用纯化的 DNA 重复了细菌毒力转化实验，只有 DNA 酶能够抑制这种转化作用，蛋白酶或者 RNA 酶都无法阻止转化现象的发生。这一发现才逐渐让人们开始接受 DNA 确实是遗传物质。1952 年，A. D. Hershey 和 M. Chase 通过噬菌体侵染实验再次用铁的证据向人们展示了 DNA 是遗传物质。1953 年，沃森（J. Watson）和克里克（F. Crick）提出的 DNA 双螺旋模型得到富兰克林（R. E. Franklin）及其同事威尔金斯（M. Wilkins）获得的 DNA 样品 X 线衍射图的实验支持，终于揭开了让人们备感神秘的遗传物质的真面目。

4.1.1　DNA 的双螺旋结构

E. Chargaff 在 1950 年发现了各种生物中 A 和 T 的摩尔比相同，G 和 C 的摩尔比也相等。这是因为，不同的碱基之间可以在其供氢基团和受氢基团之间形成微弱的氢键相互作用而形成配对，AT 配对和 GC 配对是两种常见的配对方式，被称为 Watson-Crick 配对或者互补配对（图 4-2）。这种配对方式使得相对的两个核苷酸中戊糖的 1′ 位碳原子之间的距离保持基本相等，但戊糖环的方向却恰恰相反。

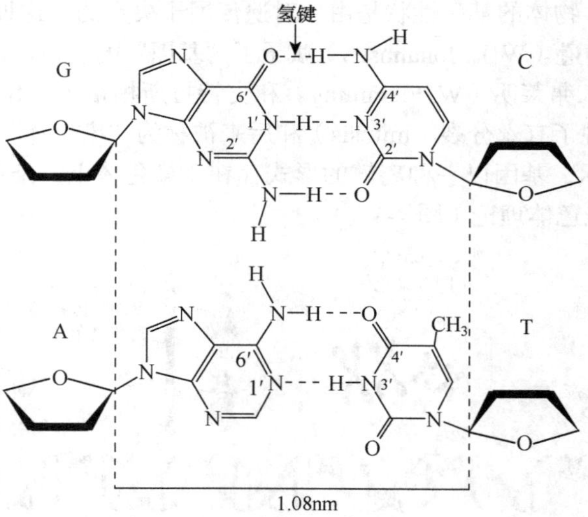

图 4-2　碱基之间的氢键配对

正是在此基础上，沃森和克里克提出了 DNA 的双螺旋结构模型，并得到富兰克林等 X 线衍射实验的证明。DNA 的双螺旋结构模型显示，DNA 分子由两条反向平行、序列互补的链组成，两条链相互缠绕，形成一条直径约为 2nm 的右手螺旋链（图 4-3）。糖磷酸骨架链位于双螺旋的外侧，而互补碱基形成的碱基对平面被包裹于双螺旋的内侧。通常生理条件下的 DNA 双螺旋为 B 型双螺旋，一个完整的 B 型 DNA 螺旋中含有约 10.5 个碱基对，螺距约为 3.4nm。

除了碱基对间的氢键相互作用之外，还有一种重要的分子间疏水作用——碱基堆积也参与了维持 DNA 双螺旋结构的稳定。碱基环本身是具有一定疏水性的基团，当相对的 DNA 两条链之间通过碱基配对互补后，相邻的两个碱基平面间会通过疏水作用将水分子

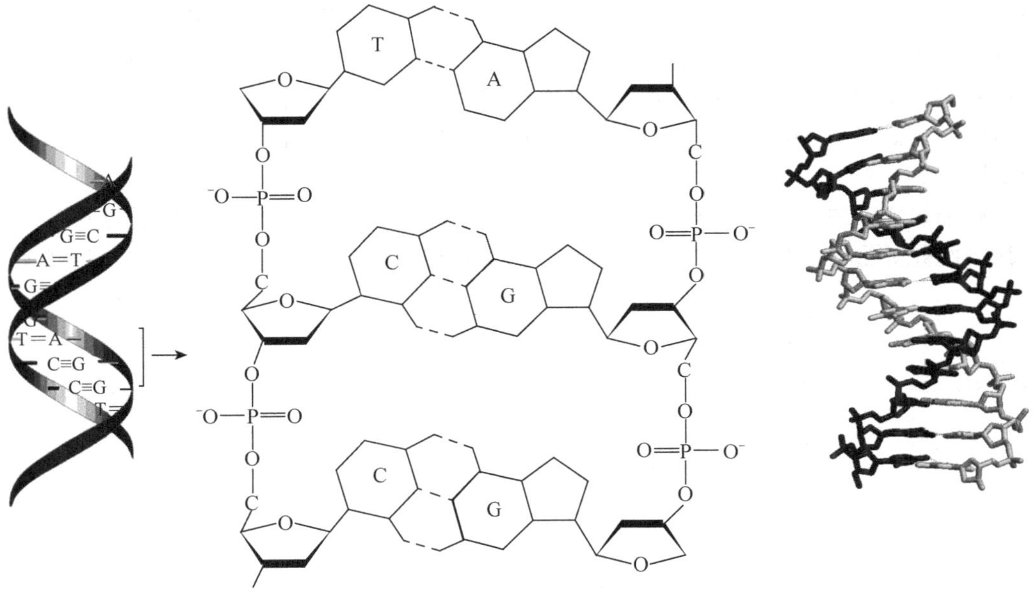

图 4-3　DNA 的双螺旋结构

排挤出去，从而使碱基平面层次叠加在一起，这种特殊的疏水作用称为碱基堆积。而相邻的两个碱基对的长轴并非相互平行，而是会形成一个大约 36° 的扭转，这就使得 DNA 双链分子并非是平面的梯状结构，而成为立体的螺旋结构了。由于碱基配对后两个糖苷键不在一条直线上，其存在一定的夹角，使得 DNA 双链在螺旋过程中形成一个大沟和一个小沟（图 4-4）。

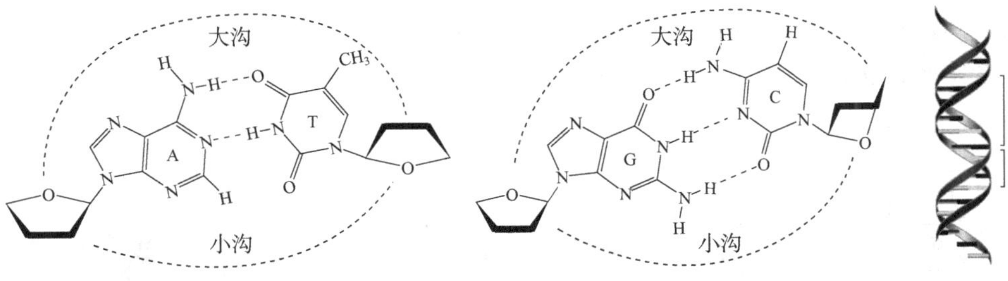

图 4-4　碱基堆积力及其对 DNA 双螺旋结构的影响

DNA 双螺旋大沟和小沟中的 N 和 O 都具有和其他功能基团形成氢键的潜力，但由于大沟中存在的潜在供氢或受氢体较多，且位置排布较为复杂，携带了更丰富的序列特异性信息，因而大沟也成为 DNA 和蛋白质等其他生物大分子进行序列特异性识别结合的重要位点。而小沟中可以形成氢键配对的功能基团较少，且排布简单，因此相对而言其携带的序列特异性信息较少，但这并不意味着没有蛋白质与 DNA 小沟发生作用。

4.1.2　DNA 的变性与复性

当把 DNA 溶液加热，环境温度逐渐升高的时候，由于分子热运动的加剧，氢键和碱基堆积作用不能够再维持 DNA 双螺旋的稳定，于是 DNA 双链便相互解离开来。这一双链解离分开的过程称为变性（denaturation），或者也可以叫做熔解（melting）。变性过程并不涉及磷酸二酯键的断裂，只涉及 DNA 双螺旋两条链碱基对间氢键的破坏。除了温度升高之外，酸碱度改变、离子强度降低及存在有机溶剂等条件均可能引起 DNA 的变性。

对于热变性的 DNA 分子，当环境温度缓慢下降，则 DNA 双链又可以通过双链间的互补序列重新配对，再次成为双螺旋结构，这个过程叫做复性（renaturation）（图 4-5）。

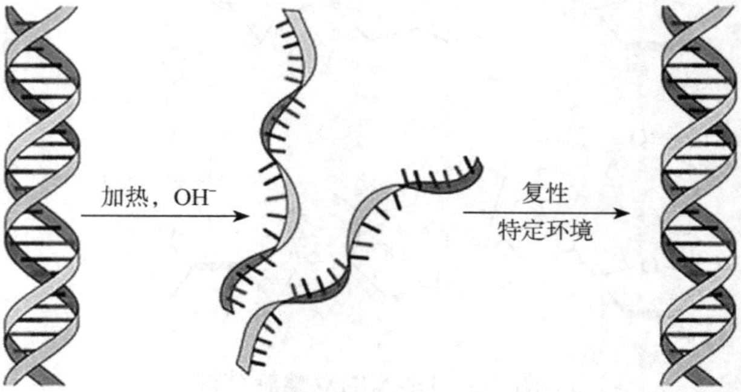

图 4-5　DNA 变性及复性过程示意图

知识扩展 4-1

DNA 双螺旋结构的不同构象

DNA 双螺旋结构具有不同的构象，通常生理条件下的 DNA 双螺旋为 B 型双螺旋。此外，DNA 双螺旋还存在 A 型和 Z 型构象（图 4-BOX1）。当环境中水分含量下降，盐离子浓度升高时，DNA 分子会变为 A 型双螺旋。A 型 DNA 双螺旋

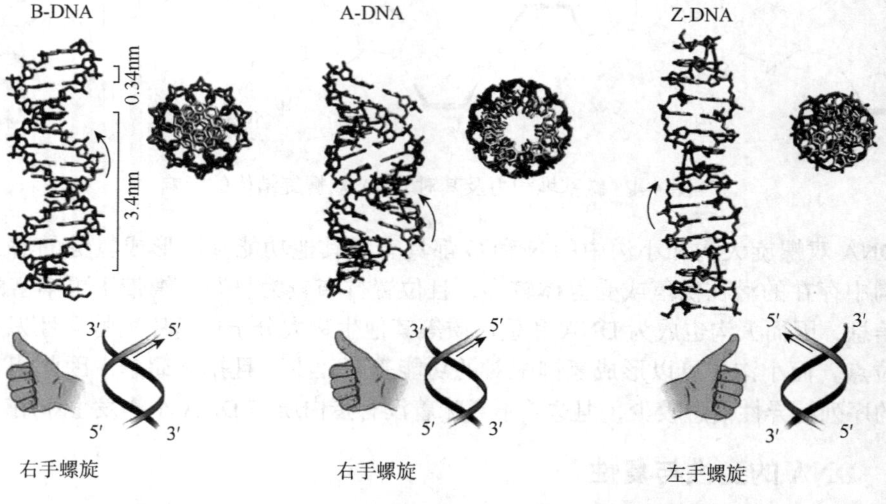

图 4-BOX1　A 型、B 型和 Z 型 DNA 双螺旋结构及其螺旋方向

较 B 型更为短粗，其每个螺旋中有 11 个碱基对，其大沟变得狭而深，而小沟变宽变浅。通常在细胞中很少出现 A 型 DNA 双螺旋结构，但 RNA 分子链如果形成互补双链，由于其戊糖 2′ 位上羟基的影响，其通常形成 A 型双螺旋结构。

1979 年，A. Rich 和他的同事发现，交替出现 GC 序列的 DNA 片段还可以在生理条件下形成一种神奇的左手螺旋结构，由于其糖磷酸骨架链呈现“之”字形，于是被命名为 Z 型双螺旋。Z 型 DNA 显得比较细长，其每个螺旋中有 12 个碱基对，其小沟非常地窄而深，但大沟非常浅。生理条件下，Z 型双螺旋中的胞嘧啶常常是被甲基化的。5- 甲基胞嘧啶属于基因组表观遗传修饰的一种形式，其往往和基因表达沉默有关。所以，Z 型 DNA 的结构可能在基因表达调控方面有重要的生物学意义。

知识扩展 4-2

其他 DNA 二级结构与疾病

除双螺旋结构，一些具有特异性序列的 DNA 片段还可以形成一些其他二级结构。例如，串联重复序列由于双链的相对滑动容易在单链上形成凸起或者环，而反向重复序列则可以形成双链的十字交叉结构，具有镜像对称序列的嘌呤 - 嘧啶延伸链还可以形成三股螺旋结构（图 4-BOX2）。

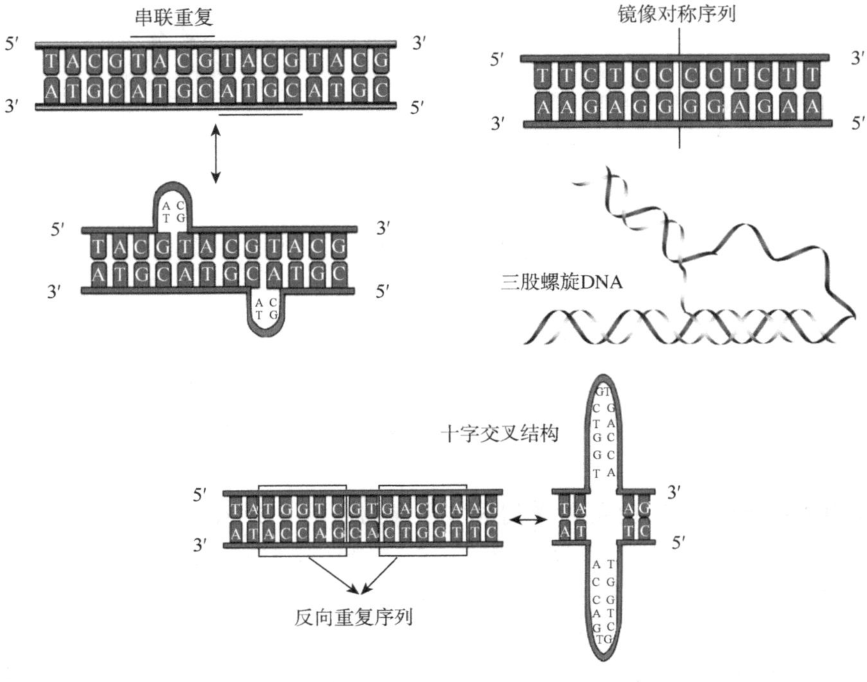

图 4-BOX2　其他的 DNA 二级结构

这些 DNA 二级结构的异常发生有时也会导致一些疾病。例如，人类的弗里德希氏共济失调（Friedreich's ataxia），是一种少见的常染色体隐性遗传性神经系统疾病，表现为进行性的步态不稳、全身笨拙等共济失调症状和心脏膨大等。该病疾病基因——*X25* 基因定位在 9 号染色体上，在 *X25* 基因的第 1 个内含子中有一段不稳定的 GAA 重复序列，正常个体重复次数为 83 次，而多数患者则重复了 1000 次左右，导致了异常的三股螺旋结构产生，影响了该基因产物共济蛋白 frataxin 的转录，从而导致了疾病的发生。

那么，如何判断 DNA 分子是否变性了呢？核酸分子具有紫外吸收能力，其最大吸收波长约为 260nm。但 DNA 双螺旋结构中由于相邻碱基对之间的叠加削弱了碱基环的紫外吸收能力。而当 DNA 变性成为单链时，碱基环吸收紫外线的能力可以提高 30%～40%，这一现象又称为增色现象。因此，可以用 DNA 溶液紫外吸收的能力检测其变性过程。然而，DNA 热变性过程中相对吸光度值的变化和温度的升高并不成线性关系，而是一条 S 形的曲线（图 4-6）。其中，吸光度值 A_{260} 达到最大值一半时所对应的温度称为熔解温度（melting temperature），用 T_m 表示。而由于 AT 和 GC 碱基对之间的差异，AT 碱基对之间只形成 2 个氢键，而 GC 碱基对之间有 3 个氢键，所以 DNA 双链由于热变性导致的双链的分离一般最初发生在 DNA 分子中富含 AT 序列的部分。

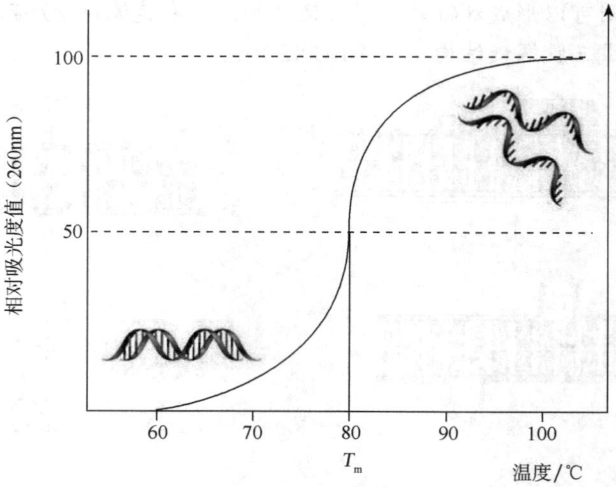

图 4-6 DNA 热变性吸光度变化曲线图

特定 DNA 分子的 T_m 值可以受到很多因素的影响。DNA 分子链越长，其变性的 T_m 值越高。对于一条长度一定的 DNA 分子，一般来讲，DNA 分子链中 GC 的含量越高，T_m 值也会越高；因而测定 T_m 值，可反映 DNA 分子中 GC 含量，可通过经验公式计算 T_m＝69.3＋0.41（G＋C）%；小于 20bp 的寡核苷酸可用 T_m＝4（G＋C）＋2（A＋T）来估算。除了氢键配对之外，碱基堆积力和磷酸骨架链之间还有斥力；因此，溶液的离子强度、是否含有有机溶剂及溶液的 pH 等条件均能够影响一条 DNA 分子链的 T_m 值。

技术扩展 4-1

核酸杂交技术

基于核酸变性和复性的原理，只要知道了特定的序列，就可以从成千上万的核酸样品中找到所需的特定序列分子，这就是核酸杂交技术（图 4-BOX3）。变性的 DNA 单链，可以与序列互补的 DNA 单链或 RNA 单链通过碱基之间的氢键配对形成双螺旋结构，从而形成同源或异源双链分子，这一过程就称为核酸分子杂交。1975 年，英国的爱丁堡大学的 Southern 首创了 DNA 分子杂交，Southern 印记（Southern blotting）故而得名。而如果检测的样品为 RNA 分子，则相应的杂交技术被称为 Northern 印记（Northern blotting）。

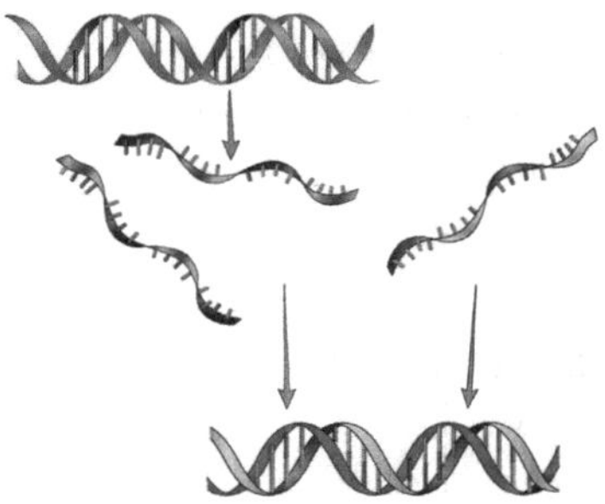
图 4-BOX3　核酸分子杂交示意图

4.1.3　染色体的结构

1．染色体的多样性

每个细胞内都含有一定数量的染色体（表 4-1）。多数原核细胞具有一条环状的染色体，形成原核细胞的拟核，但周围并没有核膜的包被。少数原核细胞中，也存在染色体为线性或存在多条染色体的情况。原核细胞通常含有的环状 DNA 分子与一些非组蛋白成分的蛋白质结合并包装浓缩成为染色体，但人们对其染色体形成的具体机制及这些非组蛋白成分仍然知之甚少。

许多原核细胞中还存在一些独立于染色体 DNA 之外的小环状 DNA 分子，称为质粒（plasmid），不同于染色体 DNA 的是，质粒通常不是细菌生存所必需的，它们所携带的基因通常会赋予细菌一些特定性状，如抗生素抗性等。

真核细胞中则一般具有多条线性的染色体，存在于细胞核中。在人类细胞中，除了生殖细胞、红细胞等由于细胞功能的特化而成为单倍体（haploid）或者不含有 DNA 的细胞之外，其他的细胞都是二倍体细胞（diploid）。人类细胞含有 23 对 46 条染色体。每一对染色体中均有一条来自父亲，一条来自母亲。其中，22 对为常染色体，每一对常染色体中的两条染色体互为同源染色体（homologous chromosomes，homologs）。第 23 对染色体为性染色体，男性为 XY 组合，其中 X 染色体来自母方，Y 染色体来自父方；而女性为 XX 组合，两条 X 染色体同样是一条来自父方，一条来自母方。

表 4-1　不同物种染色体的数量及形态

物种	染色体数量	染色体拷贝数	染色体形状
原核生物			
生殖道支原体	1	1	环状
大肠杆菌 K12	1	1	环状

续表

物种	染色体数量	染色体拷贝数	染色体形状
根癌农杆菌	4	1	3 条环状，1 条线状
苜蓿中华根瘤菌	3	1	环状
真核生物			
啤酒酵母（芽殖酵母）	16	1 或 2	线状
粟酒裂殖酵母（裂殖酵母）	3	1 或 2	线状
线虫（蛔虫）	6	2	线状
拟南芥	5	2	线状
果蝇	4	2	线状
四膜虫（原生动物）			线状
小核	5	2	线状
巨核	225	10～10 000	线状
红鳍东方鲀（鱼）	22	2	线状
小家鼠（小鼠）	19X+Y	2	线状
智人（现代人类）	22X+Y	2	线状

与原核细胞不同，真核细胞与 DNA 结合的蛋白质中约有一半是组蛋白。DNA 首先缠绕在组蛋白上形成核小体，再通过层层组装形成染色体的高级结构。染色体的结构随着细胞处于细胞周期的不同时相而动态变化，其在分裂间期呈现一种弥散的细线样的状态分布于细胞核内，此时又可以将其称为染色质（chromatin），而经典的高度浓缩的着色小体状只在细胞分裂期才能观察到。

不管是真核细胞还是原核细胞，其染色体所蕴含的遗传信息量都是非常巨大的。以简单的大肠杆菌为例，长约 3μm 的微小生物中的 DNA 分子长度就可以达到 1.5mm，而人类基因组的总长度会接近 2m，假定你的身体里有 60 亿个细胞，你体内的 DNA 连接起来可以从地球延伸到太阳，往返不止一次，而是 600 次。这么多的遗传信息，这么巨大的基因组是怎么被包装在如此小的细胞或细胞核内的呢？

2．原核细胞染色体结构

原核细胞通常含有一个单一拷贝的染色体，因为没有核膜的存在，原核细胞的基因组 DNA 与大量蛋白质结合并浓缩被包装形成一个叫做拟核的结构（图 4-7）。

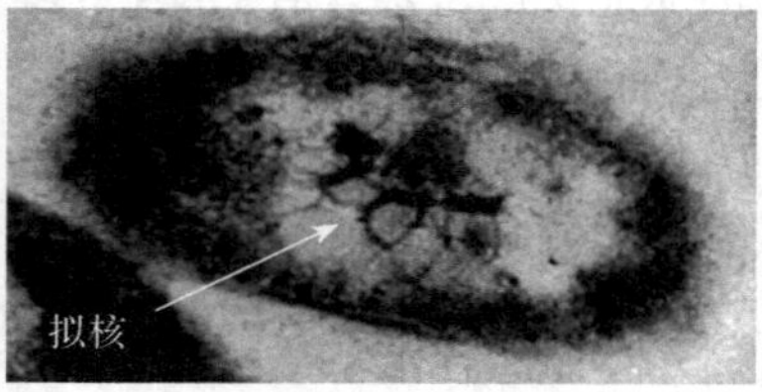

图 4-7　原核细胞染色体及拟核

DNA 分子与这些拟核相关蛋白的结合使得细菌基因组形成若干个 20～100kb 的环状结构域，每一个结构域中的 DNA 分子又通过超螺旋（通常是负超螺旋）的方式进行浓缩（图 4-8）。每个结构域的超螺旋状态各不相同，那些转录活跃的区域往往处于非超螺旋的松弛状态。

而所谓超螺旋（supercoiling），是指在细胞内特定的离子浓度、pH 条件以及拓扑异构酶的作用下，闭合、环状的双链 DNA 分子扭转形成的三级结构。当超螺旋的方向与 DNA 双螺旋的方向相反时其形成正超螺旋，而当双螺旋方向与超螺旋方向相同时形成负超螺旋。几乎所有的 DNA 天然状态都是负超螺旋的。细胞中存在的拓扑异构酶（topoisomerase）能够调控 DNA 分子的超螺旋水平。

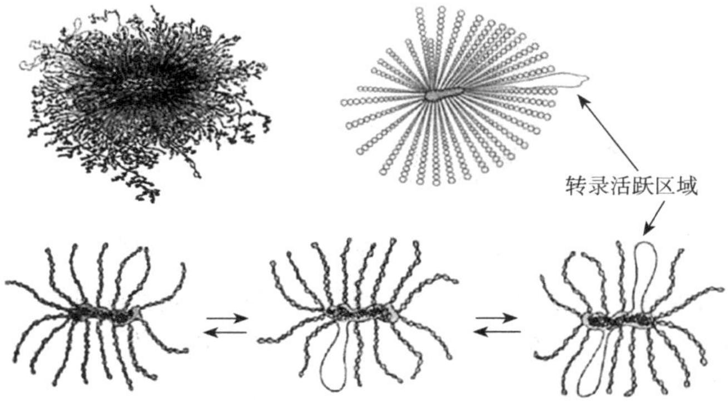

图 4-8　原核细胞染色体及其环状结构域组织示意图

3．真核细胞染色体结构

真核生物的基因组是一条或多条线性 DNA 分子，这些 DNA 分子在细胞内也不是裸露游离存在的，它们会和大量的组蛋白及其他蛋白质分子结合在一起，层层浓缩，层层包被形成染色质，染色质在细胞分裂周期过程中会进一步浓缩形成镜下可见的染色体（图 4-9）。

在真核细胞中，从 DNA 双螺旋到染色体要经历 4 级结构变化才能实现。

首先，DNA 双链以左手螺旋方式缠绕在组蛋白八聚体上。每一个单独盘状念珠样结构为一个核小体（nucleosome），其包括了 200bp 左右的 DNA 分子，一个组蛋白八聚体和一分子的组蛋白 H_1（图 4-10）。组蛋白八聚体由各两分子的 H_2A、H_2B、H_3 和 H_4 组蛋白构成，形成核小体的盘状核心结构。147bp 的 DNA 分子在组蛋白八聚体表面盘绕 1.75 圈组成核小体核心颗粒，组蛋白 H_1 在核心颗粒外结合额外 20bp 左右的 DNA 分子，固定核小体 DNA 的进出端。组蛋白 H_1 在稳定串珠结构和进一步折转形成高级结构中发挥着重要的作用。相邻两个核小体之间通过 20～60bp 的 DNA 分子相连，形成串联排列的“串珠”样结构，称为 10nm 纤维。

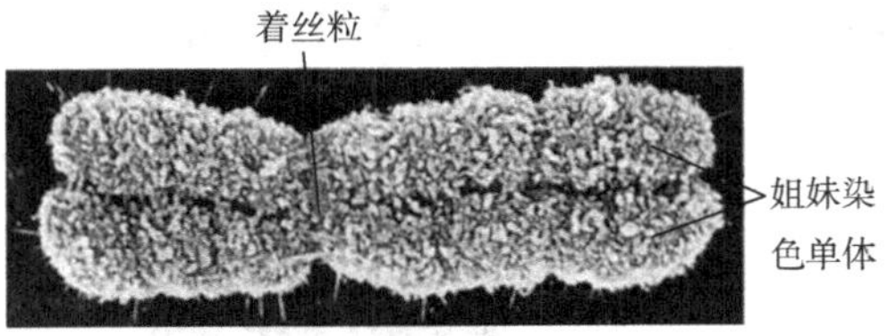

图 4-9　真核细胞分裂中期染色体的形态

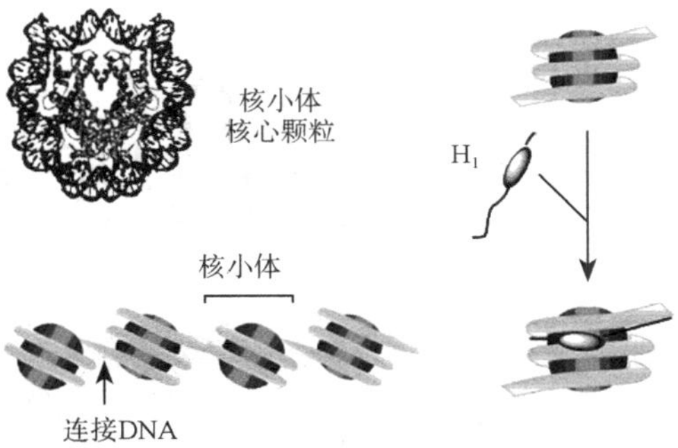

图 4-10　核小体的组成及三维结构

10nm 纤维通过折转或盘旋形成较粗的 30nm 纤维。一直以来，基于体外实验结果，学术界存在两种比较被认可的 30nm 纤维形成的模型，即螺线管模型和锯齿模型（图 4-11）。螺线管（solenoid）模型中，30nm 纤维是由核小体纤维左旋盘绕形成的一种中空螺线管，其外径为 30nm，螺距为 12nm，每圈含 6 个核小体；而锯齿（zigzag）模型中，相邻核小体总是相对排列的，而他们之间的连接 DNA 呈现拉直的状态。

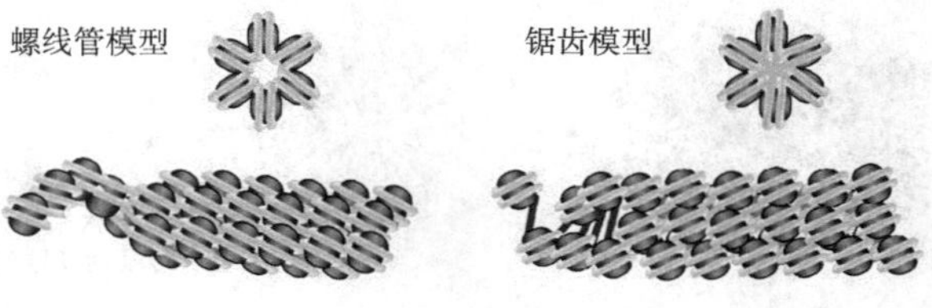

图 4-11 30nm 纤维形成的螺线管模型和锯齿模型

随后，30nm 的螺线管纤维会进一步地折转，螺旋生成超螺线管三级结构和细胞核中高度浓缩的染色体形式。染色体高级结构的形成机制尚不完全明确，目前描述其形成过程的模型包括袢环模型、超螺旋管模型和染色体骨架模型等。袢环模型是学界比较认可的模型之一。袢环模型中，螺线管会缠绕在一个由某些非组蛋白构成的中心轴骨架上，这些非组蛋白将螺线管纤维相隔一定间距的某些区段“拉拢”固定在蛋白轴上，从而产生了许多从骨架上伸出的纤维环（loops）。18 个袢环呈放射状平面排列结合在骨架上，形成微带，即为染色体高级结构单位。一个染色单体上约有 10^6 个微带。

要生成浓缩的染色体结构仍需在此基础上进一步进行染色质的折叠（图 4-12）。有研

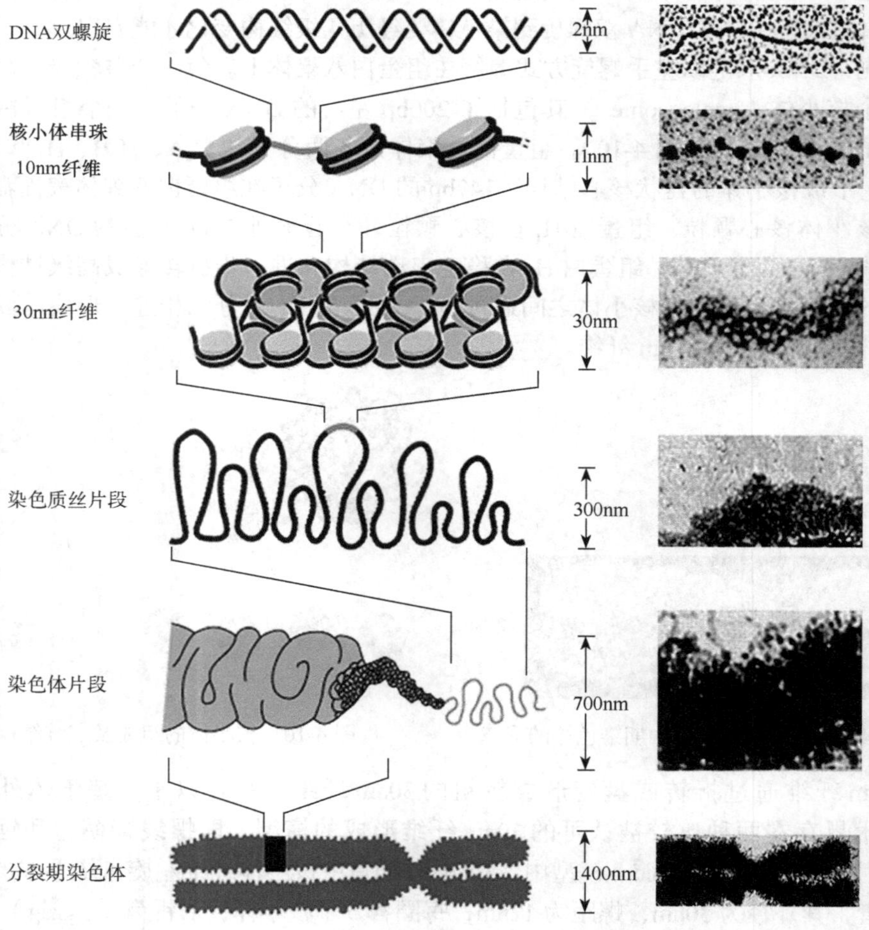

图 4-12 DNA 分子形成染色体的高度浓缩的过程

究显示，由非组蛋白构成的核骨架可以带领袢环结构以左手螺旋的方式进一步通过多重螺旋，最终实现染色体的高度浓缩。经过层层组装，双链 DNA 最后就以这样高度浓缩的染色体形式存在于细胞核中了。染色质和染色体是遗传物质在不同时期的两种形态。染色质存在于细胞有丝分裂的间期；在有丝分裂开始时，染色质进一步螺旋化成为染色体。

知识扩展 4-3

染色质的修饰与重塑

染色体从核小体到更高级结构的组装复杂而有序，其除了在细胞周期发生结构动态变化外，DNA 与组蛋白的相互作用也是动态的过程，任何一段与组蛋白结合的 DNA 都可能在一定条件下从核小体上解离下来。DNA 与核小体的这种动态组装过程对于 DNA 的复制及转录十分重要。

1. 染色质重塑

DNA 双链与组蛋白核心颗粒之间位置的相对变化，称为染色质重塑（chromatin remodeling），或者核小体重塑（nucleosome remodeling），包括核小体在 DNA 链上的滑动、核小体中组蛋白从 DNA 上的脱离，或者在另外一个区段的组装等（图 4-BOX4）。

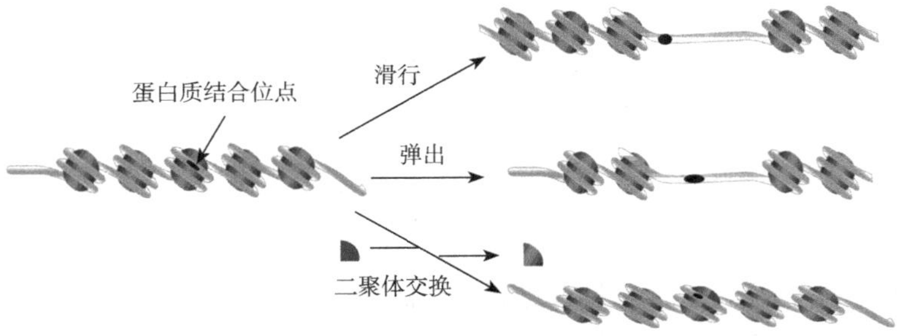

图 4-BOX4　染色体重塑的各种形式

体内有很多蛋白质因子能对 DNA 与组蛋白相互作用的稳定性造成影响，这些大的蛋白质复合体叫做染色质重塑复合体（chromatin remodeling complex）。它们往往是一类具有 ATP 酶活性的蛋白质复合体，通过 ATP 水解提供能量来改变 DNA 和组蛋白之间的相互作用。目前已经鉴定的染色质重塑复合体包括 SWI/SNF、ISWI 和 SWR1 复合体家族等。

2. 染色质的修饰与重塑

核小体氨基末端尾巴上的一些氨基酸残基常常可以被一些小分子基团修饰（图 4-BOX5），如其赖氨酸残基可被乙酰化或者甲基化，精氨酸残基可以有 1～3 个甲基修饰，而丝氨酸和苏氨酸残基上可进行磷酸化修饰。这些特定的修饰都与染色质重塑、基因转录起始及核小体组装等活动有关。

除了影响组蛋白与 DNA 本身的相互作用之外，这些组蛋白的修饰位点还能够被一些特殊的蛋白质结构域所识别，如 bromo 结构域能够识别组蛋白乙酰化位点，而 chromo 结构域则能够识别组蛋白甲基化修饰的位点，SANT 结构域识别的是未经修饰的组蛋白末端。这使得不同修饰状态的组蛋白能够募集含有特定结构域的蛋白质与之结合。其中，染色质重塑复合体中就有多个亚基含有不同的组蛋白修饰位点识别结构域，从而将组蛋白的修饰状态与染色质的重塑联系起来。

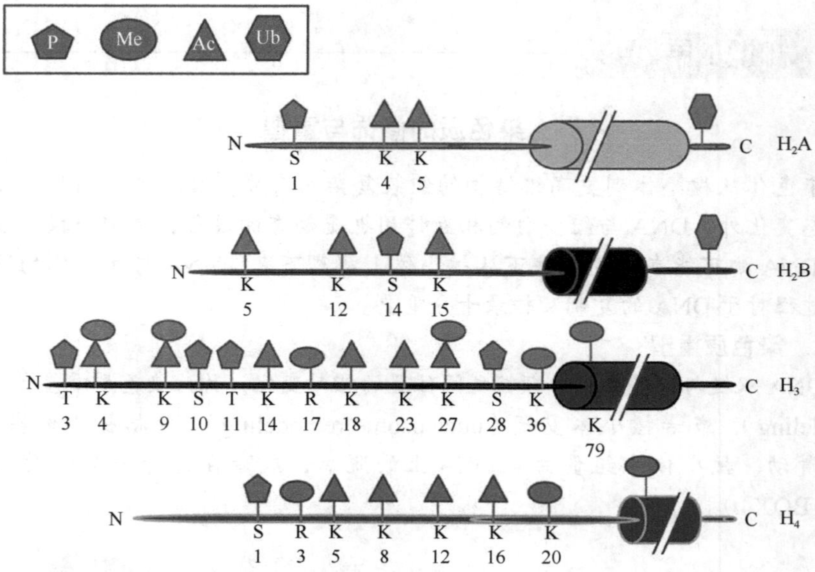

图 4-BOX5 组蛋白氨基末端的各种修饰

4.2 DNA 的复制

生物体的基本特征之一就是具有分裂增殖的能力，这也是生物体维持遗传稳定和繁衍后代的基础。当生物体的一个细胞分裂成两个子代细胞时，它必须尽可能精确地将遗传物质复制并分给两个子代细胞。DNA 双螺旋结构中双链互补配对的性质提示了其和遗传信息的复制密切相关。1958 年，M. Meselson 和 F. Stahl 用同位素标记结合氯化铯密度梯度离心的办法，证明了 DNA 的复制是半保留式的。1956 年 A. Kornberg 发现了 DNA 聚合酶。1968 年冈崎令治证明了 DNA 复制的半不连续方式，让人们对遗传物质的维持也有了进一步的了解。本节将介绍与 DNA 复制相关的知识，包括 DNA 复制的过程、参与复制的关键酶——DNA 聚合酶的结构与功能、复制的起始调控以及真核生物为解决末端复制问题的端粒结构。

1958 年加州理工的学院 Meselson 和 Stahl 利用同位素示踪结合氯化铯密度梯度离心的办法研究 DNA 双链的复制方式。首先把大肠杆菌在 ^{15}N 标记的培养基中培养若干代，使得 DNA 中的碱基都成为 ^{15}N 标记，其密度也会大于普通 ^{14}N 标记的 DNA。之后将 ^{15}N 标记的菌体再转移到正常 ^{14}N 标记的培养基中，继续培养两代，并分别提取不同子代菌体 DNA 进行氯化铯密度梯度离心。在分裂一代后的菌体中只检测到了一种 DNA，其密度介于含 ^{15}N 和 ^{14}N 的 DNA 之间。说明第一代 DNA 分子的两条链中一条是来自亲代 ^{15}N 标记的，一条是在普通培养基中新合成的只含 ^{14}N 的 DNA。而培养两代之后，子代菌体中能检测到两种不同 DNA 密度的条带，一条带的密度介于 ^{15}N 和 ^{14}N 的 DNA 之间，而另一条是只含有 ^{14}N 的低密度 DNA 带。实验结果证实了 DNA 是按照半保留方式复制的（图 4-13），这也从侧面说明了 DNA 双链互补的生物学意义。

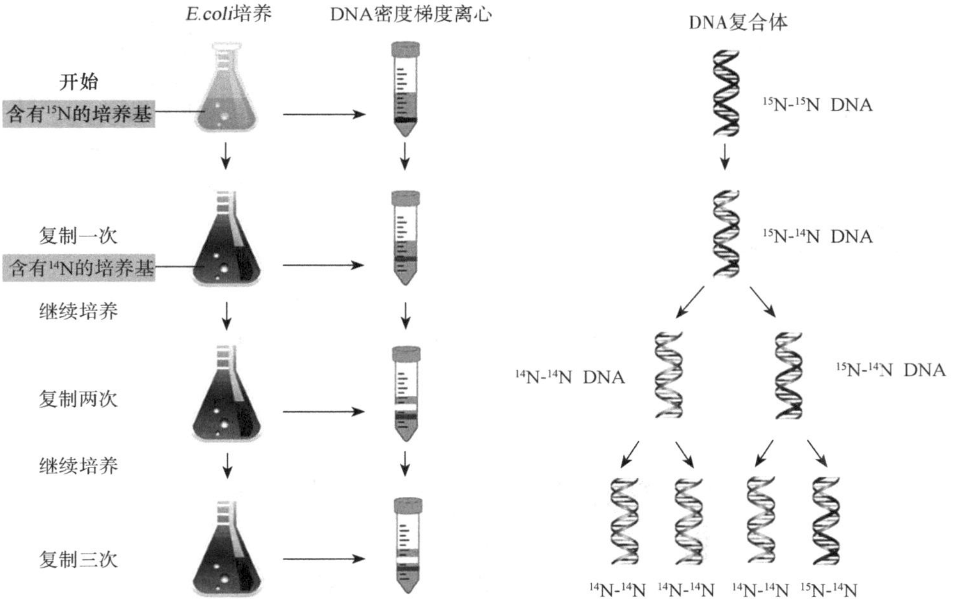

图 4-13　DNA 半保留复制的实验证明

4.2.1　DNA 聚合酶催化 DNA 的合成

1．DNA 复制的化学基础

要进行 DNA 的复制有 3 个必要条件。其一，需要 4 种脱氧核苷三磷酸底物，即 dNTP（图 4-14A）。其二，需要能够催化底物添加的 DNA 聚合酶（图 4-14B）。由于 DNA 聚合酶只能在已有的 3′ 末端—OH 上添加新的脱氧核糖核苷酸，因此第三个必要条件是需要有被称为“引物 - 模板接头”的特殊结构（图 4-14C），模板即为合成 DNA 新链所需的模板链，而引物的作用则是为 DNA 聚合酶提供一个游离的 3′ 末端—OH 从而得以添加新的脱氧核糖核苷酸至新生的子代链中。

在 DNA 子代链合成添加新的脱氧核糖核苷酸的过程中，引物链 3′ 端的—OH 基团攻击新进入的 dNTP 的 α- 磷酰基基团，并与之形成磷酸二酯键，βγ 磷酸则以焦磷酸的状态离开，并迅速被水解为两个单磷酸（图 4-15）。核苷酸的添加和焦磷酸的水解，净结果是两个高能磷酸键的断裂，其反应的平衡常数约为 10^5，这就意味着 DNA 合成反应是不可逆的，在这个过程中，它并没有消耗额外的 ATP。

2．DNA 聚合酶的种类及结构

1）DNA 聚合酶的种类

DNA 聚合酶是 DNA 复制过程的关键酶，决定着复制的速度和准确性。目前研究发现细胞中存在的 DNA 聚合酶不止一种，表 4-2 中列举了原核细胞及真核细胞中的 DNA 聚合酶。

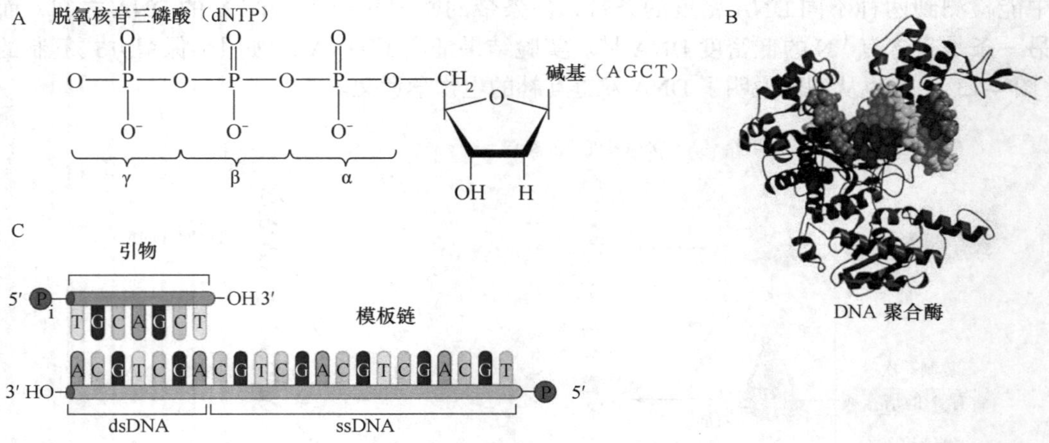

图 4-14　DNA 复制的 3 个必要条件

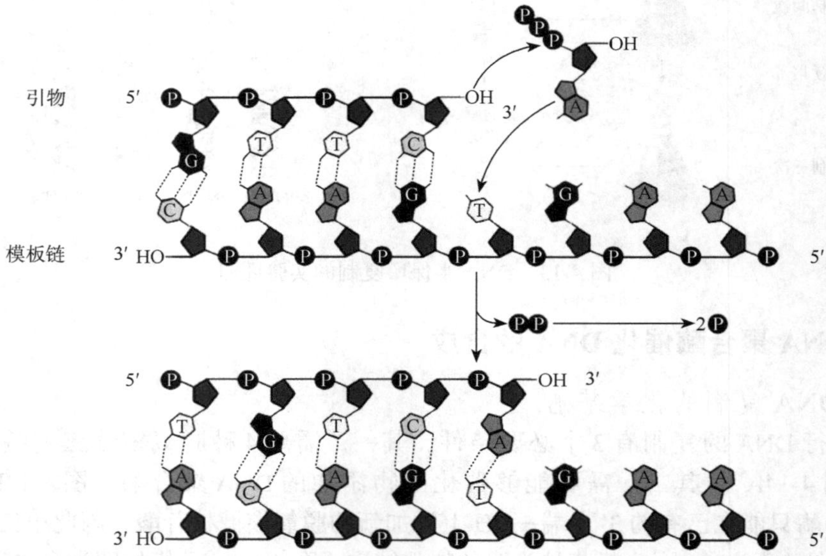

图 4-15　DNA 复制中核苷酸添加的反应过程

表 4-2　人类及大肠杆菌中 DNA 聚合酶的种类及功能

名称	功能	名称	功能
人类		Pol λ	未知
Pol γ	线粒体 DNA 复制和修复	Pol μ	未知
Pol θ	可能与修复 DNA 交联有关	Trf4p	姐妹染色单体黏着
Pol α	引发 DNA 合成	Pol η	模板形成环丁烷嘧啶二聚体时的相对准确的跨损伤合成
Pol δ	DNA 复制；核苷酸及碱基切除修复		
Pol ε	DNA 复制；核苷酸及碱基切除修复	Pol ι	未知
Pol ζ	跨损伤合成	Pol κ	未知
Pol β	碱基切除修复	Rev1p	跨损伤合成

续表

名称	功能	名称	功能
大肠杆菌		Pol Ⅲ	DNA 复制；核苷酸切除修复
Pol Ⅰ	冈崎片段间区的填补；核苷酸切除修复	Pol Ⅳ	跨损伤合成
Pol Ⅱ	跨损伤合成，复制复合体的再激活	Pol Ⅴ	跨损伤合成（参与“SOS”反应）

在原核细胞中目前已经发现了 5 种 DNA 聚合酶，以 *E. coli* 为例，DNA 聚合酶 Ⅰ 最先被纯化鉴定出来，也是 *E. coli* 中含量最丰富的 DNA 聚合酶，具有催化 DNA 复制的功能，但后来的研究发现它并不是 *E. coli* 中主要负责 DNA 复制的酶，而是 DNA 聚合酶Ⅲ。DNA 聚合酶Ⅱ、Ⅳ和Ⅴ则主要在 DNA 的修复过程中发挥作用。

真核细胞中目前发现的 DNA 聚合酶已经有十余种之多，其中参与 DNA 复制的包括：DNA 聚合酶 α/ 引物酶、DNA 聚合酶 δ 和 DNA 聚合酶 ε。DNA 聚合酶 α/ 引物酶主要参与 DNA 新合成链的起始，但是 DNA 聚合酶 α 的延伸能力同样不是太强，所以在 DNA 合成一段之后 DNA 聚合酶 α 将由 DNA 聚合酶 δ 或者 DNA 聚合酶 ε 取代，这个过程称为 DNA 聚合酶的替换。

2）DNA 聚合酶的结构

对 DNA 聚合酶结构研究比较透彻的是原核细胞中主要负责 DNA 复制的 DNA 聚合酶Ⅲ，它的全酶（holoenzyme）含有 10 个亚基，其中 α、θ、ε 亚基构成核心酶（core enzyme）（表 4-3）；而其他的亚基主要构成 DNA 聚合酶的滑动夹（sliding clamp）以及滑动夹的装配器或称为伽玛复合体（γ complex）。

表 4-3 原核生物中 DNA 聚合酶Ⅲ的组成

亚基	分子质量 /kDa	功能	组件
α	129.9	DNA 聚合酶	
ε	27.5	3′→5′ 核酸外切酶	核心酶
θ	8.6	激活 ε 核酸外切酶	
τ	71.1	二聚化核心	
γ	47.5	结合 ATP	
δ	38.7	结合 β	
δ′	36.9	结合 γ 和 δ	γ 复合体
χ	16.6	结合 SSB	
ψ	15.2	结合 χ 和 γ	
β	40.6	滑动夹	

DNA 聚合酶核心酶的三维结构看起来就像是一只右手（图 4-16），它可以在已经存在的引物链的 3′ 末端—OH 上添加新的核苷酸，已经合成的 DNA 双链会“躺”在“手掌”上，其中“模板 - 引物接头”就在“掌心”的位置。模板链指向但是并没有穿过“虎口”，而是在“指根”的部分发生了一个急速的扭转，使得即将被添加新核苷酸的那个位点对应的模板链暴露在合成催化中心。DNA 聚合酶的独特结构使得其具有多种功能参与 DNA 复制过程。

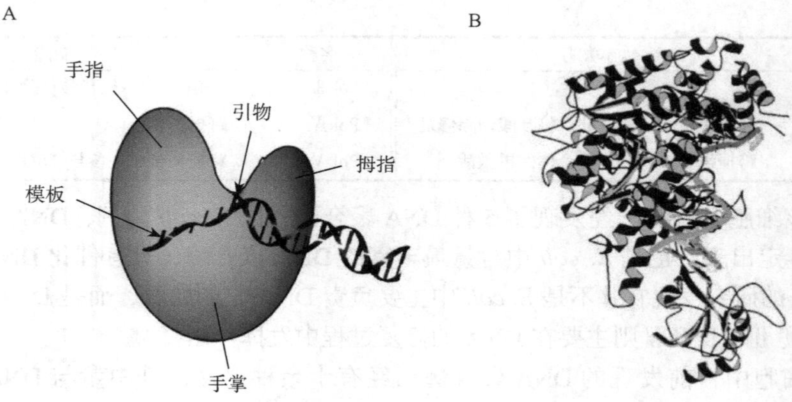

图 4-16 DNA 聚合酶的结构

A. DNA 聚合酶结构模式图；B. T7 噬菌体 DNA 聚合酶的三维结构

3. DNA 聚合酶核心酶的功能及催化机制

DNA 聚合酶的主要功能是在已有的引物 3′ 末端—OH 上添加新的核苷酸，这是其 5′ → 3′ 的聚合酶功能。此外，当偶尔有错误的核苷酸底物被添加至子代链中时，部分 DNA 聚合酶还具有 3′ → 5′ 方向的核酸外切酶功能，使错误添加的核苷酸被水解下来。以原核细胞为例，参与 DNA 复制过程的 DNA 聚合酶主要包括 DNA 聚合酶Ⅲ和 DNA 聚合酶Ⅰ，其各自发挥的功能及其活性区别如表 4-4 所示。

表 4-4 原核细胞 DNA 聚合酶Ⅰ和 DNA 聚合酶Ⅲ功能及活性区别

	DNA 聚合酶Ⅲ	DNA 聚合酶Ⅰ
在 DNA 复制中的作用	DNA 子代链的合成及校对功能	冈崎片段之间间隙部分的合成及 RNA 引物最后一个核苷酸的去除
5′→3′ 聚合酶活性	+	+
3′→5′ 聚合酶活性	—	—
5′→3′ 核酸外切酶活性	—	+
3′→5′ 核酸外切酶活性	+	+

由表 4-4 能够看出，DNA 聚合酶不具有 3′ → 5′ 方向的合成功能，这也就决定了 DNA 复制中，新生子代链的合成方向只能是按照 5′ → 3′ 方向延伸的。下面主要以 DNA 聚合酶Ⅲ的核心酶为例介绍 DNA 聚合酶催化脱氧核糖核苷酸添加以及水解校对功能的机制。

1）DNA 聚合酶利用一个活性中心催化 4 种 dNTP 的添加

在 DNA 复制过程中，一种 DNA 聚合酶就可以完成全部 4 种核苷酸的添加。DNA 聚合酶核心酶对底物的选择并不是区分核苷酸的种类，而是测试进入合成中心的核苷酸与模板链形成 Watson-Crick 配对的能力。若配对正确，则引物链 3′ 末端的—OH 能够有效地进攻 dNTP 的 α 磷酸，从而形成磷酸二酯键。若配对不正确，3′ 端的—OH 和 α 磷酸的空间距离变大而催化效率大大降低（图 4-17）。

2）DNA 聚合酶活性中心的“分辨器”氨基酸协助排除 NTP 底物

正常细胞内 dNTP 的浓度大概是 NTP 的 1/10，DNA 聚合酶是如何从众多 NTP 中

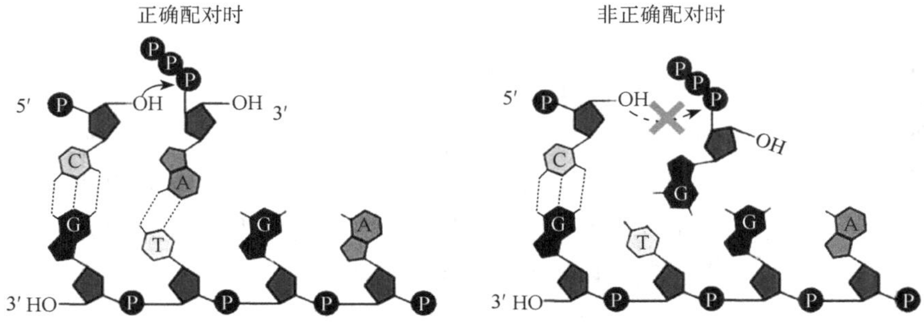

图 4-17　DNA 聚合酶通过碱基配对原则选择添加 dNTP 的种类

挑选出 dNTP 作为底物呢？DNA 聚合酶核心酶通过其活性中心附近的“分辨器”氨基酸将 dNTP 挑选出来。若进入活性中心的是 NTP，其戊糖 2 位上存在的—OH 与核心酶活性中心附近的一个“分辨器”氨基酸亲水侧链会发生空间排挤作用，导致 NTP 的 3′ 端磷酸尾巴发生偏移，引物 3′ 末端的—OH 和 α 磷酸之间的距离加大，难以催化成键（图 4-18）。

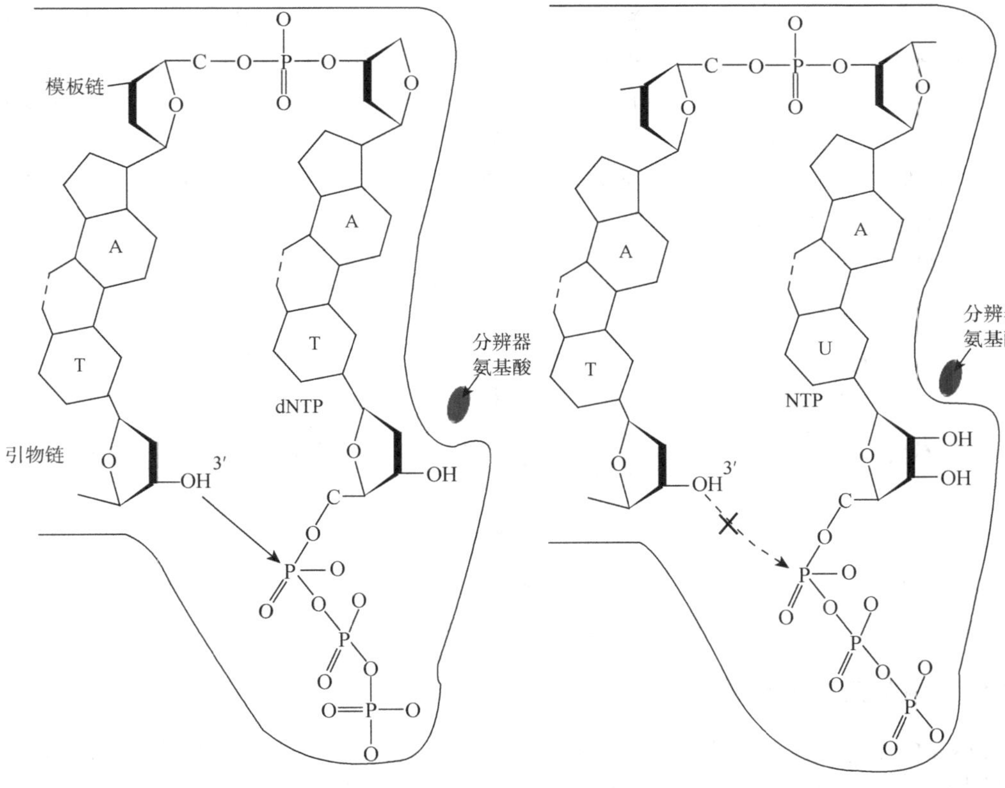

图 4-18　DNA 聚合酶的“分辨器”对 NTP 底物进行排除

3）DNA 聚合酶活性中心的金属离子催化 dNTP 的添加

DNA 聚合酶核心酶活性中心处的精氨酸侧链螯合了两个二价金属离子，一般是 Mg^{2+}，也可以是 Zn^{2+}，其中离子 A 可以使得引物 3′ 末端的羟基去质子化，进而攻击 dNTP 的 α

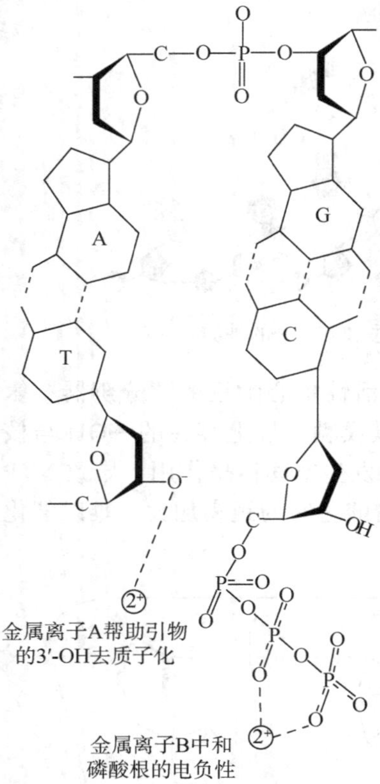

图 4-19 DNA 聚合酶核心酶活性中心的金属离子的作用

磷酸，形成磷酸酯键。而离子 B 则可以通过静电作用与 dNTP 的 β 和 γ 磷酸尾巴相互作用，稳定 dNTP 的位置（图 4-19）。

而核酸酶“手指”部分的氨基酸侧链可以通过碱基堆积力稳定进入碱基环，使得催化位点的 dNTP 很好地被固定于活性中心，保证催化反应的顺利发生。以这样的方式，原核细胞的 DNA 聚合酶核心酶每秒钟可以添加 500 个核苷酸，而真核细胞的 DNA 聚合酶每秒钟可聚合大约 50 个核苷酸。

4）DNA 聚合酶的校对功能

DNA 聚合酶出错概率在 1/10 000～1/1000。若进入合成中心的核苷酸不是按照 AT、GC 的方式配对，DNA 的骨架链会形成一定的扭曲，这种扭曲的 DNA 双链结构和 DNA 聚合酶合成中心的亲和力大大下降，从合成酶的中心滑落下来，滑动到“手掌小鱼际”的部分。而 DNA 聚合酶的这个结构域有 3′ → 5′ 方向的核酸外切酶功能，错误合成的核苷酸在这里将被水解下来。一旦水解掉错误配对的核苷酸之后，DNA 又恢复到正常的双螺旋结构，与水解中心的亲和力又会降低而重新滑动到 DNA 聚合酶的合成中心，继续双链的合成（图 4-20）。

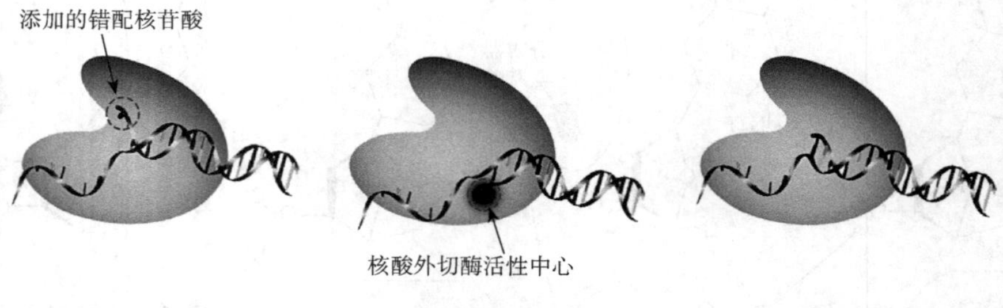

图 4-20 DNA 聚合酶Ⅲ的校对功能

4.2.2 DNA 复制的过程

DNA 的半保留复制发现后，随着研究的深入，人们发现 DNA 复制其实是由多种酶类共同参与的一个复杂的酶促反应过程，除了上面介绍的 DNA 聚合酶之外，还包括了拓扑异构酶、DNA 解旋酶、单链结合蛋白、引物酶和连接酶等在内的众多蛋白质分子的参与。这些分子协同作用，共同完成了 DNA 复制过程中的起始、延伸及终止几个阶段。

DNA 复制起始的方式包括了最为常见的复制叉式又称为从头起始模式（*de novo* initiation）；单链环状染色体的噬菌体中，其 DNA 复制方式为滚轮式，又称为共价延伸方式；线粒体 DNA 则具有其特殊的 DNA 复制方式，称为置换式或 D 环式。

DNA 复制时，DNA 的双链需要相互解离分别作为复制的模板链，这是由解旋酶（helicase）来催化的。解旋酶是一个环形六聚体蛋白，它能结合到 DNA 单链上并沿着其定向移动，通过水解 ATP 提供能量解开 DNA 双链使其形成单链状态。为了稳定单链 DNA，单链结合蛋白（single strand DNA-binding protein，SSB）会以非特异方式与单链 DNA 结合，使其保持伸直状态，从而有利于其作为模板进行 DNA 合成。同时，一个 SSB 的结合会促进另一个 SSB 蛋白结合其紧邻的单链 DNA，因此，SSB 的结合具有协同效应。

在 DNA 复制的延伸过程中，解旋之后的单链 DNA 作为模板进行两条子代链的合成，其与尚未解旋的双链 DNA 构成一个“Y”字形结构，称为复制叉（replication fork）。在复制叉处，引物酶以 DNA 为模板首先合成一小段 RNA 引物，进而在 DNA 聚合酶的作用下 DNA 新生链按照与模板链互补配对的原则开始延伸。

1. DNA 的半不连续复制及后随链的合成

由于 DNA 两条互补链的方向并不同，而 DNA 聚合酶只能在已有的 3′-OH 添加新的脱氧核糖核苷酸，因此，在复制叉处解开的两条 DNA 单链的复制方向是不同的。新生两条子代链分别称为前导链（leading strand）和后随链（lagging strand）。其中，前导链按照 5′ → 3′ 方向连续合成，其合成方向与复制叉推进方向相同，而后随链按照 5′ → 3′ 的合成方向和复制叉推进方向相反，其合成是不连续合成（图 4-21）。前导链的合成较为简单，当 DNA 双链解旋打开后，在引物酶的作用下一小段 10 个核苷酸左右的 RNA 引物被合成，之后 DNA 聚合酶会在 RNA 引物的 3′ 末端羟基上继续向下进行 DNA 的合成。

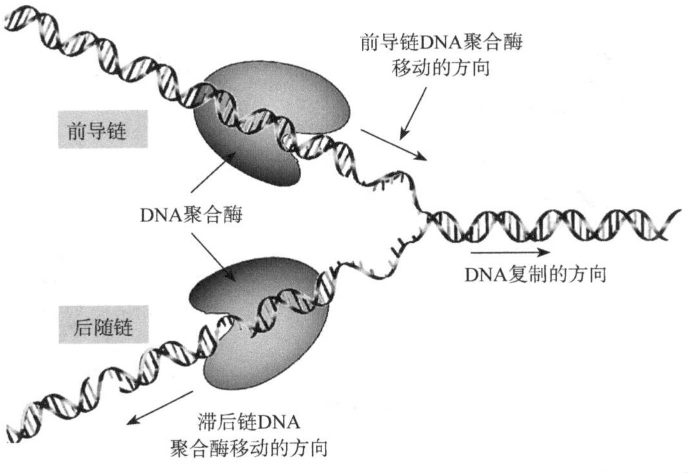

图 4-21　DNA 复制过程中前导链与后随链的合成

而随复制叉向前推进，后随链的合成会采用一种不连续合成的方式进行。在后随链上会有引物酶顺次在新解旋的模板链指导下合成 RNA 引物，进而在 DNA 聚合酶的作用下进行链的延伸，合成一段一段的冈崎片段（Okazaki fragment）。细菌中的冈崎片段长度一般为 1000～2000 个脱氧核糖核苷酸，而真核生物中一般为 100～200 个脱氧核糖核苷酸。RNA 引物片段随后被核糖核酸酶 H（RNase H）识别并水解掉除最后一个核苷酸之外的部分，所产生的冈崎片段之间的DNA缺口由DNA聚合酶Ⅰ进行填补，同时RNA引物的最后一个核苷酸被DNA聚合酶Ⅰ的5′→3′核酸外切酶活性去除。缺口填补后，相邻两个冈崎片段之间的间隙被DNA连接酶连接起来形成完整的后随链，这一过程需要ATP提供能量。由此可见，DNA的复制是半不连续复制的。

2．复制叉处DNA的协同合成

虽然DNA复制中前导链与后随链的合成方式不同，但在复制叉上，两条链的复制是协同进行的，复制叉处仅有一个大型的DNA复制体，包括上述多种参与DNA复制过程的酶。下面将介绍协同复制的过程（图4-22）。

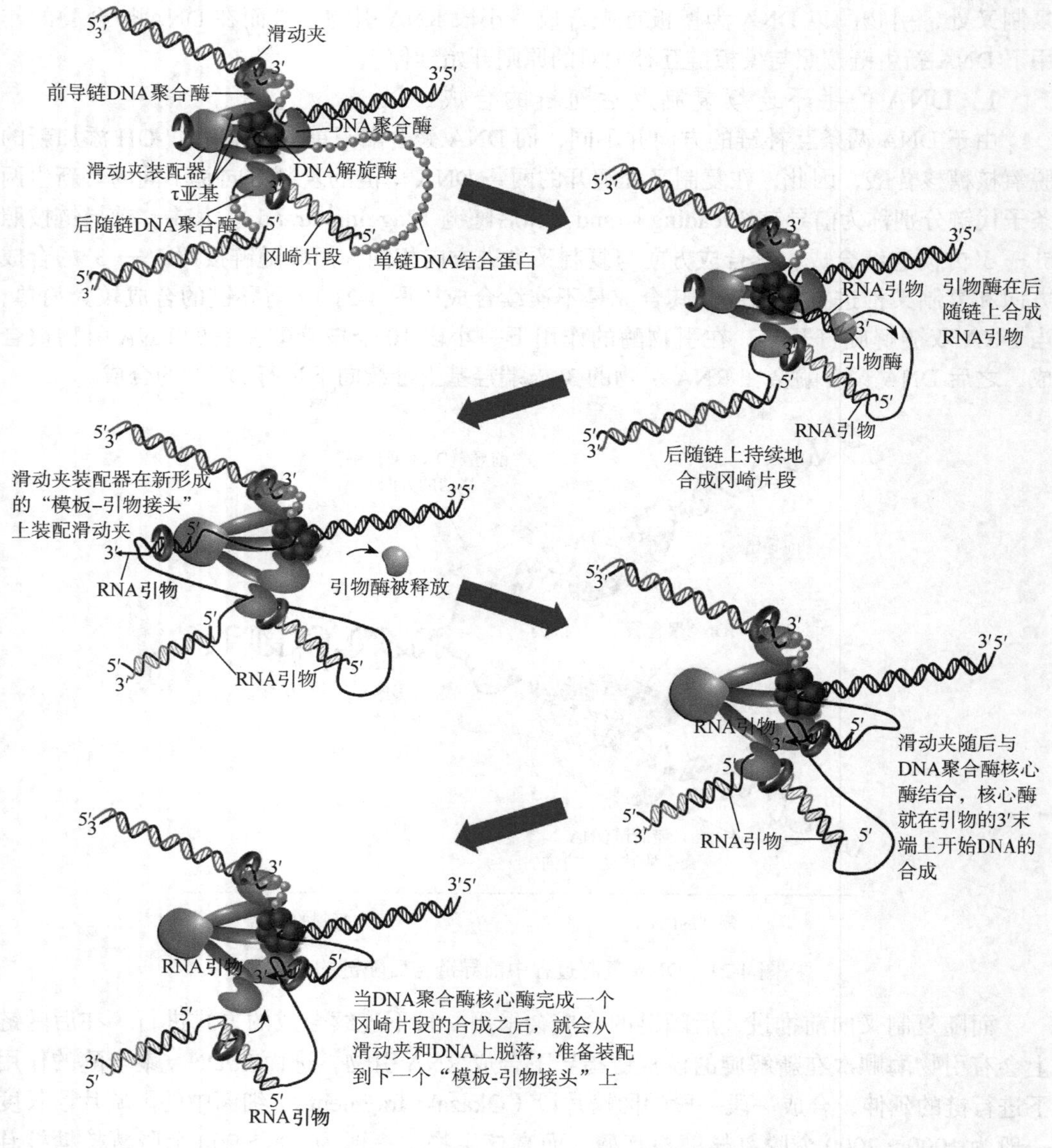

图4-22 复制叉上各酶协同作用合成DNA

过程如下：① DNA 聚合酶Ⅲ全酶通过 τ 亚基与 DNA 解旋酶相互作用，而每个 τ 亚基都结合有一个 DNA 聚合酶核心酶，一个 DNA 聚合酶Ⅲ核心酶复制前导链，另外两个核心酶复制后随链；②引物酶周期性地与 DNA 解旋酶结合并在后随链模板上合成新的引物；③合成一定长度的引物后，引物酶从“模板 - 引物接头”上释放，滑动夹装配器很快会在新形成的“模板 - 引物接头”上装配滑动夹；④滑动夹随后与 DNA 聚合酶核心酶结合，核心酶就在引物的 3′ 末端上开始 DNA 的合成；⑤当后随链上 DNA 聚合酶核心酶完成一个冈崎片段的合成之后，就会从滑动夹和 DNA 上脱落，准备装配到下一个“模板 - 引物接头”上。如此周而复始，复制复合体在复制叉上进行着前导链和后随链的协同复制。

技术扩展 4-2

聚合酶链反应

受 DNA 的天然复制过程启发，1983 年，美国 PE-Cetus 公司人类遗传研究室的 K. Mullis 在去度假的路上，受到高速公路的启发，设想出了“简单而优雅”的聚合酶链反应（polymerase chain reaction，PCR）过程。1985 年，Mullis 发明了简易 DNA 扩增法，意味着 PCR 技术的真正诞生。PCR 技术的基本原理如图 4-BOX6 所示，其包括 3 个基本步骤：变性（denaturation），目的双链 DNA 片段在高温下解链，双链间的氢键被破坏，变成两条单链；退火（annealing），两种寡核苷酸引物在适当温度下与模板上的目的序列通过氢键配对；延伸（extension），在 *Taq* DNA 聚合酶的作用下，以目的 DNA 为模板，在引物的 3′ 末端上，按照碱基配对原则添加新的脱氧核糖核苷进行新链合成。由这 3 个基本步骤组成一轮循环，理论上每一轮循环将使目的 DNA 扩增一倍，这些经合成产生的 DNA 又可作为下一轮循环的模板。

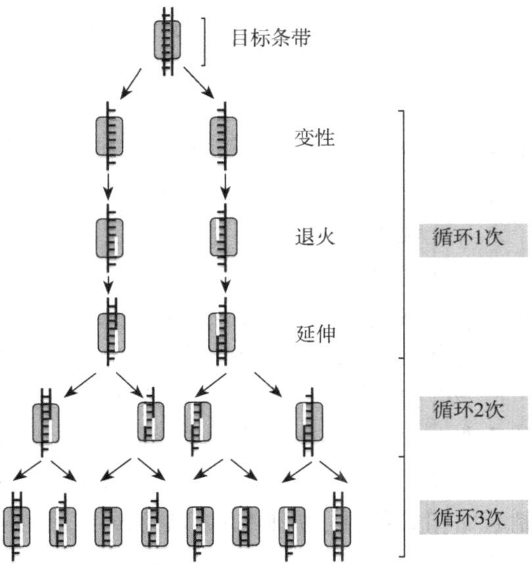

图 4-BOX6　PCR 过程示意图

是不是发现了 PCR 反应和 DNA 复制一些不同的地方了？在 DNA 复制中，DNA 双链的打开借助的是解旋酶，而在 PCR 中破坏 DNA 双链之间的氢键的配对借助的是高温。普通的 DNA 聚合酶根本无法耐受 90 多摄氏度的高温，因此 PCR 反应中使用的是耐高温的 *Taq* DNA 聚合酶。此外，高温变性可以充分地将 DNA 双链解链，因此在 PCR 反应中，没有所谓的“前导链”和“后随链”，两条新链的合成都是连续的。而且，找不到引物酶的踪迹，因为 PCR 反应的引物，是纯化学合成的寡核苷酸链，也就是一小段短的DNA单链分子。PCR反应产物的特异性，就是由上、下游引物决定的。引物的设计和选择目的DNA序列区域有关，同时遵循一些原则，如长度、GC的含量、引物间不能互补等。现在通过引物设计软件如Primer，就可以将这一步轻松搞定。

PCR技术是现今基因工程、分子生物学相关领域使用率最高的生物技术之一，已有数千种PCR模式适用于不同目的的研究。例如，逆转录PCR（RT-PCR）：以由mRNA逆转录而来的DNA为模板，由此产生出来的DNA不带有内含子，常应用于分子克隆技术。实时PCR（real-time PCR）：PCR过程中利用荧光探针或染料定量检测，又称定量PCR（quantitative PCR）。

4.2.3 DNA复制起始调控

所有生物都必须保证自己的染色体数目和细胞数量相对平衡，以维持遗传物质的稳定性，因此DNA的复制过程是被严格调控的，而最重要的在于复制起始的调控，即复制在哪里开始，何时开始。

1. 复制起始位点

1963年由F. Jacob等建立了复制子模型，其提出了控制DNA复制起始的两个元件——复制器（replicator）和起始子蛋白（initiator）。复制器指的是包括复制起始位点在内，那些足够指导DNA复制起始的全部DNA序列，复制器当中至少包含了两种必要的DNA基序。①起始子蛋白特异性识别结合的位点。②一段富含AT、在DNA复制起始时首先解链的区域，这段区域称为复制起始位点（origin），它是DNA的解旋和复制起始开始的位点。根据物种的不同，每个染色体上可以有少至一个多至数千个的复制起始位点。在一次复制过程中，由一个复制起始点所复制的全部DNA称为复制子（replicon）。例如，*E. coli*的单条染色体上只有一个复制起始位点，所以整条染色体是一个复制子。而真核细胞每条染色体上存在多个甚至上千个复制起始位点，将每条染色体分成了多个复制子，每个复制子都含有一个复制起始位点。

2. 复制起始及调控

以*E. coli*为例，其复制器“oriC”中含有一个重复了5次的9-核苷酸单位元件，这是其起始子蛋白DnaA识别结合的位点，此外，还有一个重复了3次的13-核苷酸的重复单元，这是DNA复制起始时最先发生解链的部位。

*E. coli*中起始的过程如图4-23所示：起始子蛋白DnaA首先识别结合oriC的9-核苷酸的重复片段；当DnaA与ATP结合时，它还能同时与13-核苷酸的重复序列发生相互作用，使得这一区域的DNA双链发生扭曲进而解旋。DnaA的结合会进一步招募其他的复制起始相关蛋白，如DNA解旋酶装载器DnaC和解旋酶DnaB。

进而，解旋酶会进一步募集引物酶在各模板上合成RNA引物。新合成的引物就可被DNA聚合酶Ⅲ全酶中的滑动夹装载器识别，并在这里装配复制叉上众多的蛋白质，接下来发生的就是DNA的复制过程了。

通过调控，复制只能从复制起始位点开始，那么细胞又是如何调控复制何时开始呢？在原核生物中，主要是通过DNA甲基化酶和Seq蛋白来实现。*E. coli*中一种称为Dam的甲基转移酶能够在基因组GATC序列中的A上添加甲基。在复制结束后，新合成

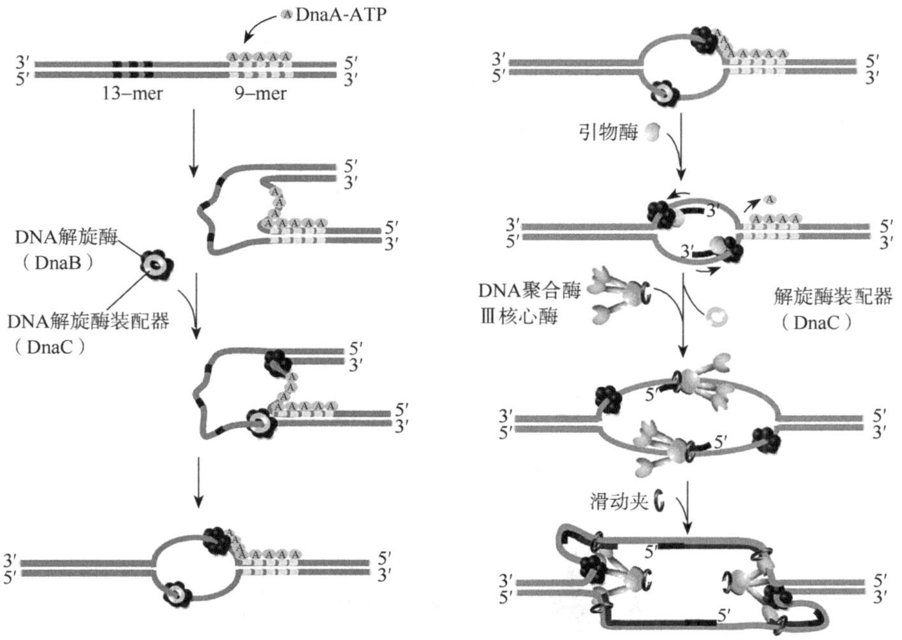

图 4-23　大肠杆菌中复制起始过程示意图

的 DNA 链中 GATC 位点上尚未被甲基化，因此会在复制结束后形成一种半甲基化的状态。这种半甲基化的状态可以被一种叫 SeqA 的蛋白质识别并紧密结合。由于在复制器 oriC 的临近区域有大量的 GATC 位点，因此，在复制起始过程发生之后，这里就会被大量的 SeqA 蛋白结合。SeqA 蛋白和半甲基化位点的结合有两种作用，一方面可以大大降低甲基转移酶 Dam 对此区域的甲基化作用，同时还可以阻止起始子蛋白 DnaA 对 OriC 的识别和结合，从而阻止下一轮的染色体复制的起始（图 4-24）。

真核细胞复制起始稍微复杂些，同样涉及复制器的识别和起始位点的激活两个环节。但原核细胞复制器的识别和 DNA 解旋及聚合酶的招募是相偶联的，而真核细胞中，这两个环节发生在细胞周期的不同时期中（图 4-25）。

真核细胞的起始子不是一个蛋白质，而是一个被称为起始点识别复合体（ORC）的蛋白质复合物。ORC 结合在复制器上之后，会进一步招募两个解旋酶装载蛋白 cdc6 和 cdt1，进而再共同募集真核细胞复制叉解旋酶 Mcm2-7 蛋白。此时在复制器上装配的叫做复制前复合体（Pre-RC），发生在细胞周期的 G_1 期内。但其形成并不会导致 DNA 双链的解旋和聚合酶的招募，只有当细胞周期进入到 S 期后，Pre-RC 才可以被激活进而启动 DNA 的复制。

当细胞进入 S 期后，细胞周期依赖性蛋白激酶 CDK 和 DNA 复制起始相关激酶 DDK 的活性升高，使得 Pre-RC 中的部分蛋白质被磷酸化而被激活，解旋酶解开 DNA 双链，之后 DNA 聚合酶 δ、ε 和 DNA 聚合酶 α/ 引物酶就能结合在起始位点。当引物酶合成 RNA 引物后，DNA 聚合酶就开始进行 DNA 的复制。

真核细胞能够对多条染色体上数以千计的复制起始位点进行精密的调控，使得一个细胞周期中甚至没有一个位点被激活超过一次，秘密就在于细胞周期依赖性蛋白激酶 CDK 对 Pre-RC 的组装和激活所进行的严密调控。

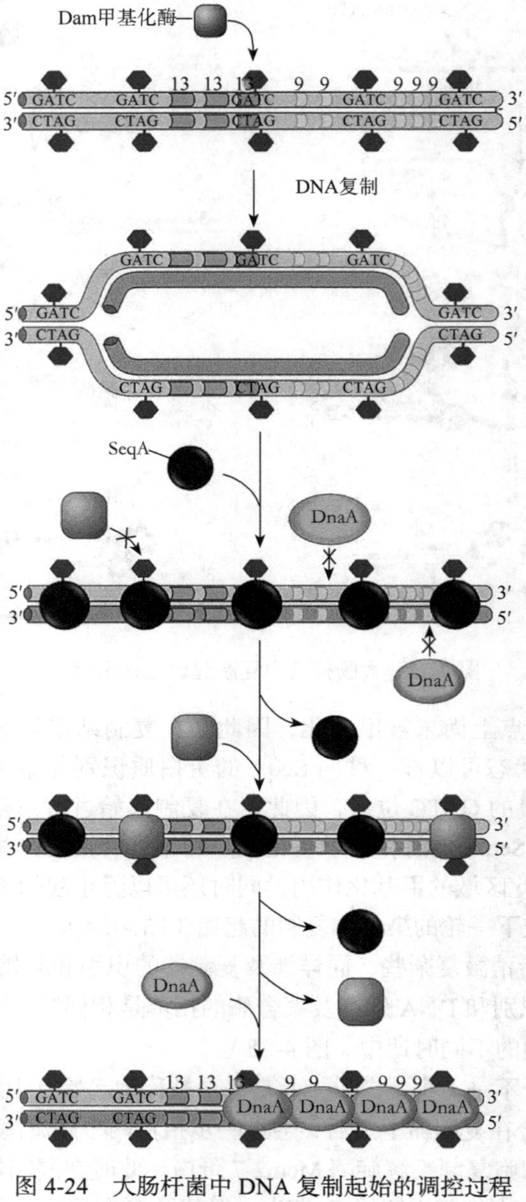

图 4-24　大肠杆菌中 DNA 复制起始的调控过程

4.2.4　真核细胞染色体末端的复制问题

真核生物是线性染色体，其复制过程面临着末端复制的问题。因为 DNA 新链的合成都需要 RNA 引物，而位于最后一个合成片段末端的 RNA 引物被水解掉之后，这一小段 8～12 个核苷酸的区域将无法被复制，如此一来，每经过一轮复制，染色体都会缩短一点（图 4-26）。但由于真核生物细胞内存在端粒（telomere）的保护，染色体在一轮轮的复制过程中并不会丢失重要的遗传信息。

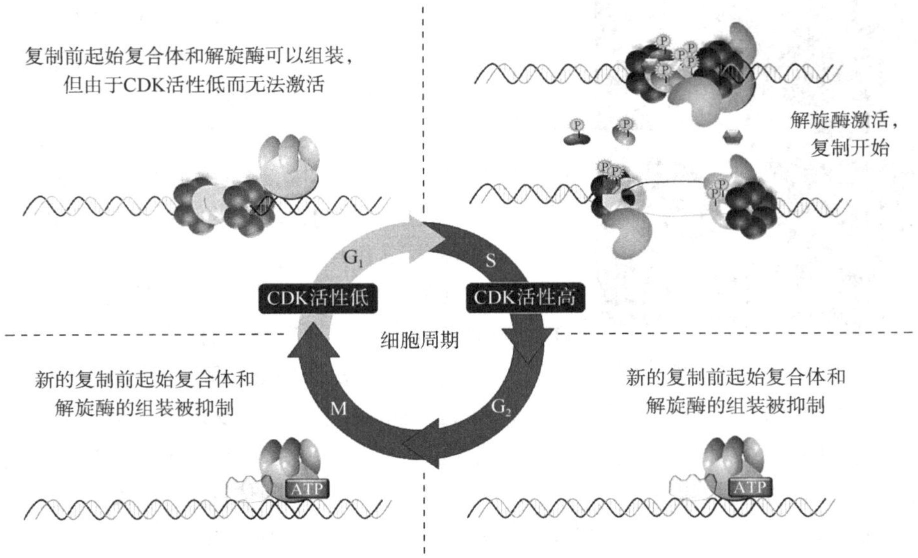

图 4-25　真核细胞 DNA 复制起始的调控过程

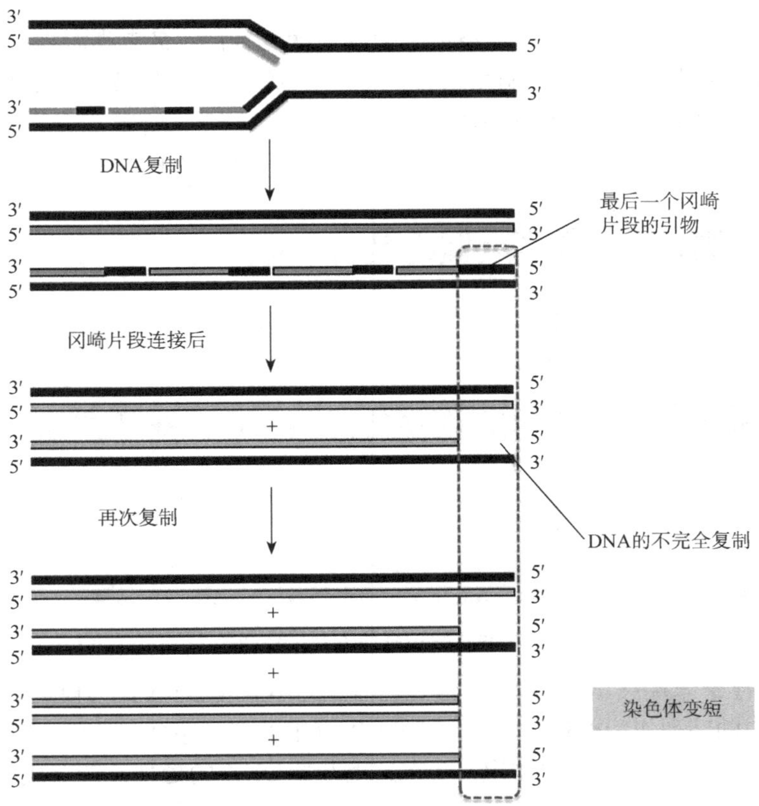

图 4-26　线性染色体末端复制问题

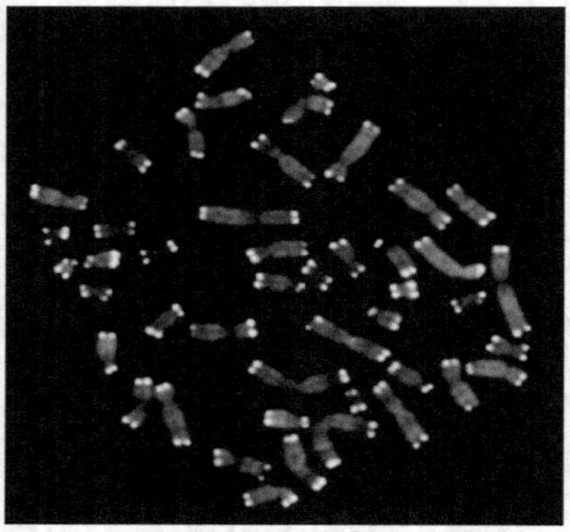

图 4-27 真核细胞染色体末端的端粒

1．端粒和端粒酶

早在 1938 年，因发现 X 线诱导突变而获得 1946 年诺贝尔生理学或医学奖的 H. J. Müller 发现了果蝇染色体末端对 X 线不敏感的特殊结构，并将之命名为端粒（图 4-27）。端粒实际上是由一系列串联排列的富含鸟苷酸的序列组成。在人体内，其序列为 TTAGGG 的重复片段，而在四膜虫的体内，端粒的序列是 TTGGGG。

端粒的主要作用在于：稳定染色体末端结构，保持染色体完整，防止染色体间末端连接。端粒的长度在决定细胞的寿命中起着重要作用。

端粒的维持需要依赖端粒酶（telomerase）的作用。2009 年诺贝尔生理学或医学奖得主 E. H. Blackburn 在四膜虫中发现了能够在染色体末端添加端粒重复序列的一种酶，并命名为“端粒酶”。端粒酶其实是一种核糖核蛋白复合体，含有 RNA 及蛋白质两类组分，之后的研究证实端粒酶是一种依赖于 RNA 模板进行 DNA 合成的反转录酶。因此，某一物种中端粒的序列就取决于端粒酶中的 RNA 模板序列。

2．端粒酶作用机制

端粒序列的末端并不是平齐的，两条链中 3′ 末端游离的链是突出在外的。和 DNA 聚合酶一样，端粒酶也只能在 3′ 羟基末端上添加脱氧核糖核苷酸，由此可知，端粒序列的 DNA 双链中，3′ 末端突出的一条链是由端粒酶延伸的，5′ 末端游离的链则仍是由 DNA 聚合酶按照后随链的复制机制完成的。所以端粒酶实质上只是为染色体末端的后随链合成提供了额外延长的模板（图 4-28）。

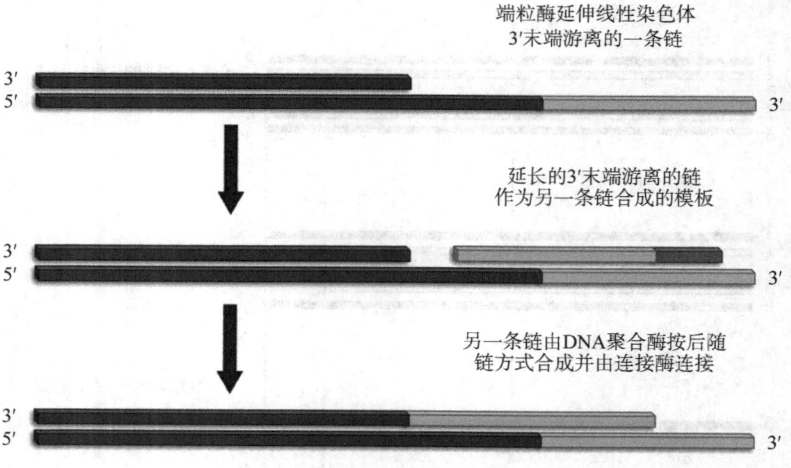

图 4-28 端粒延伸方式示意图

端粒酶进行 3′ 末端突出的 DNA 单链延伸时，并不需要 DNA 作为模板，而是以其自身 RNA 组分中的序列作为模板。其通过 RNA 组分中的部分序列与 DNA 单链互补配对，形成类似“引物 - 模板接头”的结构，并在这里开始 DNA 的延伸。新合成的 DNA 链延伸至 RNA 模板的末端，但不会继续复制出模板区域之外的序列，此时 RNA 模板与 DNA 产物解离，向前移动并在此与端粒序列上最后 3 个脱氧核糖核苷酸再次配对结合，然后不断重复该过程延伸端粒序列（图 4-29）。

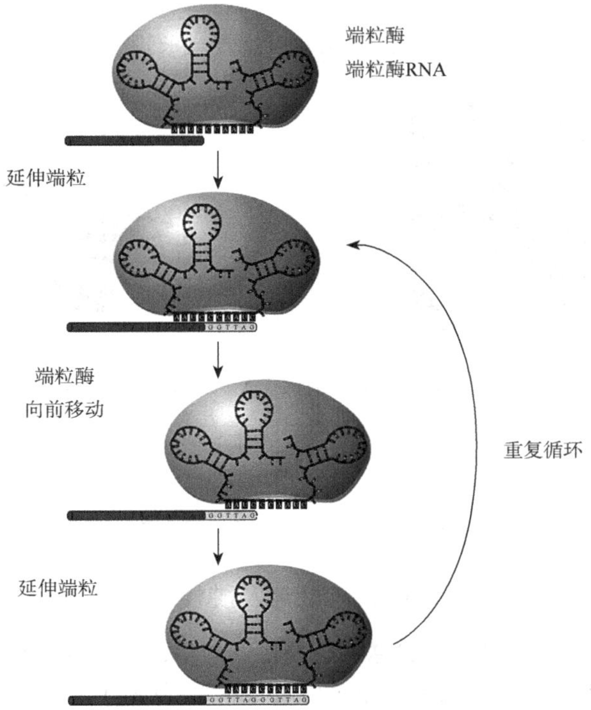

图 4-29　端粒酶的作用机制

知识扩展 4-4

端粒酶活性的调控

真核细胞内的端粒并不是可以无限延长的。在端粒序列上结合有端粒庇护蛋白（shelterin）。端粒庇护蛋白除了能够帮助端粒区域形成一些特殊结构，并保证端粒序列不会受到核酸酶的攻击而降解，也不会被 DNA 损伤修复系统识别从而进行非特异的 DNA 末端连接。端粒庇护蛋白还能在一定程度上调控端粒酶的活性，控制端粒的长度。

1999 年，J. Griffith、T. De Lange 及其同事发现哺乳动物的端粒并非以前认为的线性结构，而是形成如图 4-BOX7A 所示的 DNA 环，称为端粒环或者 T 环。T 环是由突出的 3′ 末端单链插入端粒双链区域而形成的，而端粒庇护蛋白参与了将端粒线性末端重建为环形结构的过程。

在哺乳动物细胞中，现在已经发现了 6 种端粒庇护蛋白：TRF1、TRF2、TIN2、POT1、TPP1 和 Rap1（图 4-BOX7B）。TRF1 是第一个被发现的，它结合在端粒的双链区域部分，于是就命名为 TTAGGG repeat binding factor-1（TRF1）。庇护蛋白除了参与端粒 T 环的形成，还可以作为弱的阻抑物抑制端粒酶的活性，从而参与端粒长度的调控。当端粒长度较短，结合的庇护蛋白很少，端粒酶能够被激活而进行端粒的延伸，但当端粒延伸过长时，端粒部分结合的大量庇护蛋白，特别是POT1会抑制端粒酶的进一步作用，限制端粒过度生长。

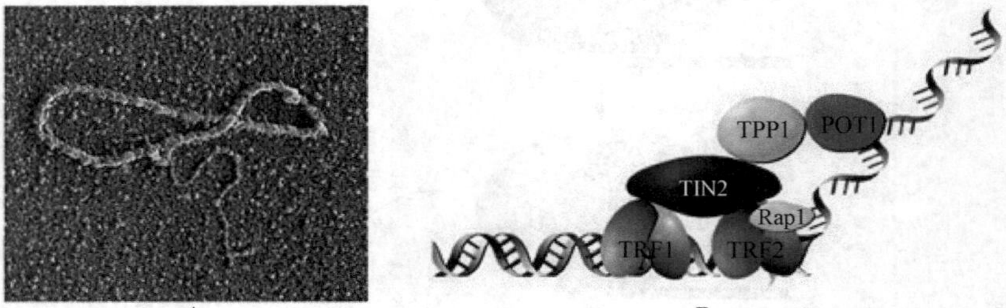

A　　B

图 4-BOX7　端粒的 T 环结构（A）及端粒庇护蛋白（B）

应用扩展 4-1

端粒与衰老及肿瘤

1962 年，L. Hayflick 发现，正常的体外培养的细胞寿命不是无限的，只能进行有限次数的增殖。后来就将细胞有限分裂的次数称为“Hayflick 界限”(Hayflick limit)。之后的研究发现，导致 Hayflick 界限的重要原因就是细胞染色体的端粒长度不断缩短。

不同年龄阶段、不同组织、不同细胞的端粒长度不同，且大多数组织或细胞的端粒长度随年龄增加而缩短，各年龄阶段细胞的端粒缩短速率也并不相同。随着细胞不断分裂，端粒的长度越来越短，当达到一个临界长度，细胞染色体失去稳定性，细胞停止进一步的分裂，转而发生凋亡。可见，端粒的长度和细胞的衰老有密切的关系，端粒缩短被称为“引发衰老的分子钟”。

而端粒的长度可以由端粒酶活性控制。在正常的人体细胞中，端粒酶活性可在成体干细胞、免疫细胞和生殖细胞中检测到，但其他分化的体细胞中端粒酶的活性很低。通过增强端粒酶活性而使细胞和机体延缓衰老，永葆青春似乎是个很诱人的想法。然而，端粒酶是一把双刃剑。人们在寻找如何延缓细胞衰老的同时，也发现在各种永生化细胞和肿瘤细胞中广泛存在着较高的端粒酶活性。超过 90% 的癌细胞都有较短的端粒但有较高的端粒酶活性。端粒酶活性升高和肿瘤发生之间的关系现在还没有完全了解清楚，不过以端粒酶为靶点的肿瘤治疗也是科学家们研究的新策略之一。

4.3　DNA 的损伤与修复

生物体处于复杂的环境中，无时无刻不受到来自外界环境因素的影响，往往导致遗传物质的诱发突变；同时自身由于复制或自发突变，也会对 DNA 的稳定性造成影响。那么生物体是如何检测和修复 DNA 的突变或损伤的呢？本节将介绍 DNA 的突变及损伤的种类以及相应的修复系统，包括修复复制错误的错配修复系统，以及损伤修复系统和修复双链断链的同源重组系统等。

4.3.1 突变概述

DNA 序列上任何一种改变都可以称之为突变（mutation），但这些突变不仅仅由 DNA 复制错误造成，其他很多物理或化学因素都能造成 DNA 的突变。

单个核苷酸改变的情况叫做点突变（point mutation），包括碱基的转换（transition）或者颠换（transversion）（图 4-30）。转换指一种嘧啶碱基变成了另一种嘧啶碱基，或者一种嘌呤碱基变成另一种嘌呤碱基，如 A 变成 G，或者 T 变成 C；颠换指嘌呤到嘧啶或者嘧啶到嘌呤的改变，如 A 变成 T 或 C，或者 T 变成 A 或 G。

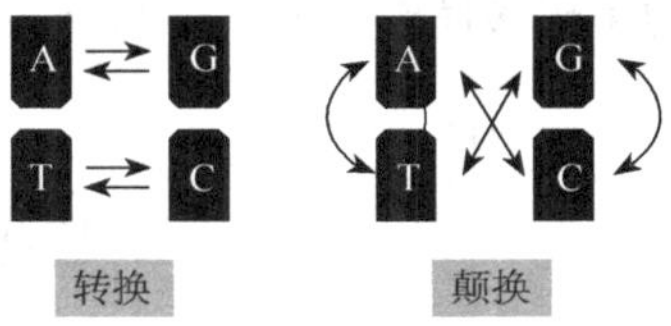

图 4-30 单个碱基突变的类型

根据点突变所造成的蛋白质序列改变情况，突变又可以分为沉默突变（silent mutation）、错义突变（missense mutation）和无义突变（nonsense mutation）（图 4-31）。

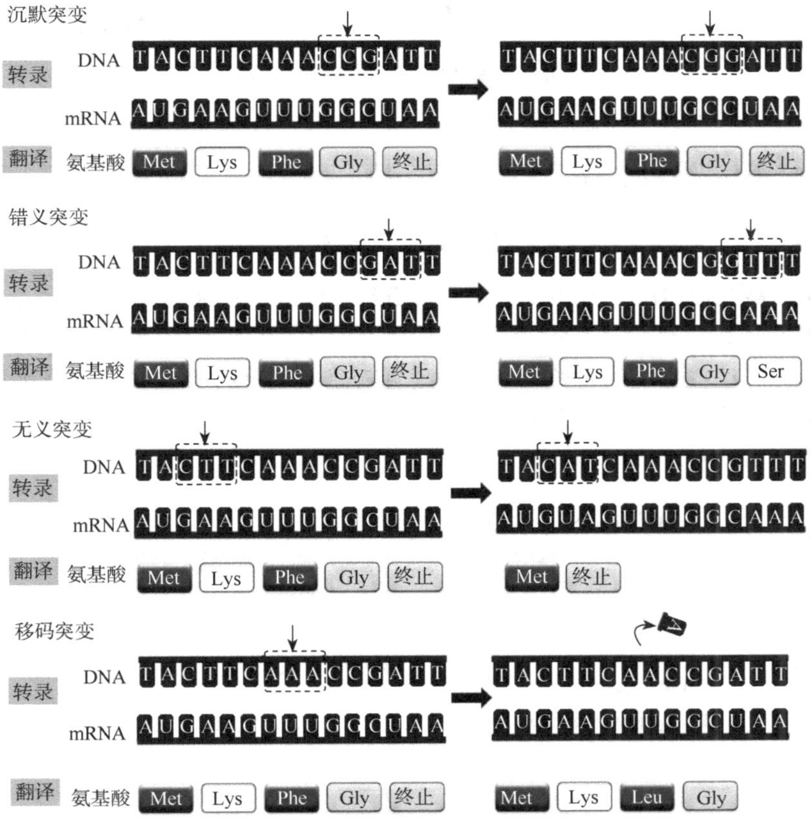

图 4-31 不同种类突变对密码子及氨基酸序列的影响

沉默突变指碱基的点突变并不引起其编码产物中氨基酸序列的变化，不影响产物蛋白质的结构或者功能，因而生物体表型上也不发生改变。而如果突变导致了编码某一氨基酸的密码子变成了编码另一个氨基酸的密码子，则这样的突变称为错义突变，此时蛋白质产物中相应的氨基酸也会发生改变。如果突变前后氨基酸性质类似，对蛋白质功能的影响可能不大，那么对个体的表型没有太大影响，但如果突变的氨基酸性质迥异，这就很可能影响蛋白质的正常生理功能。最典型的例子就是，血红蛋白编码基因中 T 到 A 的颠换使得多肽链第 6 位氨基酸从正常的谷氨酸突变为缬氨酸（图 4-32），这一改变导致血红蛋白容易聚集成为纤维状，从而发生镰状细胞贫血。而如果由于突变使得本来编码氨基酸的密码子变成了终止密码子，这类突变称为无义突变，这会使得蛋白质的合成提前终止，编码产物失去活性。除了单个碱基发生改变的点突变之外，如果在编码蛋白质的序列中发生单个或少量核苷酸（注意：*N* 不等于 3 或 3 的倍数）的插入或缺失，则可以导致突变位点之后的编码多肽链的密码子全部发生变化，这种突变称为移码突变（frameshift mutation）。

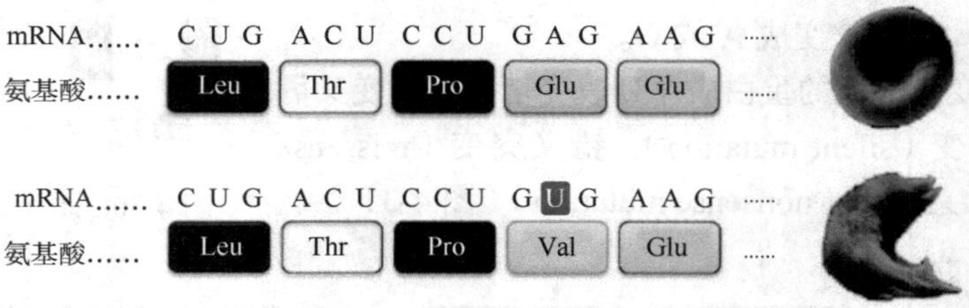

图 4-32 镰状细胞贫血的遗传原因

知识扩展 4-5

DNA 微卫星序列

除了碱基的错配导致的点突变，基因组中常常存在很多简单的 2-、3- 或 4- 核苷酸重复序列，被称为 DNA 微卫星序列（图 4-BOX8）。在复制过程中，复制复合体容易在这些重复序列的模板上打滑因而很难精准拷贝这些重复序列，使得人群中染色体特定位置上的重复片段长度呈高度多态性。这种遗传多态性可以作为

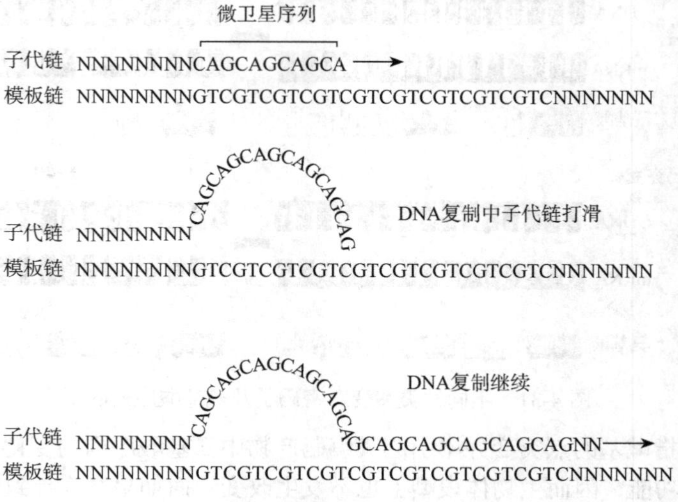

图 4-BOX8 微卫星 DNA

遗传突变的物理标记，但某些基因中的重复序列如果被不恰当扩增，则可能导致疾病的发生及在后代中的进行性加重。例如，亨廷顿舞蹈症就是由编码谷氨酰胺的密码子CAG在亨廷顿蛋白的编码序列中的重复扩增导致的。

4.3.2　DNA 复制中的错配及错配修复

DNA 复制过程中，DNA 聚合酶具有的校对功能使得复制的错配概率达到千万分之一的数量级，但仍然有错配碱基可能逃脱 DNA 聚合酶的校对作用而出现在子代链中，出现多种突变，细胞也会相应地有一套用来检验错配并进行修复的系统。

对于复制产生的突变，体内除了有 DNA 聚合酶的校对功能外，还有一套错配修复系统（mismatch repair system），可以将 DNA 合成的精确性再提高 2～3 个数量级。错配修复系统必须完成两个任务：①在一轮复制后且下一轮复制前扫描整个基因组寻找错误配对的位点；②要准确纠正子代链上错配的核苷酸而不是替换掉亲代链上正确的核苷酸。

以大肠杆菌为例看看原核生物中的错配修复系统。*E. coli* 中的错配修复系统由 Mut S 二聚体、Mut L 和 Mut H 三部分组成，其中 Mut S 二聚体负责检测 DNA 上的错配位点。碱基的错配会引起 DNA 骨架的扭曲变形，Mut S 通过对 DNA 双链的扫描找到错配点，并通过自身构象的改变诱导 DNA 产生一个明显的纽结。Mut S 和错配位点的 DNA 结合后进一步招募错配修复系统中的第二个蛋白质 Mut L，Mut L 再进一步激活具有核酸内切酶活性的 Mut H 在错配位点附近的一条链上产生一个切口。之后，一种特殊的 DNA 解旋酶 Uvr D 将从切口开始向错配位点解开 DNA 双链，并由核酸外切酶降解掉解旋的单链，直到越过错配位点。这个过程产生的 DNA 单链缺口，可由 DNA 聚合酶 I 按照复制的过程来填补并由 DNA 连接酶最终连接，达到错配修复的目的（图 4-33）。

修复系统是如何区分新合成的子代链上的错配碱基，而不是把亲代链中原本正确的核苷酸替换掉？前面已经介绍过，DNA 复制后一段时间内，Dam 甲基化酶将子代链甲基化之前，DNA 双链是呈半甲基化状态，而具有核酸内切酶活性的 Mut H 就结合在这样的半甲基化位点上。Mut H 只有与识别了错配位点的 Mut S 和 Mut L 接触的时候，其核酸内切酶活性才会被激活，且选择性地切割未被甲基化的子代链，这样就保证了错误合成的核苷酸被取代和修复。

真核生物识别错配位点和进行错配修复的机制与原核细胞类似：识别错配位点的类似于 *E. coli* 中 Mut S 的是 MSH 蛋白，而且不止一种。原核 Mut L 的类似物在真核细胞中是 MLH 和 PMS 蛋白的异源二聚体。

但在识别子代链错配的问题上，真核细胞没有采用大肠杆菌半甲基化的策略。事实上，很多原核细胞也没有 Dam 甲基化酶，那么它们怎么识别该修复哪条链呢？前面已经介绍，DNA 复制过程中后随链的合成是半不连续的，会形成一段一段的冈崎片段，冈崎片段在被完全连接起来之前就可作为新生链的标记，且冈崎片段间的缺口也等同于 *E. coli* 中 Mut H 在新生链上产生的切口。不仅如此，最近也有研究表明，真核细胞中的 MSH 蛋白会与复制复合体上的滑动夹相互作用，从而确定其与子代链的相对位置。

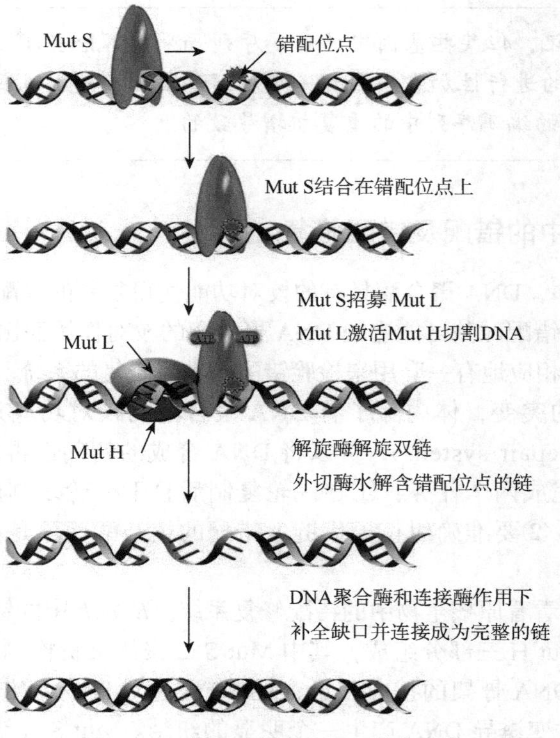

图 4-33 大肠杆菌中的错配修复系统

4.3.3 DNA 损伤及损伤修复系统

1. DNA 损伤

DNA 的突变不仅仅来自于复制的错误，更多的是来自于物理和化学因素的损伤。这些损伤有哪些？细胞又有什么样的机制进行修复呢？图 4-34 汇总了 DNA 常见的损伤，下面逐一进行介绍。

1）自发突变

除了复制中发生错配造成碱基突变以外，自然生理条件下体内也会自发产生一些突变，称为自发突变（spontaneous mutation）。自发突变最常见的原因是体内水解作用造成的单碱基改变（single base changes）。

（1）水解脱氨基：人类细胞中每天每个基因组中大约有 100 个胞嘧啶会发生水解脱氨基，脱掉氨基的胞嘧啶就变成了尿嘧啶，导致之前的 CG 碱基对会变成 UG 碱基对（图 4-35A），这对 DNA 双螺旋结构的影响很小，不会引起复制或者转录的停滞，但若是被复制，最终会引起这个位点从亲代链的 CG 碱基对突变成 TA 碱基对。不过由于 U 不是正常应该出现在 DNA 中的碱基，所以会被体内的 DNA 损伤修复体统识别并修复。

5- 甲基胞嘧啶也会发生脱氨基作用。基因组中有很多富含连续排列的 CG 位点的序列（称为 CpG 岛），这些位点中的胞嘧啶常常是被甲基化的。如果 5- 甲基胞嘧啶发生水解脱氨基，会生成了一个胸腺嘧啶 T（图 4-35A），但由于 T 是 DNA 中正常的碱基，所以修复系统无法区分正常和错误的碱基，使得修复系统难以及时修复。因此，CpG 岛中的

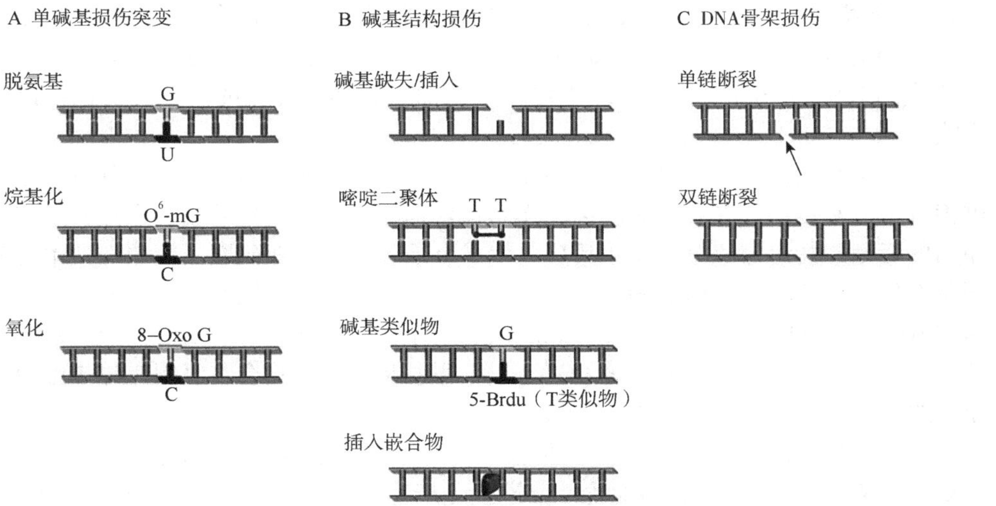

图 4-34　常见 DNA 损伤的种类

5- 甲基胞嘧啶就是一个容易发生突变的位点，称为突变热点（hot spot）。

（2）去嘌呤化（depurination）：核苷酸中的 N- 糖苷键也可以自发水解造成碱基的丢失，只留下磷酸二酯键连接的糖磷酸骨架，而且通常嘌呤碱基发生自发水解的概率更高，这样的位点就叫做去嘌呤化位点（图 4-35B）。

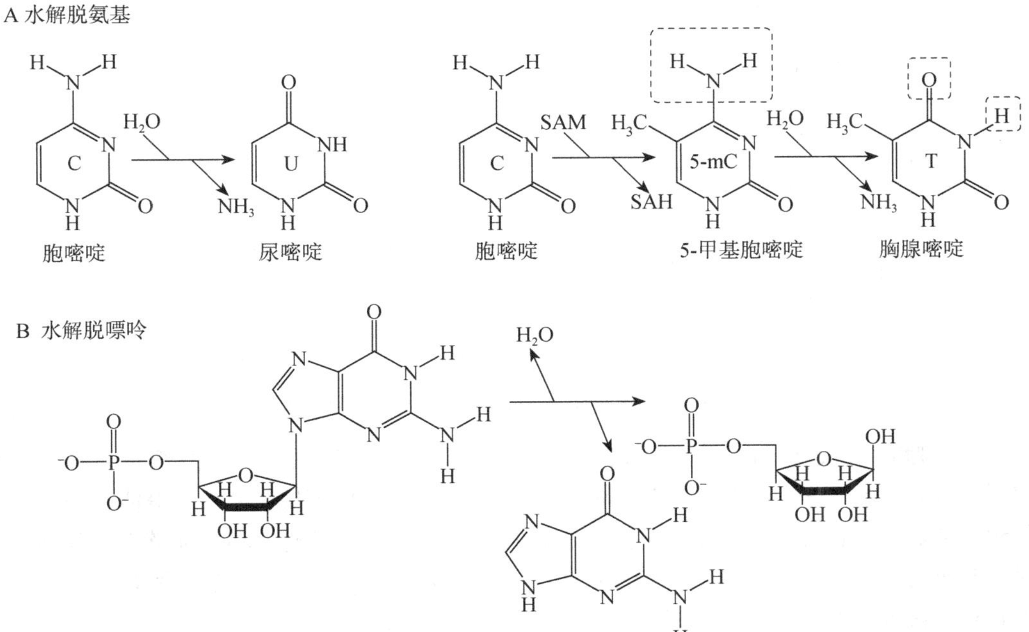

图 4-35　水解脱氨基和水解去嘌呤化作用

2）诱发突变

除自发突变外，DNA 还容易受到一些环境因素（如辐射或者化学试剂）影响而产生诱发突变（induced mutation），能够增加突变概率的化学物质统称为诱变剂（mutagen）。诱发突变除了可以造成 DNA 单个核苷酸位点的损伤外，有些物理化学因素造成的 DNA 损伤还会导致 DNA 结构的扭曲或破坏。常见的诱发突变包括以下几种方式。

（1）烷基化作用（alkylation）：亚硝酸盐可与肉品中的肌红素结合而使其看起来色泽鲜艳，所以常被添加在香肠和腊肉中作为保色剂，以维持良好外观。在烹调过程中，肉品内的亚硝酸盐可与氨基酸发生反应，生成有强致癌性的亚硝胺。亚硝酸盐本身就会使碱基发生氧化脱氨基，而亚硝胺则属于常见的烷化剂，可以把甲基或乙基等烷基基团转移到碱基上。它们常常可以导致嘌呤的 3 位、6 位、7 位和嘧啶的 3 位、4 位发生烷基化，若导致了鸟嘌呤 6 位上的甲基化（O^6-mG），甲基化的鸟嘌呤会在复制时与 T 配对，导致原本的 GC 碱基对突变为 AT 碱基对（图 4-36A）。

（2）氧化损伤（oxidation）：一些电离辐射或者氧化剂则可以通过产生自由基或活性氧攻击 DNA 分子。例如，鸟嘌呤 8 位被氧化产生的 8- 氧代鸟嘌呤（8-Oxo G），既可以和胞嘧啶 C 配对，又可以和腺嘌呤 A 配对，使得复制后子代 DNA 分子中相应位点从 GC 碱基对突变为 TA 碱基对（图 4-36B），这是人类癌症中最普遍的突变之一。

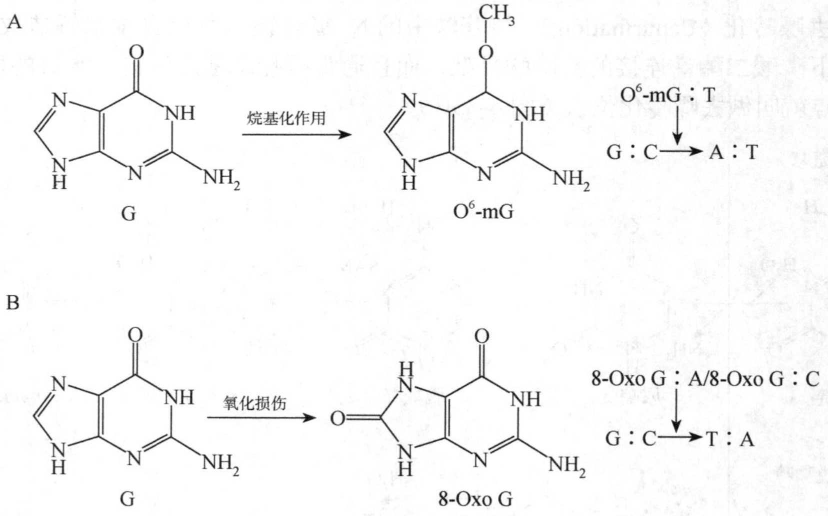

图 4-36　烷基化作用及氧化对鸟嘌呤的损伤

（3）嘧啶二聚体（pyrimidine dimer）：DNA 具有紫外吸收能力，但长时间的紫外线照射却能使 DNA 分子一条链中相邻的两个胸腺嘧啶形成环丁烷 - 嘧啶二聚体（图 4-37），导致 DNA 骨架链的扭曲。嘧啶二聚体之间共价键的形成会影响它和互补链上腺嘌呤的配对，从而使得 DNA 聚合酶以及 RNA 聚合酶沿 DNA 模板的移动受阻，因而造成复制或者转录的障碍，相比单个碱基的突变，嘧啶二聚体导致的后果更严重。

（4）插入剂（intercalating agent）：插入剂往往是一些含有多个环的平面分子，可看成碱基对的类似物。例如，早期为了观察琼脂糖凝胶电泳后 DNA 片段的位置，经常用溴化乙锭（EB）对凝胶中的 DNA 样品进行染色（图 4-38A），EB 嵌入 DNA 分子碱基平面之间而使得紫外光下 DNA 条带显示橙红色的荧光。又如，原黄素和吖啶橙这些插入剂，它们嵌入 DNA 碱基平面之间会引起 DNA 在复制或者转录产物中插入或者缺失一个或几个碱基，从而引起基因的突变。

（5）碱基类似物（base analog）：胸腺嘧啶的类似物 5- 溴尿嘧啶（5-BrdU），可以被细胞摄入，合成脱氧核苷酸并在复制中被合成到子代链中，但与之配对的却是鸟嘌呤（图 4-38B），这样将导致基因的突变。

（6）DNA 骨架链的断裂：对 DNA 破坏最惨重的莫过于 DNA 骨架链的断裂了。电离辐射如 X 线、γ 射线等除了会氧化损伤 DNA，电离辐射还可以直接打断 DNA 双链。断裂的双链如果没有被及时修复，对细胞是致死性的。这也是临床上对肿瘤进行放射治疗的基本原理。还有一些化疗药物如博来霉素也会导致 DNA 双链的断裂。

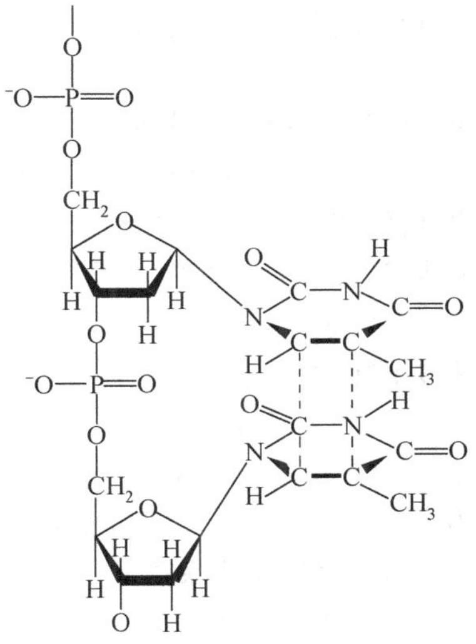

图 4-37　嘧啶二聚体的形成

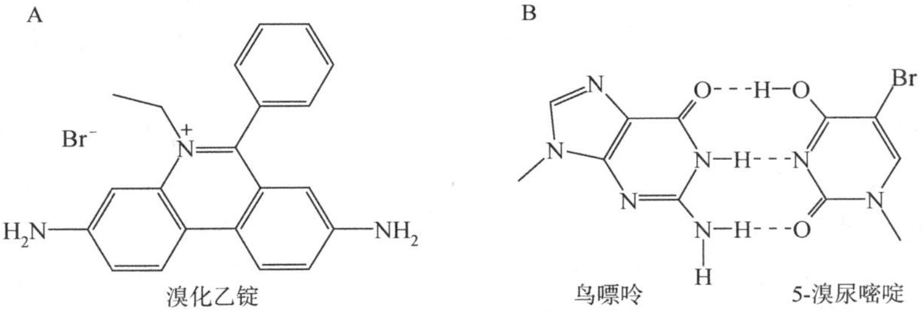

图 4-38　溴化乙锭（A）和 5- 溴尿嘧啶（B）

2．DNA 损伤修复系统

不管是自发突变还是环境因素的诱发突变，若没有及时修复，都会被遗传至子代细胞中。为维持遗传物质的稳定性，体内有一系列 DNA 损伤的修复机制。

1）损伤的直接逆转（direct reversal of DNA damage）

多数生物体中紫外线导致的嘧啶二聚体可以在 DNA 光解酶的催化下直接打开环丁烷中的共价键，这个过程可以叫做光复活作用（photoreactivation）。另一个例子是甲基化 O^6- 甲基鸟嘌呤上甲基的去除。甲基转移酶通过把 O^6- 甲基鸟嘌呤上的甲基基团转移至自身的一个半胱氨酸残基上，使得其恢复为正常的鸟嘌呤。不过一旦甲基转移到甲基转移酶上，甲基转移酶就无法被再次利用了。

细胞清除 DNA 中受损碱基最普遍的方法还是将改变的碱基去除并替换掉。损伤位点的去除和替换可以通过两种修复系统来完成，分别是碱基切除修复系统和核苷酸切除修复系统。

2）碱基切除修复（base excision repair）

在碱基切除修复中，首先由一种糖基化酶（glycosylate）识别损伤位点并通过水解糖苷键除去受损的碱基。之后的修复过程中，并不是在这个脱碱基的位点上直接添加一个正确的碱基上去，而是由核酸内切酶将脱碱基位点的磷酸戊糖从骨架链上去除，这个过程和细胞修复自发水解产生的脱嘌呤或脱嘧啶位点是一样的。当受损位点的整个核苷酸都从骨架链上完全去除以后，再由修复性的 DNA 聚合酶和 DNA 连接酶以未受损的链为模板重建一条完整的链。

糖基化酶对受损碱基的识别具有特异性，细胞中有多种不同的糖基化酶分别识别被氧化的、甲基化的或者是脱氨基的碱基。例如，有专门的识别胞嘧啶水解脱氨基形成的尿嘧啶，有的专门负责氧代鸟嘌呤的去除。在人类细胞中目前已经发现了 8 种不同的 DNA 糖基化酶。受损的碱基是在 DNA 双螺旋的内侧，酶如何越过糖磷酸骨架链去检测和去除包埋在中间的受损碱基呢？

2000 年 Bruner 等报道了氧代鸟嘌呤糖基化酶的 X 线晶体学研究结果，发现糖基化酶其实是把受损的碱基从 DNA 双螺旋内部翻转出来的。翻转出来的受损碱基正好位于糖基化酶特异性底物的口袋中，糖基化酶从而得以对其进行水解。

3）核苷酸切除修复（nucleotide excision repair）

核苷酸切除修复系统并没有区分各种不同损伤的特异性酶，它主要靠识别 DNA 双螺旋的扭曲找到损伤位点，如紫外线造成的嘧啶二聚体引起的 DNA 结构扭曲。核苷酸修复系统识别损伤位点之后会募集具有核酸内切酶活性的蛋白质在损伤位点 3′ 端和 5′ 端分别产生切口，使得含有损伤位点的一小段 DNA 被去除，留下的 DNA 单链缺口由 DNA 聚合酶进行填补后再由连接酶连接完整。

在 *E. coli* 中，核苷酸切除修复主要由 Uvr A/B/C/D 四种蛋白质完成，其中 Uvr A 和 Uvr B 组成的复合体负责扫描 DNA，并由 Uvr A 检测双螺旋中的扭曲。一旦发现了扭曲位点，Uvr A 就从复合体中解离，并由 Uvr B 使得扭曲位点附近的 DNA 变性。Uvr B 进一步募集 Uvr C 在损伤位点的两侧进行切割，再由解旋酶 Uvr D 将切割产生的单链释放出来。之后，*E.coli* 中负责损伤修复的 DNA 聚合酶 Ⅰ 会填补单链缺口并最终由连接酶将其进行连接（图 4-39）。

真核细胞中核苷酸切除修复的机制和 *E. coli* 基本类似，只是涉及的蛋白质因子更为复杂。结合在 DNA 扭曲位点的蛋白质复合体包括了 XPA、XPB、XPC、XPD 和 RPA 等多个蛋白质亚基。

4）移损合成（translesion synthesis）

像嘧啶二聚体和脱碱基位点这类影响 DNA 作为模板使用的损伤若在 DNA 复制前未被及时修复，DNA 聚合酶遇到损伤位点时往往无法继续进行新生链的合成。这种情况下，细胞通过移损合成的机制帮助复制机器越过受损部位。当正常的复制机器遇到不可阅读的模板时会从模板引物接头处脱离下来，由移损合成酶取代继续合成，直至通过模板上的损伤位点后，再由正常的复制机器取代移损合成酶（图 4-40）。

移损合成酶由一类特殊的 DNA 聚合酶催化，其进行 DNA 的合成虽然是模板依赖的，但其掺入核苷酸的方式却是不依赖于碱基配对的。因为移损合成酶并不按照模板链的信息进行合成，因此具有高度的易错性，但至少可以避免复制被强行终止，染色体不能完全复制的“悲惨结局”。

因此移损合成严格意义上并不是一种修复机制，而是一种代偿机制。因为移损合成酶的高错误率，这个系统只能是细胞求生存的最后的备选方式。因此细胞内不会有大量的移损合成酶，人类细胞核中有一定量的移损合成酶储备，但通常情况下大肠杆菌细胞

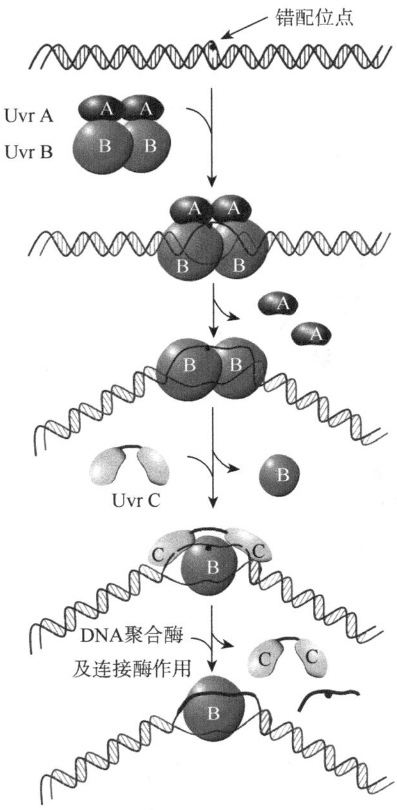

图 4-39　核苷酸切除修复过程

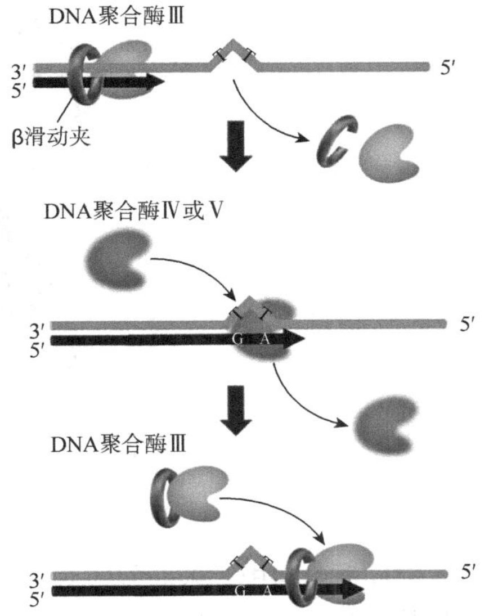

图 4-40　原核与真核细胞中移损合成过程

内没有移损合成酶，只有在 DNA 被损伤后才会被诱导产生。

3．DNA 双链断裂的修复

无论上面介绍的哪种修复方式，针对的损伤 DNA 只是在一个位点或者一条链上有所损伤，那如果两条链都被损伤发生了断裂，那细胞该如何应对呢？下面来了解 DNA 双链断裂的修复方式。

1）非同源性末端连接（non-homologous end joining）

对于简单的 DNA，如质粒，通过连接酶进行非同源性末端连接就可以修复损伤。而真核细胞的染色体如果发生双链断裂，也可以简单地通过这一机制将两个断裂的末端进行连接，图 4-41 给出了哺乳动物非同源性末端连接的过程。二聚体 Ku70 和 Ku80 与 DNA 断裂末端连接并募集 DNA 依赖的蛋白激酶。随后蛋白激酶募集具有核酸外切和核酸内切活性的 Artemis 对 DNA 断裂末端进行加工，最后连接酶和 XRCC4 与 Cernunnos-XLF 复合物连接断裂切口，完成非同源性末端连接。但是，非同源性末端连接在任何两个断裂的双链末端都可进行，可能会导致 DNA 间错误的重新连接，如导致染色体臂之间的交换，因此不够精细。

2）同源重组修复机制（homologous recombination）

双链断裂更精细的修复方式是同源重组。同源重组是发生在 DNA 的同源序列之间的

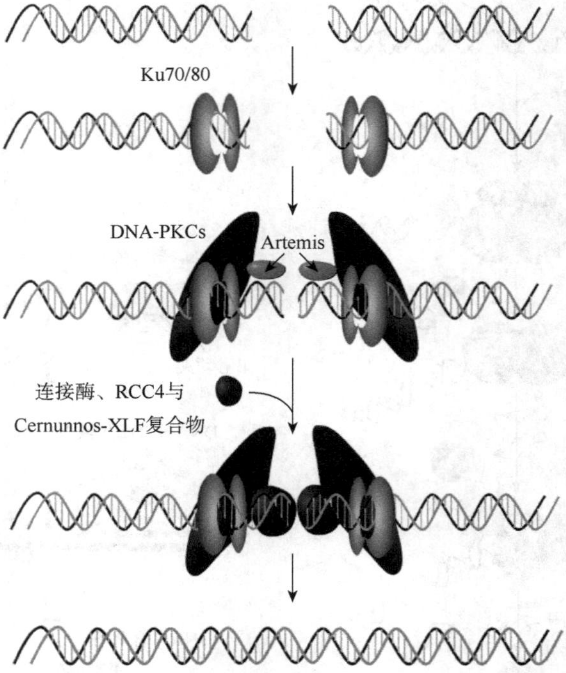

图 4-41　非同源末端连接的过程

重组方式。在同源重组中，未断裂的双链 DNA 作为模板以确保修复的正确性。由于同源重组严格依赖于分子之间的同源性，因此，原核生物的同源重组通常发生在 DNA 复制过程中，而真核生物的同源重组则常见于细胞周期的 S～G_2 期。

同源重组的双链 DNA 断裂修复（DSB-repair 模型）中，DNA 双链断裂发生后，DNA 裂解酶能够有序地降解断裂 DNA 分子从而生成单链 DNA，称为单链 DNA 尾巴——ssDNA tail。随后单链 DNA 尾巴入侵没有断裂的 DNA 双链。这个过程包括了第一次和第二次入侵两个阶段。入侵链通过碱基互补原则，以其 3′ 末端为引物，以同源双链 DNA 为模板，合成新的 DNA 分子，填补双链断裂损失的 DNA 信息。最后通过 Holliday 模型中核酸内切酶和连接酶的作用完成同源重组（图 4-42）。

（1）原核细胞同源重组修复机制：在原核细胞中，同源重组相关酶包括了 RecA、RecBCD 复合物、RecF、RecO、RecR 等。其中，大肠杆菌中 RecA 酶（又称为重组酶）的主要功能包括：①结合游离的单链 DNA 分子，一般平均每 4 个核苷酸就可被 1 个 RecA 分子稳定结合；②催化重组过程。RecA 酶促进两条互补的单链 DNA 分子同源联会并发生交换，完成重组的单链交换过程。或者 RecA 酶能够促进其结合的单链 DNA 分子侵入双链 DNA 内，将其中的同源分子置换完成单链侵入过程和双链 DNA 分子的同源重组。而在 RecBCD 蛋白复合体中，RecB 和 RecD 具有解旋酶活性，RecB 还具有受到 RecD 调控的核酸酶活性，用以切割 DNA 双链。RecC 亚基能够识别 8 个碱基序列 Chi，这个特殊位点是 RecBCD 复合体与 RecA 结合启动同源重组的位置。所以 RecBCD 复合体有引发同源染色体间单链 DNA 断裂的核酸内切酶功能，还具有使同源单链 DNA 分子发生交换后的交叉移端功能及使异源杂合区域重新形成螺旋的功能。

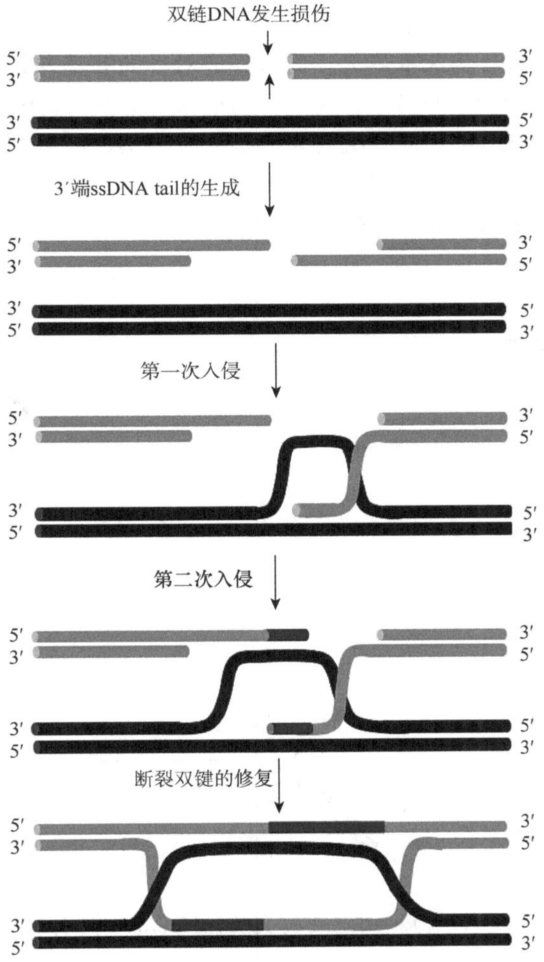

图 4-42　同源重组修复的过程

知识扩展 4-6

同源重组与染色体交换

同源重组不仅可以用于断裂双链 DNA 的修复，还能用于染色体交换。同源染色体联会时，两条同源 DNA 区域在特定位点发生切割，游离出单链末端，游离单链 DNA 的移动、错接、酶切、分离，最终导致染色体的交换。

同源重组有两种主要的模型：Holliday 中间体分子模型及 Meselson-Radding 模型。同源重组通常分为 3 个阶段，即前联会体阶段、联会体形成和 Holliday 结构的拆分。

在 Holliday 中间体分子模型中，联会的染色单体在特定位点被酶切，两条游离的 3′ 末端交叉移动到对方的断头 5′ 端，连接，交叉移端形成 Holliday 中间体结构，最终导致两条 DNA 分子均可形成异源双链 DNA 区，但其分支点移动形成的 Holliday 中间体十字形结构基本不变。随后，非对称的异源双链 DNA 十字形两臂旋转，异构化形成中空的十字形结构，这一结构已经由很多电镜照片证实。最后两条非姐妹染色单体的双链 DNA 经过核酸内切酶拆分及 DNA 连接酶连接后分离，从而形成重组交换的染色体。核酸内切酶切开异构化 DNA 分子可以从两个方向进行，最终形成不同组合的同源重组 DNA（图 4-BOX9）。

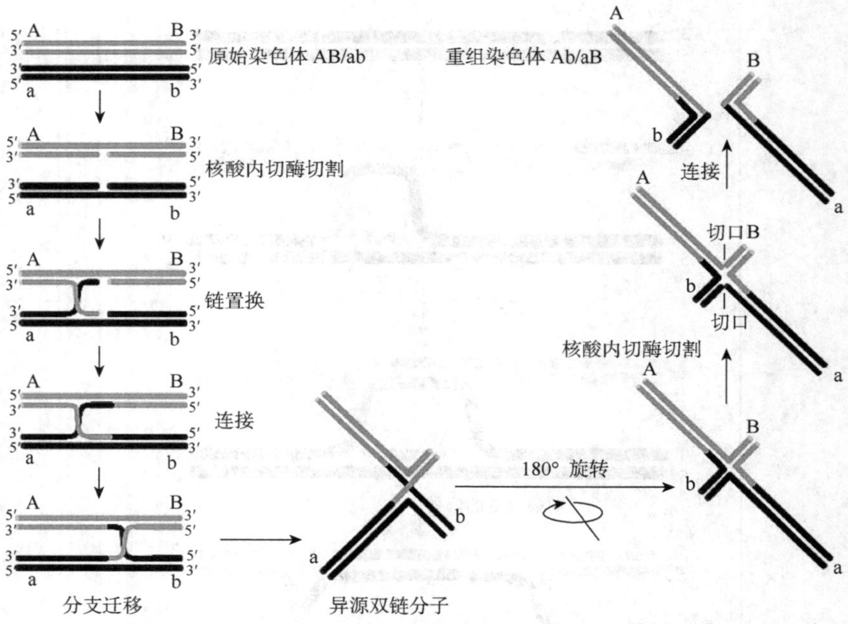

图 4-BOX9　同源重组染色体臂交换及 Holliday 中间体分子模型

（2）真核细胞同源重组修复机制：真核生物细胞内的重组酶是 Rad51，它和 RecA 一样具有依赖于 ATP 的重组酶活性。双链 DNA 损伤产生后，MRN 复合体（Mre11-Rad50-Nbs1）快速募集在双链断裂区，Mre11 的 3′→5′ 核酸外切酶活性产生 DNA 3′ 单链尾巴，可被 Rad52 识别。随后，这个游离的 3′ 单链 DNA 在 Rad51 和其他相关酶类催化下入侵未被损伤的同源双链 DNA，生成损伤与未损伤 DNA 的杂交双链。原本双链断裂位点丢失的序列信息通过 DNA 合成重新获得。随后，DNA 分子通过第二次交换和解离酶 Resolvase 对连接位点的作用，完成双链断裂的修复。

本章小结

本章主要介绍了遗传物质 DNA 的结构及其与蛋白质共同形成染色体的组装过程，同时围绕细胞遗传信息的维持介绍了 DNA 的复制及其损伤修复的相关内容。

大多数生物的遗传信息都是贮存在双螺旋的 DNA 分子中的，而 DNA 通过半保留复制，将亲代细胞的遗传信息高度忠实地传递给子代细胞。DNA 的复制从复制起始点开始，双链解开后形成两个复制叉。一般情况下，两个复制叉分别向两侧推进进行双向复制。由于合成具有方向性，即 DNA 聚合酶只能在 DNA 单链的 3′末端羟基上添加新的脱氧核糖核苷酸，因此，DNA 合成具有半不连续复制的特点，即在一个复制叉上合成的两条子代链中，一条是连续合成的，称为前导链；另一条是不连续复制的，要先合成一个个冈崎片段，再将冈崎片段间的缺口补齐后连接起来，这条不连续复制的链称为后随链。

DNA 复制的过程包括复制起始、延伸和终止 3 个阶段，整个过程实际上是在复制叉上一个庞大的复制复合体催化下的核苷酸聚合过程，复制叉处多种因子协同作用，共同参与复制过程。合成 DNA 除了需要模板和底物分子 dNTP，还需要解旋酶在复制叉处解开 DNA 双链，引物酶合成 RNA 引物。DNA 聚合酶负责新生子代链的合成，滑动夹将 DNA 聚合酶与 DNA 模板链结合在一起进一步提高其延展性。当 DNA 聚合酶在复制中发生错误时，其自身的 3′→5′核酸外切酶活性能够发挥校对功能从而提高复制的准确性。复制中未被及时纠正的错配可以由细胞的错配修复系统识别进行修复。整个复制过程与 DNA 复制酶和 DNA 分子的拓扑学变化密切相关。例如，DNA 聚合酶的高保真性与其作用机制和校对功能相关。前导链和后随链的复制过程不同，后随链的合成需要更多酶和蛋白质因子的参与。

真核生物 DNA 复制与原核 DNA 复制相似，但和原核生物相比，真核细胞 DNA 复制过程存在核小体的解离和再组装问题。同时，由于真核细胞的染色体为线性结构，其末端需要有端粒序列以保证线性染色体末端复制的完整性。端粒酶能够以自身 RNA 为模板延伸端粒序列中 3′端突出的一条链，端粒部分的另一条 DNA 链由 DNA 聚合酶按照后随链的复制方式完成复制。此外，真核细胞复制起始的调控也更为精细，细胞周期蛋白依赖性激酶活性随细胞周期的变化决定了复制起始复合体的组装和激活时相。

除了复制过程中可能发生的错配问题，DNA 在生理条件下就可能发生水解脱氨基等自发突变，而环境中存在的各种氧化剂、烷化剂、紫外线及电离辐射等因素也会对 DNA 造成不同程度的损伤。细胞内存在多种 DNA 损伤修复系统，可以通过碱基切除、核苷酸切除、DNA 末端非特异性连接及同源重组等方式应对 DNA 的损伤。DNA 突变与 DNA 修复之间的平衡是生物进化及生物多样性的基础。

思 考 题

1. Watson 和 Crick 是基于哪些因素提出 DNA 双螺旋结构的？
2. 简述 DNA 超螺旋的概念及两种拓扑异构酶的作用特点。
3. 对比原核基因与真核基因的基本结构特征？
4. 请描述真核基因组的高级结构特点。
5. DNA 复制的主要特征包括什么？
6. 请简单描述 DNA 复制体的组成和其中酶与蛋白质的功能。
7. 以 DNA 聚合酶Ⅲ为例，请描述原核细胞 DNA 聚合酶的结构及其高保真作用机制。
8. 什么是 DNA 的半保留复制？
9. 请描述 DNA 的半不连续复制的过程。
10. 原核生物和真核生物 DNA 复制的主要区别有哪些？

11. 请简述端粒的生成过程及端粒酶的作用和功能。
12. 请简述 DNA 损伤与 DNA 修复的概念。
13. 请简述突变分子改变类型和 DNA 损伤修复途径。
14. 什么是同源重组修复？请简述同源重组修复的生物学意义。

拓展读物

Alberts B, et al. 2008. Molecular Biology of the Cell. 5th. Garland Publishing
Allison L A, et al. 2007. Fundamental Molecular Biology. 2nd. Blackwell Publishing
Lodish H, et al. 2013. Molecular Cell Biology. 5th. W.H.Freeman
Watson J D, et al.2013. Molecular Biology of the Gene. 7th. New York: Cold Spring Harbor Laboratory Press

（卢晓云　谭　丹）

第 5 章　细胞遗传信息的表达及调控

本章主要介绍隐含于DNA中的遗传信息如何通过基因表达产生其编码的功能产物以及基因表达的调控问题。其中，以DNA为模板合成RNA分子的过程称为转录（transcription），而以信使RNA（mRNA）为模板合成蛋白质分子的过程称为翻译（translation）。

5.1　从DNA到RNA：基因转录

转录是以DNA双链中的一条链作为模板，通过RNA聚合酶按照碱基配对原则合成一条单链RNA分子的过程（图5-1）。DNA双链中作为模板的链即称为模板链或反义链，而另一条链则称为编码链或有义链。转录产生的RNA分子序列与DNA分子中的模板链互补，而与编码链序列一致，不过存在于DNA分子中的胸腺嘧啶脱氧核苷酸（T）在RNA分子中被替换成了尿嘧啶核苷酸（U）。

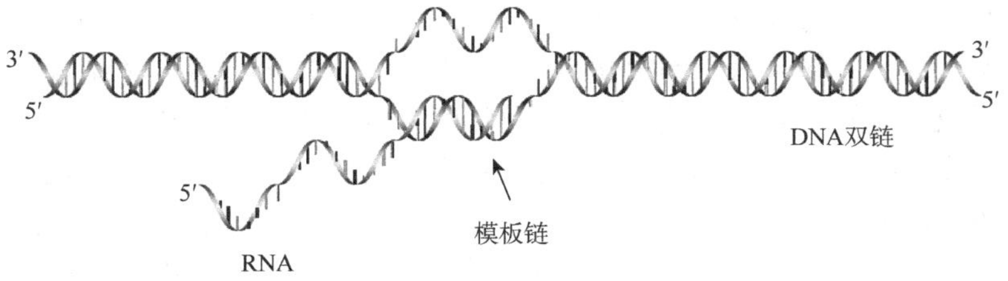

图 5-1　以DNA为模板转录形成RNA分子

转录可以产生多种功能各异的RNA分子，其中人们比较熟悉的包括信使RNA（mRNA）、转运RNA（tRNA）和核糖体RNA（rRNA）。DNA中编码蛋白质产物的序列信息通过转录成为mRNA指导蛋白质的合成，tRNA在翻译的过程中转运氨基酸至核糖体，而rRNA则与众多蛋白质组成核糖体并构成其肽键合成的催化活性中心。此外，随着研究的深入，人们发现基因组中很多之前认为的非编码序列也可以通过转录形成调控性RNA分子，如长链非编码RNA（lncRNA）及微小RNA（miRNA）等。

转录过程可以分为起始、延伸和终止3个阶段，又可以称为一个转录周期（图5-2）。当特定的基因或者基因群要被表达时，首先要有RNA聚合酶结合到基因上游的一段叫做启动子（promoter）的特殊序列上，并在这里开始RNA的合成。转录起始是转录过程的关键步骤，它决定着转录的成败。不管原核细胞还是真核细胞中，转录的起始阶段在整个转录过程中都是一个限速阶段。当RNA聚合酶成功起始转录后会离开启动子序列，转录进入延伸阶段，直至RNA聚合酶遇到基因下游的终止序列，终止序列的转录将协助RNA聚合酶在此终止，将合成的RNA分子释放，并从DNA双链上解离。每一轮转录自起始，经延伸至终止的过程称为一个转录循环。

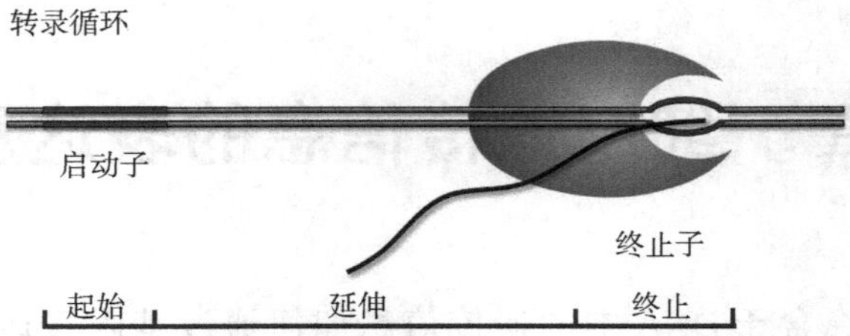

图 5-2　转录的 3 个阶段

5.1.1　RNA 聚合酶

转录过程中 RNA 分子的合成依赖于 RNA 聚合酶。人们早在 20 世纪 60 年代初就在植物、动物及细菌中发现了 RNA 聚合酶，RNA 聚合酶能够以 DNA 双链中的一条为模板，按照 5′→3′ 的方向合成与模板链互补的 RNA 分子。不同于 DNA 聚合酶的是，RNA 聚合酶可以从头开始合成核苷酸链，并不需要引物的存在，但是和 DNA 聚合酶一样的是，RNA 聚合酶也只能在核苷酸的 3′ 末端上添加新的 NTP，所以 RNA 的合成同样是按照 5′→3′ 方向进行的。

通常人们把能够依赖 DNA 模板进行 RNA 合成的最小的酶复合体称为 RNA 聚合酶核心酶，RNA 聚合酶核心酶不能特异性地起始转录，原核细胞中 RNA 聚合酶核心酶需要与特异性识别结合启动子的 σ 亚基结合形成全酶共同起始转录。而在真核细胞中，RNA 聚合酶核心酶要与众多基本转录因子和中介蛋白复合体形成基本转录复合体结合在启动子序列上。一旦转录成功起始，RNA 聚合酶核心酶则可以独立发挥转录延伸的作用了。我们将在后面分别结合原核细胞和真核细胞的转录过程介绍原核细胞 RNA 聚合酶全酶及真核细胞转录起始复合体的详细组成，这里先来了解一下 RNA 聚合酶核心酶的结构和功能。

原核细胞中只有一种 RNA 聚合酶，可以转录所有原核基因。而在真核细胞中至少含有 3 种 RNA 聚合酶，它们的定位和功能也各不相同。RNA 聚合酶 I 位于核仁区域，是真核细胞中转录活性最强的 RNA 聚合酶，主要负责转录真核细胞核糖体 RNA 前体分子（47S rRNA）。47S rRNA 剪切后产生除 5S rRNA 之外的其他组成核糖体的 rRNA（28S、5.8S 和 18S rRNA）。RNA 聚合酶 Ⅱ 是真核细胞中另一种主要的 RNA 聚合酶，它位于核质中，负责转录大多数的编码基因，包括 mRNA 前体分子、小核仁 RNA、小核内 RNA（snRNA）、微小 RNA（miRNA）。RNA 聚合酶 Ⅲ 也位于核浆中，其主要负责合成 tRNA、5S rRNA 和其他一些 snRNA。此外，真核细胞线粒体及叶绿体中还含有各自的细胞器 RNA 聚合酶（表 5-1）。

表 5-1　RNA 聚合酶的种类

聚合酶	转录的基因
细菌	
RNA 聚合酶	所有的细菌基因
真核生物细胞核	
RNA 聚合酶 I	核糖体 RNA（rRNA）基因
RNA 聚合酶 Ⅱ	mRNA，snoRNA，一些 snRNA，miRNA

续表

聚合酶	转录的基因
RNA 聚合酶Ⅲ	tRNA，5S RNA，一些 snRNA
RNA 聚合酶Ⅳ（只存在于植物中？）	包括在异染色质形成的 siRNA
真核生物细胞器	
线粒体 RNA 聚合酶	线粒体基因
叶绿体 RNA 聚合酶	叶绿体基因

对 RNA 聚合酶结构的研究显示，它看起来像一个螃蟹的“夹子”（图 5-3）。1969 年，人们利用 SDS-PAGE 技术对大肠杆菌中 RNA 聚合酶进行了鉴定，发现它是一个由多亚基组成的大蛋白，分子质量可以超过 500kDa。原核细胞的 RNA 聚合酶核心酶包含了 5 个亚基，分别是 β 亚基、β′ 亚基、两个 α 亚基和一个 ω 亚基。而真核细胞核心酶与原核细胞的有着非常类似的形态和组织形式，不过其含有的亚基数目更多。

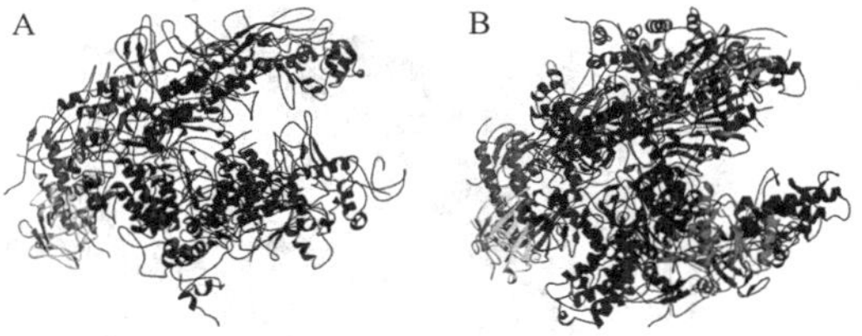

图 5-3　RNA 聚合酶三维结构

A．原核细胞 RNA 聚合酶；B．真核细胞 RNA 聚合酶

真核细胞 RNA 聚合酶Ⅱ最大的亚基中含有一个重要的羧基末端结构域（carboxyl terminal domain，CTD），这个结构域由 7 个氨基酸残基（-Y-S-P-T-S-P-S-）组成的序列多次重复形成，是 RNA 聚合酶Ⅱ所特有的。在酵母 RNA 聚合酶Ⅱ的 CTD 尾巴中七肽序列重复了 26 次，但哺乳动物中重复次数可以达到 50 次。这个羧基末端结构域的尾巴是十分重要的，它参与了转录起始时 RNA 聚合酶从启动子的逃离、转录延伸以及前体 mRNA 加工和转录终止等各个环节的反应（图 5-4），如果去除 CTD 尾巴中一半的重复序列对细胞而言都是致死性的。

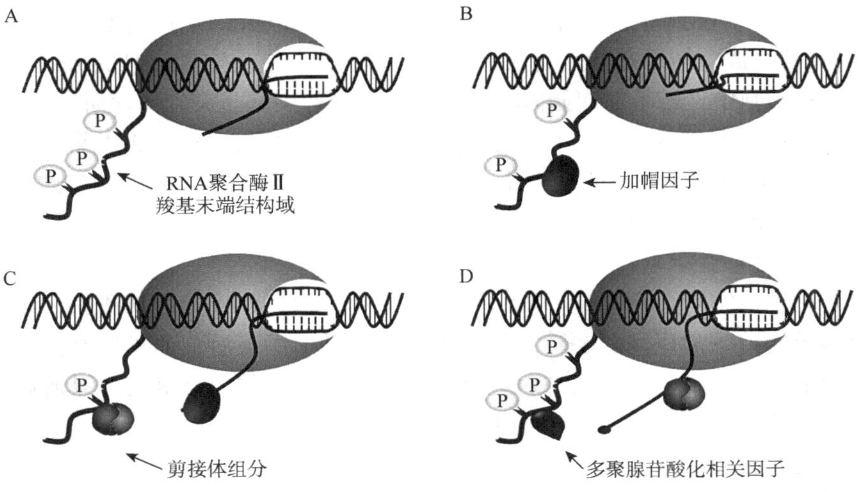

图 5-4　真核细胞 RNA 聚合酶Ⅱ的羧基末端结构域的功能

羧基末端结构域（A）参与 RNA 分子加工修饰过程中的 5′ 端加帽（B）、mRNA 剪接（C）及 3′ 端多聚腺苷酸化（D）等多个环节相关因子的招募

在 RNA 聚合酶夹子裂隙的底部是其催化的活性中心，活性位点上可以结合两个金属离子，通常是镁离子。RNA 聚合酶与 DNA 聚合酶由金属离子催化添加核苷酸的机制几乎是一样的（图 5-5）。但是不同于 DNA 聚合酶的是，RNA 聚合酶的底物是核糖核苷酸，即 NTP，而不是 dNTP。

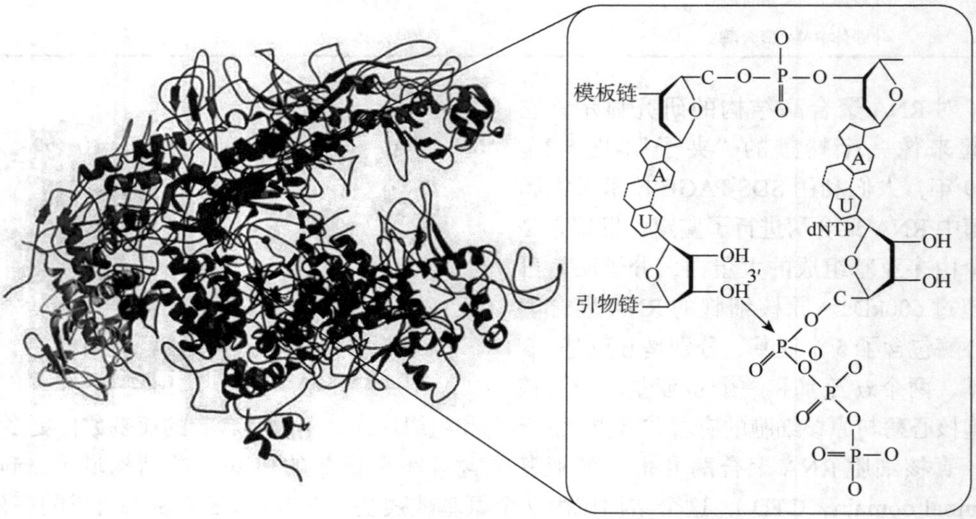

图 5-5　RNA 聚合酶的催化活性中心示意图

5.1.2　原核细胞转录过程

原核细胞的一种 RNA 聚合酶能够转录其全部基因，转录过程可以分为起始、延伸和终止 3 个阶段，又可以称为一个转录周期。当特定的基因或者基因群要被表达时，首先要有 RNA 聚合酶结合到基因上游的一段叫做启动子（promoter）的特殊序列上，并在这里开始 RNA 的合成。转录起始是转录过程的关键步骤，它决定着转录的成败。不管原核细胞还是真核细胞中，转录的起始阶段在整个转录过程中都是一个限速阶段。当 RNA 聚合酶成功起始转录后会离开启动子序列，转录进入延伸阶段，直至 RNA 聚合酶遇到基因下游的终止子（terminator）序列，终止子序列的转录将协助 RNA 聚合酶在此终止，将合成的 RNA 分子释放，并从 DNA 双链上解离。

1．转录起始于启动子

所谓启动子，实际上指的是 DNA 序列当中一段要被 RNA 聚合酶识别、结合，并在这里开始转录的特殊的序列。要转录的基因位于启动子的下游，而不转录的那一侧则定义为基因的上游，在启动子序列中对应添加第一个核苷酸的位点称为转录起始位点，标记为＋1，下游的序列以正值表示，而上游的序列则以负值来表示。

原核细胞的启动子除了包括编码 RNA 首个核苷酸的被定义为＋1 的转录起始位点之外，还包括了＋1 位点上游两个 6 个核苷酸的保守序列，他们的中心位置分别位于转录起始位点上游－10 个和－35 个核苷酸的位置上，也因此被命名为－10 区和－35 区。不同基因启动子当中－10 区和－35 区的序列，并不完全相同，通过对大量不同启动子序列比对发现，－10 区和－35 区保守的共有序列如图 5-6 所示。图中给出的序列实际上就是每一个位点上出现概率最高的那些核苷酸的序列，但是，很少有启动子能够真正跟这个序列完全一致。多数启动子会有一个或两个位点存在一些差异。一个启动子－10 区和－35 区序列与共有序列越相近，意味着这个启动子具有更高的转录强度，在单位时间内能够启动更多的 RNA 的合成。

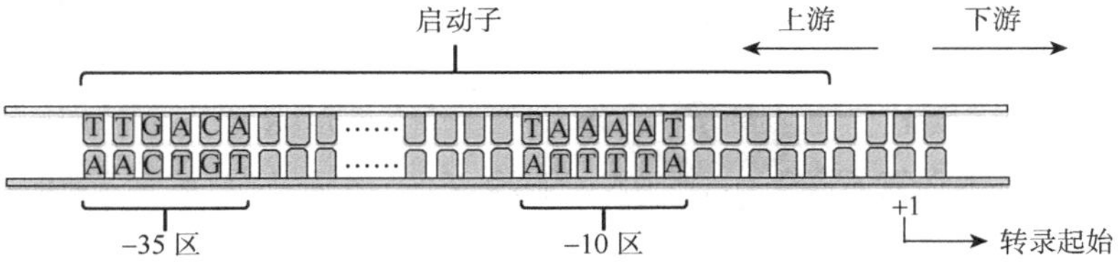

图 5-6　原核细胞的启动子结构

除了共有序列保守性的差异外，在有一些比较强的启动子中，如核糖体 RNA 基因的启动子中还存在一些其他的能够与 RNA 聚合酶相互识别、结合的 DNA 元件，它们通常位于－35 区的上游，称为上游元件，这些元件可以进一步通过与 RNA 聚合酶的特异性相互作用，增强聚合酶与 DNA 的结合。而另一些启动子中，可能甚至没有保守的－35 区，但是在它－10 区的上游，有一个额外的短序列元件，可以叫做“延长的－10 区域”，这个区域同样可以跟 RNA 聚合酶产生相互作用，从而补偿启动子当中－35 区的缺失。

2．原核细胞转录起始

转录起始的第一个环节就是 RNA 聚合酶对启动子序列的识别和结合。然而，RNA 聚合酶核心酶可以非特异地与 DNA 相结合，不能区分启动子和其他 DNA 序列，因而并没有特异性起始转录的作用。对原核细胞而言，对启动子的识别结合需要依赖 RNA 聚合酶全酶。RNA 聚合酶全酶中除了包含一个可以非特异起始 RNA 合成的核心酶之外，还包括一个可以特异性识别启动子序列的 σ 亚基，或者称之为 σ 因子（图 5-7）。当 σ 因子与 RNA 聚合酶的核心酶结合形成 RNA 聚合酶全酶后，其对启动子的识别结合能力显著增强，σ 因子特异性识别并结合启动子的－10 区和－35 区，在 RNA 聚合酶与启动子的识别结合过程中发挥了关键作用。

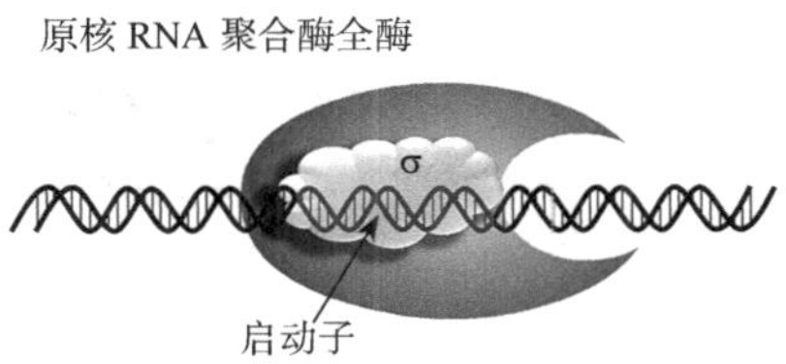

图 5-7　RNA 聚合酶全酶特异性识别启动子

细菌中有很多不同的 σ 亚基，分别可以去识别不同条件下要表达的基因的启动子。例如，*E. coli* 有一个分子质量大约为 70kDa 的 σ 亚基（σ^{70}）是 *E. coli* 的通用 σ 亚基，其与 RNA 聚合酶核心酶结合之后，可以转录 *E. coli* 中大多数的管家基因。而如果细菌遇到了一些氧化应激、紫外照射、高渗或者高温等环境胁迫的时候，它需要启动一些应激性的基因表达，那么此时会有相应的特异性 σ 亚基与 RNA 聚合酶的核心酶结合在一起，识别特异应答基因的启动子。图 5-8 为 *E. coli* 中几种 σ 亚基及其响应的因素和调节的基因。

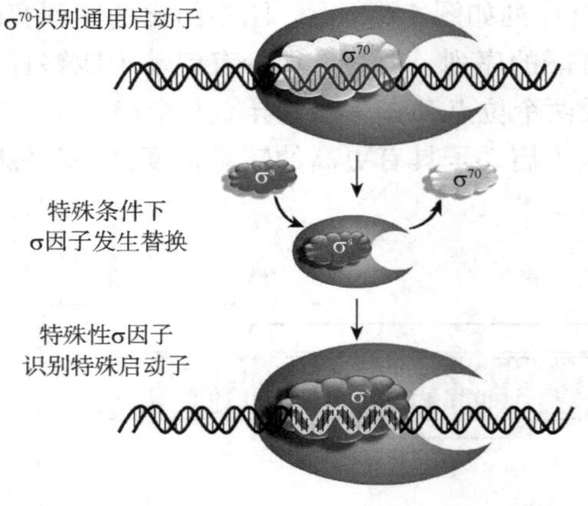

大肠杆菌的多种σ因子		
基因	因子	作用
rpo D	σ^{70}	普遍
rpo S	σ^{S}	应激
rpo H	σ^{32}	热休克
rpo E	σ^{E}	热休克
rpo N	σ^{54}	氮气
fli A	σ^{28}	鞭毛

图 5-8　细菌中的 σ^{70} 亚基及其他 σ 亚基的种类

RNA 聚合酶全酶与启动子结合后，在 σ 亚基的作用下，可以引起－11 至＋3 区域的 DNA 发生解旋，形成一个转录泡（图 5-9）。这一过程并不需要消耗 ATP。转录泡的形成标志着转录起始复合体由闭合复合体转换为开放复合体，这也是转录起始的第二个阶段。转录起始的最后一个阶段叫做启动子清除或者启动子逃离。RNA 聚合酶一旦成功脱离启动子，一个稳定的聚合酶、DNA 模板和增长中的 RNA 链组成的三元复合体结构就形成了，此时 RNA 聚合酶离开启动子序列，向下游开始基因的转录，转录随之进入延伸阶段。而 σ 因子结构上的变化使得它和延伸阶段的核心酶结合能力较弱，常常从延伸复合体上完全解离下来，核心酶继续进行转录延伸，而 σ 因子又会被新的核心酶结合，不断刺激转录的起始来合成更多的起始 RNA 链以供核心酶的延伸。这一过程称为 σ 循环（σ cycle）。

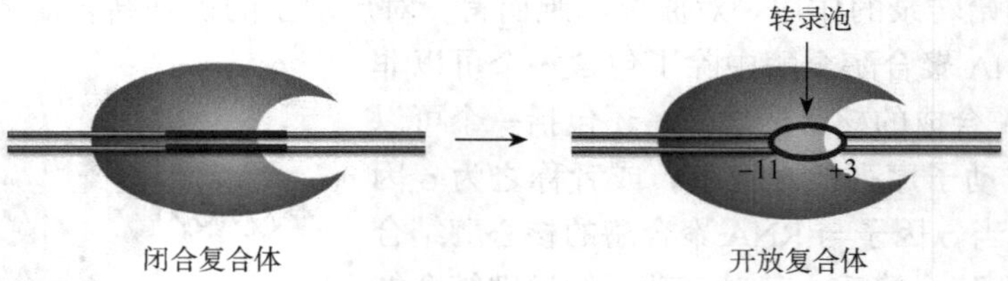

图 5-9　转录泡的形成

3．原核细胞转录延伸

当转录起始完成后，核心酶继续进行 RNA 链的延伸，一个接一个地将新的核苷酸添加到 RNA 新生链的 3′ 末端，与 DNA 复制类似，转录同样也沿 5′→3′ 方向进行，新的核糖核苷酸被不断添加到延伸链 3′-OH 末端，合成新的 RNA 链；与 DNA 复制不同的是，由于 RNA 聚合酶与启动子的结合具有一定的方向性，转录只能以 DNA 的一条链作为模板，向一个方向进行 RNA 的转录。

当 σ 因子从 RNA 聚合酶上脱落之后，核心酶就成为了延伸阶段的主力军。核心酶 β′ 亚基牢牢“钳住”双链 DNA，并使得 DNA 与 RNA 聚合酶之间像“拧螺丝”一样相互移动。酶一边移动一边将 DNA 解螺旋，随着转录泡不断向下游推移，新的核苷酸不断地通过与 DNA 模板的碱基配对被添加到 RNA 链的 3′-OH 末端，在转录泡内形成一个 8～9 个碱基对的 RNA-DNA 杂交链，而 RNA 链的其余部分从 RNA 聚合酶上脱落，并沿 RNA 出口通道释放，形成游离的 RNA 单链，与此同时，在转录泡的上游，DNA 模板链与其原先配对的编码链重新结合形成双螺旋。

知识扩展 5-1

转录起始过程中失败的起始事件

在 RNA 聚合酶脱离启动子序列之前，它其实就已经开始 RNA 的合成了。合成前 9 个核苷酸时，RNA 聚合酶仍旧位于启动子上。但如果此时 RNA 聚合酶没有成功从启动子上脱离，则这个合成的小片段 RNA 分子会被释放下来，RNA 聚合酶重新从头开始合成 RNA，这种现象也就是所谓的失败的起始事件（图 5-BOX1），或称为流产的起始事件（abortive initiation）。

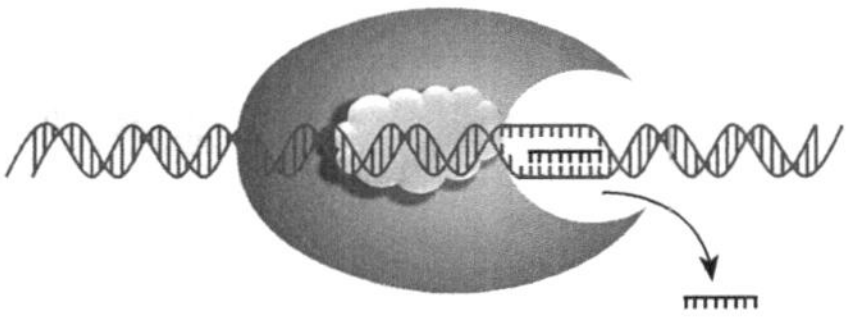

图 5-BOX1 失败的转录起始示意图

RNA 聚合酶在成功从启动子区域逃离前为什么会经历这个流产性起始阶段目前还不完全清楚，但研究显示 σ 因子与 RNA 聚合酶结合时，其部分区域占据了 RNA 聚合酶中的 RNA 分子出口通道，长度大于 10 个核苷酸的 RNA 需要通过这个通道离开 RNA 聚合酶，就需要 σ 因子的这一区域让开通道入口。这需要 RNA 聚合酶尝试几次，自身和 σ 因子都充分形变后才能成功。

在延伸过程中，RNA 聚合酶通过自身具有的校对功能来监督合成核苷酸的准确性，RNA 聚合酶有两种校对功能，分别称为焦磷酸化编辑和水解编辑。在焦磷酸化编辑中，RNA 聚合酶通过一个简单的后退反应，将错配的核苷酸从 RNA 生长链的 3′ 末端水解掉，再添加上一个正确的核苷酸。从而达到校对的目的。而在水解编辑中，RNA 聚合酶后退 1 个或多个核苷酸的位置，并切除含有错误的一段 RNA 序列。转录延伸过程中的延伸刺激因子 Gre 因子可增强 RNA 聚合酶的水解编辑功能。Gre 因子本身作为延伸过程的刺激因子能够确保 RNA 聚合酶有效延伸，并有助于 RNA 聚合酶克服在一些较难转录序列处的停滞。

知识扩展 5-2

转录偶联修复

如果转录过程中遇到损伤的模板，转录延伸会被阻碍而无法继续，RNA 聚合酶会被迫停滞下来。这时结合在 RNA 聚合酶上游侧的一个具有 ATP 酶活性的 TRCF 因子可以通过水解 ATP 提供能量沿着双链 DNA 移动，推动停滞的 RNA 聚合酶。其结果可促使 RNA 聚合酶继续开始转录，也可以导致 RNA 聚合酶、DNA 模板和 RNA 转录子复合体的解体，从而把停滞的 RNA 聚合酶从 DNA 链上释放，转录也被迫提前终止。通常由于损伤模板导致的 RNA 聚合酶的停滞和移除过程还同时可以招募 DNA 损伤修复蛋白，如大肠杆菌中的 UvrA/B/C 蛋白，对损伤位点进行修复（图 5-BOX2），此过程叫转录偶联修复。

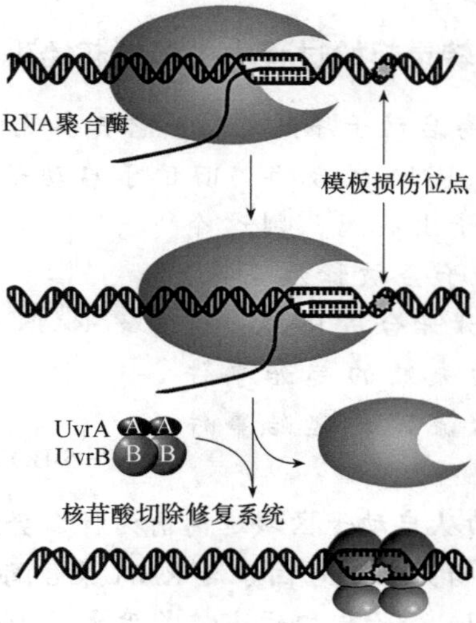

图 5-BOX2 转录偶联修复

4．原核细胞转录的终止

当原核细胞 RNA 聚合酶转录到基因的下游时会遇到 DNA 分子一些被称为终止子的序列，终止子序列被转录为 RNA 时，可以使 RNA 分子形成一些特殊结构或者募集转录终止的相关因子，促使延伸中的 RNA 聚合酶从 DNA 上脱离并释放已经合成 RNA 分子。因此，原核细胞转录是由 RNA 序列内部的信号终止的。原核细胞中有两类终止子，分别为 ρ 因子非依赖性终止子和 ρ 因子依赖性终止子。

1）内源性终止子 /ρ 因子非依赖型终止子

内源性终止子 /ρ 因子非依赖型终止子又称为固有终止子，由一段短富含 GC 碱基对的二重对称序列和之后一段 4～8 个 AT 碱基对组成。当这段序列被转录成为 RNA 时，其可以通过碱基配对自身形成一个茎环结构或者被称为发卡结构（图 5-10）。目前认为，这个茎环结构或者通过强制打开 RNA 聚合酶中的 RNA 出口通道，亦或通过破坏 RNA 与模板之间的相互作用而导致了延伸聚合酶转录的终止。

由于在茎环结构之后紧跟着转录出的是一系列与模板链中 A 配对的 U，而 AU 碱基对之间的相互作用是所有碱基对中最弱的，因而 RNA 产物很容易跟模板分离而脱离下来。因此，内源性终止子的终止效率与反向重复序列和多聚尿嘧啶的长度有关。

2）ρ 因子依赖型终止子

顾名思义，ρ 因子依赖型终止子（rho-dependent terminator）需要 ρ 因子的参与。ρ 因子是一个具有 6 个相同亚基的环状蛋白，在转录的单链离开聚合酶时与之结合（图 5-11）。

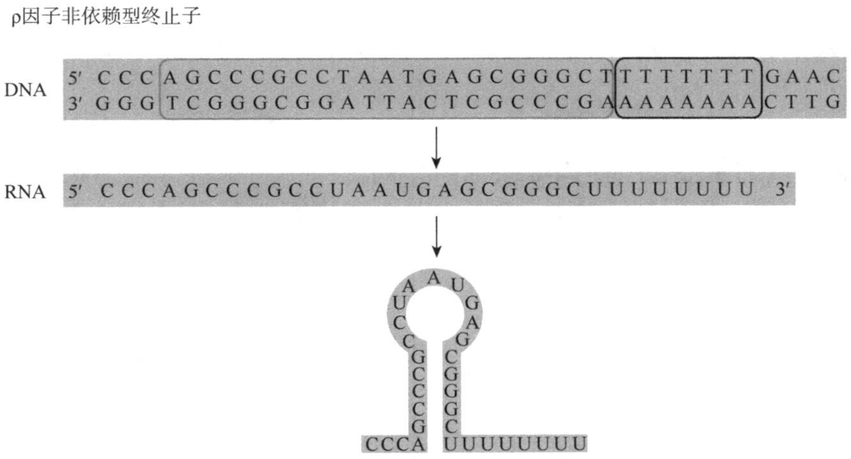

图 5-10　ρ 因子非依赖型终止子

RNA 分子上有一些特异性位点称为 rut 位点，可供 ρ 因子结合，其含有几段约 40 个核苷酸、富含 GC 但不折叠为二级结构的序列。ρ 因子具有 ATP 酶的活性，可以通过水解 ATP 提供能量将 RNA 从模板和聚合酶上解离下来。此外，ρ 因子也可以通过与 RNA 聚合酶相互作用引起其结构的改变而使得转录复合体停滞并缓慢解离。

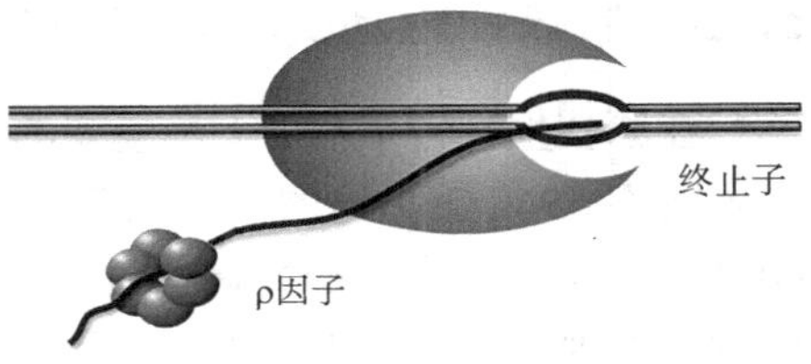

图 5-11　ρ 因子依赖型的终止子

不管是内源性终止子还是 ρ 因子依赖型的终止子，其最终都会使得 RNA 聚合酶、DNA 模板和转录出的 RNA 分子解体，这一轮转录的过程即结束了。

知识扩展 5-3

原核细胞中的多顺反子和转录翻译偶联

原核细胞的一个转录单元中可以有不止一个基因编码序列，因此，转录出的 RNA 分子中也可以含有多个基因编码框，这种 RNA 分子叫做多顺反子（图 5-BOX3）。

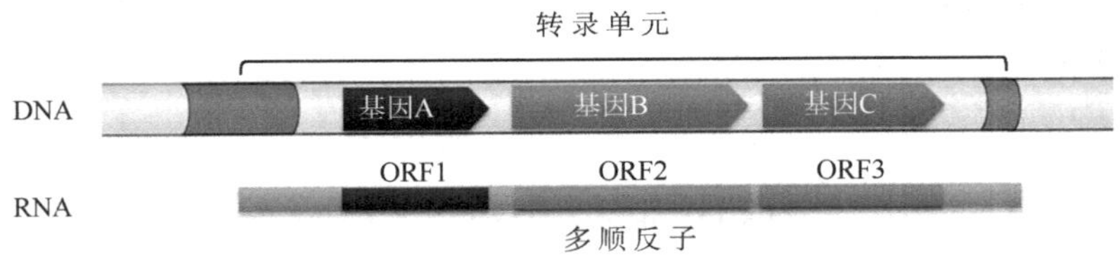

图 5-BOX3　原核细胞中基因的多顺反子

此外，原核细胞没有细胞膜，不存在转录产物向核膜外转运的问题，因而对编码蛋白质的基因而言，其转录出的 mRNA 分子在其转录完成之前就可以被核糖体结合而开始蛋白质的翻译过程，这个现象叫做转录翻译偶联（图 5-BOX4）。

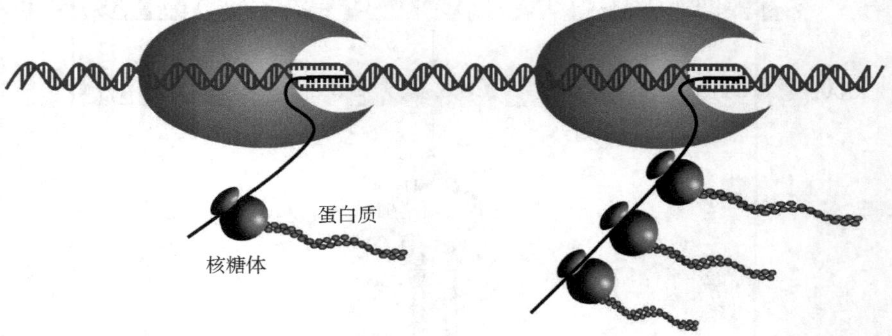

图 5-BOX4　原核生物的转录翻译偶联

5.1.3　原核细胞基因转录的调控

在原核生物转录水平上最重要的调控机制就是操纵子学说。该学说最初是由 Jacob 和 Monod 在 1961 年提出的，而该模型在 1965 年就获得了诺贝尔生理学或医学奖。所谓的操纵子，是基因表达的协调单位。它由启动子、操纵区、结构基因以及能够调控其活性的调节基因组成。在细菌中，编码功能相关的结构蛋白的基因往往是成簇排列在一起的，其一同被转录出来，形成一条含有多个蛋白质编码框的多顺反子 mRNA。而操纵子的转录活性是由调节基因控制的，其编码的蛋白质产物能够和操纵子的操纵区相互作用来调控其下游结构基因的表达。而操纵区（operator）则是能被调控蛋白特异性结合的一段 DNA 序列，其常与启动子邻近或与启动子序列重叠。根据操纵子对调节蛋白的应答，可将原核细胞基因调控分为正转录调控和负转录调控（图 5-12）。

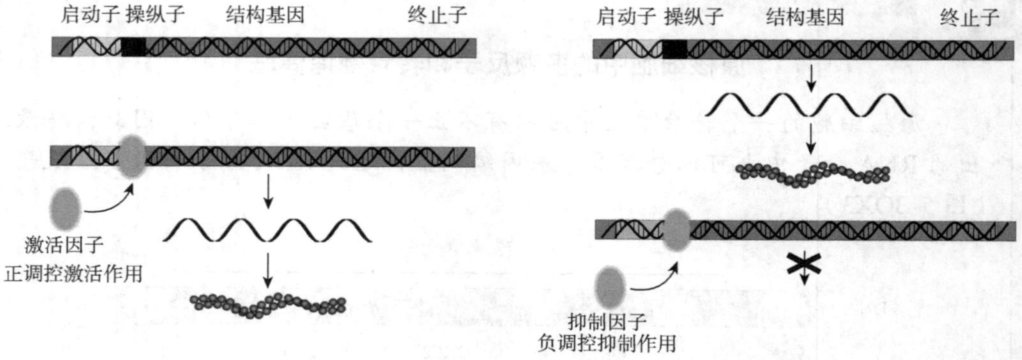

图 5-12　正转录调控和负转录调控

如果在没有调节蛋白存在时基因是关闭的，加入这种调节蛋白后基因活性就被增强或开启，这样的调控称为正转录调控。介导正调控的调节蛋白称为激活蛋白（activating protein）。如果在没有调节蛋白存在时基因是表达的，加入这种调节蛋白后基因表达活性降低或被关闭，这样的调控为负转录调控。介导负调控的调节蛋白称为阻遏蛋白（repressive protein）。可见，调控的正与负，指的是结合到基因调节区域（操纵区）的蛋白质的作用。

还有一些效应物，它们能够与调节蛋白相结合，改变调节蛋白的空间构象从而改变其对基因转录的影响。例如，在图 5-13 中阻遏蛋白发挥作用的负调控系统中，诱导剂能够与阻遏蛋白结合，改变其构象而导致其从操纵子上脱落，使基因表达重新开启就是诱导剂这一效应物发挥的作用。而阻遏剂则可以抑制激活蛋白的激活作用从而阻遏基因转录。

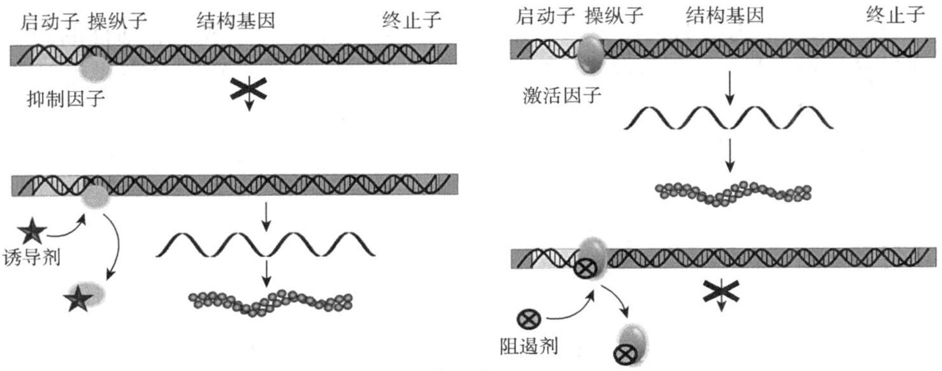

图 5-13 转录调控的效应物（诱导剂和阻遏剂）

1. 乳糖操纵子

乳糖操纵子是第一个研究清楚的操纵子，大肠杆菌中一组与乳糖代谢相关的基因受到乳糖操纵子的同步调控。大肠杆菌的乳糖操纵子结构如图 5-14 所示，3 个结构基因 *lac*Z、*lac*Y、*lac*A 按序排列在染色体上，形成结构基因簇。*lac*Z 编码 β- 半乳糖苷酶，此酶由 500kDa 的四聚体构成，它可以切断乳糖的半乳糖苷键，而产生半乳糖和葡萄糖。*lac*Y 编码 β- 半乳糖苷透性酶，这种酶是一种分子质量为 30kDa 膜结合蛋白，它构成转运系统，将半乳糖苷运入细胞中。*lac*A 编码 β- 半乳糖苷乙酰转移酶，其功能是将乙酰辅酶 A 上的乙酰基转移到 β- 半乳糖苷上。这些乳糖操纵子的蛋白质产物能使细胞摄入和代谢利用 β- 半乳糖苷。

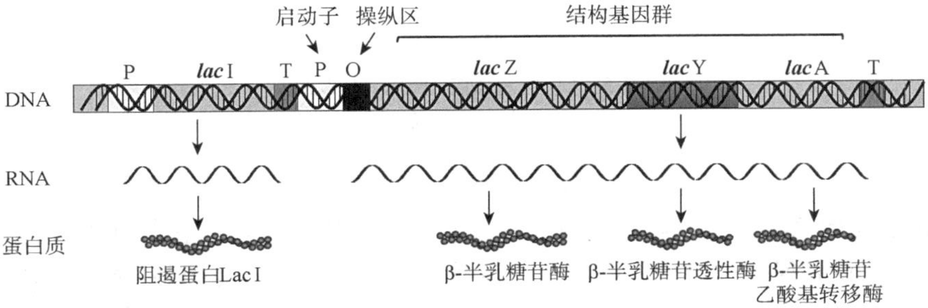

图 5-14 乳糖操纵子的结构组成

大肠杆菌乳糖操纵子的转录受到环境中乳糖和葡萄糖的调控。当环境中只有乳糖作为能量物质时，细菌开启乳糖操纵子的表达，使其能够有效摄入乳糖并将其代谢。而当环境中存在葡萄糖时，细菌会优先利用葡萄糖而关闭乳糖操纵子的表达。在介绍其调控的机制之前，先来了解一下调节乳糖操纵子表达的调节蛋白及其发挥调控作用要识别结合的 DNA 上的特殊序列——操纵区（operator）。

乳糖操纵子的结构基因簇受到其上游操纵区 *lac*O 的调控，*lac*O 与乳糖操纵子的启动子具有部分重叠，其序列具有一定中心对称的性质。而识别结合乳糖操纵子操纵区的调节蛋白 LacI 由位于 *lac*Z、*lac*Y、*lac*A 基因群的上游的调节基因 *lac*I 编码，调节基因有自己独立的启动子与终止子，构成一个独立的转录单元，其转录既不依赖于乳糖操纵子表达与否，也不依赖于乳糖的存在。

调节基因 *lac*I 编码阻遏蛋白单体，这些单体在细胞中结合形成具有活性的四聚体形式，在环境没有乳糖存在的情况下，四聚体 LacI 蛋白特异性识别结合在操纵区的双链 DNA 上，阻断 RNA 聚合酶转录的起始，此时乳糖操纵子 *lac*Z、*lac*Y、*lac*A 结构基因簇均不会被转录。因此，阻遏蛋白 LacI 对乳糖操纵子是负调控作用（图 5-15A）。

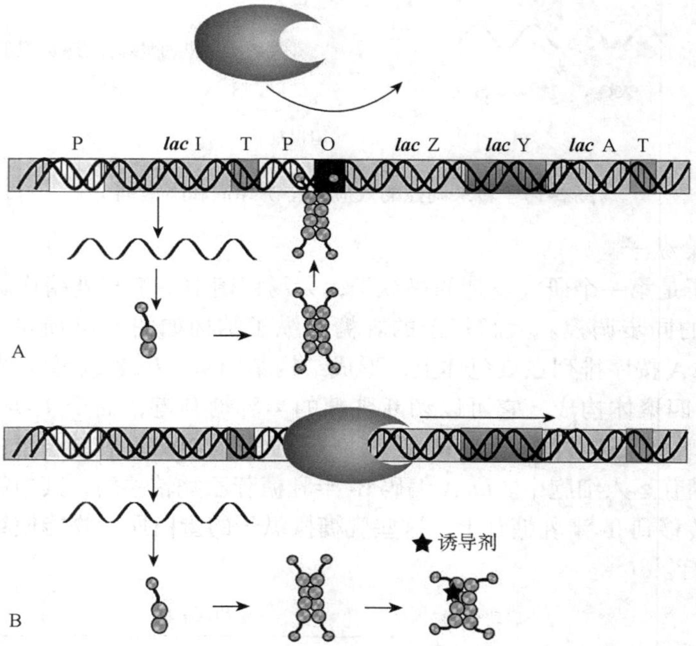

图 5-15　乳糖操纵子的调控机制

A．转录抑制；B．转录激活

当环境中有足够的乳糖时，乳糖受 β- 半乳糖苷酶作用转变为异乳糖，异乳糖与阻遏蛋白 LacI 结合后诱导其空间构象变化，这使得游离的阻遏蛋白失去与操纵区特异性结合的能力，也使得和操纵区结合的阻遏蛋白从操纵区解离下来不能抑制 RNA 聚合酶的转录起始，*lac*Z、*lac*Y、*lac*A 基因得以表达（图 5-15B），乳糖能够被有效摄入、代谢和利用。在上述过程中，异乳糖发挥了诱导剂的功能，起到去阻遏作用，从而诱导了乳糖操纵子结构基因簇的转录。

这里要说明的是，尽管在没有乳糖存在的情况下，LacI 蛋白抑制乳糖操纵子的表达，但这一抑制作用并非绝对，细菌仍可以以极低的水平转录出极少量 mRNA，这一现象称为本底表达。本底表达转录出的 mRNA 可以翻译出少量蛋白质，使得环境中一旦有乳糖存在时，能够转运少量乳糖进入细胞内并被转化为异乳糖发挥诱导物作用，迅速开启乳糖操纵子的转录。

而当环境中存在葡萄糖作为能源物质时，细菌会优先利用葡萄糖，而抑制乳糖的摄入和分解代谢。这种选择是通过阻止乳糖操纵子的表达来实现的，被称为分解代谢产物阻遏作用。分解代谢产物阻遏通过两种机制发挥作用。

第一个机制是诱导物排除机制，即葡萄糖具有阻止细胞从环境中吸收摄入其他糖类碳源的能力。在细胞膜上存在单糖磷酸转移酶系统（PTS），该系统是转运单糖类物质进入细胞的主要通道。葡萄糖的摄入会使 PTS 中的一个蛋白质亚基去磷酸化而结合在乳糖通透酶上，从而阻止乳糖进入细胞。另一个机制被称为分解物阻遏机制。乳糖操纵子除了受到 LacI 蛋白的负调控作用外，还受到 CAP-cAMP 复合物的正调控作用。当细胞内 cAMP 水平较高时，其可以与 CAP 蛋白结合在一起形成 CAP-cAMP 复合物。该复合物可以结合在乳糖操纵子启动子上游特异性 DNA 序列上，提高 RNA 聚合酶的结合效率从而增加操纵子的转录活性。而 cAMP 的水平与细胞内葡萄糖的水平呈负相关，当葡萄糖充足时，细胞内 cAMP 水平下降，不能形成 CAP-cAMP 复合物，因此 RNA 聚合酶不能高效结合在启动子上，从而无法有效进行乳糖操纵子的转录。图 5-16 总结了不同碳源存在条件下乳糖操纵子的表达情况。

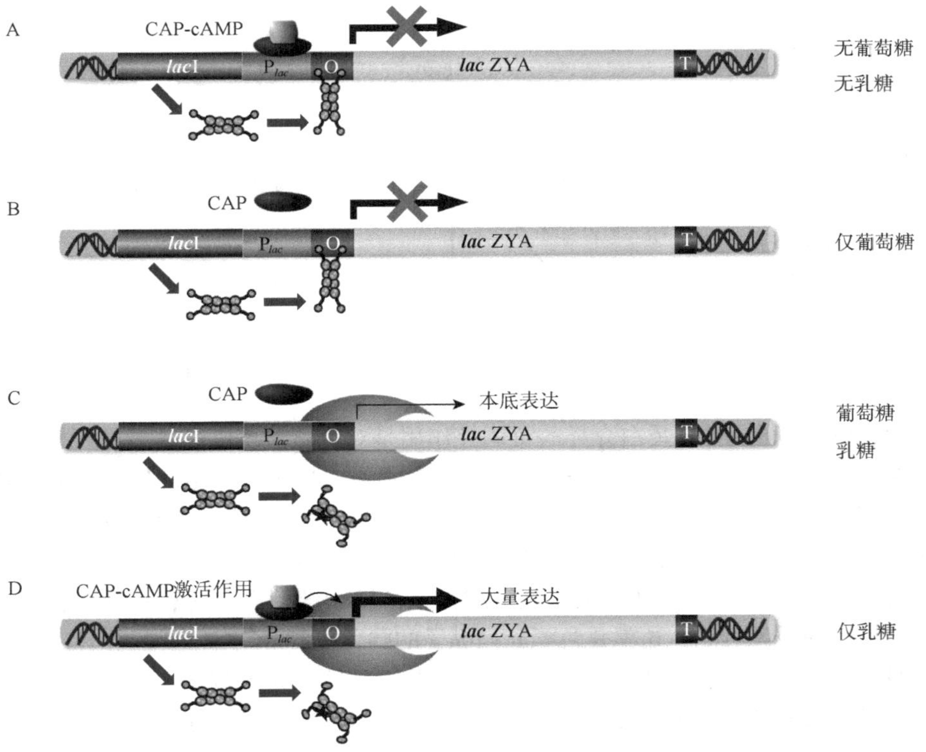

图 5-16　不同碳源存在条件下乳糖操纵子的表达情况

2．色氨酸操纵子

色氨酸是构成蛋白质的组分，由于通常环境中难以给细菌提供足够的色氨酸，细菌往往会通过自己合成色氨酸来满足生存繁殖需要。但是，一旦环境能够提供色氨酸时，细菌会充分利用外界的色氨酸，减少或停止合成色氨酸，以减轻自己的负担。这个过程是由细菌的色氨酸操纵子（trp operon）调控的。

色氨酸操纵子中的基因编码色氨酸生物合成过程的相关酶，其结构基因簇 *trp*E、*trp*D、*trp*C、*trp*B 及 *trp*A 头尾相接串连排列，受到上游的启动子 P_{trp} 和操纵区 O_{trp} 的调控。调控基因 *trp*R 编码阻遏蛋白 TrpR，其位置远离结构基因群，其同样有自己的启动子和终止子，构成一个独立的转录单元，以组成性方式表达并被翻译成分子质量为 47kDa 的调节蛋白 TrpR。TrpR 单独无法阻遏色氨酸操纵子的转录，其需要色氨酸充当辅阻遏剂，当环境中有较为充足的色氨酸时，色氨酸与 TrpR 蛋白一起共同结合在色氨酸操纵子的操纵区上，抑制 RNA 聚合酶转录起始，色氨酸操纵子的转录被关闭（图 5-17）。而当环境中缺乏色氨酸时，TrpR 蛋白由于缺少色氨酸的辅助作用，无法有效结合操纵区，操纵子转录被激活打开，相关基因得以表达。这一过程不受葡萄糖或 CAP-cAMP 的调控。

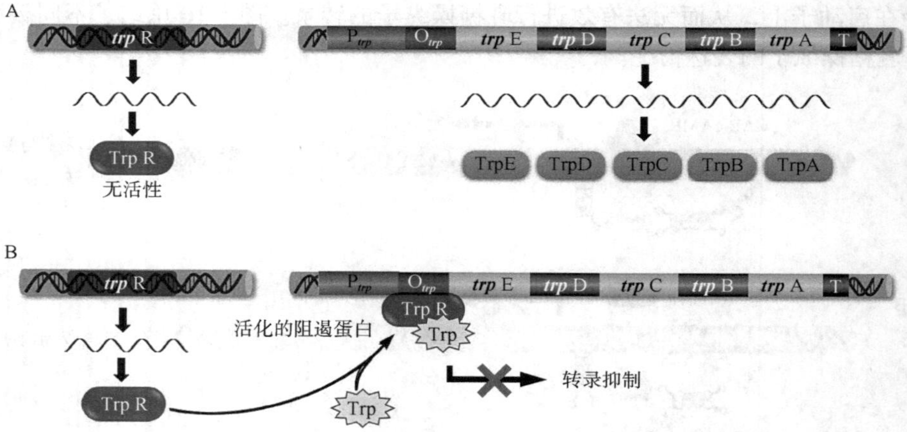

图 5-17　色氨酸操纵子的结构（A）及其调节机制（B）

而色氨酸辅助的 TrpR 蛋白介导的负调控作用是对色氨酸操纵子转录是否能够起始的一级调控。实验研究表明：当存有充足的色氨酸时，TrpR 蛋白介导的转录抑制作用是有效的。但当环境中存在一定浓度的色氨酸，而其含量还没有高到能够有效活化 TrpR 蛋白而发挥转录起始的阻遏作用时，色氨酸合成相关酶的表达量已经明显降低，且产生的酶量与色氨酸浓度呈负相关。这说明在色氨酸操纵子转录起始后，还有一种能够调控转录是否完全进行的微调机制，这就是色氨酸操纵子的弱化机制。

这种精细水平的调控依赖于色氨酸操纵子中的一种称为衰减子（attenuator）的特殊结构。在色氨酸操纵子中操纵区 O_{trp} 与第一个结构基因 *trp*E 之间有一段前导序列（L）。这段序列中含有一段编码 14 个氨基酸短肽的开放阅读框（图 5-18A）。衰减子序列存在于前导序列末端，可以分为 4 个区域，其中区域 2 既可以和区域 1 互补配对又可以和区域 3 互补配对，而区域 3 既可以和区域 2 互补配对又可以和区域 4 互补配对，这样就导致前导序列基于不同的区域配对方式而形成两种不同结构（图 5-18B）。当 1 区和 2 区配对后，

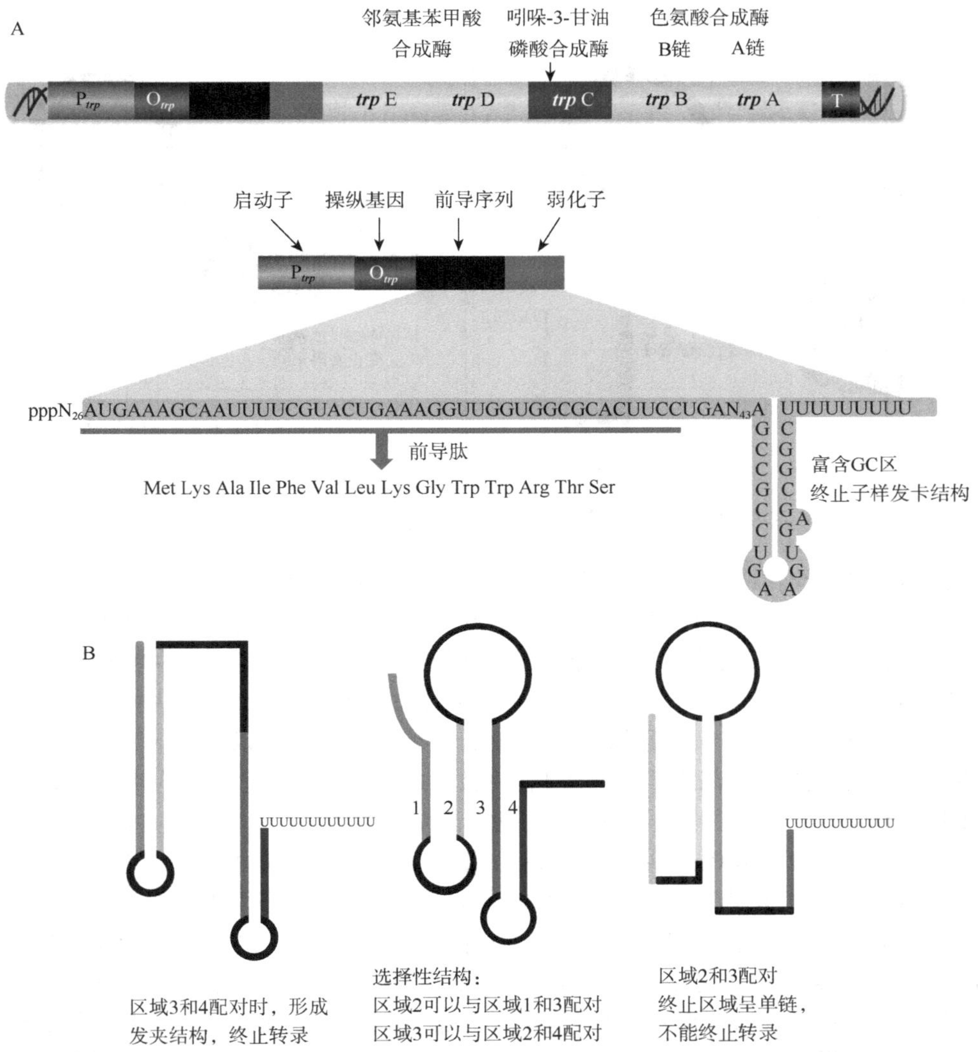

图 5-18　色氨酸操纵子中前导序列参与其弱化（衰减）调节

3 区与 4 区的配对会形成内源性的终止子结构导致转录在此处停止，其下游的结构基因群则不会被转录出来，而若 1 区游离，2 区与 3 区的配对则会阻碍 3 区和 4 区的结合，不会形成内源性的终止子结构，下游结构基因群的转录便能够继续。

而衰减子究竟形成哪一种配对形式则取决于核糖体对前导序列中 14 个氨基酸短肽编码框的翻译情况。编码这 14 个氨基酸的开放阅读框中含有两个连续的色氨酸密码子，其恰位于衰减子的 1 区内部。由于原核细胞中转录与翻译过程相偶联，在前导序列转录出来后，核糖体能够很快结合在转录出的 mRNA 上并开始这段短肽的翻译。当环境中缺乏色氨酸时，核糖体在遇到色氨酸密码子后无法有效在此进行色氨酸的添加而暂停，这也导致衰减子序列的 1 区被核糖体占据隔离，不能与 2 区碱基配对，这意味着在 4 区序列被转录出之前，2 区和 3 区已经可以通过碱基互补而配对。因此，4 区序列被转录出来后会保持单链形式，无法和 3 区配对形成内源性终止子结构，RNA 聚合酶得以通过衰减子序列继续向下游转录（图 5-19A）。

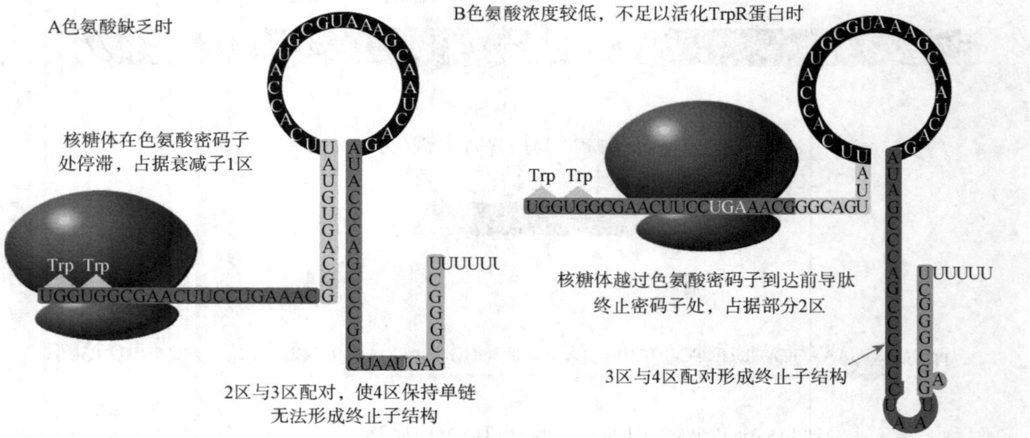

图 5-19 环境中色氨酸浓度决定核糖体在前导序列上的位置

而当环境中存在一定量的色氨酸，但仍不足以活化 TrpR 蛋白介导的负调控阻遏系统时，色氨酸操纵子的转录可以起始，核糖体随之进行前导肽的翻译，且在遇到色氨酸密码子时不会明显停滞，能够继续翻译过程并延伸到前导肽编码框末端的终止密码子 UGA 处。UGA 密码子位于 1 区与 2 区间，当核糖体前进到此位点时，其已占据了 2 区的大部分序列，能够阻止 2 区与 3 区形成碱基配对，这就使得 3 区可以与 4 区配对而形成内源性终止子结构。在这种情况下，转录过程将被形成的内源性终止子结构终止，RNA 聚合酶在此处被释放，色氨酸操纵子中的结构基因群无法被转录出来（图 5-19B）。

由此可见，衰减调控是利用 RNA 聚合酶通读衰减子的能力来调控转录的。核糖体在 mRNA 中前导肽编码区上的位置会影响衰减子序列中终止子发夹结构的形成与否，最终决定了每一轮转录起始后 RNA 聚合酶通过前导序列继续转录的能力。色氨酸的浓度能够调节 RNA 聚合酶提早终止转录的频率，色氨酸浓度越高，该操纵子提前终止的频率越高。色氨酸生物合成的精细调控就是通过这一衰减调控方式实现的。细菌其他氨基酸合成系统的许多操纵子（如组氨酸、苏氨酸、亮氨酸、异亮氨酸、苯丙氨酸等操纵子）中也存在类似的衰减调控机制。

5.1.4 真核细胞转录过程

真核细胞的转录在 RNA 聚合酶的种类、需要的转录因子、转录终止的方式等很多方面都与原核细胞有着比较大的差异。除此之外，由于真核细胞中 DNA 是包被在核小体中的，要想在体内环境下进行基因的有效起始，还需要更多的包括中介蛋白复合体、染色质重塑复合体等多种因子的共同作用。

1. 真核细胞的转录起始

真核细胞转录起始首先需要转录起始复合体识别结合基因的启动子，下面分别介绍一下转录起始复合体和真核基因的启动子。

1）基本转录起始复合体

和原核细胞 RNA 聚合酶核心酶一样，真核细胞的 RNA 聚合酶能够催化 mRNA 的合成，但不能特异地起始转录。真核细胞识别结合启动子序列的是一个被称为基本转录起始复合体的庞大分子机器（图 5-20）。其除了包含了 RNA 聚合酶之外，还包括了一组基本转录因子（general transcription factor）及多亚基的中介蛋白复合体（mediator）。

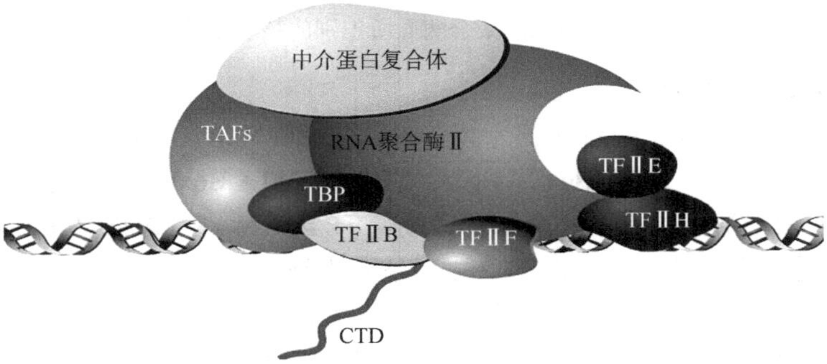

图 5-20　基本转录起始复合体的组成

基本转录因子是指 RNA 聚合酶启动每一次转录都必需的一些转录起始因子，其对 RNA 聚合酶在启动子序列处的结合、DNA 双链的解旋及 RNA 聚合酶的激活方面都发挥着重要作用。真核细胞具有的 3 类 RNA 聚合酶分别转录不同类型的基因，它们在所需要的转录因子和识别的启动子方面也各不相同。以 RNA 聚合酶Ⅱ对蛋白质编码基因的转录为例，其需要的基本转录因子表示为 TFⅡX，其中 X 为代表不同因子的字母，如 TFⅡA、TFⅡB、TFⅡD 等。其各自的功能将在接下来的转录起始过程中再来介绍。

而在细胞中，基本转录起始复合体虽然可以识别结合启动子序列，但往往还不能充分地有效起始转录。由于真核细胞要对更多更复杂的细胞外信号做出响应，细胞中具有数量庞大的各种转录因子来调控基本转录起始复合体的转录活性。这些转录因子可以直接或间接通过与基本转录起始复合体相互作用而激活或抑制转录的起始。而基本转录起始复合体中的中介蛋白复合体则是很多转录因子作用的靶点。酵母和人的中介蛋白复合体各自包括了 20 多个亚基。这些亚基的功能还没有被一一鉴定。中介复合体一方面会与聚合酶大亚基 CTD 尾巴结合，另一方面将为诸多的转录调节因子提供相互作用的位点。中介蛋白中某个亚基的缺失往往会导致一小部分基因失去表达，每个亚基对应不同的基因，这可能是因为不同基因的转录激活因子需要与中介蛋白复合体中不同的亚基相互作用而募集基本转录起始复合体并激活转录。

2）真核基因的启动子

真核细胞的启动子是指转录起始中需要的，或可以增强转录起始频率的，距离转录起始位点较近的所有转录调节元件的总称。在体外研究时，RNA 聚合酶起始复合体能够起始转录所需要的最少的一组序列称为核心启动子（图 5-21）。以 RNA 聚合酶Ⅱ参与的转录起始复合体为例，其所识别的核心启动子中所含重要元件包括：TATA Box、起始元件（initiator element，Inr）、TFⅡB 识别元件（TFⅡB recognition element，BRE）、下游启动子元件（downstream promoter element，DPE）和十基序元件（motif ten element，MTE）等。不同基因的核心启动子中通常可含有除了起始元件之外的 4 个元件中的 2 个或 3 个。

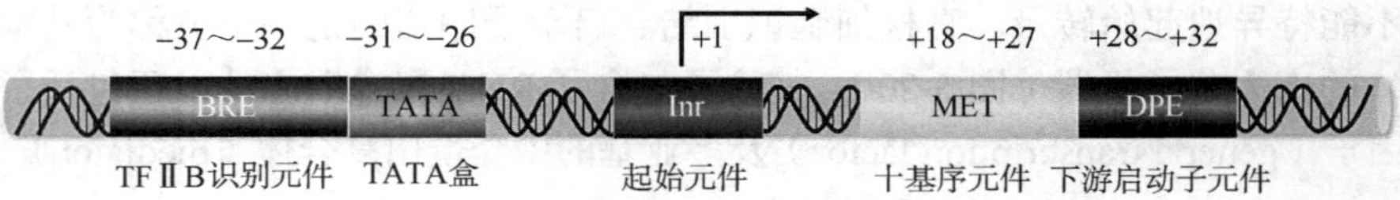

图 5-21 RNA 聚合酶Ⅱ所识别的核心启动子

3）真核转录起始过程

以一个含有 TATA Box 的启动子为例介绍真核细胞转录起始的过程。首先 TFⅡD 因子中的 TBP 识别结合在 TATA Box 序列上，TBP 与 TATA Box 的结合为其他基本转录因子和 RNA 聚合酶的募集提供了一个平台，接着 TFⅡB 和 TFⅡA 被募集到前转录起始复合体。TFⅡB 是一个单链多肽，在 TBP 之后被募集到启动子上，晶体结构学的研究显示 TFⅡB 与 TBP-DNA 复合体的相互作用是非对称性的，这也就造成了前起始复合体其余部分组装的非对称性，也就是所有其他蛋白质因子的结合是有方向性的，这也就决定了转录只能向一个方向发生。

接着，结合在一起的 TFⅡF 和 RNA 聚合酶Ⅱ一起被募集到启动子上，RNA 聚合酶在启动子上的结合使得最后两个通用转录因子 TFⅡE 和 TFⅡH 也被募集到启动子上。原核细胞中启动子解旋不需要 ATP 水解，其主要依赖 σ 因子与启动子−10 区的相互作用。而真核细胞启动子的解旋需要水解 ATP 提供能量，这个过程由 TFⅡH 因子介导。TFⅡH 是通用转录因子中最大也最复杂的，其含有 9 个亚基，其中的两个亚基具有 ATP 酶的活性，还有一个亚基是蛋白激酶，TFⅡH 作为解旋酶参与启动子处 DNA 双链的熔解和解旋，而 TFⅡF 的激酶活性又可以使 RNA 聚合酶Ⅱ的羧基末端结构域产生磷酸化，帮助其接下来从启动子序列上的离开向下游开始转录。

RNA 聚合酶Ⅱ大亚基的羧基末端结构域 CTD 包含着一系列重复的七肽序列，这些重复的七肽延伸成一个尾巴。七肽中有 3 个丝氨酸和 1 个苏氨酸，均是蛋白质中可以被磷酸化修饰的潜在位点，所以重复序列组成的 CTD 尾巴可以被多种蛋白激酶所修饰。TFⅡH 中具有激酶活性的亚基就是可以磷酸化 CTD 尾巴的激酶之一。CTD 尾巴上的磷酸化修饰使得 RNA 聚合酶Ⅱ与其他基本转录因子的结合能力发生改变，从而得以摆脱启动子上结合的大部分基本转录因子，从启动子上逃离，转录随之进入延伸阶段。

知识扩展 5-4

真核细胞核心启动子元件

TATA Box 是第一个被发现的核心启动子元件，它是根据其中含有的一致序列 TATAAA 命名的。真核细胞中大约 32% 的潜在核心启动子中含有 TATA Box。特异性识别 TATA Box 的因子称作 TATA 结合蛋白，简称 TBP，它是基本转录因子 TFⅡD 中的一个重要组成部分。TBP 一旦结合到 TATA Box 上，能够使 TATA 序列产生极大的扭曲变形。通常蛋白质与 DNA 的识别结合比较常见的情况是通过蛋白质中的一个螺旋结构插入 DNA 大沟中来实现的，而 TBP 与 TATA Box 的结合比较特殊，TBP 通过一个 β 折叠的区域插入双螺旋的小沟中，结果使得 DNA 小沟扩展拉平，而且双链发生了大约 80° 的弯曲（图 5-BOX5）。

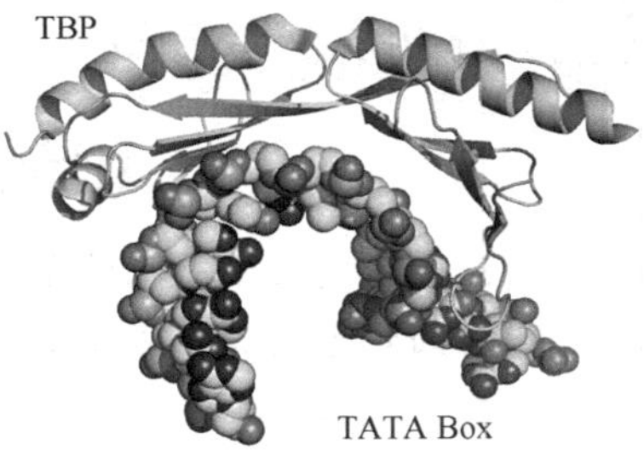

图 5-BOX5　TBP 与 TATA Box 的结合

起始元件 Inr 也是一种独立的顺式调节元件。它可以被 TBP 相关因子 1（TAF1）和 TBP 相关因子 2（TAF2）识别结合，虽然 Inr 可以不依赖于 TATA Box 独立发挥作用，但是在含有 TATA Box 的启动子中，两者具有协同作用，能够更有效地启动转录。

下游启动子元件 DPE 及十基序元件 MTE 均是位于起始元件下游的序列，分别位于启动子＋18～＋27 位和＋30 位点，可以被 TF Ⅱ D 中相应的 TAF 因子识别并结合。其可以不依赖于 TATA Box 而独立发挥作用，与 Inr 协同作用，启动转录起始。

2．真核细胞的转录延伸

真核细胞和原核细胞的转录延伸过程比较类似，不过同样真核细胞涉及的延伸因子会更多些。RNA 聚合酶转录延伸时并不是以固定的速度持续进行的，它会周期性间歇性暂停，在 TF Ⅱ S 因子存在的情况下，聚合酶每次的暂停时间都会被缩短。此外 TF Ⅱ S 因子还有助于聚合酶进行的校对工作，通过激发聚合酶内固有的 RNA 酶活性，通过局部有限的 RNA 降解来去除错误加入的碱基，这一功能与原核细胞中 Gre 因子的作用类似。

延伸阶段中，CTD 尾巴上的磷酸化修饰位点会进一步被延伸和 RNA 加帽、加尾及剪接加工所需要的因子识别结合。RNA 分子也被不断转录出来，并随着延伸的过程进行着加帽及剪接等一系列转录后的加工过程。

3．真核细胞转录的终止

真核细胞转录的终止环节与原核细胞也有着很大的差异。原核细胞中主要通过两种终止子来结束转录，而在真核细胞转录终止前，RNA 聚合酶到达基因的末端时会遇到一段称为多聚腺苷酸化信号的序列，这段序列转录成 RNA 分子之后，会使原本结合在聚合酶 CTD 尾巴上的切割和聚腺苷酸化特异性因子 CPSF 和切割刺激因子 CstF 转移到 RNA 分子上，之后已经合成的 mRNA 分子会从这里被切割下来，并由多聚腺苷酸聚合酶（PAP）在切割产生的前体 mRNA 的 3′ 端添加 polyA 的尾巴（详见 5.2.2）。

而 DNA 模板上剩下的 RNA 聚合酶此时并没有立刻终止，它还会继续沿着模板移动，在真正终止前还能产生一个长达几百个核苷酸的第二个 RNA 分子，之后聚合酶才从模板上解离并释放这个新的 RNA。不过，转录出的第二个 RNA 分子并不会存在很久就会被降解了。

知识扩展 5-5

真核细胞转录后终止的两种假说机制

虽然目前还不是很清楚多聚腺苷酸化和转录终止之间的关系，但证实多聚腺苷酸化的信号是转录终止所必需的。研究者猜测可能有两种机制将多聚腺苷酸化和转录终止联系起来。

（1）mRNA 分子 3′ 端加工的相关因子从聚合酶 CTD 尾巴上转移到 RNA 分子中时，引起了聚合酶构象的变化，降低了酶的前进能力并导致其之后不久就自发终止。

（2）其实遇到多聚腺苷酸化信号后，DNA 模板上剩下的 RNA 聚合酶并没有立刻终止，它还会继续沿着模板移动，在真正终止前还将产生一个长达几百个核苷酸的第二个 RNA 分子。研究者猜测，该 RNA 分子由于没有 5′ 端修饰的帽子而被聚合酶感知，认为其是不正确的转录产物而终止继续合成反应，因此聚合酶才从模板上解离导致转录终止。

5.1.5 真核细胞基因表达调控

多细胞生物中不同细胞含有相同的 DNA 分子，但不同种类的细胞所表达的基因是不同的，而相同的细胞在响应不同外界信号时也会表达不同的基因。真核生物细胞中存在复杂而精细的基因表达调控系统，其不仅涉及转录水平上某一基因是否被起始转录及转录强度的调控，还涉及转录后成熟 RNA 转运至核外发挥作用时的稳定性调控及在翻译水平上翻译效率的调控问题。下面主要来讨论转录水平上转录起始相关的调控问题。

真核细胞转录起始需要在启动子上组装包含 RNA 聚合酶、基本转录因子和中介蛋白复合体组成的基本转录装置，还需要各种转录调控因子识别结合启动子附近的调控序列。但由于真核细胞的 DNA 被包装在核小体内，如果缺乏必要的转录激活调控，启动子部分的 DNA 有时是不易被基本转录因子接近和结合的，基本转录装置甚至不能组装。因此，真核细胞的基因表达涉及非常复杂而精细的调控系统，其不仅包含各种转录因子和转录共激活因子的作用，还与染色质修饰状态及 DNA 的易接近性密不可分。

1．转录因子与转录共激活因子

真核生物中，细胞要对更多更复杂的细胞外信号做出响应，不同组织中基因的特异性表达或者不同发育阶段中基因的差异表达都受到多种转录因子的调控。例如，细胞在高温条件下会被诱导表达的热休克因子（HSF），应对低氧条件的低氧诱导因子（HIF），以及在细胞生长和凋亡中发挥作用的 Myc 蛋白都是转录调节因子。这些转录调节因子在细胞受到外界信号的刺激时被相应地激活或失活，从而对特定基因的转录产生促进或者抑制的作用。根据转录调节因子对转录起始的作用结果，可以分成转录激活因子（activator）和转录抑制因子（repressor）。

转录激活因子促进转录发生的机制主要有 3 种（图 5-22）。①它们可以通过与基本

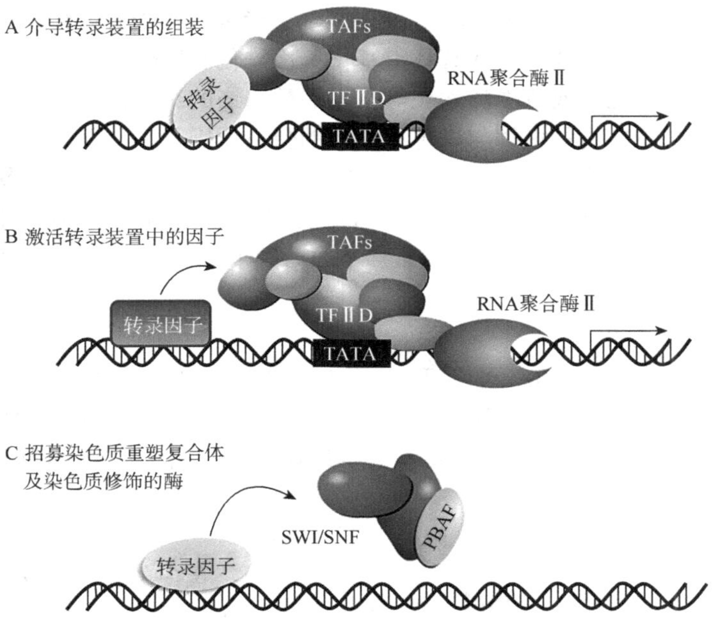

图 5-22　转录激活因子的 3 种作用机制

转录因子或者中介蛋白复合体的相互作用促进转录前起始复合物在启动子上的组装过程（图 5-22A）。②除了单纯的募集作用之外，它们还可以在与基本转录装置相互作用的过程中通过改变蛋白质构象或者翻译后修饰状态而激活基本转录装置中酶的活性（图 5-22B）。③很多转录激活因子不仅能募集转录装置，还可以招募染色质重塑复合体及染色质修饰相关的酶，从而使得启动子附近的染色质状态被改变，变得松散而易于转录装置接近和结合（图 5-22C）。

转录因子在发挥上述功能的时候，主要通过转录因子和相关蛋白质之间的相互作用。而当我们说一个因子是转录因子时，它一定是能够结合在 DNA 特定序列上的，即它一定具有一个 DNA 识别结合的结构域。细胞内还有一些蛋白质因子也能够起到促进转录的作用，但它们并没有结合在 DNA 上。它们可以一方面与转录因子结合，另一方面与中介蛋白复合体或者基本转录因子相互作用而促进转录。这样的因子不能叫做转录因子，只能叫做转录共激活因子，或者共激活物。

转录因子通常是一种多结构域的蛋白质。对于一个典型的转录因子来讲，其除了具备必需的 DNA 结合结构域之外，一般还具有一些其他功能的结构域，其中，与基本转录装置结合的激活结构域和二聚化结构域是比较常见的。除此之外，还有些转录因子具有核定位序列和出核序列。也有些转录因子具有调节结构域（如激素结合结构域），用于和配体的结合以调节转录因子自身的活性。

2．染色质修饰与基因表达活性

染色质的修饰是指对构成染色质的两种主要成分，DNA 分子和组蛋白的修饰。第 4 章中已经初步了解了核小体中组蛋白的修饰与染色质重塑之间的密切关系。此外，DNA 中的胞嘧啶常常受到的甲基化修饰也对真核基因的表达调控有重要作用。接下来将分别介绍核小体组蛋白和 DNA 的修饰对基因表达活性的影响。

核小体组蛋白八聚体中每个亚基的N末端都会受到各种表观遗传修饰酶的作用产生转录后修饰，已经提到的修饰方式有：甲基化、乙酰化和磷酸化，除此之外它们的特定位点上还可能被泛素化，或者类泛素化等。末端被修饰的组蛋白一方面可以作为募集包括染色质重塑复合体在内的多种与染色质结合的蛋白质因子，从而起始下游的一系列反应，另一方面也可以导致DNA与组蛋白结合能力的改变而影响DNA的易接近性，从而决定了基本转录装置是否可以有效地与DNA结合启动转录。因此，这些组蛋白末端修饰被认为是决定基因激活和失活的重要因素。下面分别了解一下组蛋白和DNA的修饰与基因表达活性之间的关系。

1）组蛋白的乙酰化

组蛋白乙酰转移酶（HAT）可以直接乙酰化组蛋白尾巴上赖氨酸残基的 ε-氨基，乙酰基中和了组蛋白所带的正电，这样就减弱了组蛋白末端与带负点的DNA的相互作用。乙酰化的组蛋白与DNA结合力的减弱，使得DNA变得易于从核小体中解离出来，增加了DNA的易接近性，也使染色质可塑性提高。

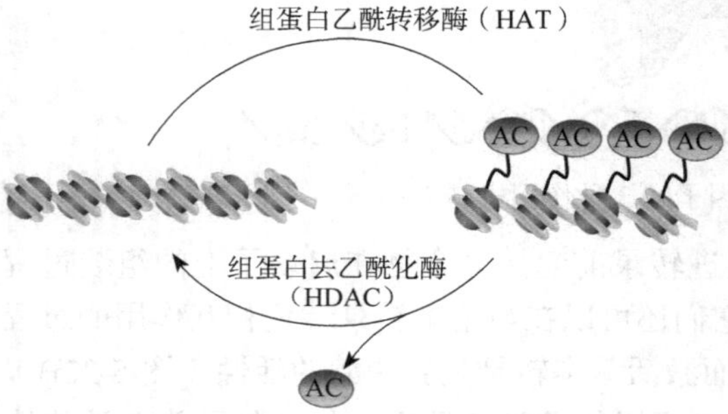

图 5-23 组蛋白的乙酰化与去乙酰化

而组蛋白的去乙酰化酶（HDAC）则可以移除组蛋白N末端的赖氨酸上的乙酰基从而提高组蛋白与DNA的亲和性，核小体组织更加紧密。细胞中存在多种不同亚型的组蛋白乙酰转移酶和去乙酰化酶（图 5-23）。它们分别可以和不同的转录因子相互作用而对特定基因群的表达进行调控。

组蛋白的乙酰化一般被认为与基因激活有关。最新的研究证据显示，组蛋白的乙酰化既可以激活基因的表达，也可以抑制基因的表达。有些基因的激活需要一种特定的组蛋白去乙酰化酶Hos2对组蛋白去乙酰化。目前对这一现象的解释是，组蛋白的乙酰化提供了一个结合表面，以募集激活因子，也可以募集抑制因子。

2）组蛋白的甲基化

组蛋白甲基转移酶（HMT）可以直接对组蛋白的赖氨酸和精氨酸残基进行修饰。赖氨酸残基上可以结合1～3个甲基，精氨酸残基上可以结合1～2个甲基。被甲基化的残基的大小会改变，但其带电性不会改变。

甲基化的组蛋白既可以激活基因表达，也可以抑制基因表达。其特性与甲基结合在哪个残基上和结合甲基的数量均有关系。例如，组蛋白 H_3 第9位上的赖氨酸的二甲基化和组蛋白 H_3 第27位上的赖氨酸的三甲基化均与基因的沉默和异染色质的形成密切相关。与此相反，组蛋白 H_3 的第4位、第36位或第79位的赖氨酸被甲基化均与染色质的活化相关。

组蛋白末端不同位点上的修饰状态与相邻位点的修饰之间存在相互影响（图 5-24）。例如，H_3 的第9位上的赖氨酸去甲基化，可以催化第10位上的丝氨酸磷酸化以及第14位上的赖氨酸乙酰化，第10位上的丝氨酸磷酸化后，可以催化第9位上的赖氨酸乙酰化，这样就可以阻止第9位上的赖氨酸被甲基化。这一系列的修饰可以导致被压缩关闭的染色质重新开启。目前，甲基化的组蛋白一般认为与募集改变染色质结构的蛋白质相关。

组蛋白的乙酰化是通过 HAT 和 HDAC 进行动态调控的。之前认为组蛋白的甲基化相对来说是“永久的”，因为当时没有分离到组蛋白去甲基化酶（HDM）。直到 2004 年科学家分离出了一种赖氨酸特异性的去甲基化酶 1（LSD1），这种酶可以通过使特定的基因保持未甲基化从而抑制这些基因。LSD1 在裂殖酵母到人类中均是保守的，它的发现证明了组蛋白的甲基化也是动态调节的过程。

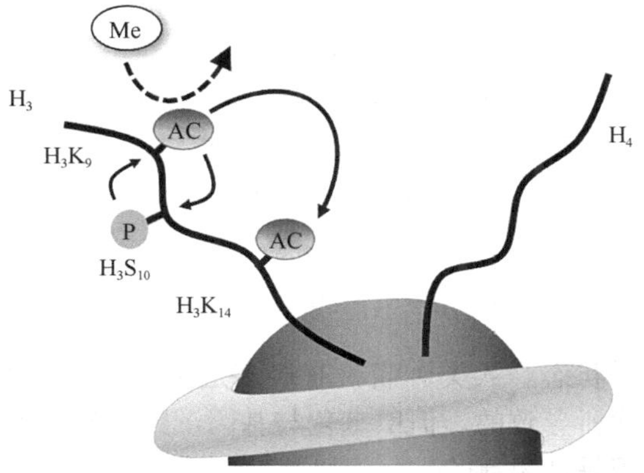

图 5-24　组蛋白的末端修饰的相互影响

3）组蛋白的磷酸化

组蛋白被激酶磷酸化后，会在一个或者几个丝氨酸或者苏氨酸残基上添加一个或者多个磷酸基团，从而带有负电，也可以减弱组蛋白与 DNA 之间的结合力。组蛋白 H_3 的磷酸化一般与基因的活化有关。

除了核心组蛋白可以被磷酸化，连接组蛋白 H_1 也可以。H_1 被磷酸化后，导致其从 DNA 上脱离或者与 DNA 结合不紧密，这两种情况都会导致基因的活化。组蛋白的磷酸化位点可以被磷酸酶水解还原，这也是个动态变化的过程。

4）组蛋白的泛素化

通常提到泛素化经常会想到蛋白质的多聚泛素化修饰，它是将目标蛋白转移到泛素依赖的蛋白水解酶体进行降解的标记。但是在组蛋白修饰过程中提到的泛素化是单泛素化。它不再是蛋白质需要降解的标记，而是改变蛋白质功能的一个标记。

连接酶可以催化组蛋白赖氨酸残基上的氨基与泛素之间成键。对不同的基因来讲，组蛋白 H_2B 被单泛素化后可能导致基因的激活、沉默，或者参与转录延伸调控。而连接组蛋白 H_1 单泛素化导致其从 DNA 上解离，没有连接组蛋白，染色质包装的紧密程度降低，基因被活化。

5）组蛋白的类泛素化

跟泛素化修饰很相近的还有一种组蛋白的类泛素化修饰，由小类泛素结合酶催化：SUMO 是一种 97 个氨基酸的蛋白质，它可以通过其羧基末端与靶蛋白的赖氨酸氨基残基结合。被类泛素化的赖氨酸一般是保守序列 X-Lys-Y-Glu 中的赖氨酸（其中，X 为高度疏水氨基酸，而 Y 为任意一种氨基酸）。去类泛素化是由 SUMO 特异性蛋白酶催化的。目前多数研究认为，类泛素化与转录抑制相关。

6）DNA 分子的修饰与基因表达调控

DNA 分子的修饰比组蛋白的修饰方式简单很多，通常真核生物中仅能发现胞嘧啶 5 位碳原子上的甲基化修饰。胞嘧啶的甲基化是一种共价修饰。DNA 甲基转移酶（DNMT）可以将 S- 腺苷甲硫氨酸上的甲基转移到胞嘧啶的 5 位碳原子上（图 5-25A）。在哺乳动物中，胞嘧啶的甲基化修饰几乎全部出现在二核苷酸 CG 中，记做“CpG”。基因组中 CpG 序列有 70%～80% 是甲基化的，这些 CpG 序列可以分散存在于 DNA 序列中，也可以呈现高度聚集的状态。这些高度聚集的 CpG 序列又被称为“CpG 岛”（图 5-25B）。通常甲基化是基因沉默的标记。特别是启动子区被高甲基化的基因处于失

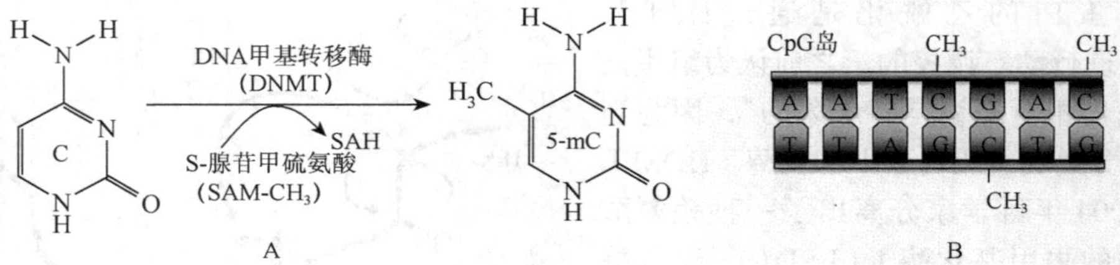

图 5-25　胞嘧啶的甲基化修饰（A）及 CpG 岛（B）

活状态。人类肿瘤就有很多是由于抑癌基因启动子区 CpG 岛高甲基化引起抑癌基因失活所导致的。但甲基化与基因沉默之间的关系不是绝对的。有一些情况下，甲基化的基因是被激活的。

胞嘧啶的甲基化修饰是伴随 DNA 复制进行的。作为模板的 DNA 是被甲基化的，而复制新合成的子代 DNA 是没有甲基化修饰的。DNA 甲基转移酶可以识别这种半甲基化的 DNA，并且将子代 DNA 甲基化（图 5-26）。

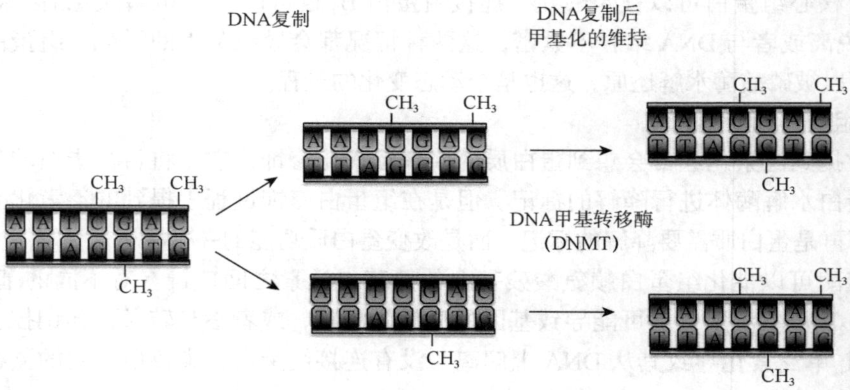

图 5-26　DNA 复制过程中胞嘧啶的甲基化修饰

从上面的介绍中不难看出，染色质的修饰状态与转录因子及染色质重塑复合物的招募及 DNA 的易接近性都有着密切的关系。通过染色质的重塑和修饰，使得对转录具有激活或抑制作用的转录因子得以结合其识别的相应 DNA 序列。而这些转录因子，很多也具有招募染色质重塑复合体及染色质修饰酶的功能，它们之间相辅相成，共同决定真核基因的转录活性。

5.2　真核细胞 RNA 转录后加工及转运

在真核细胞中编码蛋白质的基因往往以断裂基因的形式存在，即基因中编码蛋白质的区域被一段段非编码氨基酸的序列隔开，而在转录时，包括编码区和非编码区在内的整个序列会作为一个转录单位首先被转录成一条 mRNA 前体分子，称为初级 mRNA。初级 mRNA 中最终对应蛋白质中氨基酸序列的编码序列被称为外显子，而外显子之间那些非氨基酸编码区被称为内含子（图 5-27）。在其被转运至核外由核糖体进行翻译之前，首

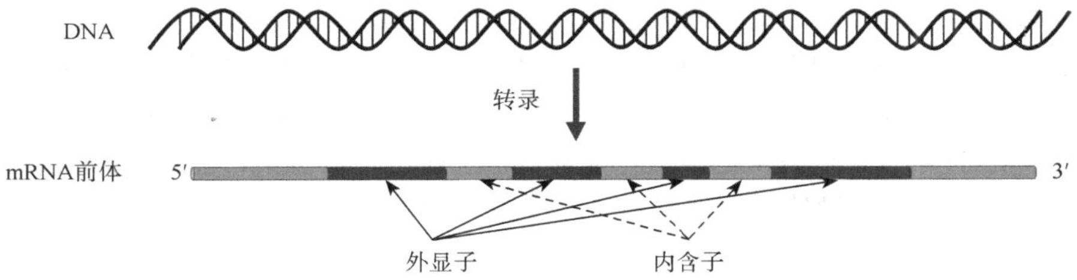

图 5-27　真核细胞的内含子

先要经过 5′ 端的“加帽”及 3′ 端“加尾”的修饰，而且那些不编码氨基酸的内含子序列要从 mRNA 前体分子中被切除，外显子部分则要被连接起来成为成熟 mRNA 分子指导蛋白质的合成。这一过程称为 mRNA 的转录后加工和剪接。事实上，除了 mRNA 外，tRNA 和 rRNA 的前体也都需要经过剪接，变成成熟的 tRNA 或 rRNA 后，才能有效地发挥其功能。

5.2.1　mRNA 的 5′ 端加帽修饰

真核基因转录开始后，新生的 mRNA 链合成至 20～40 个核苷酸长度时，其 5′ 端就被加上了一个 7- 甲基鸟苷酸的帽子结构。这一 5′ 端帽子是成熟 mRNA 出核转运所必需的结构，也是其在细胞质内作为模板进行蛋白质翻译起始所必需的。此外，它还能防止 mRNA 分子 5′ 端被 RNA 酶降解，从而增加 mRNA 稳定性。

mRNA 分子 5′ 端的帽子是一个通过特殊的 5′-5′ 磷酸二酯键连接的 7- 甲基鸟苷酸。一个倒转的单磷酸鸟苷酸通过特殊的 5′-5′ 磷酸二酯键连接到转录生成 mRNA 的 5′ 端，且鸟嘌呤第 7 位被甲基化后生成 mRNA 的 5′ 端帽子，用 $m^7GpppXpYp$ 表示。这里的 m^7 指在鸟嘌呤上第 7 位的甲基化，3 个 p 代表特殊的 5′-5′ 键中的 3 个磷酸基团，XpYp 代表 mRNA 分子 5′ 端的两个核苷酸残基。

5′ 端帽子的添加需要通过 3 步反应完成（图 5-28）。①由 RNA 三磷酸酯酶催化脱去 mRNA 分子 5′ 端嘌呤核苷酸的 γ 磷酸。②由鸟苷酸转移酶催化在 mRNA 分子 5′ 端加上一个倒转的单磷酸鸟苷酸，产生一个特殊的 5′-5′ 磷酸二酯键。③甲

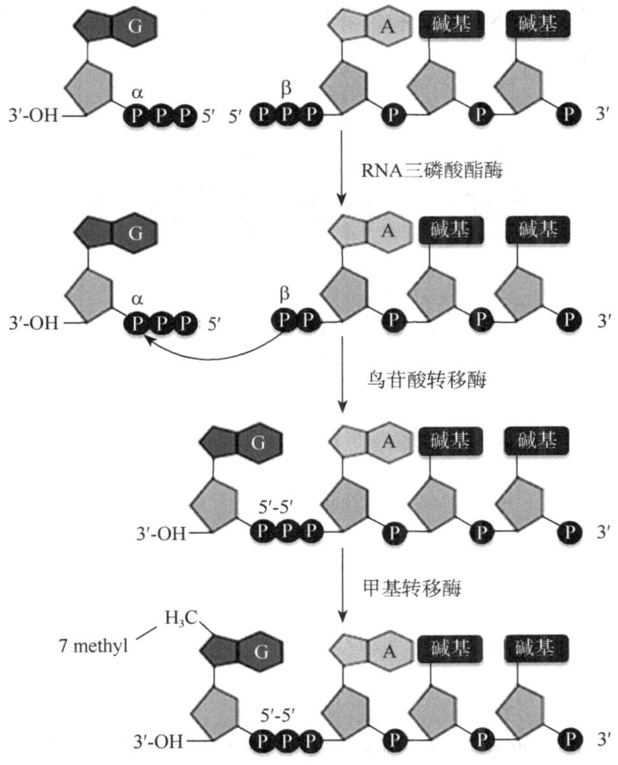

图 5-28　mRNA 5′ 端加帽过程

基转移酶催化，在鸟苷酸鸟嘌呤第7位上添加甲基，形成帽子结构。

mRNA分子5′端加帽的过程中，RNA聚合酶Ⅱ的CTD磷酸化对募集加帽因子有重要作用。CTD是RNA聚合酶Ⅱ羧基末端结构域，由YSPTSPS序列多次重复构成。在加帽过程中，CTD第5位丝氨酸的磷酸化能够促进加帽因子的募集，而RNA加帽后第5位丝氨酸的去磷酸化则会导致加帽因子的脱离（图5-29）。

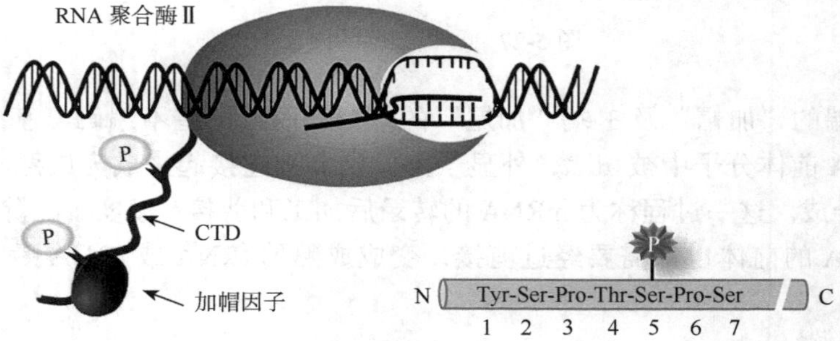

图5-29　CTD磷酸化参与mRNA 5′端加帽因子的募集

5.2.2　mRNA 3′端多聚腺苷酸化

除了组蛋白mRNA，真核生物成熟mRNA的3′端都带有200～250个多聚腺苷酸残基，被形象的称为多聚腺苷酸（polyA）尾巴。这个3′端尾巴并非由DNA编码，而是转录后在mRNA末端在多聚腺苷酸化酶（PAP）催化下，以ATP为底物添加到mRNA的3′端的。

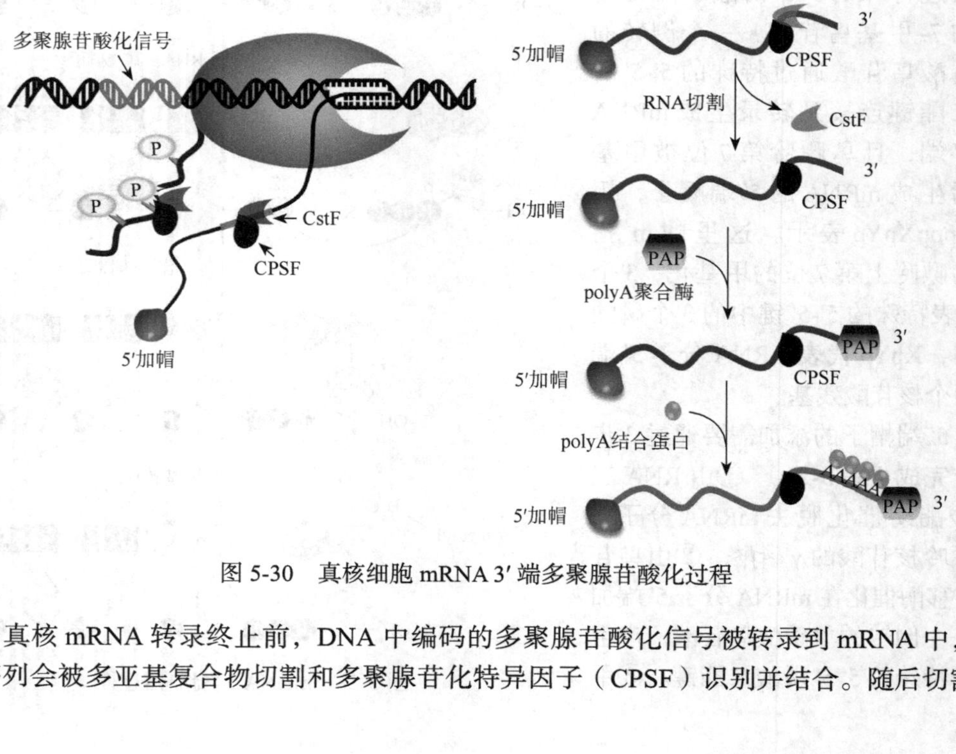

图5-30　真核细胞mRNA 3′端多聚腺苷酸化过程

真核mRNA转录终止前，DNA中编码的多聚腺苷酸化信号被转录到mRNA中，这一序列会被多亚基复合物切割和多聚腺苷化特异因子（CPSF）识别并结合。随后切割刺激因子（CstF）与 CPSF 结合，稳定 CPSF-RNA 复合体并促进 mRNA 被切割释放。随后，多聚腺苷酸聚合酶 PAP 被募集至切割产生的 mRNA 分子 3′ 末端，催化 200～250 个腺苷酸的添加，完成加尾反应。在 3′ 端加尾过程中，RNA 聚合酶 Ⅱ CTD 的磷酸化末端参与 RNA 切割以及 CPSF 和 CstF 的募集，在加尾过程中也起着重要的作用（图 5-30）。

真核生物 mRNA 的 3′ 端尾巴上结合有多聚腺苷酸结合蛋白，这一尾巴结构不仅能够保护 mRNA 分子 3′ 端免受核酸酶攻击，提高 mRNA 的稳定性，同时通过 polyA 结合蛋白与 5′ 端帽子的相互作用，使 mRNA 分子首尾相连，从而提高翻译效率。

5.2.3　真核细胞 mRNA 的剪接

真核细胞 mRNA 分子除了要进行加帽及加尾的修饰之外，还要将前体 mRNA 分子中不编码氨基酸的内含子部分切除，而将编码氨基酸序列的外显子部分连接起来形成成熟的 mRNA。

内含子和外显子的边界是由特殊的核苷酸序列标明的，这些序列指明了剪接应该在何处进行。外显子和内含子的边界，即内含子的 5′ 端被称为 5′ 剪接位点，内含子的 3′ 端被称为 3′ 剪接位点。GU-AG 型内含子是真核细胞中常见的内含子结构，其边界序列中保守的 GU 和 AG 分别位于 5′ 剪切位点和 3′ 剪切位点处内含子的内部。而内含子内靠近 3′ 端处，通常有一个分支点（branch point site），其后面是多聚嘧啶区。

1．内含子剪接的化学反应过程

RNA 剪接是由两步连续转酯反应完成的（图 5-31）。第一步转酯反应是由分支点保守腺苷酸的 2′-OH 引发，它作为亲和基团，攻击 5′ 剪接位点保守鸟苷酸的磷酰基团，使得外显子 3′ 端的核糖与内含子 5′ 端磷酸之间的磷酸二酯键断开，而游离出来的内含子 5′ 端与分支点保守腺苷酸连接，产生一个三叉交汇点（three-way junction）。在第二步转酯反应中，外显子新游离出来的 3′-OH 又反过来作为亲和基团，攻击 3′ 剪接位点的磷酰基团，这样两个编码区就连接起来了，而内含子则以一个套索状的结构被释放。

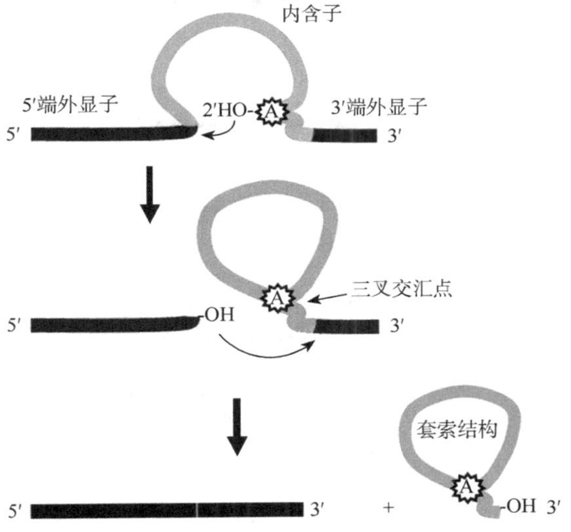

图 5-31　内含子剪接的过程

2．剪接体介导的内含子剪接

mRNA 剪接过程的两步转酯反应对于真核细胞核基因编码的 mRNA 而言是由被称为剪接体（spliceosome）的大型复合体介导的。

这个复合体包含约 150 种蛋白质和 5 种 RNA，这 5 种 RNA（U1、U2、U4、U5 和 U6）统称为核内小 RNA（small nuclear RNA，snRNA），这些 snRNA 与蛋白质形成的复合物被称为小核内核糖蛋白（small nuclear ribonuclear protein，snRNP），剪接体就是由这些 snRNP 形成的巨型复合体。每种 snRNP 在剪接过程中发挥不同作用，执行不同任务，因此，在剪接反应的不同时期，剪接体中含有不同的 snRNP。

进行内含子剪接时，U1 snRNA 首先与内含子中 5′ 剪切位点之间通过互补碱基配对发生相互作用，接着 U2 辅助因子（U2AF）的两个亚基分别与内含子中分支点下游的多聚嘧啶区和 3′ 剪切位点结合，并通过与分支点结合蛋白（BBP）的相互作用帮助其定位在分支点上。此时形成的蛋白质 -RNA 复合体叫早期复合体（E 复合体）。随后，U2 在 U2AF 的协助下取代 BBP 结合到分支点，U2 snRNA 与分支点腺苷酸两侧的序列配对，而单单不与 A 配对，这样形成配对的双链 RNA 时，分支点腺苷酸就被挤出来形成一个单碱基的凸起。此时的复合体叫做 A 复合体。U4/U5/U6 snRNP 加入复合体，把分支点和两个内含子剪切位点拉到一起，使得 A 复合体变成 B 复合体。接下来 U1 离开剪接体，5′ 剪切位点被 U6 结合。随着 U4 的离开，U6 就可以与 U2 相互作用，此时的复合体叫做 C 复合体。复合体的重排将 5′ 剪切位点和分支点拉到了一起，第一次转酯反应得以发生。接下来 U5 协助第二次转酯反应将两个外显子连接在一起。随后连接好的外显子与 snRNP 被释放出来（图 5-32）。

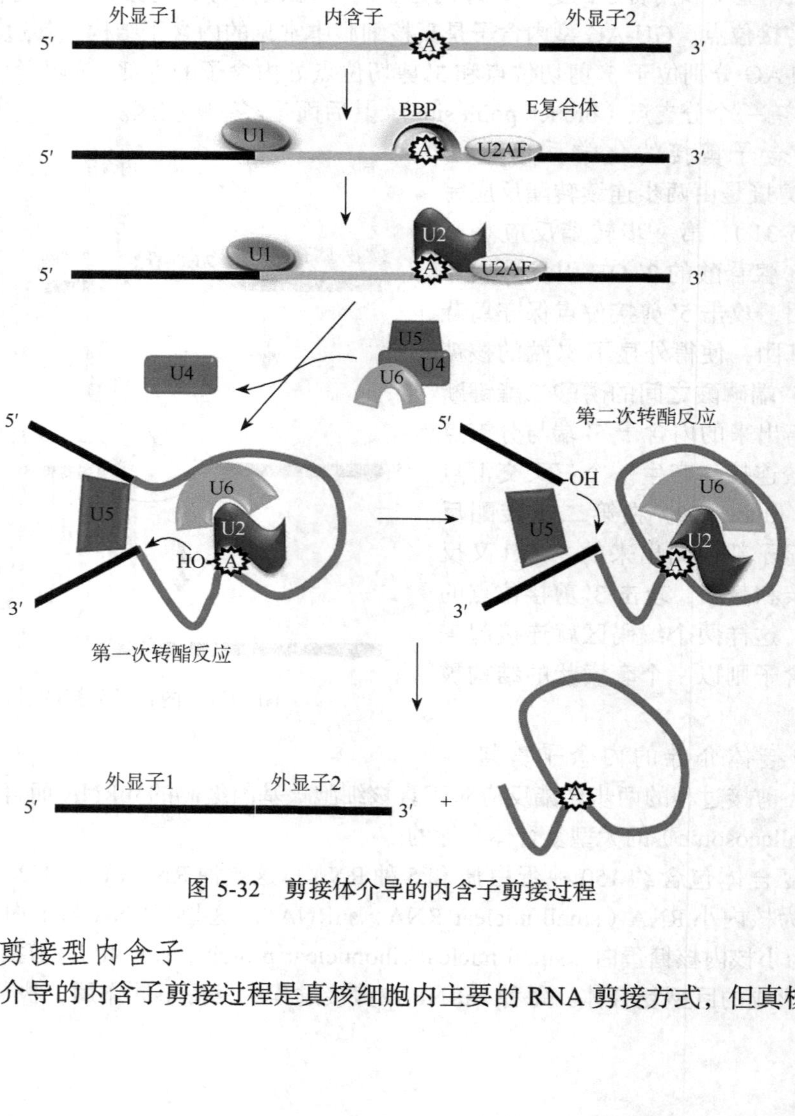

图 5-32　剪接体介导的内含子剪接过程

3．自剪接型内含子

剪接体介导的内含子剪接过程是真核细胞内主要的 RNA 剪接方式，但真核细胞中还存在一些自剪接型的内含子，所谓自剪接，是指在没有任何蛋白质或其他 RNA 分子的参与下，依靠内含子的自我催化机制将自身从 RNA 分子中剪接除去的方式。而自剪接又根据内含子的结构和作用机制分为Ⅰ类自剪接和Ⅱ类自剪接。

Ⅱ类自剪接内含子主要存在于一些原生生物、真菌、藻类和植物的线粒体和叶绿体 rRNA 基因中。在Ⅱ类自剪接内含子切除体系中，转酯反应的过程和剪接体催化的内含子剪接过程一致，由内含子分支点上高度活泼的腺苷酸作为亲核基团攻击内含子 5′ 端的磷酸二酯键，从上游切开 RNA 链后形成套索状结构。再由上游外显子的自由 3′-OH 作为亲核基团攻击内含子 3′ 位核苷酸上的磷酸二酯键，使内含子被完全切开，上、下游两个外显子通过新的磷酸二酯键相连，反应过程见图 5-31。不过这个过程不需要剪接体的参与，完全是通过内含子 RNA 自身折叠形成一种特殊构象，使得自我催化得以发生。

而Ⅰ类自剪接的机制略有不同，90% 以上的Ⅰ类自剪接发生于真菌、植物细胞及藻类细胞中。Ⅰ类自剪接的内含子没有分支点腺苷酸，因此，他们通过折叠形成一个鸟苷结合口袋，通过在口袋里结合一个游离的鸟苷或鸟苷酸来启动剪接过程（图 5-33）。在第一步转酯反应中，游离的鸟苷或鸟苷酸的 3′-OH 作为亲核基团攻击内含子 5′ 端的磷酸二酯键，从上游切开 RNA 链。在第二步转酯反应中，上游外显子的自由 3′-OH 作为亲核基团攻击内含子 3′ 位核苷酸上的磷酸二酯键，使内含子被完全切开，上、下游两个外显子通过新的磷酸二酯键相连，而内含子部分则以线性形式释放出。

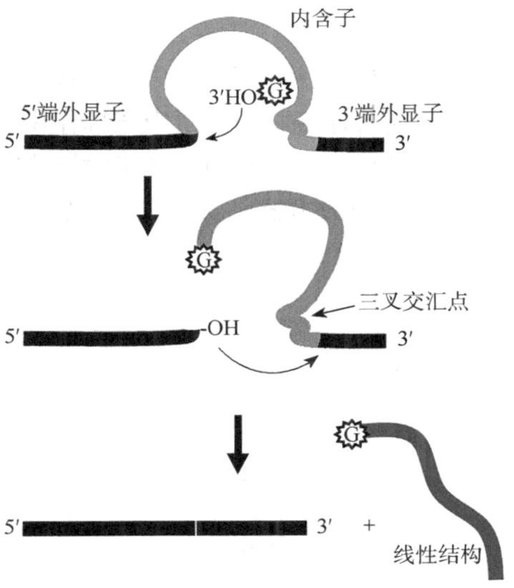

图 5-33　Ⅰ类自剪接的反应过程

可见，Ⅰ类和Ⅱ类自剪接最大的区别有两点：①Ⅰ类自剪接需要游离的鸟苷或鸟苷酸的介导来启动剪接过程，而Ⅱ类自剪接则是由自身内含子上高度活泼的腺苷酸来启动剪接过程；②Ⅰ类自剪接释放出线性内含子，而Ⅱ类自剪接释放出套索结构的内含子。

4．真核 mRNA 的可变剪接

在高等生物中，内含子通常是有序或组成型地从 mRNA 前体中被剪接，然而，有些前体 mRNA 分子存在不止一种剪接方式，从而产生不同的成熟 mRNA，这就是可变剪接（图 5-34）。果蝇中大约 40% 的基因和人类 90% 的基因都可以发生可变剪接。可变剪接可以从同一个基因得到多种不同蛋白质产物，这些不同的蛋白质叫做同工型，它们可以具有相似或者不同的功能，有时甚至作用相互拮抗。通常情况下，不同组织细胞中可能采用不同的可变剪接方式产生组织特异性的蛋白质同工型，但它们也可以是一种细胞为了应对不同的环境条件而选择不同的可变剪接方式。

通过可变剪接产生的不同蛋白质亚型可以在不同细胞或者细胞的不同亚定位处发挥各自的作用。例如 CaMKIIδ，其外显子 14、15 和 16 的部分存在 3 种可变剪接的方式。δA 型含有外显子 15 和 16，δB 型含有外显子 14，而 δC 型不含这几个外显子。外显子 14

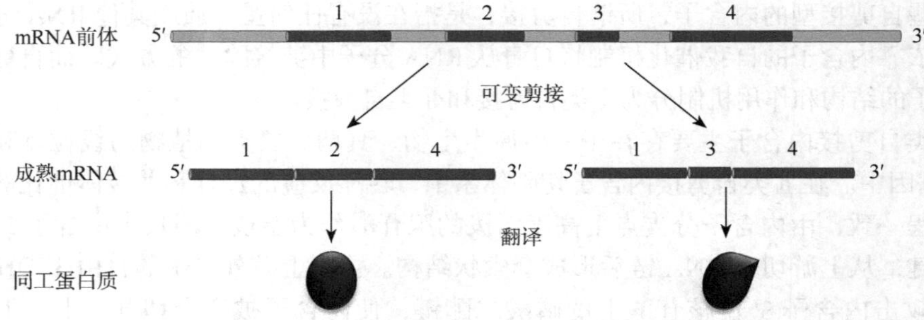

图 5-34 mRNA 可变剪接

中含有一段核定位信号，所以 δB 型的 CaMKIIδ 会进入细胞核发挥作用。而 δA 型和 δC 型则分别在骨骼肌和心肌中发挥作用。

不同可变剪接中除了有保留不同的特异性外显子部分的方式外，可变剪接还可以有很多种不同的方式，如外显子遗漏、外显子延伸、内含子保留等（图 5-35）。有些情况下，一个基因通过不同的可变剪接方式可以产生数百种甚至上千种的多肽产物。

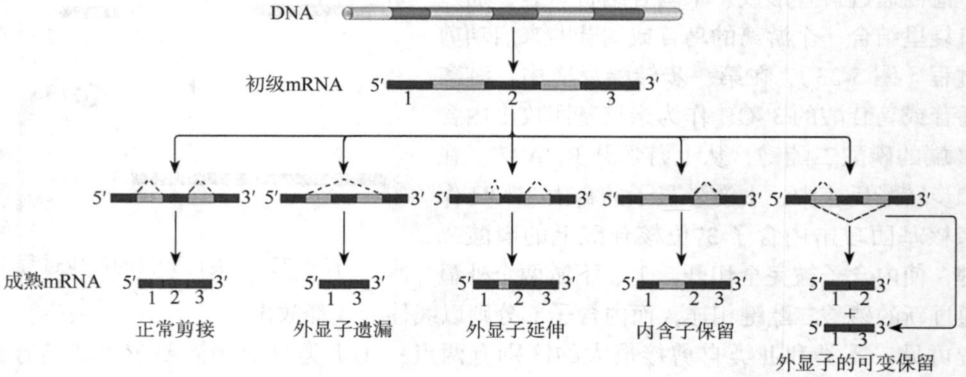

图 5-35 同一基因的不同可变剪接方式

可变剪接位点的调控：细胞采用何种可变剪接同样取决于细胞中的一些特异性调控因子。例如，在 A 种细胞中要被剪接掉的内含子部分，在 B 种细胞中剪接位点会被一些抑制因子结合和占据，这就使得在 B 种细胞中剪接体复合物不能在此剪接，于是这段内含子就被保留了（图 5-36）。而在另一些情况下，在 A 种细胞中有些位点可能剪接体识别效率不高，不会被剪掉，但在 B 种细胞中，由于其周围有剪接激活因子的结合位点而促进了剪接体对这段序列的切除（图 5-37）。细胞内一种富含丝氨酸和精氨酸的叫做 SR 蛋白的因子就可以结合在外显子的剪接增强子序列上，保证基本剪接的准确性和高效性。SR 蛋白家族种类繁多，可以在不同条件下引导剪接体到不同位点发挥作用，所以在某种细胞中，或者发育的某个阶段，或者同一种细胞的某种环境条件下，其特定 SR 蛋白的数量和活性就决定了某一特定剪接位点是否得以利用。

5．真核细胞的 RNA 编辑

生物体内还存在一种可以在 RNA 转录之后将其序列改变的机制，叫做 RNA 编辑。

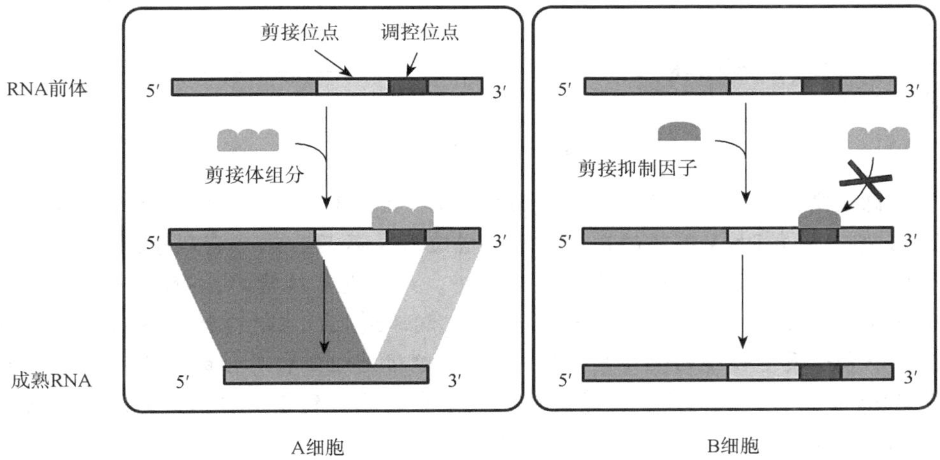

图 5-36 剪接位点的选择受到细胞内剪接抑制因子的阻碍作用

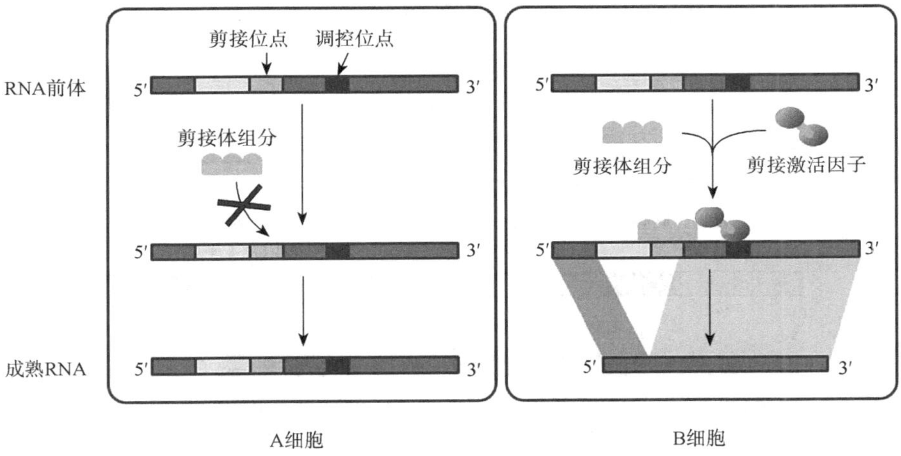

图 5-37 剪接位点的选择受到细胞内剪接激活因子的促进作用

介导 RNA 编辑的机制有两种。①酶催化的位点特异性脱氨基作用（图 5-38）。②在“4.4.3 DNA 损伤及损伤修复系统”中介绍过生理条件下 DNA 中的胞嘧啶可以水解脱氨基，而在 RNA 分子中，胞嘧啶也可以水解脱氨基，不过是由胞苷脱氨酶来催化完成的。水解脱氨基后核苷酸中的胞嘧啶转变为尿嘧啶，引起 RNA 序列的改变，这可能影响 RNA 所携带的信息。

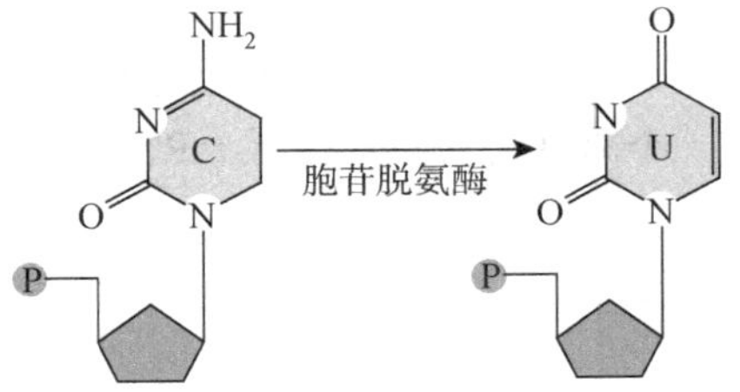

图 5-38 位点特异性胞嘧啶酶解脱氨基作用

知识扩展 5-6

真核细胞的 RNA 编辑

胞嘧啶脱氨基：哺乳动物的载脂蛋白 B（ApoB）转录出的 mRNA 中有个特定 CAA 密码子是 RNA 编辑的靶点。当胞嘧啶脱氨基后，这个密码子变成 UAA，这是标志蛋白质翻译结束的终止密码子之一。结果没有编辑的 mRNA 产生一个分子质量较大的蛋白质，而发生编辑的 mRNA 翻译到此位点时会结束多肽合成从而产生一个分子质量较小的蛋白质。这一 RNA 编辑是组织特异性的，小肠细胞中会发生 RNA 编辑，产生的小蛋白参与运输饮食中的脂肪到各个组织中去，而肝脏中的 mRNA 不发生编辑，产生的大的载脂蛋白 B 参与内源合成的胆固醇和甘油三酯的转运（图 5-BOX6）。

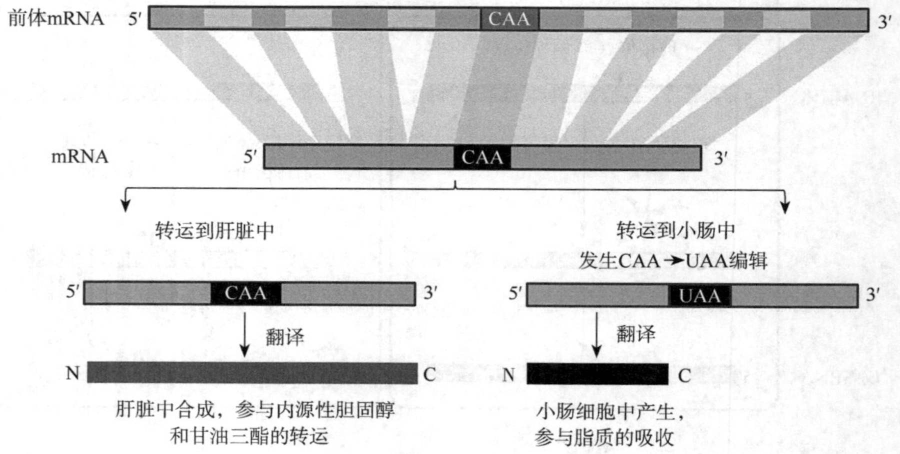

图 5-BOX6　载脂蛋白 B 的 RNA 编辑

插入或删除多个尿嘧啶：人们在锥虫线粒体中发现一种截然不同的 RNA 编辑方式——由引导 RNA 介导的在前体 mRNA 的特定位置插入或者删除多个尿嘧啶。插入的数量可能很大，有时甚至可以达到成熟 mRNA 核苷酸总数的一半左右。多个尿嘧啶的插入使得 mRNA 的密码子和阅读框发生改变，从而完全改变了 mRNA 序列。

5.2.4　成熟 RNA 的出核转运

真核细胞中 RNA 的转录发生于细胞核中，而主要的 3 种 RNA 分子，mRNA、rRNA 和 tRNA 发挥其功能主要在细胞质中，因而转录出的 RNA 分子通常要通过核孔复合体被转运至核外。就 mRNA 而言，其从被转录出的那一刻起，就不是裸露游离存在的，其与许多蛋白质结合在一起，而且随着修饰和加工过程的进行，有些结合 RNA 的蛋白质来了又去，而另外一些蛋白质则一直伴随着它。经过了加帽、剪接和加尾的修饰加工后，最终成熟的 mRNA 上会携带着一组蛋白质，如某些 SR 蛋白、某些 hnRNP 以及 polyA 结合蛋白等，它们会一同通过主动转运的方式运送出细胞核（图 5-39）。这一组蛋白质，而不是其中的某一个蛋白质决定了 mRNA 是否被转运。其他的一些 RNA，如剪接后释放的内含子部分，因为缺少了某些转运所必需的特定蛋白质组合而结合着一些其他蛋白质，所以可以被有效地阻止其向核外的转运。

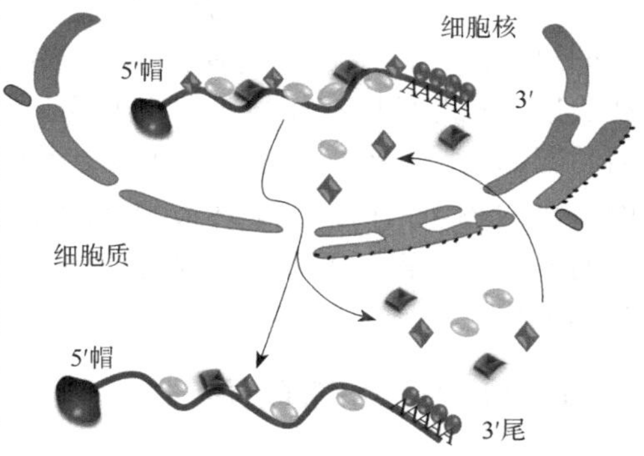

图 5-39　成熟 RNA 的转运出核

RNA 转运出核的通道就是核膜上的核孔复合体，分子质量小于 50kDa 的分子可以自由通过核孔，而大分子物质如 mRNA 及其结合的蛋白质通过核孔复合体则需要主动转运。这一转运过程涉及 mRNA 分子上结合的出核受体与核孔复合体之间的识别。而主动转运所需要的能量，则通过一种 Ran-GTP 酶水解 GTP 提供（图 5-40）。

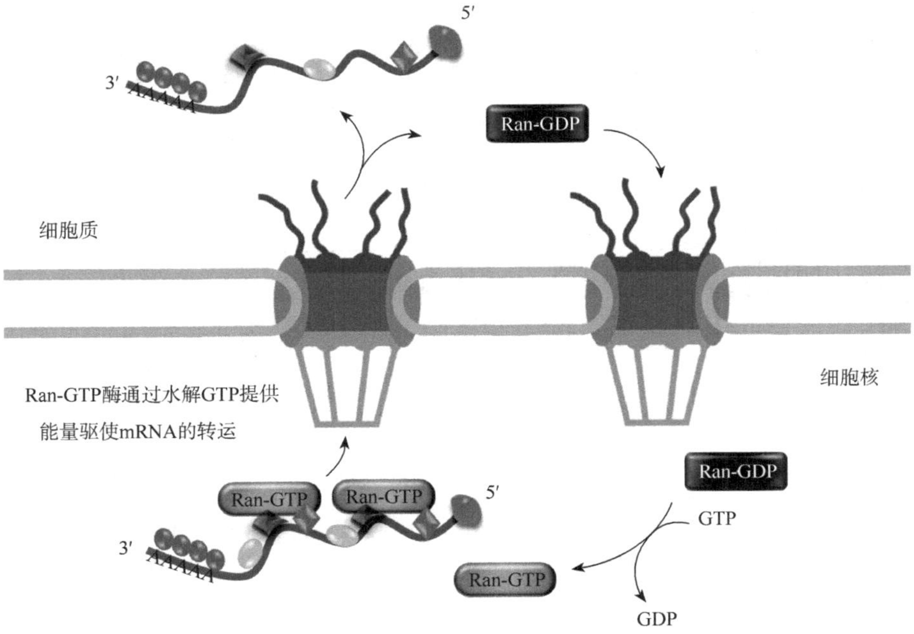

图 5-40　RNA 转运出核的过程

5.3　从 RNA 到蛋白质：翻译

对于编码蛋白质的基因而言，遗传信息的表达很大程度上要通过翻译环节获得蛋白质产物，也就是蛋白质的生物合成来实现。所谓翻译是指以 mRNA 为模板，通过 tRNA

对贮存在 mRNA 中的密码子序列进行解读，并由核糖体将 tRNA 携带的氨基酸合成多肽链的过程。翻译过程是所有生物中最保守也是最消耗能量的事情，就算是小小的细菌，在快速生长时可以有相当于细胞干重一半的物质和细菌消耗的 80% 的能量是用来进行蛋白质翻译的。一种蛋白质的合成需要上百种蛋白质和 RNA 的通力合作。而且蛋白质合成的流水线环环相扣，一个环节发生故障，便会前功尽弃。在开始介绍蛋白质的合成过程之前，先来了解一下参与翻译过程的一些核心组分的结构和功能，包括 mRNA、核糖体和 tRNA。

5.3.1 mRNA 和密码子

mRNA 经过剪接加工成为成熟 mRNA 后，其中编码多肽链的序列被称为开放阅读框（open reading frame，ORF）。ORF 由一系列连续排列的三联核苷酸组成，每一组三联核苷酸编码蛋白质多肽链中的一个氨基酸或终止信号，被称为一个密码子或三联体密码。ORF 第一个密码子叫做起始密码子，最后一个密码子叫做终止密码子。但是成熟 mRNA 在起始密码子之前和终止密码子之后都还有一段非编码区，分别叫做 5′ 端非编码区和 3′ 端非编码区。特别是在 5′ 端非编码区，存在一些蛋白质合成机器识别结合的位点（图 5-41）。

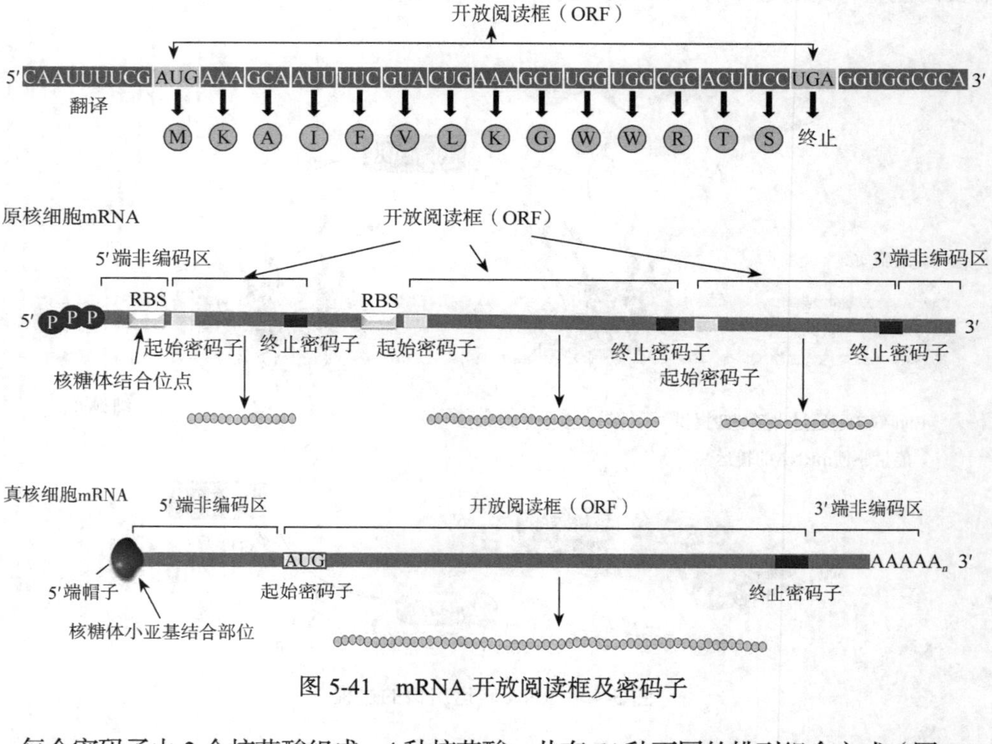

图 5-41 mRNA 开放阅读框及密码子

每个密码子由 3 个核苷酸组成，4 种核苷酸一共有 64 种不同的排列组合方式（图 5-42），但通常合成蛋白质的天然氨基酸只有 20 种。通过对遗传密码的破译，人们发现在 64 个密码子中，有 3 个不编码任何氨基酸，而是肽链合成的终止的信号，叫终止密码子，即 UAG、UGA 和 UAA。而 AUG 既是甲硫氨酸的密码子，又是肽链合成的起始密码子。对于其他的天然氨基酸而言，编码某一种氨基酸的密码子不止一个，这种由一种以上密码

第二位

第一位（5′端）	U	C	A	G	第三位（3′端）
U	UUU Phe	UCU Ser	UAU Tyr	UGU Cys	U
U	UUC Phe	UCC Ser	UAC Tyr	UGC Cys	C
U	UUA Leu	UCA Ser	UAA* stop	UGA* stop	A
U	UUG Leu	UCG Ser	UAG* stop	UGG Trp	G
C	CUU Leu	CCU Pro	CAU His	CGU Arg	U
C	CUC Leu	CCC Pro	CAC His	CGC Arg	C
C	CUA Leu	CCA Pro	CAA Gln	CGA Arg	A
C	CUG Leu	CCG Pro	CAG Gln	CGG Arg	G
A	AUU Ile	ACU Thr	AAU Asn	AGU Ser	U
A	AUC Ile	ACC Thr	AAC Asn	AGC Ser	C
A	AUA Ile	ACA Thr	AAA Lys	AGA Arg	A
A	AUG† Met	ACG Thr	AAG Lys	AGG Arg	G
G	GUU Val	GCU Ala	GAU Asp	GGU Gly	U
G	GUC Val	GCC Ala	GAC Asp	GGC Gly	C
G	GUA Val	GCA Ala	GAA Glu	GGA Gly	A
G	GUG Val	GCG Ala	GAG Glu	GGG Gly	G

* 表示链终止终止子或“无义”密码子；†表示细菌中此起始密码子被甲酰甲硫氨酸-tRNA^{fMet}特异性识别

图 5-42 密码子表

子编码同一个氨基酸的现象称为密码子的简并性，编码同一氨基酸的密码子称为同义密码子。同义密码子之间有一定序列相关性，对于大多数氨基酸而言，其同义密码子的前两位是相同的核苷酸，而第三位核苷酸不同。而对于精氨酸、丝氨酸和亮氨酸而言，其同义密码子的第一位和 / 或第二位也是不同的核苷酸。

密码子简并性的生物学意义在于其可以更好地维持细胞表型和功能的稳定。如果某个单一核苷酸的突变出现在一个密码子的第三位上，这很可能对多肽链的序列及其合成没有影响，因而可以降低氨基酸突变的概率，减少有害突变体的出现。

知识扩展 5-7

特殊密码子的其他含义

密码子与所编码氨基酸之间的对应关系在各种生物内是通用的，但也存在一定的例外（表 5-BOX1）。在线粒体 DNA 及少数生物基因组中，密码子的规律略有不同。

表 5-BOX1 部分密码子的通用及其他含义

密码子	通用含义	其他含义
CUU CUC CUA CUG	Leu	在酵母线粒体中译为 Thr
CUG	Leu	在白色念珠菌中译为 Ser
AUA	Ile	在酵母线粒体、果蝇和脊椎动物中译为 Met
UGA	终止密码子	在支原体和高等植物的线粒体中译为 Trp，在一些真核生物及细菌中译为 Ser
UAA	终止密码子	在有纤毛的原生动物中译为 Gln
UAG	终止密码子	在有纤毛的原生动物中译为 Gln，在一些古细菌和真细菌中译为 Pyr
AGA AGG	Arg	在酵母和脊椎动物线粒体中为终止密码子
CGG	Arg	在高等植物的线粒体中译为 Trp

5.3.2 核糖体

真核细胞和原核细胞中的核糖体的结构和功能非常相似，都是由大小两个亚基组成，核糖体大亚基的主要功能是催化肽键形成，小亚基则主要为核糖体组装和翻译过程中各种因子正确定位提供指导。

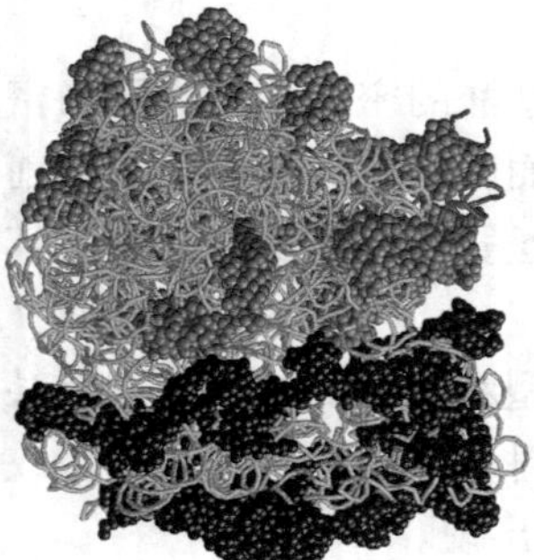

图 5-43 核糖体的三维结构

原核细胞的 70S 核糖体由 50S 的大亚基和 30S 的小亚基组成（图 5-43）。其中 50S 大亚基含有约 34 种蛋白质及 23S 和 5S 的两条 rRNA 分子。30S 小亚基含有 21 种蛋白质，还含有一分子的 16S rRNA。真核细胞的 80S 核糖体可以分成 60S 大亚基和 40S 小亚基两部分，60S 亚基中有 49 种蛋白质及 28S、5S 和 5.8S 的 rRNA 各一分子。40S 小亚基有约 33 种蛋白质及一分子 18S rRNA。虽然组成核糖体的蛋白质种类繁多，但核糖体中超过 60% 的质量是由 RNA 分子贡献的。而且核糖体真正催化氨基酸之间肽键形成的肽酰转移酶活性中心是由大亚基中最大的 rRNA 分子构成的。因而，核糖体本质上是一种核酶。核糖体中的蛋白质虽然不具有实际的催化功能，但其一方面可以协助核糖体 RNA 分子正确折叠，提高翻译的效率和准确性；另一方面还能够保护 rRNA 分子免受核酸酶的攻击，从而帮助核糖体稳定、准确、高效地进行多肽合成。

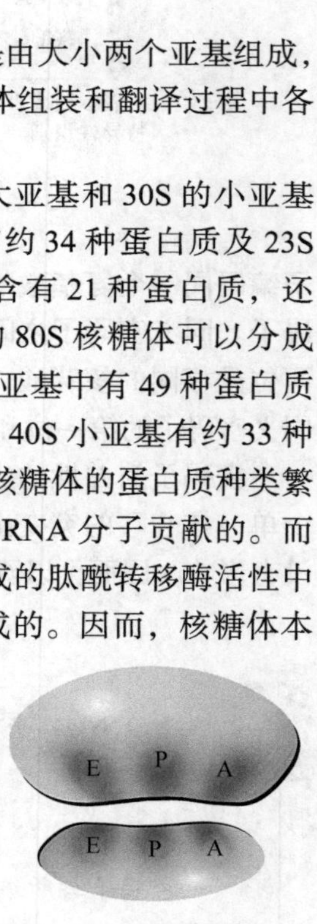

图 5-44 核糖体大、小亚基上中与蛋白质合成相关的 A、P、E 位点

核糖体大小亚基上均具有 3 个与蛋白质合成有关的 tRNA 结合位点（图 5-44），分别称为氨酰 tRNA 结合位点（A 位点）、肽酰 tRNA 结合位点（P 位点）和肽酰基转移后空载 tRNA 的结合

位点（E 位点）。大、小亚基上分别有这些位点对应的区域，当它们结合成核糖体时，这些位点是一一对应的。

5.3.3　转运 RNA

转运 RNA（transfer RNA，tRNA）是在蛋白质翻译过程中携带并转运氨基酸至核糖体的小分子核糖核酸。tRNA 通常由 74～95 个核苷酸组成，除了 AUGC 四种核苷酸之外，tRNA 中还含有一些稀有碱基。

tRNA 的二级结构呈三叶草型，而三级结构上看像一个倒置的 L 字母。5′ 端和 3′ 端常可以形成一段 7 个碱基对的茎，称为受体臂或称氨基酸臂。其中 3′ 端突出，有 4 个游离碱基（XCCA）的单链区，单链末端是—OH，也是要携带氨基酸底物的位点。核糖体臂常由 5bp 的茎和 7 个核苷酸的 TψC 环组成，负责与核糖体上的 rRNA 识别结合；二氢尿嘧啶环（D 环）的茎区长度常为 4bp，负责和氨基酰 tRNA 合成酶结合。而 L 型中长的竖是 tRNA 的反密码臂，常由 5bp 的茎区和 7 个核苷酸的反密码环组成，负责对密码子的识别与配对（图 5-45）。

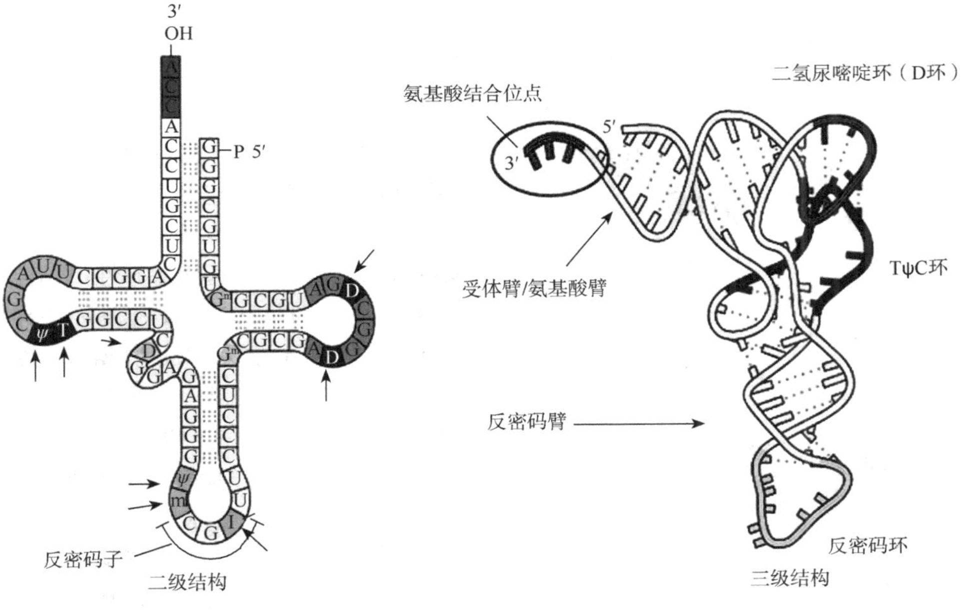

图 5-45　tRNA 的结构

反密码环中间的 3 个核苷酸按照碱基配对的方式与密码子相互识别，不过反密码子的第一位核苷酸与密码子第三位核苷酸之间可以不按照严格的沃森 - 克里克配对方式进行配对，因此，第三位不相同的那些同义密码子有时可以被一种 tRNA 识别，这种现象叫做摆动现象（图 5-46）。密码子和氨基酸之间不是一一对应的，但尽管存在摆动现象，细胞中的 tRNA 和氨基酸之间也不是一一对应的，每一种氨基酸都有其对应的一种或几种 tRNA。

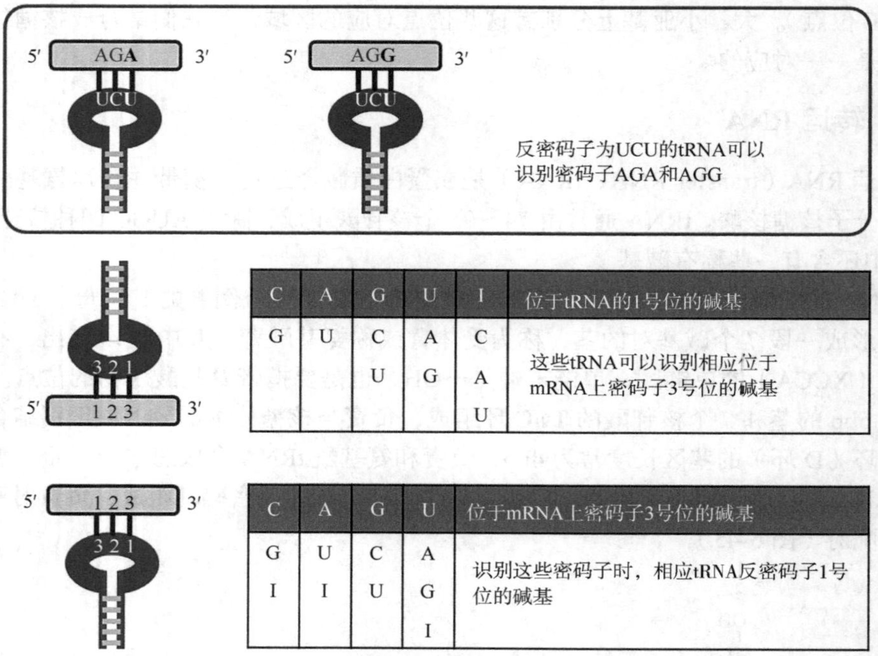

图 5-46　tRNA 与密码子配对的摆动现象

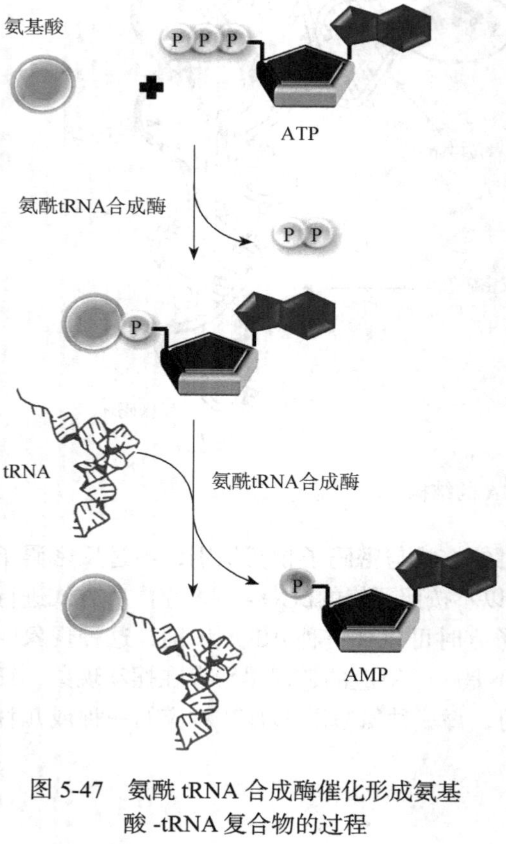

图 5-47　氨酰 tRNA 合成酶催化形成氨基酸 -tRNA 复合物的过程

tRNA 通过其 3′ 末端的羟基与氨基酸连接将氨基酸携带在自己的受体臂上，这个过程需要氨酰 tRNA 合成酶来催化完成。氨酰 tRNA 合成酶具有氨基酸特异性的结合位点和 tRNA，特别是 tRNA 反密码环特异性的结合位点，从而能够将某一种氨基酸结合到特定 tRNA 的 3′ 末端上。在氨酰 tRNA 合成酶的催化下，氨基酸被 ATP 活化产生氨酰 - 腺苷酸，并释放出焦磷酸。反应所需的能量由 ATP 中高能磷酸键水解提供。之后，活化的氨基酸在氨酰 tRNA 合成酶的催化下被转移到 tRNA 上，与其 3′ 末端的羟基形成酯键并释放 AMP（图 5-47）。此时携带了氨基酸的 tRNA 就可以为蛋白质的翻译转运氨基酸底物了。

5.3.4　蛋白质翻译过程

蛋白质翻译的过程同样涉及起始、延伸和终止几个阶段。蛋白质翻译的起始阶段要完成核糖体大小亚基在 mRNA 上的组装及起始氨酰 tRNA 在起始密码子处的准确定位，起始阶段是翻译中相对而言最慢的一步。一旦最初的两个氨基酸之间的肽键形成，翻译即进入延伸阶段。此时，核糖体以 3 个核苷酸残基为单位，沿着 mRNA 向下游移动，聚合的多肽链则从 N 端向 C 端逐步合成。这个阶段的速度比较快，可以达到每秒钟 15 个氨基酸。而当核糖体遇到终止密码子后，多肽链的合成随即停止，同时核糖体结合的 mRNA、合成的多肽链及空载的 tRNA 均被释放，核糖体大小亚基也随之解离并进入循环使用的过程。这 3 个过程，环环相扣，在细胞中有条不紊地进行。

1．翻译的起始

原核细胞和真核细胞在翻译的起始环节存在较大差异，主要是核糖体小亚基与 mRNA 链的识别结合机制不同。

原核细胞中，mRNA 分子的 5′ 端非编码区内具有一段被称为核糖体结合位点（ribosome binding site，RBS）的特殊序列，又称为 SD（shine-dalgarno）序列，一般位于起始密码子 AUG 上游 10 个核苷酸左右的位置。这段序列能够与核糖体小亚基 16S rRNA 中靠近 3′ 端的一段保守序列互补配对，从而使核糖体小亚基定位在 mRNA 分子上（图 5-48）。之后，起始氨酰 tRNA 插入核糖体小亚基的 P 位点，形成翻译前起始复合物。最后，大亚基才结合到复合物上，形成完整的由核糖体 -mRNA- 起始 tRNA 组成的翻译起始复合体。原核细胞翻译起始复合体的组装需要 3 个翻译起始因子——IF1、IF2 和 IF3 参与。

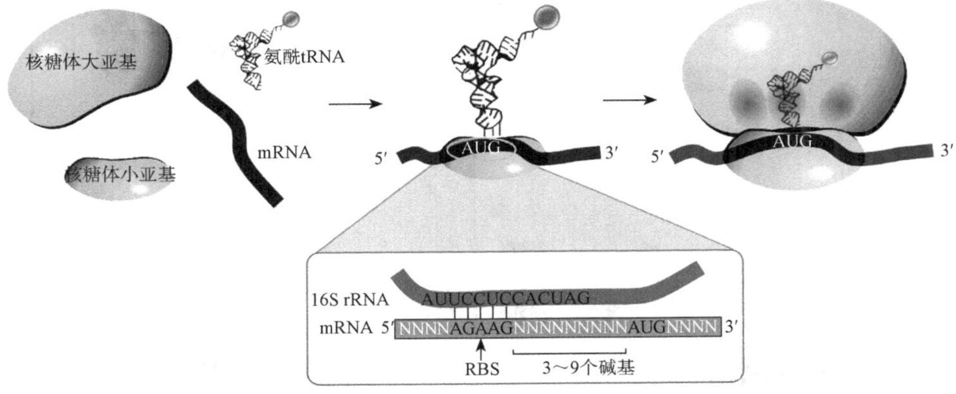

图 5-48　原核细胞中 SD 序列的识别与核糖体的定位

真核细胞翻译起始装置的组装顺序与原核细胞有所不同。在真核细胞中，小亚基首先识别并结合的是 mRNA 甲基化的 5′ 末端，然后，小亚基和翻译起始因子形成的复合物向下游移动，直到遇到真核生物中的起始密码子 AUG 和其周围的保守序列 Kozak 序列后停滞，这时大亚基才随即结合上来，形成完整的核糖体。参与真核细胞翻译起始的起始因子更多，形成一个非常复杂有序的反应过程。

知识扩展 5-8

原核细胞翻译起始复合体的组装

原核细胞翻译起始复合体的组装需要 3 个翻译起始因子——IF1、IF2 和 IF3 参与。这些翻译起始因子仅在 30S 小亚基上发现，当 30S 小亚基与 50S 大亚基结合形成 70S 核糖体时，翻译起始因子即被释放。其中，IF3 结合于小亚基 E 位点并阻止其与大亚基结合，保持小亚基的游离状态。IF1 结合于小亚基 A 位点，阻止负载氨基酸的 tRNA 与 A 位点的结合。同时，IF1 可以募集 GTP 结合蛋白 IF2 因子，而 IF2 则能够进一步引导起始氨酰 tRNA 与 P 位点结合。当 mRNA 中的 RBS 序列与核糖体小亚基 16S rRNA 互补配对结合在小亚基上时，原核细胞 30S 翻译起始复合体就形成了。当起始氨酰 tRNA 在 P 位点通过其反密码子与 mRNA 上起始密码子互补配对后，会引起小亚基构象改变，从而释放了 IF3，此时核糖体大亚基加入，并激活 IF2 的 GTP 酶活性引起 GTP 水解，导致 IF2-GDP 和 IF1 从核糖体释放（图 5-BOX7）。此时形成的 70S 翻译起始复合体中只包含完整的核糖体、mRNA 和起始氨酰 tRNA。

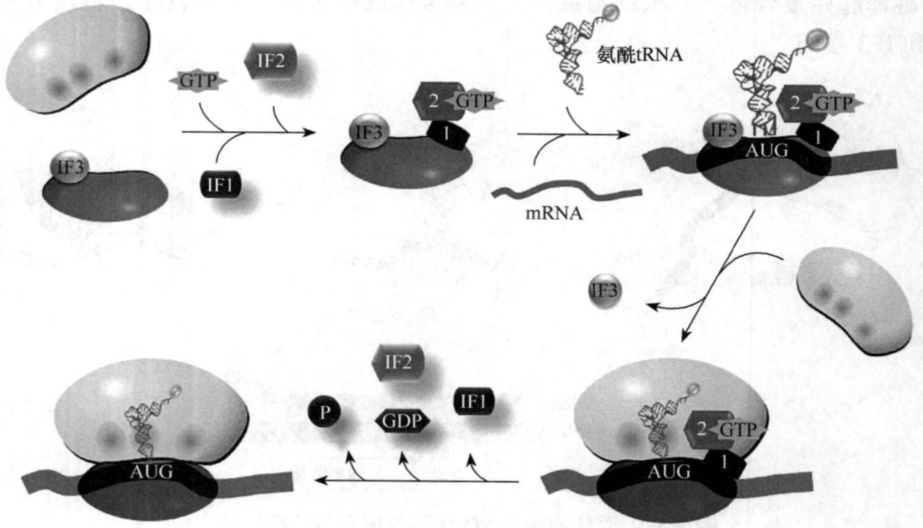

图 5-BOX7　原核细胞翻译起始复合物的组装

真核细胞翻译起始复合体的组装

参与真核细胞翻译起始复合体组装的起始因子更多。其中，eIF3、eIF1 和 eIF1A 通过与小亚基的结合使大小亚基保持游离，而 eIF5B 通过与 eIF2 相互作用将与 eIF2 结合在一起的起始氨酰 tRNA 定位在小亚基 P 位点上。此时形成 43S 前起始复合体。而在真核细胞 mRNA 的 5′ 末端，eIF4E 通过识别结合 mRNA 的帽子结构进一步招募翻译起始因子 eIF4A 和 eIF4G，进一步 eIF4B 加入并激活 eIF4A 解旋酶活性，解开

mRNA 的 5′ 端非编码区内的茎环结构。之后，这些翻译起始因子和 43S 前起始复合体中的 eIF3 识别结合使得核糖体小亚基定位在 mRNA 的 5′ 末端上，并使得前起始复合体向下游扫描直至找到起始密码子。起始氨酰 tRNA 和起始密码子的正确配对引起 eIF2 和 eIF3 的脱离，使得核糖体大亚基结合，并促进了 eIF5B-GTP 的水解，导致剩余的起始因子释放，核糖体至此开始多肽链的合成（图 5-BOX8）。

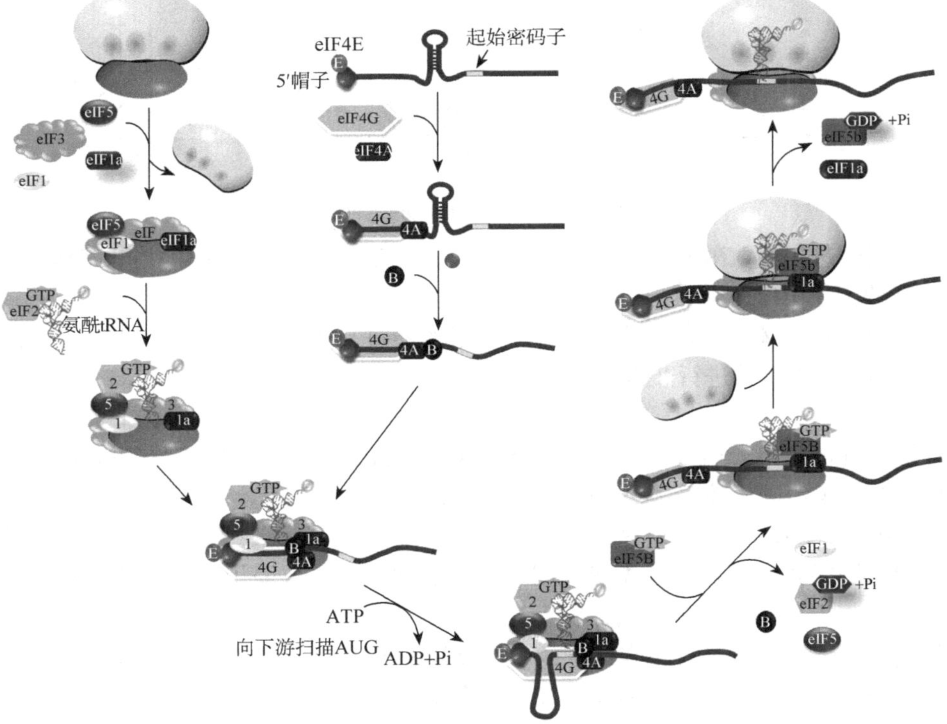

图 5-BOX8　真核细胞翻译起始复合物的组装

2．翻译的延伸过程

在翻译起始复合物中，核糖体的小亚基结合 mRNA，起始氨酰 tRNA 直接结合于核糖体的 P 位点。翻译的延伸阶段启动后，随后的氨酰 tRNA 都结合于核糖体的 A 位点。翻译延伸过程中，每添加一个氨基酸，都要按照氨酰 tRNA 进入 A 位点、转肽反应和核糖体易位 3 个步骤循环进行。

首先，氨酰 tRNA 在密码子的指导和延伸因子 EF-Tu 的帮助下进入 A 位点；随着 EF-Tu 因子的解离，在核糖体肽基转移酶位点催化下，P 位点肽酰 tRNA 上的肽链与 A 位点氨酰 tRNA 上的氨基酸形成肽键，完成由 P 位点向 A 位点的转肽反应。此时，在 P 位点留下一个空载 tRNA，而在 A 位点生成一个肽酰 tRNA。最后，在延伸因子 EF-G 的协助下，核糖体向 mRNA 下游移动 3 个核苷酸的距离，将空载 tRNA 转移到核糖体的 E 位点，而 A 位点的肽酰 tRNA 则移动到 P 位点，A 位点上 mRNA 的密码子此时就能够被下一个与之对应的氨酰 tRNA 识别了（图 5-49）。

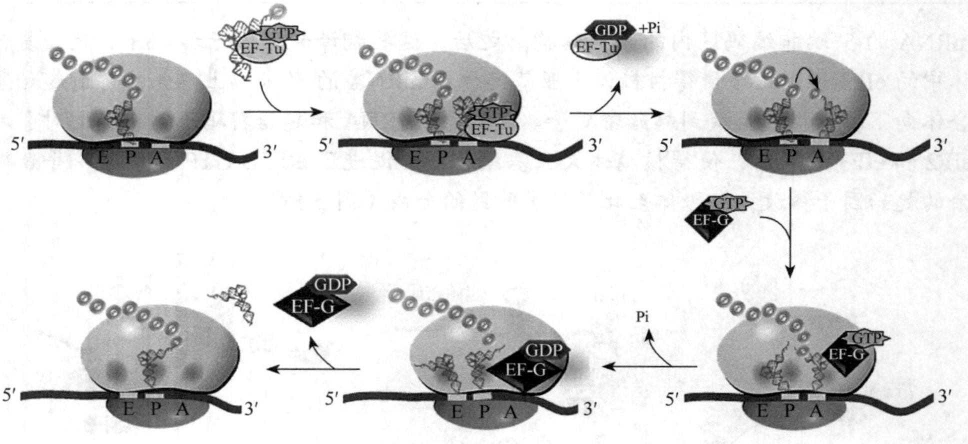

图 5-49　真核细胞翻译的延伸过程

翻译延伸过程中氨酰 tRNA 进入 A 位点、转肽反应和核糖体易位 3 个步骤循环进行，且两个延伸因子 EF-Tu 和 EF-G 与核糖体的结合是相互排斥的，只有上一个因子完成工作，顺利地从核糖体上解离下来，下一个因子才能进行下一步的工作，这对于保证蛋白质翻译过程有条不紊的进行非常重要。

3．翻译终止

当翻译进行到 mRNA 上的终止密码子 UAA、UAG 和 UGA 时，没有识别终止密码子的氨酰 tRNA 能够进入核糖体 A 位点。此时，A 位点上的终止密码子会被终止蛋白质合成的释放因子（release factor，RF）所识别。翻译终止阶段需要两类释放因子，Ⅰ类释放因子用于识别终止密码子，Ⅱ类释放因子用于协助Ⅰ类释放因子从核糖体的解离。Ⅰ类释放因子用于识别终止密码子后，转肽反应不再是将肽链转移到 A 位点氨酰 tRNA 携带的氨基酸上，而是转移到 A 位点结合的Ⅰ类释放因子顶端 GGQ 序列中谷氨酰胺残基侧链结合的水分子上，从而结束肽链延伸反应，释放出合成的肽段。接着在Ⅱ类释放因子的作用下，Ⅰ类释放因子从 A 位点解离下来（图 5-50）。

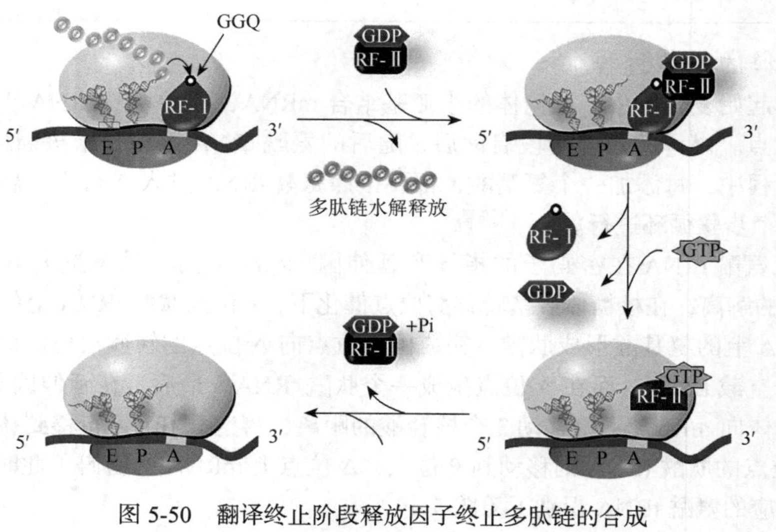

图 5-50　翻译终止阶段释放因子终止多肽链的合成

翻译释放因子只是释放了合成的肽段，此时 mRNA、核糖体大小亚基和 tRNA 仍结合在一起，它们需要核糖体循环因子（ribosome recycling factor，RRF）的协助才能相互解离（图 5-51）。EF-G-GTP 通过驱动 RRF 的易位使核糖体大小亚基、tRNA 及 mRNA 相互解离，从而使得翻译装置的各个组分重新回到循环体系中，参与下一次蛋白质翻译的过程。

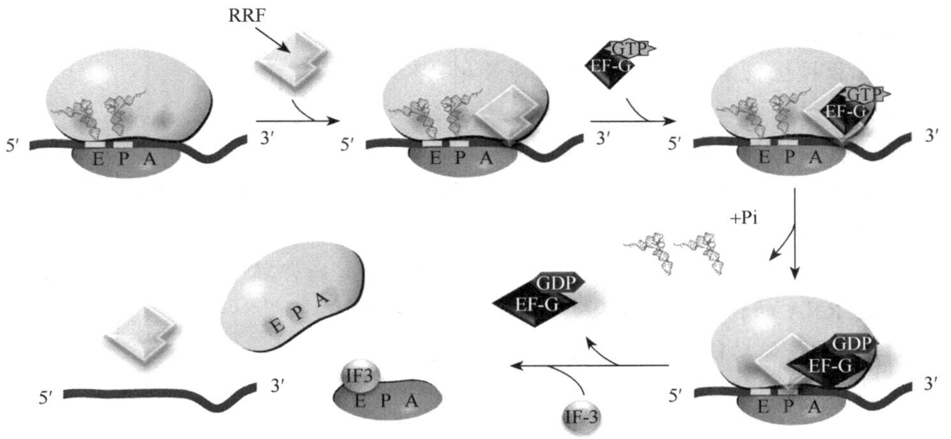

图 5-51　核糖体循环因子参与核糖体的解离循环

本 章 小 结

本章重点讨论了遗传信息的传递和调节过程，包括了 RNA 的生物合成、真核细胞 RNA 转录后加工、转录水平的基因表达调控以及蛋白质的生物合成等。虽然大多数生物的遗传信息贮存在 DNA 分子中，但其生物学功能是通过基因编码的产物，即各种 RNA 和蛋白质来体现的。生物遗传信息传递遵循中心法则。基因可以通过转录和翻译，将 DNA 中的遗传信息以 mRNA 为信使指导蛋白质多肽链中的氨基酸顺序，从而控制蛋白质的生物合成。而这一过程中存在多层次不同水平的基因表达调控，其中转录水平的基因表达调控尤为重要。

RNA 的生物合成方式有转录和 RNA 复制。转录是以 DNA 为模板合成 RNA 的过程，是生物体内 RNA 主要的合成方式，其转录产物包含了 mRNA、rRNA 和 tRNA 等。转录生成的初级转录产物即 RNA 前体需要经过加工过程变为成熟的 RNA 来行使其功能，而转录和加工过程的错误可能会引起疾病，因此，转录过程有精细的调控方式。转录水平调控是当今生命科学研究的热点问题之一。真核生物 RNA 的生物合成远比原核生物复杂，两个 RNA 聚合酶种类不同，结合模板的特性也不同，原核生物 RNA 聚合酶可以和模板直接结合，而真核生物 RNA 聚合酶必须借助转录因子才能与模板结合。真核生物与原核生物 RNA 转录起始过程差别较大，转录延伸和终止过程也有不同，同时真核生物转录后加工也要比原核生物复杂得多，原核生物主要以操纵子的形式实现转录水平的基因表达调控。

mRNA 的全部信息均来自于 DNA，可作为指导蛋白质合成的模板，转变为蛋白质中的氨基酸序列，这一过程即翻译。翻译需要 20 种氨基酸为原料，mRNA 为模板，tRNA 搬运氨基酸，rRNA 与多种蛋白质构成核糖体作为合成场所，并需要多种酶、蛋白质因子和 ATP、GTP 的参与。遗传密码是将 mRNA 上的核苷酸序列转变为蛋白质中的氨基酸序列的信息载体，其具有通用性、简并性、摆动性等特点。

思 考 题

1．原核生物 RNA 转录反应体系需要哪些物质？

2．简述原核生物 RNA 聚合酶的组成和各亚基的功能。

3．对比原核生物与真核生物 RNA 转录起始阶段的差异。

4．对比原核生物与真核生物 RNA 转录后蛋白质翻译过程的主要差异。

5．简述真核生物 RNA 转录后都有哪些加工方式。

6．简述操纵子的概念。简述乳糖操纵子和色氨酸操纵子的原理及其适用条件。

7．蛋白质生物合成体系包括哪些物质？

8．什么是遗传密码？遗传密码有多少个？什么是起始密码子？什么是终止密码子？

9．简述 RNA 的种类及各种 RNA 在翻译中的功能。

10．结合核糖体功能位点阐述蛋白质翻译的过程。

拓 展 读 物

Allison L A，et al. 2007. Fundamental Molecular Biology. 2nd. Blackwell Publishing

Alberts B，et al. 2008. Molecular Biology of the Cell. 5th. Garland Publishing

Lodish H，et al. 2003. Molecular Cell Biology. 5th. W.H.Freeman

Watson J D，et al. 2013. Molecular Biology of the Gene. 7th. New York： Cold Spring Harbor Laboratory Press

（卢晓云　谭　丹）

第 6 章　细胞的通讯与信号转导

细胞作为构成生命体的最基本单元存在于复杂的环境之中，细胞与外界环境以及细胞与细胞之间的信号传递和通讯是细胞生命活动的一个重要组成部分。与计算机将人工输入的信号转化为图像和声音等输出信号这一过程类似，细胞能将环境中的信号转化为不同的生物学效应作为输出。这二者都有各自的信号输入 / 接受系统，都有信息的定向流动，都有在系统内部对信号进行编译、诠释的过程，最后二者又都有针对不同信号的特异性应答体系。细胞内参与信号传递的分子可以比作是电脑内部集成电路开关，通过它们的打开与关闭实现信号往下级处理器的传递。然而，细胞拥有远远超过计算机的复杂多样的信号传递系统，它能在同一时刻接收许许多多来自周围环境或其他细胞释放的不同刺激信号，经信号传递、处理、放大后以特定的生理功能形式输出，实现细胞对不同环境信号分子的特异性生物学应答。因此，细胞内的信号传递是一个具有严密组织且高度网络化的过程。细胞针对外源信号产生细胞内部的生物化学变化及效应的这一过程称为信号转导。信号转导过程中能将细胞外的信号经细胞膜传入细胞内发挥效应的一系列酶促反应通路称为信号通路。本章将对细胞信号转导的 5 个基本环节，包括信号分子产生、信号分子接收、胞内信号处理和传递、细胞对信号的生理功能应答和信号终结进行介绍。

6.1　信 号 分 子

细胞能对化学信号及物理信号如光、电、温度、机械力等做出生物学应答。其中化学信号是细胞外环境中最为普遍的信号来源。细胞所接收的化学信号分子一般由细胞自身或机体内的其他细胞产生，包括可溶性信号分子和膜结合型信号分子。可溶性信号分子又可分为水溶性和脂溶性两大类。由于细胞膜磷脂双分子层的疏水特性，水溶性信号分子如蛋白质、多肽、氨基酸等不能进入靶细胞，通常与细胞表面的受体分子结合来传递信号。而脂溶性信号分子如甾体激素、甲状腺激素、前列腺素、脂肪酸以及 NO 气体等能直接进入细胞并与细胞质或细胞核内的受体结合。

根据信号分子作用距离的长短，信号分子又可分为 4 种类型：内分泌（endocrine）、旁分泌（paracrine）、自分泌（autocrine）和邻分泌（juxtacrine）（图 6-1）。可溶性信号分子一般采用前 3 种作用方式，而膜结合型信号分子通常采用邻分泌的作用方式。内分泌信号分子称为激素（hormone），由生物体内各种分泌器官的细胞产生，作用于远离其合成部位的靶细胞。激素分子可通过血液循环

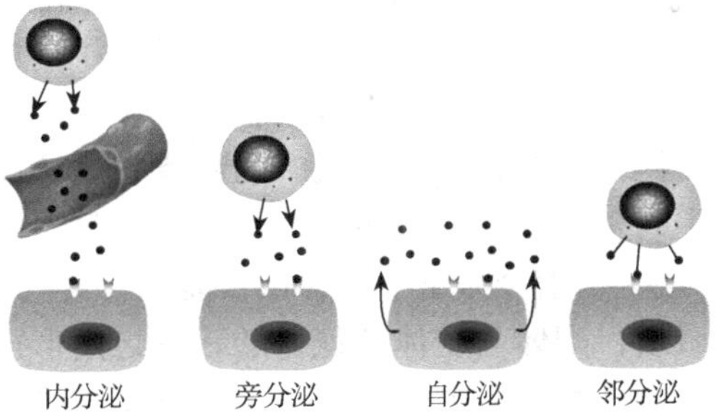

图 6-1　信号分子的作用方式

被输送到远距离的目标位点来传递信号。内分泌信号分子的一个常见例子是可用于治疗糖尿病的胰岛素，它仅由胰脏细胞分泌产生，但是通过血液循环可以被输送到全身各组织来调节细胞对葡萄糖的摄取和利用。与内分泌信号分子不同，旁分泌信号分子在被分泌后不进入血液循环系统，而是在细胞外液中局部扩散，因此仅能作用于分泌细胞周围或者附近的靶细胞。许多调节动物生长和发育的细胞因子和生长因子都属于这一类。旁分泌信号中比较特殊的一类是神经信号，与内分泌信号相似，神经信号也能传递很远的距离。然而，神经信号分子——神经递质却是以旁分泌的形式作用，并且不能如内分泌信号那样广泛作用于许多细胞而只能传递信号给单一特定的靶细胞。神经信号的远距离传输能力主要得益于神经元细胞表面的特殊结构——轴突，这些细胞膜上的突起可以从脊椎延伸到脚趾。当受到外界刺激时，神经元细胞在轴突末端将生物电信号转化为化学信号并分泌神经递质信号分子，这些分子通过胞外扩散结合到邻近的特定靶细胞受体上来传递信号。因此，在这一特殊的例子中，作为旁分泌信号分子的神经递质也可以实现远距离的信号传递作用。自分泌信号分子是指由细胞产生后作用于分泌细胞自身的信号分子。人工培养的动物细胞经常分泌生长因子，刺激他们自身的生长和增殖。自分泌信号在肿瘤细胞中尤为常见。许多肿瘤细胞分泌过量的生长因子，诱导肿瘤细胞自身的非正常增殖，促进肿瘤的生长。

膜结合型信号分子是指一些细胞表面的蛋白质或者糖蛋白分子可以作为信号分子直接与靶细胞膜表面的受体分子结合来传递信号。这种信号分子传递需要信号源细胞与靶细胞之间的直接物理接触，因此在所有信号分子中具有最短的作用距离。例如，许多肿瘤细胞表面携带 PD-L1 蛋白分子，这些蛋白质能与 T 淋巴细胞表面的受体分子 PD-1 结合，传递一个抑制 T 淋巴细胞活性的信号，从而降低 T 淋巴细胞对肿瘤细胞的杀伤作用，逃过免疫系统的监控。

可以通过日常生活中的一些实例来理解这几类不同的信号作用方式。内分泌好比通过广播来传递信息，能长距离把信息传递给许多不同的人群；旁分泌类似于通过发传单方式来传递信息，只能将信息传给你附近的人群；自分泌好比你给自己写个留言条；而你和好友面对面的交流则类似于邻分泌。

6.2 信号分子受体(信号的接收)

信号接收是信号转导过程中第一个重要环节。无线电视、手机等通过天线来接收图像与声音信号。如果把细胞看成一个能与外界进行信号交流的功能体的话，它也有类似于天线的信号接收装置，即信号分子受体。不同之处在于同一细胞有很多类受体，能同时接收环境中多种多样的信号分子，因此，细胞的受体分子种类相当庞大。绝大多数的受体分子是蛋白质，且多为糖蛋白。这些受体能与信号分子进行高特异性的结合，区分不同种类、不同来源的，甚至结构类似的信号分子。每种受体分子都有一个三维的配体（这里指信号分子）结合域，能结合具有合适构象和官能团的配体分子。在进入配体结合域后，配体与受体的氨基酸残基之间形成疏水键、氢键、离子键等非共价性质的相互作用，这些作用力的强弱决定了配体与受体之间的亲和力。下面的等式是配体和受体间相互作用的简单化表示。

$$[L]+[R] \Longleftrightarrow [LR] \rightarrow\rightarrow\rightarrow \text{生物学响应}$$

L 代表配体，R 代表受体，LR 为配体 / 受体复合物。LR 复合物一旦达到一个临界浓度，信号就能引发生物学响应。LR 复合物的浓度取决于配体浓度［L］和受体浓度［R］以及受体与配体间的亲和力。受体与配体间的亲和力通常以解离常数 K_d 来衡量，该常数是指当半数受体被配体结合时所需的游离配体浓度，K_d 值越低则亲和力越强，反之则越弱。大多数细胞受体与其配体结合的 K_d 值在 10^{-12}～10^{-8}mol/L 之间。因此，细胞信号受体对信号分子是非常敏感的。此外，细胞在很多时候并不需要有大量受体被配体结合激活，而是只需要一小部分的受体（如 1%）活化就能触发生物学反应，这种特性进一步增强了细胞对外界信号的敏感度，同时也为细胞提供了一个通过改变信号受体的表达量来调控细胞对信号灵敏度的途径。可以想象，在同样的信号分子浓度下，一个携带 1000 个受体分子的细胞要比另一个携带 100 个受体分子的细胞更容易达到配体 / 受体复合物的临界浓度，也更容易对信号产生生物学反应。

细胞信号分子受体分为胞外受体和胞内受体。胞外受体主要有 G 蛋白偶联受体（G protein coupled receptor，GPCR）、酶联受体（enyzme-linked receptor）和离子通道偶联受体（ion-channel-coupled receptor）。胞内受体主要指核受体（nuclear receptor，NR）。

6.2.1　G 蛋白偶联受体

G 蛋白偶联受体（GPCR）是细胞所有信号受体分子中最为常见的一种，目前已在生物体内发现千余种 GPCR，广泛参与调控各种细胞生理活动。GPCR 是一个膜蛋白，其氨基端位于胞外，羧基端位于胞内，整个受体包含 7 个 α 螺旋和 6 个连接每两个相邻 α 螺旋的环形区段（图 6-2）。每一个 α 螺旋穿过细胞膜一次，因此 GPCR 又被称为七跨膜受体。6 个连接 α 螺旋的环形片段中有 3 个位于胞外，共同组成一个配体结合域。其余 3 个片段位于胞内，形成 G 蛋白和其他下游效应分子的结合位点。不同的 GPCR 对其相应配体分子（信号分子）的识别主要取决于胞外构成配体结合域的 3 个蛋白环形区段序列。由不同氨基酸序列组成的蛋白区段将形成不同的三维结构，从而实现与相应配体的高特异性结合。

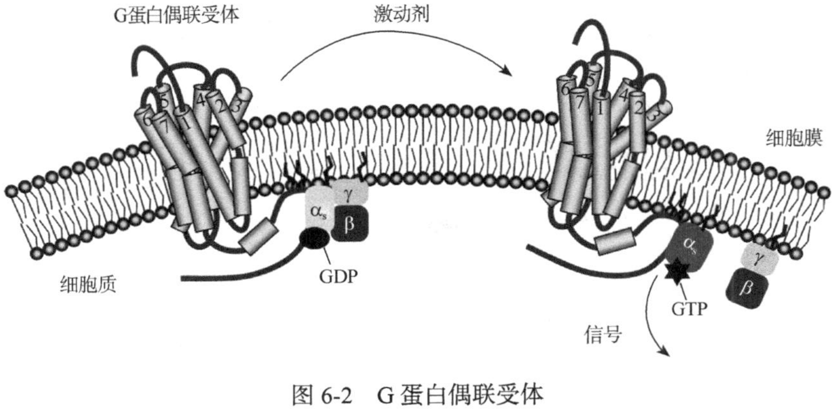

图 6-2　G 蛋白偶联受体

顾名思义，GPCR 的功能与 G 蛋白密不可分。G 蛋白是一类由 Gα、Gβ 和 Gγ 三个蛋白质亚基组成的异源三聚体蛋白质家族，通常位于细胞膜上，其中 Gα 亚基能结合鸟嘌呤核苷酸 GTP 或者 GDP 并具有 GTP 酶活性，因此它们被称为 G 蛋白。与 GDP 结合的 G 蛋白处于“关闭”的状态，此状态下，Gα/GDP 复合物与 Gβ 和 Gγ 亚基亲和力高，三者形成一个三聚体并滞留在细胞膜上。当 Gα 蛋白与 GTP 结合时就会进入“激活”的状态，Gα/GTP 复合物与 Gβ 和 Gγ 亚基亲和力下降，从膜上的三聚体中游离出来，结合并激活下游的效应信号分子。由于 Gα 亚基内在的 GTP 酶活性，游离的 Gα 会很快将结合的 GTP 水解为 GDP 重新进入“关闭”的状态，回到细胞膜上与 Gβ 和 Gγ 再次形成异源三聚体。G 蛋白这种能在“激活”与“关闭”两种状态下迅速切换的特性给细胞提供了一种快速传递和终结信号的途径。G 蛋白在 GDP 和 GTP 二者之间的结合转换受到两种蛋白质的调控。一种是鸟苷酸交换因子（guanine nucleotide exchange factor，GEF），能促进 GDP 与 GTP 的交换，提高 G 蛋白活性；另一种是 GTP 酶活化蛋白（GTPase activating protein，GAP），能提高 G 蛋白内在的 GTP 酶活性，促进与 G 蛋白结合的 GTP 水解，抑制 G 蛋白活性。

那么 GPCR 与 G 蛋白是如何相互作用的呢？GPCR 的胞内第二与第三环状区段构成了 G 蛋白的结合位点。没有配体分子结合的 GPCR 处于静止状态，而 G 蛋白也处于与 GDP 结合的“关闭”状态，二者的亲和力低。当配体分子与 GPCR 结合时，7 个穿膜 α 螺旋之间的相互作用受到影响，造成 α 螺旋之间的位移及旋转。这些结构变化被传递到受体在胞内的羧基端，改变 G 蛋白结合位点的结构，提高了与 G 蛋白的亲和力。G 蛋白与 GPCR 结合后发生构象变化，降低其与 GDP 的亲和力，释放 GDP 而与 GTP 结合，从而进入激活状态并发挥信号传递的功能。在这一过程中，GPCR 担当了 GEF 的角色。

6.2.2　酶联受体

酶联受体是另一大类细胞表面受体，由胞外信号识别区、跨膜区和胞内区 3 个区段组成。这一类受体的胞内区具有酶活性或者本身没有酶活性，但能与其他酶连接发挥功能，因而被称为酶联受体（图 6-3）。

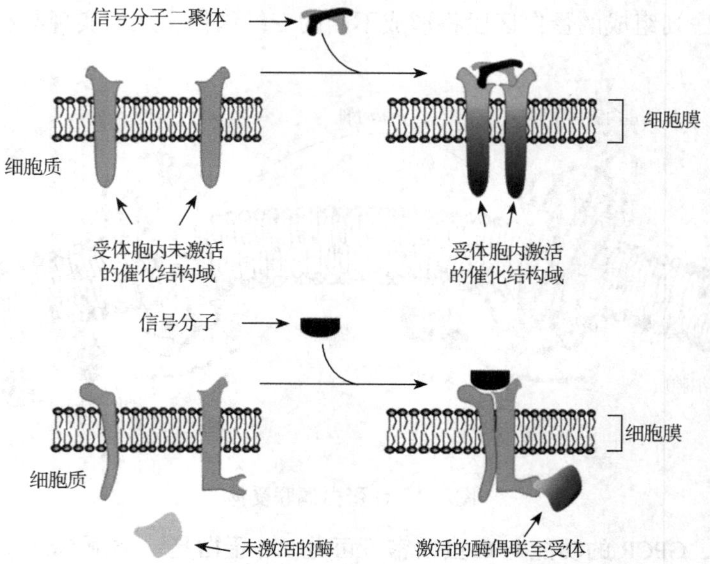

图 6-3　酶联受体

1）酪氨酸激酶受体

酪氨酸激酶受体（receptor tyrosine kinase，RTK）是所有酶联受体中最常见的一类，目前在人体内已发现 60 多种。该类受体胞质区的尾端包含了酪氨酸激酶域。由于仅有一个跨膜片段，RTK 无法像 G 蛋白偶联受体那样有效地通过信号分子结合引起的三维构象变化来传递信号，而是通过激活胞质区尾端的酪氨酸激酶来实现信号转导。通常情况下，信号分子与酪氨酸激酶受体的结合会引起两个邻近受体分子的二聚化。形成二聚体的两个受体分子胞质区尾端通过相互作用激活各自的酪氨酸激酶，进而磷酸化对方受体分子尾端的多个酪氨酸残基。磷酸化的酪氨酸残基构成了许多下游信号分子的结合位点。至少有十多种胞内信号蛋白能与这些磷酸化的酪氨酸残基结合，这些信号蛋白各自都包含能识别特定的磷酸化酪氨酸残基的结合域。其中一些信号蛋白在与受体结合后也被磷酸化，并通过类似的磷酸化传递方式把信号向下游分子一级一级传播。另外一些信号蛋白能作为支架蛋白，在受体与其他下游信号蛋白之间起到连接桥梁的作用，招募多种信号蛋白分子形成信号转导复合体，实现信号传递功能。

2）丝氨酸 / 苏氨酸激酶受体

丝氨酸 / 苏氨酸激酶受体（receptor serine/threonine kinases）也是单次跨膜蛋白受体，其胞内区具有丝氨酸 / 苏氨酸蛋白激酶活性。该受体以异源二聚体行使功能，主要配体是转化生长因子 β（transforming growth factor β，TGF-β）家族的细胞因子。配体与受体的结合能激活受体的激酶活性，通过磷酸化 Smad 家族的转录因子调控下游基因的转录表达。依细胞类型不同，丝氨酸 / 苏氨酸激酶受体激发的信号具有抑制细胞增殖、刺激胞外基质合成、刺激骨骼的形成、通过趋化性吸引细胞和诱导胚胎发育等功能。

3）鸟苷酸环化酶受体

鸟苷酸环化酶受体（receptor guanylate cyclase）的胞内区包含鸟苷酸环化酶结构域。配体与受体结合直接激活胞内鸟苷酸环化酶的活性，使 GTP 转化为 cGMP，cGMP 作为次级信号分子能结合并激活依赖 cGMP 的蛋白激酶 G（PKG），后者通过磷酸化靶蛋白的丝氨酸 / 苏氨酸残基来调节它们的功能并传递信号。

4）细胞因子受体

除了以上几种自带酶活性的受体，一些细胞因子（cytokine），如白介素（interleukin，IL）、干扰素（interferon，IFN）等的受体胞内区没有酶活性。这类受体在与配体结合后发生二聚化而激活，能招募或连接胞内酪氨酸蛋白激酶（如 JAK），后者通过磷酸化激活下游 STAT 家族的转录因子，使之进入细胞核内调控相关基因的表达。

6.2.3　离子通道偶联受体

离子通道偶联受体一般由多个亚基组成，在细胞膜上排列形成一个跨膜的通道结构，调控 K^+、Ca^{2+}、Na^+、Cl^-等通过细胞膜的流动（图 6-4）。通常状态下，离子通道偶联受体处于关闭状态，相应的离子无法进出细胞。当与信号分子结合时，受体构象发生变化，离子通道打开，相应的离子依浓度梯度流入或者流出细胞，造成细胞膜电位的瞬时改变。因此，这类受体能将信号分子代表的化学信号转化为电信号传递给细胞，在神经和肌肉细胞中最为常见。由于离子通道受体对神经系统的特异性，将在第 8 章进一步介绍。

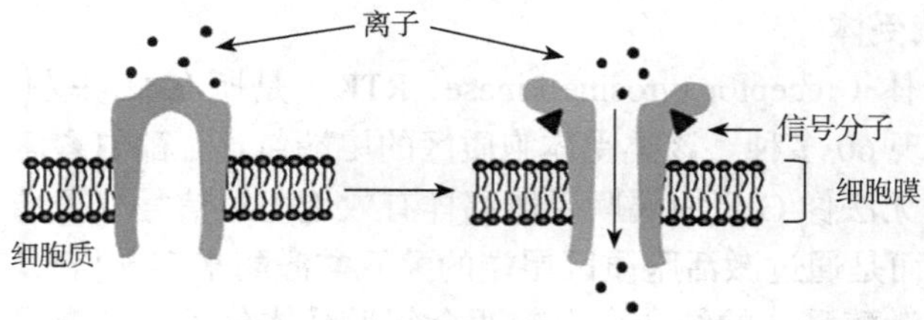

图 6-4　离子通道受体

6.2.4　核受体

脂溶性的信号分子如甾体激素、甲状腺激素、脂肪酸等能自由进入细胞并与细胞质或细胞核内的受体分子结合。由于这些受体在被信号分子激活后都进入细胞核发挥功能，因此它们被统称为核受体。核受体当中有一部分存在于细胞质中，但在与配体结合后进入细胞核，而另一些则持续存在于细胞核内。目前在人类基因组中已经发现了至少 48 种核受体，但其中一部分受体的配体至今尚未找到。核受体家族的成员都属于转录因子，一般包含羧基端的配体结合域、氨基端的转录激活结构域和中间的 DNA 结合域。通常情况下，这些转录因子处于受抑制的状态，一旦与信号分子结合，受体分子被活化，通过其 DNA 结合域与目标基因启动子片段中的特定 DNA 序列结合，招募转录辅助因子和 RNA 聚合酶共同形成转录复合体，调控目标基因的转录表达水平。根据招募的转录辅助因子是辅激活因子（transcriptional coactivator）还是辅阻遏因子（transcriptional corepressor），核受体信号可以增强或者下调目的基因的转录水平。大多数情况下，每种核受体分子识别的 DNA 结合位点同时存在于许多基因中，因此激活后的核受体可以同时调控一组下游基因的转录表达。另一方面，由于每种核受体分子能识别不同的 DNA 结合位点，它们被特异的信号分子激活后可以调控不同组的基因转录表达，因此细胞可对外界不同种类的脂溶性信号分子产生多样性的生物应答。

6.3　细胞内的信号处理与传递

手机等电器在接收信号之后需要对信号进行处理，转换为合适的输出信号，有时在输出前还需要对信号进行放大处理。细胞在通过特定的受体接收到外界的信号分子后也需要经过类似的处理过程，把外源的物理或化学信号转化为胞内系统可传递、放大的生物信号，最终以不同的生物应答形式作为输出。本节将对细胞内常见的几种信号处理及传递方式进行介绍。

6.3.1　GPCR 介导的信号通路

GPCR 在接收胞外信号分子后通过与之偶联的 G 蛋白进行胞内信号的传递和处理。根据下游的效应分子的不同，与 GPCR 结合的 Gα 蛋白亚基可分为 Gs、Gi、Gq、Gt 和 G12/13 等多个种类。其中 Gs 和 Gi 能与腺苷酸环化酶（adenylyl cyclase，AC）相互作用，分别激活（Gs）或者抑制（Gi）腺苷酸环化酶的活性。腺苷酸环化酶的主要产物环磷酸腺苷（cAMP）是胞内重要的信号传递分子之一。Gq 能激活磷脂酶 Cβ（PLCβ），水解磷

脂酰肌醇 -4，5- 二磷酸产生三磷酸肌醇（IP3）和甘油二酯（DAG），后二者均可作为胞内的信号分子。Gt 可以激活 cGMP 磷酸二酯酶，催化 cGMP 向 GMP 的转换，该信号与视觉调控相关。 G12/13α 信号主要参与调控细胞骨架重塑。关于 Gt 和 G12/13 的信号传递机制相对研究较少，下面将主要针对 Gs/Gi 介导的腺苷酸环化酶 /cAMP 信号通路和 Gq 介导的磷脂酶 Cβ（PLCβ）/IP3/DAG 信号通路进行介绍。

1．Gs/ 腺苷酸环化酶 /cAMP 信号通路

腺苷酸环化酶 /cAMP 信号通路是 GPCR 下游最为常见的信号通路之一（图 6-5）。一些信号分子如肾上腺素或去甲肾上腺素等与其相应的受体结合后能激活 Gs 蛋白，使之释放 GDP 而与 GTP 结合。激活后的 Gs/GTP 复合物从 Gs/Gβ/Gγ 三聚体中分离出来，并与位于细胞膜上的腺苷酸环化酶相互作用并使之活化，后者能将 ATP 分子转化为 cAMP 作为胞内的信号传递分子。相对于胞外的信号分子（第一信号），cAMP 及其他胞内产生的次级信号分子称为“第二信使”。另一种 Gα 亚基——Gi 在激活后能抑制腺苷酸环化酶的活性从而降低胞内 cAMP 分子的浓度。因此，虽然同样都能被 GPCR 激活，Gs 和 Gi 有着完全相反的功能。

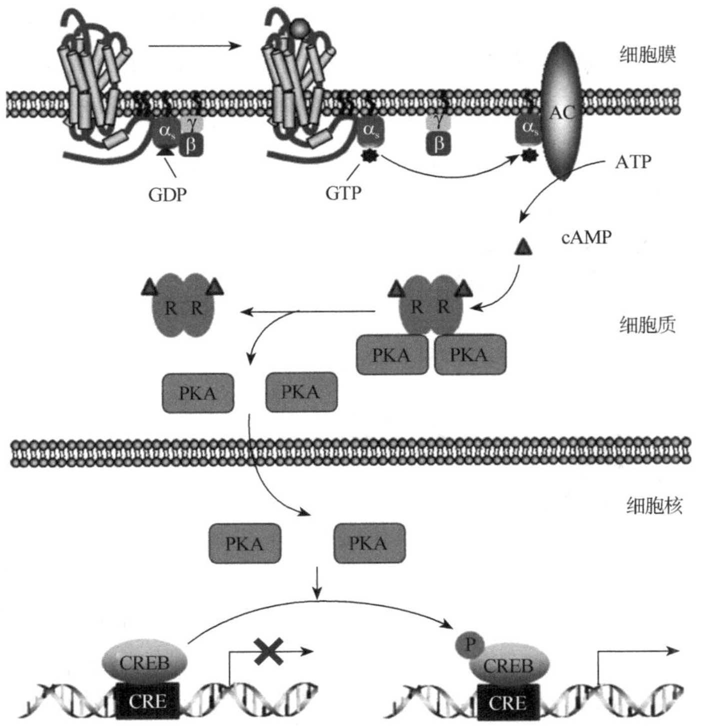

图 6-5　Gs/ 腺苷酸环化酶 /cAMP 信号通路

cAMP 作为“第二信使”在细胞内传递信号的作用在很大程度上是通过激活蛋白激酶 A（PKA）来实现的。通常状态下，PKA 催化亚基的激酶活性受到其自身调节亚基的抑制，处于失活状态。cAMP 能与 PKA 调节亚基结合，使调节亚基和催化亚基分离，消除其对催化亚基的抑制作用，从而激活 PKA 的激酶活性。PKA 是一种丝氨酸 / 苏氨酸特

异性激酶，活化的 PKA 可以磷酸化下游目标蛋白分子中的丝氨酸和苏氨酸残基，改变蛋白质的构象和活性，起到信号传递的作用。

cAMP 反应元件结合蛋白（cAMP-response element binding protein，CREB）是 PKA 下游最为重要的效应分子之一，在被 PKA 磷酸化之后，CREB 转移至细胞核并结合到一段称为 cAMP 反应元件（CRE）的特定 DNA 序列上。在那里，CREB 通过蛋白质 - 蛋白质相互作用招募转录激活因子或者转录抑制因子来调控一组携带 CRE 序列的基因表达（图 6-5）。除了 CREB 之外，PKA 也能磷酸化许多其他蛋白质分子，包括酶、G 蛋白、离子通道、细胞骨架蛋白及受体等。因此，cAMP/ PKA 信号通路可以调控很多种细胞生理活动。

知识扩展 6-1

Gs/ 腺苷酸环化酶 /cAMP 通路与糖原代谢

Gs/ 腺苷酸环化酶 /cAMP 通路调节糖原代谢过程见图 6-BOX1。我们来看一个关于 Gs / 腺苷酸环化酶 / cAMP 信号通路在人体内发挥作用的实际例子。当我们兴奋或者受惊时，身体内的肾上腺会分泌一种称为肾上腺素的激素。激素分子能通过血液循环到达远距离的各种组织细胞中。当肾上腺素结合到骨骼肌细胞表面的 GPCR 受体后，Gs / 腺苷酸环化酶 / cAMP 信号通路被激活；cAMP 分子在细胞中迅速积

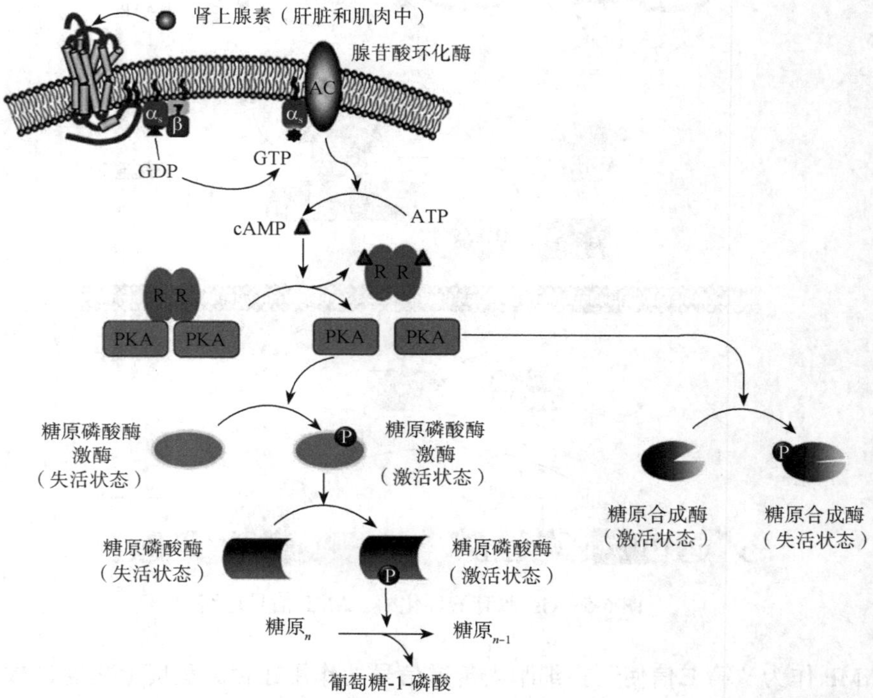

图 6-BOX1　Gs/ 腺苷酸环化酶 /cAMP 通路调节糖原代谢

累，激活 PKA；PKA 通过磷酸化作用传递信号，最终激活糖原磷酸酶，催化糖原水解为葡萄糖。同时，PKA 还可以通过磷酸化糖原合成酶，使其失活而抑制糖原的合成。这两方面的协同作用提高了组织中葡萄糖分子的含量。由于葡萄糖是生成能源分子 ATP 的直接原料，肾上腺素通过 Gs/ 腺苷酸环化酶 /cAMP 信号通路给身体传递了一个信号，为即将发生的行动做好能量消耗准备。

除了信号的传递之外，信号放大是任何信号传递系统不可缺少的部分。那么，Gs/ 腺苷酸环化酶 /cAMP 信号通路是如何实现信号放大这一功能的呢？如图 6-6 所示，①每个信号分子（如肾上腺素）能通过结合 GPCR 受体激活多个腺苷酸环化酶；②每个活化的腺苷酸环化酶分子可以催化许多 cAMP 分子的合成；③每个被 cAMP 分子激活的 PKA 可以磷酸化多个下游效应蛋白分子（如 CREB、其他酶分子等）；④每个效应蛋白分子又可以促进许多终端产物分子的生成。这样，从最初的一个信号分子开始，信号随着在细胞内传递的过程被一级一级逐步放大，这个过程称为信号的级联放大。通过信号的级联放大效果，细胞能非常敏感地对环境中微量的信号分子做出生物应答。

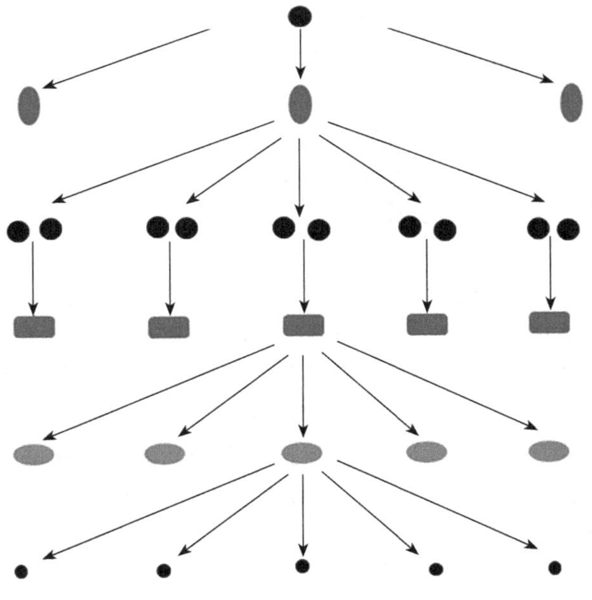

图 6-6　信号的级联放大

2．Gq/PLCβ/IP3 或 DAG 信号通路

GPCR 受体下游的另一种 Gα 蛋白，通过激活磷脂酶 Cβ（PLCβ）来传递信号。PLCβ 是一种位于细胞内膜上的磷脂酶，能特异性地水解磷脂酰肌醇 -4，5- 二磷酸（PIP2）分子，生成三磷酸肌醇（IP3）和甘油二酯（DAG），二者都能作为次级信号分子激活下游的不同信号通路（图 6-7）。

IP3 分子是一种水溶性的小糖脂分子，在细胞膜上生成后能迅速自由扩散到胞浆中，并与光面内质网上的 IP3 受体结合，这些受体本身也是钙离子通道。通常状态下，细胞质中钙离子浓度被保持在一个很低的水平，为 10^{-8}～10^{-7}mol/L，这主要归功于位于细胞膜

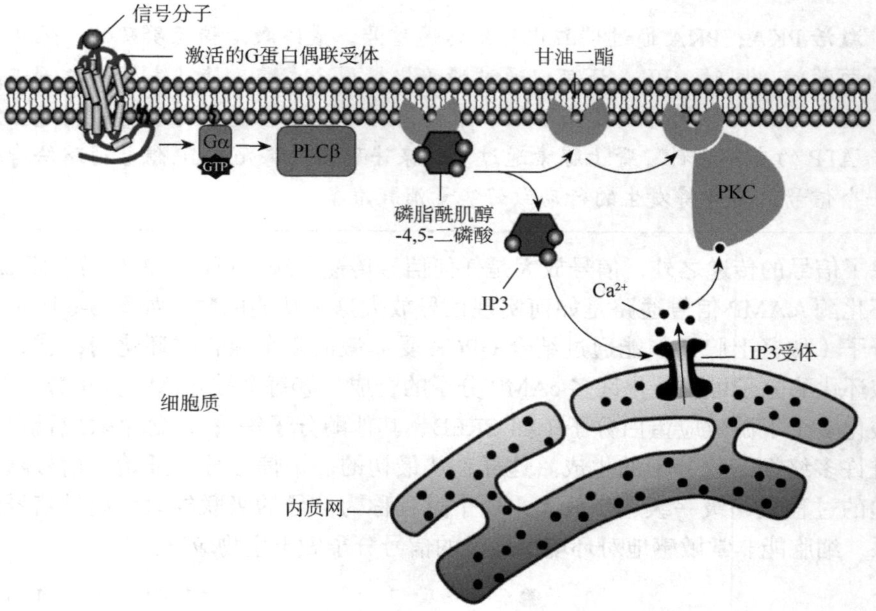

图 6-7　GPCR/PLCβ/IP3 或 DAG 信号通路

或细胞器上的钙离子泵不断地将钙离子泵出细胞或泵入内质网腔中储存起来。因此，内质网中的钙离子浓度很高，能达到 100～500μmol/L。IP3 与其受体的结合导致内质网表面钙离子通道打开，内质网中储存的钙离子被大量释放到胞质中，在短时间内将胞质中钙离子的浓度提高到 10^{-6}mol/L 左右。假如用针对钙离子的荧光探针去检测，可以看到细胞内局部区域的荧光强度发生瞬间增强的现象，好像火花的产生，因此，这一现象被称为“钙火花”。这些释放到胞质中的钙离子能作为第二信使与胞质内的许多蛋白质分子相互作用来传递信号。其中最为常见、分布最广泛的一类钙离子响应蛋白称为钙调蛋白（calmodulin，CaM）。每个钙调蛋白分子可结合 4 个钙离子。与钙离子结合后，钙调蛋白发生构象变化使之能与多种蛋白质相互作用并调控目标蛋白的功能。一些情况下，活化的 CaM 可通过与酶的结合直接调控后者活性。另一些情况下，被钙离子活化的 CaM 可以首先激活钙调蛋白依赖型激酶（CaM-kinase），该激酶进而通过磷酸化目标蛋白分子调控它们的功能。

DAG 分子在 PIP2 水解生成后依旧存留于细胞膜上，主要通过激活蛋白激酶 C（PKC）来传递信号。PKC 通常位于胞质中，处于无活性状态。当细胞被信号分子刺激时，GPCR/Gq/PLCβ/IP3 信号通路激活，导致胞质内的钙离子浓度升高。PKC 随后与钙离子结合并转移到细胞膜上，进而被膜上的 DAG 分子激活。因此，PKC 分子的激活同时需要 IP3 和 DAG 两个信号。激活后的 PKC 可以磷酸化一系列的目标蛋白分子来调控细胞生理活动。与 Gs 介导的腺苷酸环化酶信号通路类似，Gq/PLCβ 信号通路也能有效地对信号进行级联放大。例如，一个活化的 GPCR 受体可激活多个 Gq 蛋白；单个 PLCβ 分子能水解多个 PIP2 分子生成许多 IP3 和 DAG 作为次级信号分子；每个 IP3 分子能促进大量钙离子的释放；而由 DAG 分子激活的 PKC 激酶又能磷酸化多个目标蛋白分子。

6.3.2 酶联受体介导的信号通路

酶联受体通过激活受体内在的或者与受体偶联的激酶来传递信号。前面已经介绍了多种不同类型的酶联受体。下面将对一些常见的酶联受体介导的信号通路进行介绍。

1．酪氨酸激酶受体信号通路

酪氨酸激酶（RTK）受体是所有酶联受体中最常见的一类。如前所述，RTK 受体在与信号分子结合后发生二聚化，通过两个单体之间的相互作用激活受体内在的酪氨酸激酶活性并磷酸化对方分子羧基端的多个酪氨酸残基，这些磷酸酪氨酸残基构成了许多下游信号蛋白的结合位点。能结合磷酸化酪氨酸的蛋白质一般带有两种结构域之一，一种为 Src 同源 2 型结构域（Src-homology 2 domain，SH2），另一种为磷酸酪氨酸结合域（phosphor-tyrosine-binding domain，PTB）。携带 SH2 或者 PTB 结构域的蛋白质通常作为衔接蛋白（adaptor protein）或者停靠蛋白（docking protein）结合到受体的磷酸酪氨酸残基上并招募其他信号蛋白形成信号传递复合体，实现信号从受体向下游传递。RTK 受体的下游信号通路有多种，这里将介绍最为重要的两个信号通路：Ras/RAF/MEK/ERK 信号通路和 PI3K/AKT 信号通路。

1）Ras/RAF/MEK/ERK 信号通路

Ras 蛋白是 G 蛋白家族中的一员，位于细胞内膜上，它能结合 GDP 和 GTP，并具有 GTP 酶活性。在与 GDP 结合的状态下，Ras 蛋白活性很低。鸟苷酸交换因子（GEF）可促进 Ras 释放 GDP 转而与 GTP 结合并被激活。激活的 Ras 又能在 GTP 酶活化蛋白（GTPase activating protein，GAP）作用下水解与之结合的 GTP，恢复与 GDP 结合的无活性状态。这种 GDP/GTP 之间的切换可以快速、可逆地调控 Ras 蛋白的功能及其介导的信号传递。与 GPCR 下游的异源三聚体 G 蛋白不同，Ras 蛋白以单体的形式存在并发挥功能。许多生长因子如表皮生长因子（EGF）、血小板生长因子（PDGF）等能通过结合相应的 RTK 受体而激活 Ras/RAF/MEK/ERK 信号通路（图 6-8）。当 RTK 受体被信号分子激活后，一种携带 SH2 结构域的衔接蛋白 Grb2 结合到受体磷酸化的酪氨酸残基上，Grb2 蛋白另一端又可与一种叫 SOS 的 GEF 蛋白相互作用。这样，通过 Grb2 蛋白的桥梁作用，活化的 RTK 受体将 SOS 蛋白带到位于细胞膜上的 Ras 蛋白附近，促进 Ras 蛋白从 GDP 到 GTP 的结合互换。活化后的 Ras 蛋白能招募并激活 RAF 激酶，一种丝氨酸 / 苏氨酸特异性的蛋白激酶。RAF 可通过磷酸化的方式激活下游另一种丝氨酸 / 苏氨酸激酶 MEK，而 MEK 又可用同样的磷酸化方式进一步活化第三种丝氨酸 / 苏氨酸激酶 ERK。活化后的 ERK 激酶转移进入细胞核内，通过磷酸化激活包括 c-Myc、c-Jun、c-Fos 等在内的许多转录因子和其他核蛋白来调控下游基因的表达，进而影响细胞的增殖、凋亡等生理活动。利用多种激酶通过磷酸化接力来传导信号是细胞中非常常见的一种信号传递方式，之前讨论过的 PKA 和 PKC 激酶都可以用这种方式来传递信号。人类基因组中有 500 余种激酶。可以想象，如此数量庞大的激酶群可以形成许许多多既可独立传导信号又能彼此相互作用的信号通路，它们共同组成一张巨大的信号传递网络，使得细胞能对外界繁多的信号做出精细、准确的应答。

Ras/RAF/MEK/ERK 信号通路的异常与许多癌症密切相关，大约 30% 的癌症患者携带 *Ras* 基因的突变。目前虽然已发现数种不同的 Ras 突变位点，但这些突变存在一个共

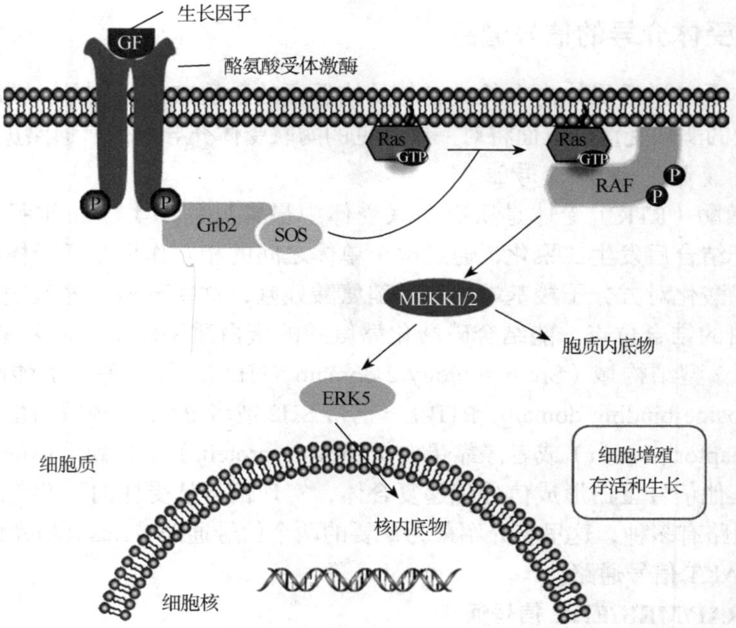

图 6-8 Ras/RAF/MEK/ERK 信号通路

同之处，就是都能抑制 Ras 的 GTP 酶活性，使其无法水解 GTP 而处于持续激活状态。这造成 Ras/RAF/MEK/ERK 信号通路持续激活，细胞增殖失控，最终导致肿瘤的发生。除此之外，人们在 *RAF* 基因中也发现了突变。其中大约 50% 的皮肤黑色素瘤患者和 30% 的乳头状甲状腺瘤患者携带 *BRAF* 基因的突变（BRAF 是 RAF 家族蛋白的一员）。该基因的突变使 BRAF 蛋白激酶不受上游 Ras 信号的调控而处于持续自我激活状态。突变的 BRAF 激酶能持续激活其下游的 MEK/ERK 信号，促进细胞异常增殖和肿瘤的发生。依次类推，可以想象假如 MEK 或者 ERK 激酶也发生类似的激活突变，那么这些突变也可能促进癌症的发生。事实的确如此，研究发现一些癌症患者中也存在着 *MEK* 和 *ERK* 基因的突变。鉴于 Ras/RAF/MEK/ERK 信号通路在众多癌症中的重要作用，人们已经研究开发了许多抑制该信号通路的小分子药物用于治疗癌症。

2）PI3K/AKT 信号通路

PI3K/AKT 信号通路是 RTK 下游另一条重要的信号通路，参与调控细胞的生长及凋亡（图 6-9）。结合了信号分子的 RTK 首先通过磷酸酪氨酸基团招募携带 SH2 结构域的一种叫做 PI3K 的激酶到细胞膜上并使之激活，该激酶可以磷酸化 PIP2 分子生成磷脂酰肌醇 -3，4，5- 三磷酸分子（PIP3）。这一步反应可以被一种叫做 PTEN 的磷酸酶逆转。生成的 PIP3 分子可进一步招募 AKT 和 PDK1 两个激酶到膜上。这两个蛋白质都携带 PH 结构域（一种能与 PIP3 分子进行特异性结合的三维结构）。PDK1 随后磷酸化与之相邻的 AKT 并使之部分激活。部分激活的 AKT 可以进一步被另一个激酶 PDK2（或称为 mTORC2）磷酸化而完全激活。活化后的 AKT 可通过磷酸化作用调控下游许多信号通路和细胞生理活动。例如，AKT 通过磷酸化激活 mTOR1 信号通路调控细胞的生长增殖；通过磷酸化促凋亡蛋白 Bad 来抑制细胞凋亡；还有通过磷酸化 GSK3 激酶来促进糖原合成等。由于 PI3K/AKT 信号通路对细胞生长和凋亡的重要调控作用，不难推测该信号通路的异常也可能会导致疾病的发生。目前，已有许多癌症（如肝癌、乳腺癌、肺癌、肠癌等）被发现与 *PI3K* 或者 *AKT* 基因突变相关，因此这二者也被作为重要的药物靶点被大量研究。

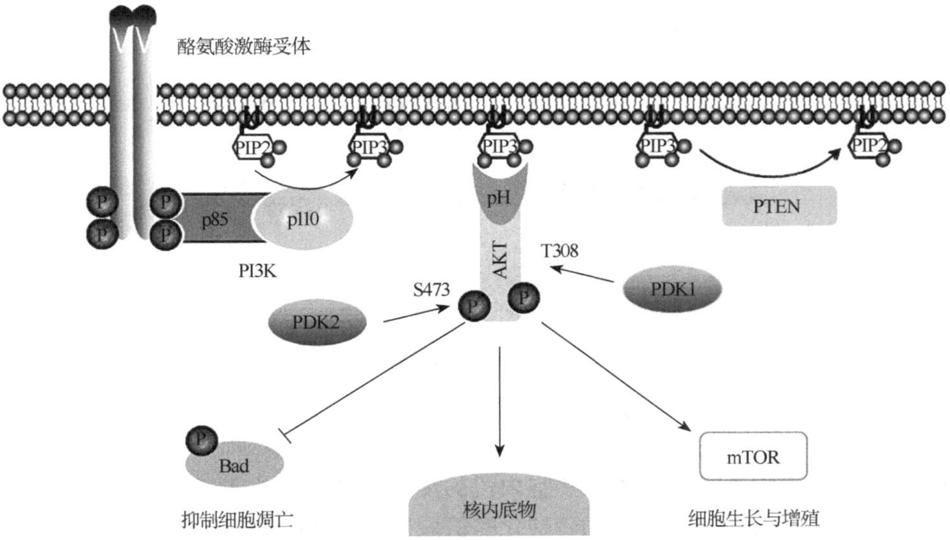

图 6-9　RTK/PI3K/AKT 信号通路

2．TGF-β/Smad 信号通路

转化生长因子 β（TGF-β）由多种细胞合成分泌，可调控细胞的增殖、分化，而且在创伤愈合、胚胎发育、组织分化和免疫调节等方面都有重要作用。TGF-β 有 3 种异构体 TGF-β1、TGF-β2 和 TGF-β3，不同的异构体在不同的组织中起作用。TGF-β 有 Ⅰ 型和 Ⅱ 型两种受体，二者均有丝氨酸 / 苏氨酸激酶活性。Ⅱ 型受体可与配体直接结合，但 Ⅰ 型受体不能。Ⅱ 型受体结合配体后被激活，募集并磷酸化 Ⅰ 型受体胞内段的丝氨酸 / 苏氨酸残基，从而解除后者激酶活性的抑制状态。激活后的 Ⅰ 型受体能与 R-Smad 蛋白（包括 Smad2 和 Smad3）相互作用并磷酸化后者 C 端的丝氨酸残基，导致其核定位序列（NLS）暴露。磷酸化的 R-Smad 进而和辅助性 Smad 蛋白——Smad4 相互作用形成复合物，并进入细胞核。在核内，R-Smad/Smad4 复合物招募其他核内转录因子共同调控目的基因的转录表达（图 6-10）。

3．细胞因子受体 /JAK/STAT 信号通路

细胞因子包括白介素、干扰素等，是一类由多种细胞分泌，能影响和调控免疫细胞增殖、分化与成熟的信号分子家族。细胞因子的受体本身一般不具有酶活性，但通常与一类称为 Janus 激酶（Janus kinase，JAK）的胞内酪氨酸蛋白激酶偶联。信号转导子和转录激活子（signal transducer and activator of transcription，STAT）蛋白是该信号通路的胞内效应分子。STAT 蛋白的 N 端带有核定位信号及 SH2 结构域，中间为 DNA 结合域，C 端有一个保守的酪氨酸残基，其磷酸化状态可调控 STAT 蛋白的活性。当细胞因子与受体结合后，受体构象发生变化并形成同源二聚体。受体分子的二聚化能够激活与它们偶联的

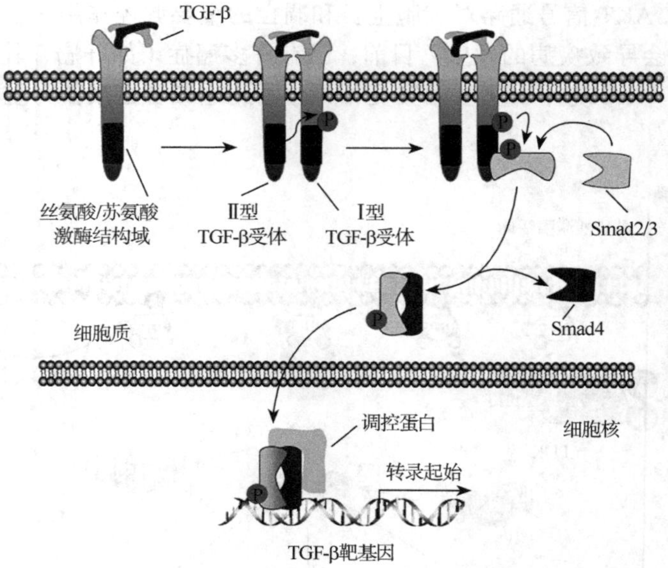

图 6-10 TGF-β/Smad 信号通路

JAK 激酶，后者磷酸化对方受体分子胞内段的酪氨酸残基，为携带 SH2 结构域的 STAT 蛋白提供锚定位点。STAT 与受体的磷酸化酪氨酸残基结合后被 JAK 磷酸化（C 端的保守酪氨酸残基）。磷酸化后的 STAT 分子从受体上解离并形成同源二聚体，暴露其核定位信号，转移入细胞核内与特定的 DNA 序列结合，调控相关基因的表达（图 6-11）。

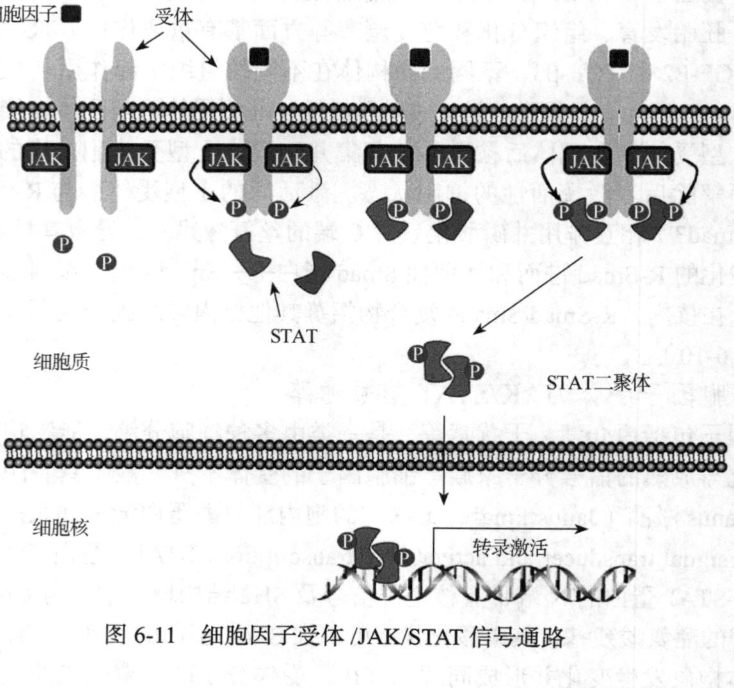

图 6-11 细胞因子受体 /JAK/STAT 信号通路

6.3.3　细胞表面整联蛋白介导的信号通路

细胞环境中一类比较特殊的信号是细胞外基质（extracellular matrix，ECM）。与一般信号分子的单一性不同，细胞外基质由胶原蛋白、黏连蛋白、蛋白聚糖等许多大分子的高级结构组成。这些组分由细胞合成分泌到环境中，聚合形成纤维状的网架结构，起到支撑、连接组织结构，以及调节组织的发生和细胞生理活动等作用。与癌变的细胞不同，绝大多数正常细胞的生长、分裂依赖于细胞表面和胞外基质之间建立的接触，脱离了这些接触，细胞生长受到抑制并会产生凋亡。胞外基质分子在细胞表面的受体称为整联蛋白（integrin）。整联蛋白属于跨膜蛋白，由 α 和 β 两个亚基组成，在配体结合的境况下形成异源二聚体，其胞外区具有多种胞外基质组分的结合位点，包括黏连蛋白、胶原蛋白和蛋白聚糖。胞外基质组分分子与整联蛋白的结合会诱导整联蛋白及许多胞质蛋白聚团成簇，共同形成一种叫做黏着斑的大分子复合物结构。由于黏着斑内有超过 100 种的胞质蛋白，细胞可以根据不同的胞外基质组分向胞内传递多种不同的信号。黏着斑传递的信号与之前介绍的 RTK 信号通路有一定程度的重叠。黏着斑形成后能激活存在于其中的一种酪氨酸激酶 Src，Src 可磷酸化黏着斑激酶（focal adhesion kinase，FAK）的酪氨酸残基。磷酸化的 FAK 酪氨酸残基进而招募携带 SH2 结构域的接头蛋白 Grb2 和 GEF 蛋白 SOS，后者诱导 Ras 蛋白 GDP-GTP 交换而使之活化，随后激活 RAF/MEK/ERK 信号通路，促进与细胞增殖及抗凋亡相关的基因转录。FAK 的磷酸化酪氨酸残基也能招募并活化携带 SH2 结构域的 PI3K 激酶，后者激活 AKT 信号通路（图 6-12），同样促进细胞的

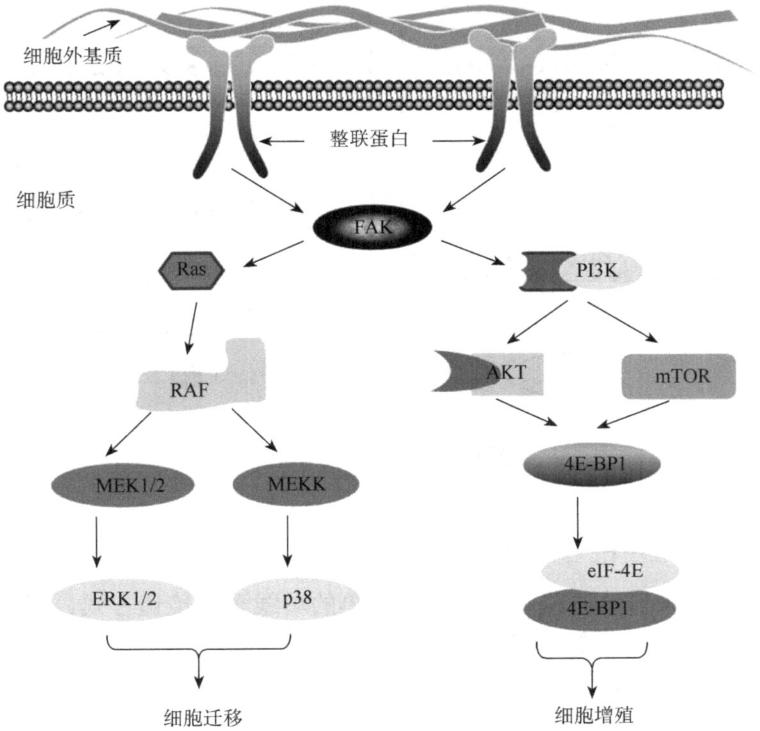

图 6-12　整联蛋白 /FAK 信号通路

增殖及存活。此外，黏着斑内还有大量的肌动蛋白纤维，可感受细胞外力的变化来调控细胞的迁移运动。

6.3.4 核受体信号通路

与水溶性的信号分子不同，一些脂溶性的信号分子如甾体激素、甲状腺激素等能直接进入细胞并与其中的核受体（NR）结合。核受体根据在细胞中的分布及作用机制基本分为两大类。第一类（Ⅰ类）核受体在未结合配体时位于胞质内，与配体形成复合体后进入细胞核调控基因转录。雄激素、雌激素、糖皮质激素及孕激素的受体等都属于这一类。第二类（Ⅱ类）核受体持续存在于细胞核中，与配体的结合促进其转录活化功能。这类受体包括维甲酸受体、类视黄醇 X 受体与甲状腺激素受体等。第一类核受体通常情况下存在于细胞质中并与热激蛋白（HSP）90 等伴侣蛋白形成复合物，其功能处于抑制状态。当配体与受体结合时，热激蛋白从受体分离，两个受体分子之间形成同源二聚体并转移进入细胞核内。受体二聚体随后结合到基因组中称为“激素反应元件”（hormone response element，HRE）的特异性 DNA 序列上，招募辅助转录因子和 RNA 聚合酶，激活下游基因的转录。第二类核受体在无配体结合状态下也存在于细胞核中，通常与类视黄醇 X 受体（RXR）形成异源二聚体，并与 DNA 中的激素反应元件序列结合，招募转录抑制因子抑制下游基因的表达。一旦与配体分子结合，核受体 /RXR 二聚体释放转录抑制因子，转而与转录活化因子结合并招募 RNA 聚合酶，激活下游基因的转录（图 6-13）。

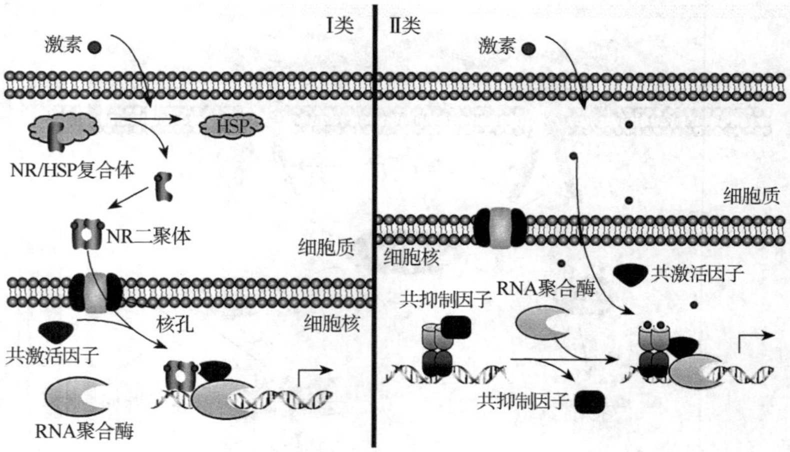

图 6-13 核受体信号通路

6.3.5 信号通路的整合、分流及相互交流

前面讲述的各种信号通路基本呈现出简单的单线独立传递方式，即信号从受体开始依次传递给下一级单一的次级信号分子。然而，实际情况中信号传递的方式远较此复杂，各信号通路往往呈现出信号整合、分流或相互交错的网状形式。一些情况下，几种不同配体信号分子传递的信号能作用到相同的信号通路上。例如，除了 RTK 受体之外，GPCR 受体有时候也能激活 Ras/RAF/MEK/ERK 信号通路。另一些情况下，一种单一的

信号分子能激活多条信号通路。例如，表皮生长因子 EGF 或 IGF 等能同时激活 Ras/RAF/MEK/ERK 和 PI3K/AKT 信号通路。还有，两种不同信号通路能在传递过程中的某个环节相互影响。在前面提到的 GPCR/Gs/cAMP 信号通路例子中，cAMP 能激活 PKA 并促进葡萄糖的生成。但另一方面，研究发现 cAMP 能抑制成纤维细胞和脂肪细胞的生长。这一功能是通过 GPCR/Gs/ cAMP/PKA 和 Ras/RAF/MEK/ERK 信号通路的相互作用实现的。cAMP 激活的 PKA 能磷酸化 RAF 激酶并抑制其活性，从而阻断 Ras/RAF/MEK/ERK 信号通路，抑制细胞生长。这两条信号通路的相互交叉还体现在更下游的一个效应蛋白 CREB 上。一方面，CREB 可被 PKA 磷酸化激活其转录活性，促进其靶基因的表达。另一方面，CREB 也能被另一个激酶 RSK2 磷酸化，起到同样的激活效果。而 RSK2 激酶是 ERK 激酶的一个催化底物。因此，GPCR/Gs/cAMP/PKA 和 Ras/RAF/MEK/ERK 信号通路在 CREB 这一信号结点上起到协同促进的作用。

信号通路的这种整合、分流和相互交流的特性带来了一个挑战性的问题，即不同信号分子如果激活了同一种信号通路的话，细胞是如何区分这些信号的特异性并做出不同的应答的呢？例如，PI3K 激酶及其介导的信号通路能被许多信号分子如胰岛素、表皮生长因子、细胞外基质蛋白等激活。但在肝细胞中，胰岛素激活的 PI3K/AKT 信号通路调控糖原的合成，而在上皮细胞中 EGF 激活的该信号通路给细胞传递了一个增殖和抗凋亡的信号。这些根据不同细胞环境做出的特异性生物应答是如何实现的？一种解释是信号蛋白如 PI3K、AKT、PLC、Ras、RAF 等存在着不同的亚型，如 PI3K 有 PI3Kα、PI3Kβ 和 PI3Kγ，AKT 有 AKT1、AKT2 和 AKT3 ，Ras 有 N-Ras、K-Ras 和 H-Ras。不同的亚型存在于不同的细胞中并能结合亚型特异性的信号蛋白，介导相似但又有区别的信号通路。虽然这一亚型理论能在一定程度上解释相似信号通路带来的特异性的生物应答，但其正确性还有待在将来的研究中进一步证实。

6.4　细胞对信号的生物应答

在信号被接收、传递及处理之后，细胞最终将以特异的生理活动对信号做出应答反应。根据不同的信号，细胞的生物应答快慢有很大不同。一些信号能在几秒内迅速引起细胞及机体的反应，如使人产生痛觉的刺激信号在神经元细胞之间以毫秒级的速度传递，肾上腺激素能在几秒内通过诱导心肌细胞的钙离子内流引起心脏跳动加快等。而另一些信号则需要几小时甚至更长时间才能引起细胞的应答，如生长因子刺激细胞生长，趋化因子刺激细胞迁移，细胞毒性因子刺激细胞凋亡等。一般快速的细胞应答是通过调控细胞及细胞器表面离子通道的开关或者通过改变胞内酶的活性来实现短时间内的细胞代谢通路的变化，而慢速的细胞应答一般涉及细胞核内基因转录水平的改变以及新蛋白质的合成。从生理功能上看，细胞对外界信号最为主要的生物应答包括以下几个：①细胞增殖——细胞在接收信号后启动 DNA 复制，调节细胞周期，进入分裂与增殖阶段；②细胞分化——外界信号诱导细胞内的遗传程序有选择地表达，从而使细胞不可逆地分化成具有特定功能的成熟细胞；③细胞凋亡——细胞在接受外界特定的信号刺激后启动自杀性的程序性死亡。许多时候，细胞对一种信号分子的刺激往往能做出几种不同的生物应答，而不同的信号分子也能刺激细胞产生相同的生物应答。这种信号分子与应答之间的混杂性使得细胞能有效地适应复杂多变的环境。

6.4.1 细胞的增殖应答

作为细胞最为重要的生理功能之一，细胞对增殖过程有着严密的调控机制，因为不受控制的细胞增殖会导致癌症的发生。细胞通常处于一个称为 G_0/G_1 期的增殖静止期，当细胞接收到“增殖”信号——生长因子的刺激时，细胞会启动增殖程序，进入分裂阶段。那么，细胞是如何将外界的生长因子信号转化为“增殖”这一生理应答的呢？下面以表皮生长因子（EGF）为例来简单介绍这一过程。首先，EGF 与其靶细胞膜上的受体 EGFR 结合并使得后者发生二聚化，二聚化之后的受体被激活并磷酸化对方分子内的酪氨酸残基。磷酸化的酪氨酸残基被携带 SH2 结构域的接头蛋白识别，并招募激活下游的效应分子 G 蛋白 Ras。随后，Ras 招募并激活 RAF1 激酶，启动 RAF/MEK/ERK 通路的依次磷酸化传递链。活化的 ERK 激酶可通过磷酸化细胞周期调控蛋白 Cyclin D1 来增强其稳定性，使之在胞内迅速积累。大量积累的 Cyclin D1 进而与 CDK 激酶结合使之活化，二者复合物可磷酸化细胞周期抑制蛋白 Rb，释放其对转录因子 E2F 的抑制功能。E2F 蛋白随后进入细胞核内，促进一系列受其调控的基因转录，而这些基因的翻译产物大多是细胞进入 S 期所需的调控蛋白。如此，细胞就将接收到的 EGF 信号转化为推动细胞周期的一个应答反应。尽管从受体的结合到下游效应分子的激活需要的时间很短，往往在几分钟到十几分钟之间，但 E2F 转录因子调控的下游基因转录及翻译往往需要几个小时。因此，细胞对生长因子的增殖应答是一个缓慢的过程。事实上，通过细胞内信号转导网络最终激活细胞周期的通路是很多的。对于增殖这样一个重要的生理功能，只靠一条或者少数通路来调控往往是不够的，需要多个信号通路的相互配合才行。因此，细胞增殖的信号转导通路调节是个错综复杂的过程。

6.4.2 细胞的分化应答

机体内行使不同生理功能的成熟细胞大多由干细胞分化而来，细胞的分化成熟过程受到许多信号分子（如细胞因子和生长因子）的调控，这些因子促进细胞分化的作用也是通过介导细胞内特定的信号通路来实现的。以 T 细胞分化为例，未致敏的 T 细胞能够以一种灵活和多样的方式来对环境的信号做出响应，并最终分化为 Th1 或者 Th2 细胞。这些细胞分别行使不同的免疫功能。Th1 细胞通过产生细胞因子激活细胞毒性和发炎，诱导出迟发型的高敏感性反应，起着细胞免疫作用；而 Th2 细胞则通过刺激 B 淋巴细胞增殖并促进后者分泌抗体起着体液免疫的作用。那么是什么信号在调控未致敏的 T 细胞向着不同类型的 Th 细胞分化呢？研究表明，两种信号分子 IL-12 和 IL-4 在 Th 细胞的分化过程中起重要作用，其中 IL-12 诱导细胞向 Th1 分化，而 IL-4 则诱导细胞向 Th2 分化。当 IL-12 与未致敏 T 细胞表面的受体结合时，JAK/STAT 信号通路及其下游效应分子 STAT4 蛋白被激活，活化的 STAT4 进入细胞核内促进 γ- 干扰素（IFN-γ）的生成。IFN-γ 与细胞表面的受体结合后激活 STAT1 转录因子，该转录因子能促进另一个转录因子 T-bet 的表达。T-bet 转录因子具有多重功能，首先它可进一步提高 IFN-γ 基因的转录表达，形成该信号通路的一个正反馈机制；其次它能转录激活 IL-12 受体在细胞表面的表达，增强细胞对 IL-12 的敏感度；最后它可以抑制调控 Th2 细胞分化的重要转录因子 GATA3 的表达，从而抑制 T 细胞向 Th2 的分化。另一方面，当细胞受到 IL-4 信号刺激时，IL-4 受体同样激活 JAK-STAT 信号通路，但这次下游的效应因子是 STAT6（而非 STAT4）转录因子。STAT6 激活后能增强 IL-4 和转录因子 GATA3 的表达，而后者亦能促进 IL-4 的表达。因此 IL-4 信号通过形成一个正反馈机制使得信号被不断增强放大，促进细胞向 Th2 方向分化。同时 GATA3 还能抑制 Th1 分化途径的重要调控蛋白 IL-12 受体及 STAT4 的表达，从而抑制细胞向 Th1 途径的分化。由上可见，T 细胞分化与它受什么样的细胞因子刺激有关，通过调控 IL-4 或者 IL-12 受体信号通路，就可以控制细胞因子的产生，从而控制 T 细胞的分化。

6.4.3　细胞的凋亡应答

细胞凋亡是一种由细胞主动启动的程序性死亡机制，它能帮助生物个体有效地控制其组织中细胞的数目，并有助于消除由于受损而可能危害到生物整体生存的细胞，在个体发育和维持机体平衡中发挥重要作用。与增殖和分化类似，细胞凋亡同样有着严格的调控机制。细胞凋亡的失调将会带来严重的后果。例如，环境因素常造成人体细胞 DNA 的损伤，大多情况下这些 DNA 损伤可以被细胞修复。当损伤不可修复时，细胞会启动凋亡机制。当凋亡失调时，损伤的细胞将进行错误的 DNA 修复导致细胞发生癌变，许多癌症细胞的一个共同特征是它们的凋亡信号通路产生紊乱。而脑神经元细胞由于淀粉样蛋白的积聚而造成的过度凋亡则会导致阿尔茨海默症和帕金森病。

引起细胞凋亡的信号分子——“死亡配体”和细胞表面接收死亡信号的“死亡受体”分子有很多种，下面以 FasL 和 Fas 这一对“死亡配体”和“死亡受体”组合及它们介导的信号通路为例来介绍细胞凋亡应答过程。人体内的细胞受环境的影响几乎每天都在发生 DNA 突变，其中一些突变会导致细胞发生癌变，但人体内的免疫系统能够有效地把这些有害的细胞清除，防止癌症的发生。这是如何做到的呢？原来发生癌变的细胞会刺激免疫系统，激活一种叫做细胞毒性 T 细胞的淋巴细胞。这些细胞表面表达了“死亡配体”分子 FasL。当细胞毒性 T 细胞识别了有害细胞，其表面的 FasL 信号分子会与有害细胞表面的受体分子 Fas 以 3∶3 的比例结合。结合了配体的 3 个受体的死亡域聚集成簇；之后，一个也携带死亡域的接头蛋白 FADD 通过自己的死亡域与成簇的受体死亡域结合。而 FADD 还有一个“死亡效应域”，该结构域可招募激活含半胱氨酸的天冬氨酸水解酶 8（caspase-8），caspase-8 随后激活其下游的效应 caspase，如 caspase-9 和 caspase-3，最终导致细胞 DNA 的剪切，细胞发生凋亡。有趣的是，在细胞毒性 T 细胞完成“杀敌”任务之后，它们会利用相同的机制互相攻击并杀死对方，实现免疫应答完成后外周血中成熟 T 细胞的清除，避免这些细胞毒性 T 细胞对正常细胞造成损伤。

6.5　信号的终结

信号转导的最后一个环节是信号的终结。对于普通用电器来讲，这一环节只需通过关闭用电器来实现。但细胞作为一个活体，无法通过关闭整个生命活动来停止对信号的应答。另一方面，在细胞对信号做出适度的生物学应答之后及时有效地终结信号对细胞行使正常生理功能又是至关重要的。因为一个长时间持续激活的信号通路常常会导致细胞生理活动异常，造成疾病的发生。例如，许多癌症的发生与一些常见信号通路如 Ras/RAF/MEK/ERK、PI3K/AKT 等的持续激活有密切关系。细胞对信号的终结机制涉及信号通路从受体到效应分子的各个环节。

6.5.1 受体分子的脱敏

一些受体分子在与配体结合后能诱导受体介导的细胞内吞作用，被摄入胞内的受体分子或者被溶酶体降解或者被暂时扣留在内涵体（endosome）中，一段时间之后再返回细胞膜上被再利用。有时即使在缺乏配体的时候，一些细胞表面受体也会以相对较低的速率被内化，然后再循环利用。这样，细胞能有效减少膜表面受体分子的数量，降低细胞对信号分子的敏感度。

当 G 蛋白偶联受体长期被信号分子激活时，该信号通路下游的 PKA 激酶能磷酸化 GPCR 受体的胞质区，改变与其偶联的 Gα 蛋白的种类，即从 Gs 转变为 Gi，从而抑制腺苷酸环化酶的活化，阻遏该信号通路。这种信号通路下游效应分子抑制同一信号通路中上游信号分子活性的现象称为信号的负反馈。除了这一负反馈机制，结合了配体的 GPCR 受体胞内区还会被一种叫做 G 蛋白偶联受体激酶（GPCR kinase，GRK）的丝 / 苏氨酸蛋白激酶磷酸化。磷酸化的丝 / 苏氨酸残基为一种胞质抑制蛋白 β-arrestin 提供锚定位点，结合了 β-arrestin 的 GPCR 分子无法与 Gα 蛋白相互作用，从而阻断了信号的传递（图 6-14）。另一方面，β-arrestin 可作为接头蛋白衔接磷酸化的 GPCR 和两种包被蛋白：网格蛋白（clathrin）和 AP2 蛋白。这两种蛋白可以进一步介导 GPCR 分子的内化从而降低细胞表面受体的数量。例如，人视网膜视杆细胞表面的视紫红质蛋白是一种 GPCR 受体，细胞通过它能接受环境中的光信号并做出反应。当视杆细胞接受强光刺激时，视紫红质蛋白被视紫红质激酶（一种 GRK）磷酸化。磷酸化的视紫红质蛋白一方面降低了激活其下游

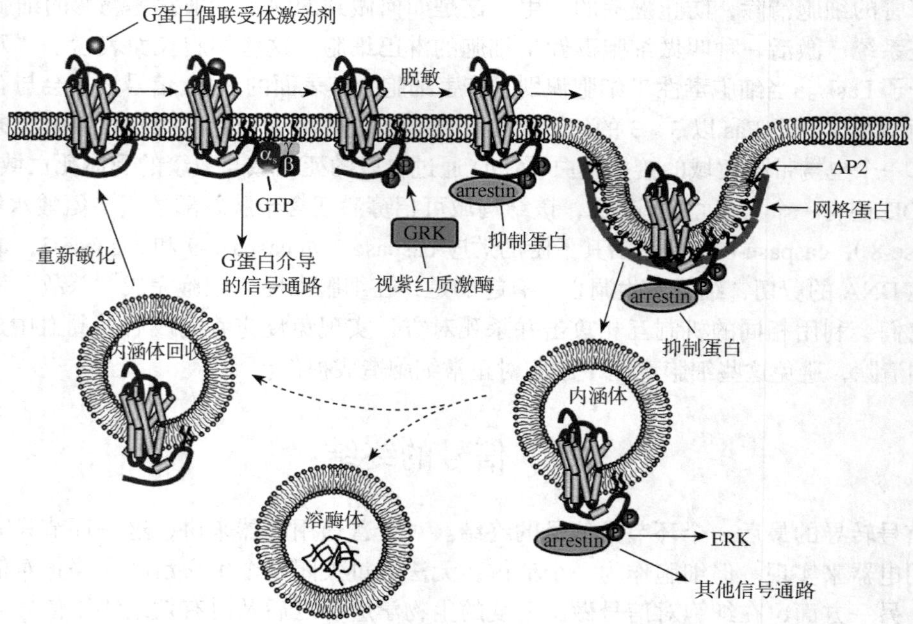

图 6-14 GPCR 受体脱敏

Gt 蛋白的能力，另一方面通过其磷酸化的残基与 β-arrestin 的结合进一步阻断了与 Gt 蛋白的相互作用，从而关闭了视杆细胞的活性，降低了强光对视杆细胞的刺激损伤。

6.5.2　胞内信号蛋白的失活

一些情况下，信号的终结不是由于受体的脱敏所致，而是由于细胞内的次级信号传递分子发生了表达量或者活性的改变，从而使信号的传递和级联放大反应受阻，不能诱导最终的细胞反应。例如，GPCR 信号通路中 G 蛋白信号活性受 GAP 蛋白调控，GAP 蛋白可以促进 G 蛋白的 GTP 酶活性，水解 GTP 为 GDP，从而抑制 G 蛋白的信号活性。cAMP 磷酸二酯酶（phosphodiesterase）能迅速把 cAMP 降解为 AMP，大大降低细胞内 cAMP 的浓度，抑制 GPCR 信号通路。在 RTK 受体介导的信号通路中，RAS/RAF/MEK/ERK 信号转导主要通过一系列激酶的磷酸化传递来实现，因此，该信号的终结主要依赖一组磷酸酶（phosphatase）。这些磷酸酶与激酶的功能相反，能去除信号蛋白上的磷酸基团，使它们回复到失活的状态。RTK 下游的另一个主要信号通路——PI3K/AKT 的终结依赖一个叫做 PTEN 的磷酸酶。PTEN 能将 PIP3 信号分子降解为 PIP2，从而停止 PDK1 和 AKT 的招募激活，抑制该信号通路。

6.5.3　抑制性蛋白的产生

许多信号通路在激活时会诱导一些抑制性蛋白的产生，这些蛋白质通常以负反馈的机制作用到该信号通路上游的某个环节，起到抑制平衡信号通路活性的作用。例如，当 EGFR 受体（一种 RTK 受体）被 EGF 激活时会诱导一个叫做 Mig6 的抑制蛋白表达，该蛋白可以和 EGFR 受体结合并抑制其功能，阻断下游的 Ras/RAF/MEK/ERK 信号。

本章小结

本章介绍了细胞如何通过其复杂多样的受体系统来对环境中的各种不同信号做出特异性的应答反应，也对细胞内部的一些主要信号传递通路进行了介绍。虽然每条信号通路作为独立的个体呈现出相对简单的线性单向传递模式，但事实上细胞内部的信号传递远较此复杂。一种受体与信号分子的结合常常能促进多种次级信号分子的产生，同时激活下游多条信号通路。另一方面，同一种细胞应答又可以受到多种信号分子或多条信号通路的调控。此外，信号通路下游的效应分子有时能通过正反馈或负反馈的方式调控处在信号通路上游的分子，使信号传递过程呈现出环状的结构。这种信号通路之间的交叉联系及同一信号通路中上下游效应分子间的相互作用使细胞能够更加精细地微调其对信号分子做出的生物应答，从而适应多变的外界环境。

思考题

1. 简述细胞信号分子的类型及特点。
2. 钙离子的主要作用途径有哪几种？
3. G 蛋白的类型有哪些？

4．简要说明由 G 蛋白偶联的受体介导的信号的特点。

5．简述磷脂酰肌醇信号通路的传导途径。

6．简述 cAMP 信号系统的组成及其信号途径。

7．试论述蛋白质磷酸化在信号传递中的作用。

拓展读物

Alberts B, et al, 2008. Molecular Biology of the Cell. 5th. Garland Publishing

Bray A，et al. 2007. Essential Cell Biology. 3rd. Garland Science，Taylor and Francis Group

Lodish H，et al, 2003. Molecular Cell Biology. 5th. W.H.Freeman

（邵永平）

第 7 章　细胞的增殖、分化与凋亡

从单个受精卵发育为拥有 100 万亿个不同类功能细胞群的成年个体，是细胞在数量上极大增加（细胞增殖，cell proliferation）、发展多种功能（细胞分化，cell differentiation）并按需死亡（细胞凋亡，apopotosis）的高度有序的过程。细胞增殖是细胞生命活动的重要特征之一，是生物繁育和生长发育以及维持机体正常功能的基础。在增殖基础上逐渐在形态、结构和功能上形成稳定性差异的分化过程，产生不同的细胞类型，进而由不同类型的细胞构成生物体的组织与器官，执行不同的功能。作为细胞活动的终点，细胞死亡是维持整个生物体的正常生长发育及生命活动的必要条件。作为最重要也是最基础的生命活动，上述细胞行为均受到高度严格的控制，一旦某一环节失控，就可能导致癌细胞的出现和肿瘤的产生。

7.1　细 胞 周 期

7.1.1　细胞周期概述

细胞增殖最直观的表现是细胞分裂，即由原来的一个亲代细胞（mother cell）变为两个子代细胞（daughter cell）。各种细胞在分裂之前，必须进行一定的物质准备。物质准备和细胞分裂是一个高度受控的相互连续的过程，这一相互联系的过程即为细胞增殖。新形成的子代细胞经过物质准备和细胞分裂，又会产生下一代的子细胞，这一周期性的过程被称为细胞周期（cell cycle）。通常，将从一次细胞分裂结束开始，经过物质准备，直到下一次细胞分裂结束为止，称为一个细胞周期。细胞周期的起始和运转是一个高度有序并受严格监控的过程，其核心主要有以下 3 个方面：①细胞分裂前遗传物质 DNA 的精确复制；②完整复制的 DNA 在细胞分裂过程中准确分配到两个子细胞中；③物质准备和细胞分裂的调控。

7.1.2　细胞周期的运转

最初的组织学显微观察表明，处于分裂周期中的细胞分为两种不同的状态，一种为正在分裂的状态，表现为染色体凝缩和分离，这种状态被定义分裂期（mitosis phase，M 期）；在其余时相中，细胞并不表现出明显的变化，这一状态被称为分裂间期（interphase），是指两次分裂之间的间隔。随后更多深入的生化研究表明，DNA 合成发生在分裂间期的某一特定时期，这一特定时期被称为 DNA 合成期（DNA synthesis phase，S 期），并且其前后各有一段不发生 DNA 合成的空档期（gap），据此，人为地将连续的细胞周期划分为 4 个相对独立的时相：G_1 期、S 期、G_2 期和 M 期。绝大多数真核细胞的细胞周期都包含了这 4 个时相，只是时间长短有所不同（图 7-1）。

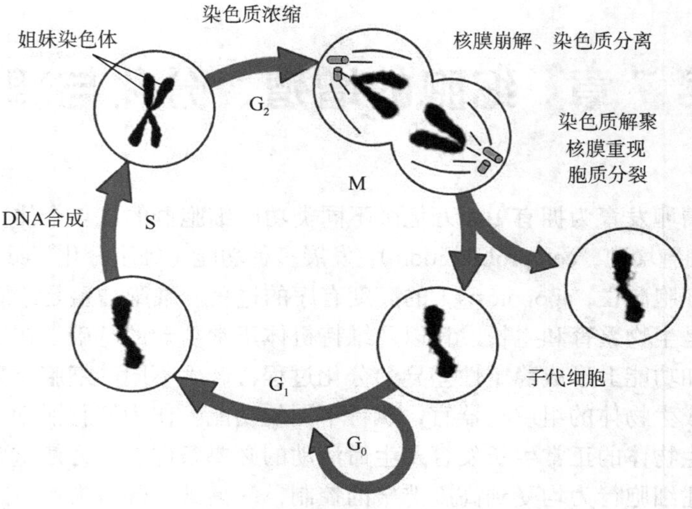

图 7-1 细胞周期示意图

1）G_1 期

G_1 期是细胞周期的第一阶段，细胞分裂产生两个子代细胞标志着 G_1 期的开始。新子代细胞形成后立即进入细胞的生长活动期，开始合成细胞生长代谢所需要的各种蛋白质、糖类、脂质等，但不合成 DNA。G_1 期的晚期阶段对于一个细胞周期来说具有重要的决定作用，在这一阶段，细胞会根据胞内外环境决定是否进入 S 期开始 DNA 合成，这个特定的时期被称为限制点（restriction point，R 点）或者检验点（checkpoint）。顺利通过 R 点的细胞开始启动 DNA 合成，细胞周期继续推进；不能通过 R 点的细胞无法启动 DNA 合成，使细胞周期停滞在 G_1 期，这种无法通过 R 点而使得细胞周期停滞的细胞暂时脱离了细胞周期的状态，被称为 G_0 期（图 7-1）。G_0 期细胞停止细胞分裂，但仍然可以活跃地进行代谢活动，执行特定的生物学功能，等待合适的条件重新进入细胞周期。

2）S 期

S 期即 DNA 合成期。细胞经过 G_1 期，为 DNA 复制的开始做好了各方面的准备，进入 S 期后，细胞立即开始合成 DNA。DNA 复制按照严格的半保留复制方式进行，同时合成新的组蛋白，共同形成新的核小体串珠结构。

3）G_2 期

DNA 复制完成后，细胞即进入 G_2 期。此时细胞核内的 DNA 含量已经增加一倍，即每条染色体含有两个拷贝的 DNA，由 G_1 期细胞的染色体倍性（$2n$）变成 G_2 期的染色体倍性（$4n$）。其他结构物质和相关的亚细胞结构也已完成进入 M 期的必要准备。G_2 期能否顺利进入 M 期要受到 G_2 期检验点的控制，G_2 期检验点要考察 DNA 是否完成复制、细胞是否已生长到合适大小、环境因素是否有利于细胞分裂等。只有当所有有利于细胞分裂的因素得到满足之后，细胞才能顺利实现从 G_2 期向 M 期的推进。

4）M 期

真核细胞的细胞分裂主要包括两种方式，即有丝分裂（mitosis）和减数分裂（meiosis）。体细胞（somatic cell）一般进行有丝分裂；减数分裂主要发生在生殖配体细胞的产生中。细胞经过分裂，将其经过 S 期复制的染色体 DNA 平均分配到两个子细胞中。

同种细胞之间，细胞周期时间长短相似或者相同，不同细胞种类之间，细胞周期时间长短差别很大。有的细胞每增殖一次仅需要几十分钟（如细菌和蛙胚细胞），有的需要十几个小时或者几十个小时（如人小肠上皮细胞），有的长达 1 年至数年。就高等生物体的细胞而言，细胞周期的长短主要取决于 G_1 期的长短，而 S 期、G_2 期和 M 期的总时间相对恒定。尤其是 M 期持续的时间更为恒定，仅半小时左右。

7.1.3　细胞周期的调控

细胞增殖是通过细胞周期来实现的，是高度严格控制的细胞生命活动。为了确保这一生命过程严格有序地进行，细胞内发展了一系列调控机制，尤其是在细胞周期的不同阶段有一系列检验点对该过程进行严密监控。

技术扩展 7–1

流式细胞术检测细胞周期

流式细胞术（flow cytometry，FCM）是一种基于荧光检测技术，对液流中排成单列的细胞或其他生物微粒（如微球、细菌等）逐个进行快速定量分析和分选的技术。细胞周期中最重要也是最显著的变化是 DNA 含量的改变（图 7-BOX1），利用这一特性，就可以通过检测 DNA 含量来确定细胞处于的细胞周期时相。

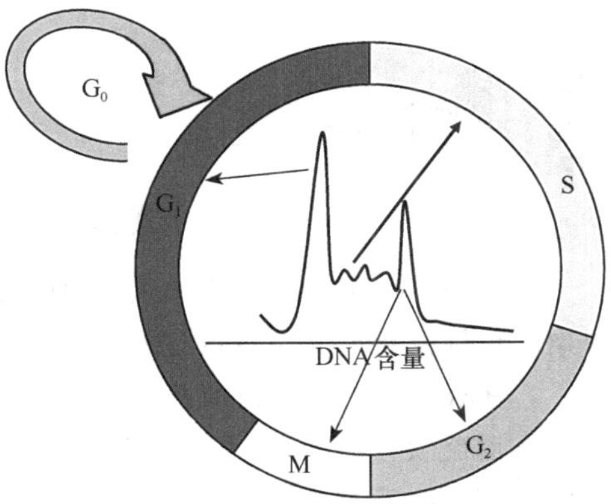

图 7-BOX1　DNA 含量与细胞周期时相

首先利用特定的 DNA 荧光染料对固定并进行膜通透处理的细胞进行染色，染色完成的细胞逐个通过流式细胞仪检测器，检测器记录并分析每个细胞的荧光信号，荧光信号的强度与细胞内 DNA 含量成正比。一般根据荧光信号的强度将细胞分为 3 个群体，以二倍体物种细胞为例，第一个峰是含有 2 倍 DNA 含量的 G_1/G_0（DNA 合成前期 / 静止期）细胞，其次一个峰是 4 倍 DNA 含量的 G_2+M（DNA 合成后期+有丝分裂期）细胞，从 2～4 倍间的区域为 S 期（DNA 合成期）细胞。采用绘图法或计算机拟合法可计算出细胞周期各时相细胞占整个细胞群体的百分数。

细胞周期各个时相的渐次推进和整个细胞周期的发展，是在“引擎”分子——细胞周期蛋白依赖的蛋白激酶复合物（cyclin-dependent kinase complex，CDK）统一调控下进行的。CDK 由两种蛋白质构成，分别为周期蛋白（cyclin）和周期蛋白依赖的蛋白激酶（cyclin-dependent kinases，cdks），cdk 只有与周期蛋白结合后才具有激酶活性。结合了周期蛋白的 cdk 通过调节靶蛋白磷酸化而调控细胞周期的运转。不同种类的周期蛋白与不同的 cdk 结合，构成不同功能的 CDK，并在细胞周期的不同时期分别表现其活性，进而对细胞周期的不同时相进行调节。目前已知的周期蛋白有数十种，分别在细胞周期的不同时相快速被合成和降解，呈现周期性的改变。

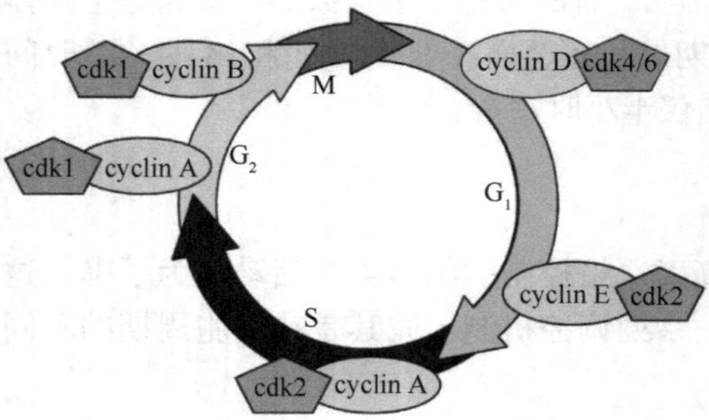

图 7-2 cyclin 与 cdk 结合调控细胞周期运转示意图

细胞周期的持续运转需要不断地合成新的周期蛋白，使之与对应的 cdk 结合并激活其激酶活性，发挥相应的功能，同时也需要不断降解不需要的周期蛋白，抑制相应的 cdk 活性。如图 7-2 所示，当处于等待状态的 G_0 期细胞收到生长刺激信号后，首先合成 cyclin D，cyclin D 与 cdk4 和 cdk6 结合后推动细胞周期向前运转，随后 cyclin E 合成并与 cdk2 结合，推动细胞通过 G_1 的检验点进入 S 期；细胞一旦进入 S 期，cyclin D、cyclin E 通过泛素化依赖途径被降解，cdk2 被释放，并与新合成的 cyclin A 结合，推动细胞进行 DNA 的复制，DNA 复制完成后，cyclin A 和新合成的 cyclin B 与 cdk1 结合，推动细胞通过 G_2/M 检验点，正式进入分裂期。

知识扩展 7-1

细胞周期调控分子机制的发现

2001 年 10 月 8 日美国人 L. Hartwell、英国人 P. Nurse 和 T. Hunt 因对细胞周期调控机制的研究而荣获诺贝尔生理学或医学奖。

Hartwell 利用芽殖酵母作为研究细胞周期的模式生物，于 1970～1971 年间通过基因突变手段发现了控制酵母的细胞周期的 *cdc*（cell division cycle）基因。其中 *cdc28* 基因控制着细胞周期 G_1/S 转化，是启动细胞周期的关键步骤。此外，Hartwell 还首次提出了细胞周期检验点的概念，这些检验点是保证细胞周期有序运转的关键。

Nurse 于 1976～1980 年间利用裂殖酵母鉴定出了控制细胞 G_2/M 转化过程中发挥关键作用的 *cdc2* 基因，并随后证明了其与芽殖酵母中发现的 *cdc28* 基因同源，具有相似的推动细胞周期进行的功能。Nurse 随后于 1987 年发现了人类具有同源性的基因 *cdk1*，可以调控细胞周期的 G_1/S 和 G_2/M 转化。*cdk1* 基因也是周期蛋白依赖激酶 cdk 家族中首个被鉴定的基因。

Hunt 在 1982 年利用海胆卵细胞发现了首个周期蛋白，并阐明了其通过与 cdk 结合来调控其激酶活性从而调控细胞周期运转的基本机制。Hunt 发现周期蛋白周期性的合成和降解对于解析整个细胞周期调控机制至关重要。

G_1 早中期的 CDK（cyclin D-cdk4/6 复合物）的调控对象主要是一些转录因子，其中最为重要的是 Rb 蛋白，因其和儿童视网膜母细胞瘤（retinoblastoma，Rb）的发生相关而得名。在 G_1 期的早期，非磷酸化的 Rb 蛋白与转录因子 E2F 结合，并抑制其转录活性。

E2F 主要负责 DNA 合成相关基因的转录，同时还能够刺激 G_1 晚期周期蛋白 cyclin E 和 S 期周期蛋白 cyclin A 的转录。cyclin D-cdk4/6 复合物能够将 Rb 部分磷酸化，释放部分 E2F 的转录活性，在 G_1 期的后期转录并生成 cyclin E 和 cdk2。新形成的 cyclin E-cdk2 复合物进一步磷酸化 Rb 蛋白，将所有的 E2F 转录因子释放，形成正反馈产生更多的 cyclin E-cdk2。这样，即便 G_1 期后期 cyclin D 降解导致 cyclin D-cdk4/6 复合物失活，仍然能够维持 Rb 的磷酸化状态，这种正反馈机制最终推动细胞通过 G_1 期检验点，启动 DNA 合成，进入 S 期（图 7-3）。

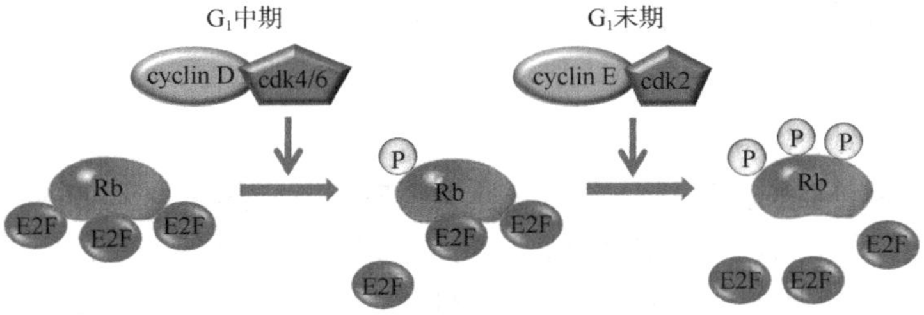

图 7-3 CDK 通过磷酸化 Rb 释放 E2F 推动细胞通过 G_1 期检验点

由 E2F 转录生成的 cyclin A 与 cdk2 结合形成 cyclin A-cdk2 复合体，促进 DNA 复制启动复合体的形成，启动 DNA 复制。DNA 复制完成，进入 G_2 期后，cyclin B 被快速合成并与 cdk1 结合激活其激酶活性，参与了组蛋白（尤其是组蛋白 H_1 和 H_3）的磷酸化，促进 M 期早期染色体凝缩；对核纤层的磷酸化使核膜解体，以便姐妹染色单体在有丝分裂中能够顺利地被分开。

在细胞周期调控中，与 cyclin 的快速合成同等重要的是其在需要时能够被快速降解（图 7-4），cyclin 的结构中除了参与周期调控的周期蛋白框外，还有可以被泛素化酶所识别的序列，使其在需要时被快速泛素化，通过泛素化依赖途径被蛋白酶体降解。

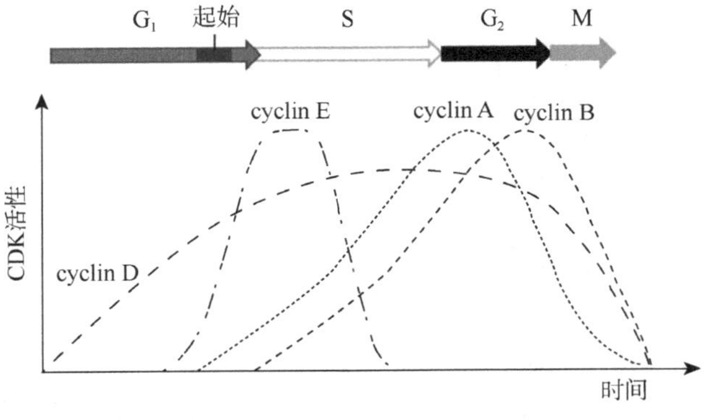

图 7-4 哺乳动物细胞周期中周期蛋白的变化规律

7.2 细 胞 分 裂

7.2.1 有丝分裂概述

在细胞周期的分裂期（即 M 期）主要涉及新复制的染色体的分离和子细胞的产

生，是细胞周期中较为重要的时期，包括核分裂与胞质分裂两个相互联系的过程。细胞有丝分裂主要是指核分裂的过程。根据细胞分裂期核膜、染色体、纺锤体装配及核仁等形态结构的规律性变化，传统上有丝分裂又被人为地划分为前期（prophase）、前中期（prometaphase）、中期（metaphase）、后期（anaphase）和末期（telophase）。胞质分裂（cytokinesis）相对独立，一般开始于细胞有丝分裂后期，完成于细胞有丝分裂末期。通过核分裂和胞质分裂，使已经复制好的染色体 DNA 平均分配到两个子细胞中。在整个细胞分裂过程中，细胞骨架系统是核分裂与胞质分裂的主要执行者。

7.2.2　有丝分裂分期及主要的动力学事件

1）前期

前期是有丝分裂过程的开始，主要发生两个事件。①染色体凝缩（chromatin condensation）：间期细长弥漫样分布的线性染色质经过黏连蛋白（cohesin）和凝缩蛋白（condensin）的交联压缩进一步螺旋化、折叠和包装，逐渐变粗变短，形成光镜下可辨的早期染色体结构。②细胞分裂极的确立和纺锤体的装配：细胞进入有丝分裂前期，复制并分离后的两个子中心体（centrosome）作为微管组织中心，开始放射状的微管装配，中心体及其周围微管形成两个星体（aster），确定了分裂极并开始了纺锤体（spindle）的装配。

2）前中期

前中期伴随着核膜的崩解，染色体被纺锤体微管捕获并进行染色体整列。逐次发生了以下 3 个事件。①核纤层解聚和核膜崩解：核纤层蛋白在 cyclin B-cdk1 的激酶作用下磷酸化，相互解离，导致核膜崩解（图 7-5）。②纺锤体装配的完成：随着核膜解体，由纺锤体两极发出的一些星体微管通过其正极端捕获染色体，并分别与染色体两侧的动粒（kinetochore）结合，形成动粒微管（kinetochore microtubule），所有的染色体的两条姐妹染色单体动粒都被微管捕获后即宣告纺锤体组装的完成，形成完整的有丝分裂器（mitosis apparatus）。③染色体整列（chromosome alignment）：被微管捕获的染色体在两侧微管的推动牵拉下逐渐向赤道板附近运动。

有丝分裂器是基于微管运动使得有丝分裂得以发生和完成的动力学装置（图 7-6）。

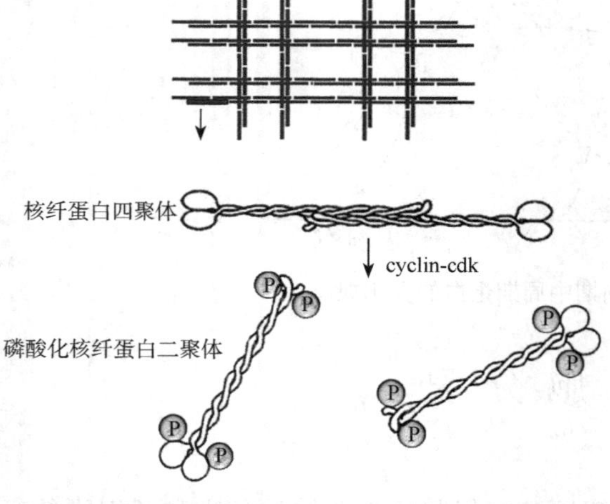

图 7-5　分裂期前中期核纤层磷酸化导致核膜崩解

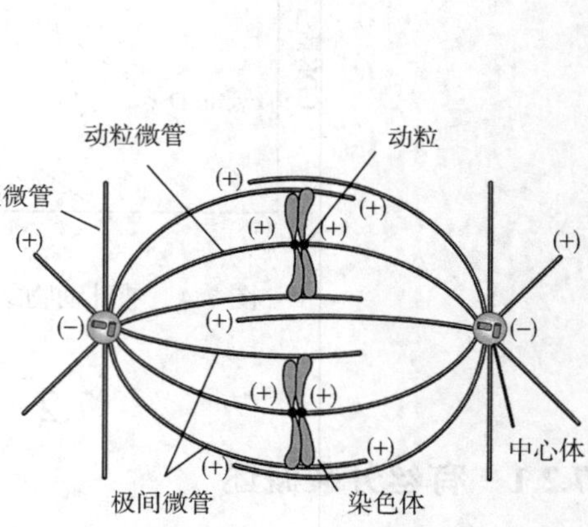

图 7-6　有丝分裂器

中心体是纺锤体形成的生发中心，有丝分裂中所有的微管结构都以中心体为成核中心（nucleation centers），并以此为负极向外延伸，这些微管的正极主要有 3 种功能：①捕获染色体的着丝粒 - 动粒复合体（centromere-kinetochore complex）形成的动粒微管，主要负责锚定染色体并牵拉其运动；②在位于两个细胞分裂极的两个中心体之间重叠搭桥，形成貌似连续的极微管，在有丝分裂后期推动两极远离；③负责牵拉协调细胞膜运动变化的星体微管，星体微管较短，主要参与胞质分裂中分裂沟的形成和加深。

3）中期

细胞有丝分裂进入中期的主要表现是染色体整列完成，形成中板聚合（congression），纺锤体结构呈现经典的纺锤样。染色体在两端动粒微管的牵拉和外推两种作用力的共同作用下最终稳定在赤道面上，当染色体完成在赤道面整列之后，两侧的动粒微管长度相等，作用力均衡。除动粒微管外，许多极微管在赤道区域也相互搭桥，形成貌似连续的微管结构。

4）后期

后期发生的标志性事件是中期整列的染色体其两条姐妹染色单体分离，分别向两极运动。当每一条染色体的两个动粒都被微管捕获并在赤道面完成整列后，后期促进复合物（anaphase promoting complex，APC）被激活，APC 的激活进而活化了分离酶（separase），导致负责黏着姐妹染色单体的黏连蛋白被切开，释放姐妹染色单体，使其在微管的牵拉作用下彼此分离；随后动粒微管在其正极端解聚变短，而染色单体和动粒微管之间通过驱动蛋白（kinesin）和动力蛋白（dynein）紧密相联，牵动染色体向两极运动；接着两个中心体彼此远离，极性微管长度增加，两极之间的距离逐渐拉长。

有丝分裂中后期转换是有丝分裂过程中的主要检验点，主要检测纺锤体的组装是否完整，又被称为纺锤体组装检验点（spindle assembly checkpoint）。纺锤体组装完成的最重要表现为所有的染色体的两个动粒都与对应的微管相连，没有游离的动粒。如果在所有的动粒被微管捕捉完成之前姐妹染色单体开始分离就会造成一个灾难性的后果——不分离现象（nondisjunction），姐妹染色单体的不分离造成两个子细胞其中一个多了一条染色体，而另外一个少了对应的染色体，染色体的丢失或者过多在多数情况下对细胞是致死的。但是对于一些比较短、携带信息相对较少的染色体，丢失后细胞仍然可以生存，但是会严重影响细胞功能。如果发生在胚胎发育早期，就会造成严重的发育障碍，如 21 三体综合征；如果发生在成体细胞中，就有可能发生癌变。纺锤体组装检验点主要体现在抑制 APC 的泛素化酶活性上，目前已经知道，在纺锤体组装调控过程中，Mad2（mitosis arrest deficient 2）发挥了重要作用。Mad2 位于未被微管捕捉的动粒上，通过与 cdc20 的结合，抑制了 APC 的激活；当动粒被微管捕获后，Mad2 从动粒上脱落，解除了对 cdc20 的抑制作用，促使 APC 激活，推动有丝分裂从中期向后期转化。

5）末期

姐妹染色单体分离到达两极，有丝分裂即进入末期。动粒微管消失，极微管继续加长，较多分布于两组染色单体之间。到达两极的染色单体开始去浓缩，在每一套染色单体的周围，伴随着核纤层蛋白去磷酸化，核纤层和核膜重新组装，分别形成了两个子代细胞核。在核膜形成的同时，核孔复合体在核膜上装配。随着染色单体的去浓缩，核仁也开始重新组装，RNA 合成功能逐渐恢复。

6）胞质分裂

胞质分裂一般开始于细胞分裂后期，完成于细胞分裂末期。胞质分裂与核分裂是相关但相对独立的事件，自然界存在只发生有丝分裂而不发生胞质分裂的特殊情况。随着姐妹染色单体去凝缩，核膜重现，在细胞中间位置形成了由肌动蛋白和肌球蛋白反向排列的环绕细胞的收缩环（contractile ring），收缩环在肌动蛋白和肌球蛋白的相互作用下收缩，牵拉细胞形成分裂沟（furrow），分裂沟逐渐加深，细胞形状也由原来的圆形逐渐变为椭圆形、哑铃形，直到两个子细胞完全分离。

Cyclin B-cdk1 在收缩环的形成中发挥了主要的调节作用，在有丝分裂中期以前，活化的 cyclin B-cdk1 使得肌球蛋白被磷酸化，抑制了其与肌动蛋白的结合；随着后期的开始，cyclin B 被活化的 APC 降解，肌球蛋白去磷酸化，从而可以与肌动蛋白结合，完成了收缩环的组装，为胞质分裂提供了动力。

7.2.3 减数分裂

减数分裂是一种特殊的有丝分裂形式，仅发生于有性生殖细胞形成过程中的某个阶段。减数分裂与有丝分裂最大的不同在于细胞仅进行一次 DNA 复制，随后细胞连续两次分裂，两次连续分裂分别为减数分裂Ⅰ和减数分裂Ⅱ。减数分裂的结果是子细胞各自的染色体数目减半，再经过受精，形成合子，染色体数恢复到体细胞的染色体数目。减数分裂的意义在于，既有效地获得双亲的遗传物质，保持后代的遗传稳定性，又可以增加更多的变异，确保生物的多样性，增强生物适应环境变化的能力。减数分裂为遗传学三大定律提供了细胞学基础。

1）减数分裂前间期

与有丝分裂相似，在减数分裂之前的间期阶段，也被人为划分为 G_1 期、S 期、G_2 期 3 个时相，与普通有丝分裂间期相比，有其鲜明的特殊性，故称为减数分裂前间期（premeiotic interphase）。其特殊性主要体现在以下几方面：① S 期持续的时间比较长，如小鼠有丝分裂前 S 期为 5～6h，而其减数分裂前 S 期约为 14h；② S 期的 DNA 复制并不完全，约有 0.3% 的 DNA 未复制，这些未复制的 DNA 会参与同源染色体的配对和基因重组；③染色质多凝集成异染色质。

2）减数分裂过程

减数分裂Ⅰ与体细胞的有丝分裂有许多相似之处，其过程也可以人为划分为前期Ⅰ、前中期Ⅰ、中期Ⅰ、后期Ⅰ、末期Ⅰ和胞质分裂Ⅰ6 个阶段。但减数分裂又有其鲜明特点，其主要表现是前期Ⅰ的同源染色体配对和基因重组以及其后的染色体分离方式等（图 7-7）。

前期Ⅰ持续时间较长，在高等生物，其时间可持续数周、数月、数年，甚至数十年。这一时期要完成减数分裂中最重要的两个过程——同源染色体配对和基因重组。此外，也要为成熟的卵细胞储存足够的 RNA 和蛋白质供受精后最初的几次分裂。根据染色体形态的变化，又可以将前期Ⅰ划分为以下 5 个阶段：①细线期（leptotene），主要发生染色质凝缩，并且其端粒通过接触斑与核膜相连；②偶线期（zygotene），同源染色体经过联会（synapsis）相互配对形成四分体（tetrad），并合成 S 期未合成的 0.3% 的 DNA，参与配对过程；③粗线期（pachytene），染色体进一步凝缩变粗变短，发生等位基因的交换和

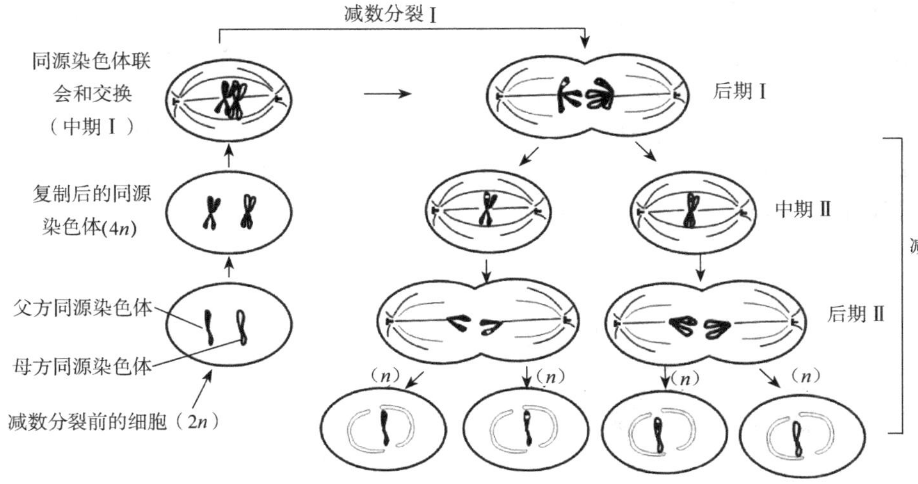

图 7-7　减数分裂

重组（combination）；④双线期（diplotene），重组结束，同源染色体彼此分离，仅留几处交叉（chiasma）；⑤终变期（diakinesis），染色体端粒从核膜上脱离，均匀分布于细胞核中，交叉向端部移动。

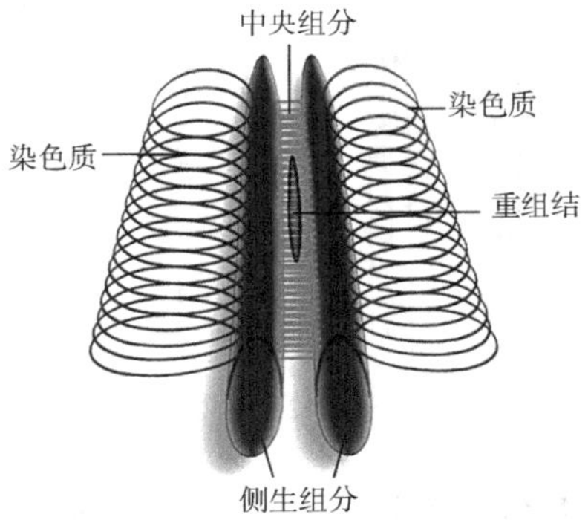

图 7-8　联会复合体

联会复合体（synaptonemal complex）是同源染色体配对和遗传重组的结构框架（图 7-8）。它是一种临时性蛋白质梯状结构，在同源染色体的联会处沿着同源染色体的长轴分布，由位于中间的中央组分和位于两侧的侧生组分共同构成。侧生组分的外侧则为配对的同源染色体。联会复合体的中央组分宽约 100nm，侧生组分宽 20～40nm，从两侧的侧生组分向中央组分方向发出横向纤维（transverse fibers），交汇于中央组分的中间部分。联会复合体从细线期开始组装，经过偶线期至粗线期形成典型的联会复合体结构，并在其中间位置形成一个椭球形的重组节（combination nodule），促使染色体的重组。双线期联会复合体开始去装配，终变期时完全消失。

终变期结束后，核膜破裂、纺锤体结构形成，细胞进入中期 I 。纺锤体微管进入核区，捕获分散于核中的四分体。四分体逐渐向赤道方向移动，最终排列在赤道面上。和有丝分裂不同的是，每个四分体中一条同源染色体的两个动粒与纺锤体一极发出的微管相连，从另一极发出的微管也只与另一个同源染色体的两个动粒相连。两侧的微管牵拉同源染色体分离并向两极移动，标志着后期 I 的开始，移向两极的每个同源染色体均含有两条姐妹染色单体，随后进入末期 I ，这时分两种情况，第一种情况，细胞完成胞质分裂，经过短暂的减数分裂间期（interkinesis）进入减数分裂 II ；另一种情况下，细胞进入末期后不是完全回复到间期阶段，而是立即准备减数分裂 II 。

减数分裂 II 过程与有丝分裂过程非常相似，即经过分裂前期 II 、中期 II 、后期 II 、末期 II 和胞质分裂 II 等几个过程。每个过程中细胞形态变化也与有丝分裂过程类似。经过减数分裂Ⅱ，共形成4个子细胞，分别含有一套染色体。在雄性动物，4个细胞大小相似，称为精细胞，经变态进一步发育为4个精子。在雌性动物，减数分裂Ⅰ为不等分裂，即第一次分裂后产生一个大的次级卵母细胞和一个小的极体（polar body），称为第一极体，第一极体往往会很快死亡解体。次级卵母细胞将继续进行减数分裂Ⅱ，也为不等分裂。其结果是产生一个卵细胞和一个第二极体，第二极体也没有功能，很快解体。因此雌性动物减数分裂仅形成一个有功能的卵细胞（图7-9）。

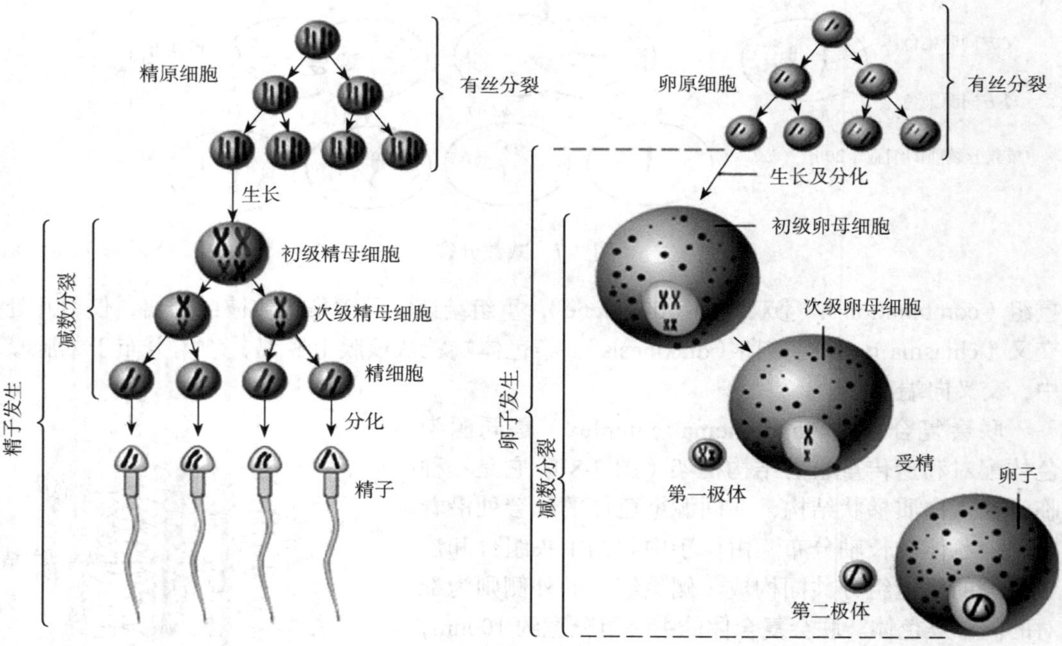

图7-9　精子和卵子的发生

7.2.4　细胞异常增殖与肿瘤发生

目前为止，报道过的癌症已经超过了100种，然而所有的癌细胞都有一个共同的特征：它们都是正常细胞周期调控被破坏的异常细胞。也就是说，癌细胞来源于获得了异常功能的正常细胞。这些异常增殖能力的获得往往是由于内在的突变或者环境因素诱导产生的。大多数情况下，癌细胞的产生不是单因素造成的，一般需要4～7个改变才让一个正常细胞最终发展成癌细胞。

1. 癌细胞的基本特征

正常状态下，细胞的生长和增殖受到生物体严密的调控。在需要的时候接受刺激进行生长分裂，否则处于静息状态。而在癌细胞中，正常的控制细胞过度生长和增殖的调控系统被破坏，使得细胞的增殖不再受正常信号的刺激和抑制，表现为对生长因子的非依赖性生长增殖。过度增殖的细胞首先从营养和结构上破坏了正常的组织。

一旦细胞开始了异常的生长和分裂，失去了必要的监控，细胞的基因组就会在失控的细胞增殖中发生更多的不稳定并逐步扩大，从而使得细胞的结构发生改变，降低细胞与细胞之间的黏附，产生新的酶类，从而赋予了肿瘤细胞浸润并通过循环系统进行扩散转移的能力。

肿瘤细胞是否具有侵袭性和转移能力是区分良性肿瘤（benign tumor）和恶性肿瘤（malignant tumor）的主要标准。良性肿瘤细胞通常不表现出浸润性和转移性，仅在原发组织内进行过度生长增殖，影响局部组织结构和功能；而恶性肿瘤细胞（癌细胞）细胞间黏着性下降，具有浸润性和扩散性，易于浸润周围健康组织。例如，对于上皮来源的癌细胞，浸润和转移的重要标志是基底膜是否被破坏。癌细胞一旦浸润进入血液循环系统或者淋巴循环系统就使得细胞有可能在远离原发灶的组织和部位形成转移灶（metastasis）（图 7-10）。

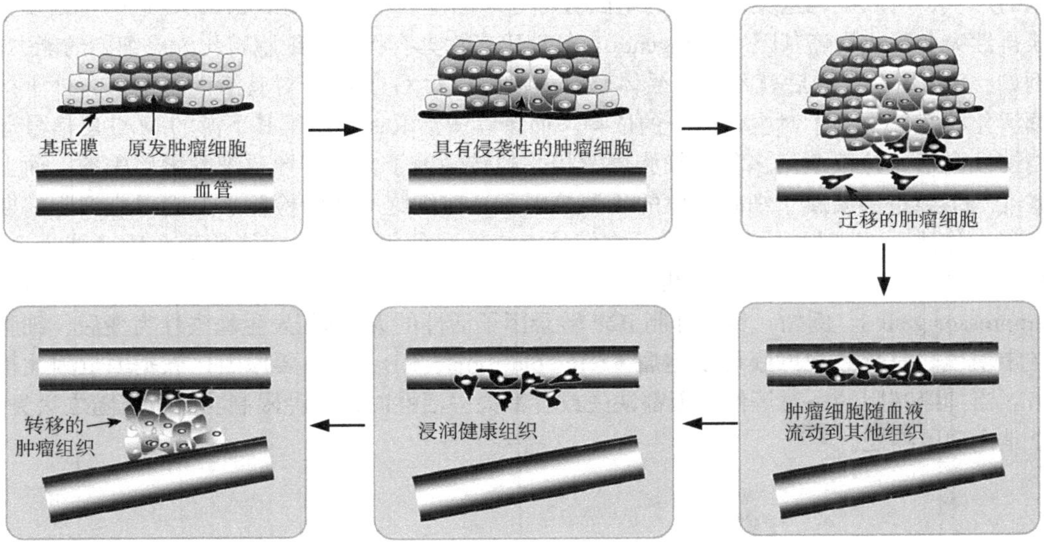

图 7-10　肿瘤的转移过程

在体外培养环境下，癌细胞也表现出了和正常细胞不一样的特性，主要体现是贴壁性降低并失去接触抑制。正常细胞生长到彼此相互接触时，其运动和分裂活动将会停止，这种现象称为接触抑制。而癌细胞失去了接触抑制，不断地向可能的空间生长。

伴随着过度生长增殖，浸润性和转移能力的出现和发展，癌细胞在蛋白质表达上发生明显改变，有利于恶性表型的产生和维持；同时表现为更活跃的能量代谢能力，较多发生有氧糖酵解。

2．癌细胞的发生过程

从正常细胞发展成癌细胞也是多因素多步骤的逐渐变化的过程，通常是一些负责控制细胞增殖的基因发生突变导致细胞增殖能力增强，这种过度增殖的阶段叫做增生（hyperplasia），随着细胞进一步发生功能和结构的改变，癌细胞进入异常增生（dysplasia），当细胞开始浸润和迁移的时候，就发展到了恶性增生（metaplasia，也称为化生）的阶段。

癌细胞的异常表型是一系列调控细胞周期的蛋白质编码基因突变的结果，这些突变有可能来自于细胞 DNA 复制过程的自发错配，更多的是由于感染（如人乳头瘤病毒、幽门螺旋杆菌）或者环境中的诱突变因素（如烟草、辐射、化学品）使得细胞 DNA 被破坏。随着时间推移，这些突变相互叠加，最终将正常细胞转化（transform）称为癌细胞，一般来说，使得一个正常细胞转化成癌细胞至少需要 4～7 个关键基因的突变。突变能够不断产生并累加，一个重要原因是负责 DNA 修复的蛋白质自身也突变而失去修复功能了。突变不断在子代细胞中积累，有两个结局，第一是细胞死亡，第二是赋予了细胞更大的选择优势，使得它们很快成为优势群体取代正常细胞。

参与细胞癌变过程的蛋白质主要分为以下 7 类：①生长因子；②生长因子受体；③信号转导蛋白；④转录因子；⑤凋亡相关蛋白；⑥抑制细胞周期的调控蛋白；⑦ DNA 修复蛋白（图 7-11）。这其中，①～④的突变会导致细胞获得持续的增殖动力，从而导致癌细胞的产生，所以编码这类蛋白质的基因被称为原癌基因（proto-oncogene），这些基因发生获得性突变后成为癌基因（oncogene），其编码产物具有将正常细胞转化为癌细胞的能力。例如，Ras 蛋白突变后就不再受受体酪氨酸激酶通过 GTP 结合对其活性的调节，处于持续活化状态，失去了对生长因子的依赖。而持续激活 Ras 会使得其下游的 MAPK 信号通路持续激活，持续激活多种与细胞增殖相关的转录因子，最终导致细胞增殖失控。而上述⑤～⑦类蛋白质属于细胞增殖的负调控因子，在细胞周期的检验点上起阻止细胞周期进程的作用，或者促进细胞凋亡。它们的突变往往使得原本有功能的蛋白质功能丧失，从而丧失了细胞增殖的负调控机制。编码这类蛋白质的基因就被称为抑癌基因（tumor-suppressor gene）。例如，负责抑制 E2F 转录因子活性的 *Rb* 基因发生缺失性突变后，细胞异常增殖，是导致视网膜母细胞瘤（retinoblastoma，RB）的主要原因，该基因也因此得名。当抑癌基因的一对等位基因都缺失或者都失去活性时，这种限制功能也就随之丢失，于是出现了癌变。

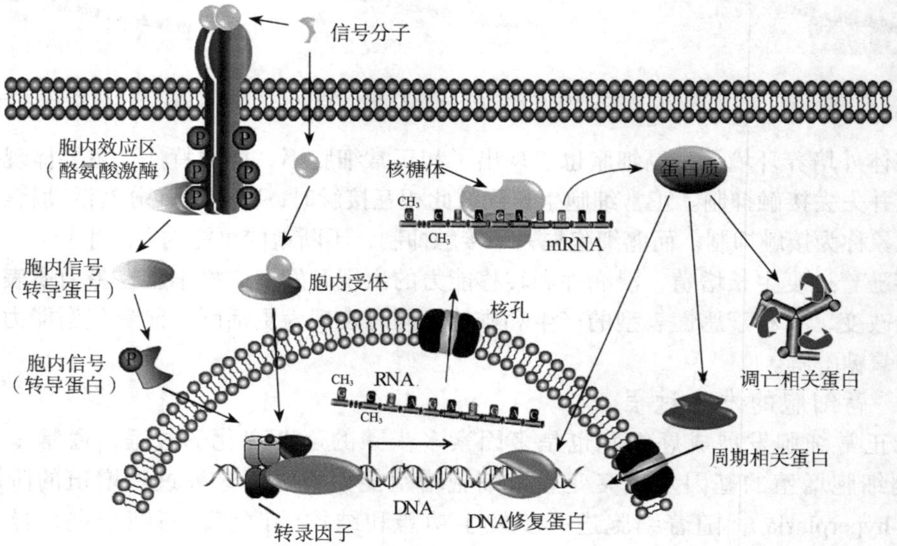

图 7-11　参与肿瘤发生的相关蛋白质

抑癌基因和癌基因的区别在于癌基因的突变性质是显性的，而抑癌基因的突变是隐性的。在人的二倍体细胞中的抑癌基因有两个拷贝，只要其中一个拷贝正常，便可以保证正常的调控作用。两个拷贝都丢失或失活，才能引起细胞增殖的失控；而原癌基因的两个拷贝中只需要一个基因发生突变，便可能起到与癌基因类似的作用。

知识扩展 7-2

抑癌蛋白 p53

p53 基因定位于人类染色体 17p13.1，编码 393 个氨基酸组成的 53kDa 的蛋白质，根据其分子质量得名 p53 蛋白。p53 蛋白是细胞生长周期中的负调节因子，对于控制肿瘤的发生发展起到了重要的抑制作用，被称为“基因组卫士”。

胞质内合成的 p53 蛋白极不稳定，很容易通过泛素化途经被降解，然而当受到适当信号刺激后可被磷酸化，磷酸化能够稳定 p53 结构，磷酸化的 p53 进而转运进入细胞核对细胞转录功能进行调节，广泛参与细胞周期的调控、DNA 修复、细胞分化、细胞凋亡等重要的生物学功能。

超过 90% 的人类肿瘤中 p53 功能是缺失或不足的，p53 蛋白的功能缺失可能发生在基因水平，也可能发生在蛋白质水平。发生于基因水平的突变使得细胞无法合成有功能的 p53，从而无法逆转，与大约 50% 的人类癌症发生是直接相关的。发生在蛋白质水平的功能丧失主要是过度降解引起的，可以通过抑制 p53 与其降解蛋白的结合来挽回 p53 的抑癌功能。

7.3　细 胞 分 化

多细胞有机体是由各种不同类型的细胞组成的，在个体发育中，通过有控制的细胞分裂增加细胞数目，通过有序的细胞分化增加细胞类型，进而由不同类型的细胞构成生物体的组织与器官。在这个过程中，由一种相同的细胞类型经过细胞分裂逐步在形态、结构和功能上产生稳定性差异，形成不同细胞类群的过程即为细胞分化（cell differentiation）。

7.3.1　细胞分化是基因选择性表达的结果

细胞分化的关键在于不同类型细胞中特异性蛋白质的合成，而特异性蛋白质合成的实质是基因在特定的时间和空间中选择性地表达。

早期人们在低等生物中观察到随着细胞分化发生了遗传物质的丢失，因此推测细胞的分化是由于遗传物质的选择性丢失所导致的。然而，技术的发展证实，遗传物质并不会随细胞分化丢失，但细胞会在分化过程中选择性地表达各自特有的专一性蛋白质，从而导致细胞在形态、结构和功能上产生差异。最为经典的证据是通过研究成体鸡的输卵管细胞、成红细胞和胰岛 β 细胞等发现的。虽然在 DNA 水平上，3 种细胞都含有卵清蛋白基因、β- 珠蛋白基因和胰岛素基因，但是在 mRNA 水平上，输卵管细胞仅表达卵清蛋白 mRNA，成红细胞仅表达 β- 珠蛋白基因，而胰岛 β 细胞仅表达胰岛素的 mRNA（表 7-1）。

表 7-1 基因在不同细胞中的选择性表达

	细胞总 DNA			细胞总 RNA		
	输卵管细胞	成红细胞	胰岛细胞	输卵管细胞	成红细胞	胰岛细胞
卵清蛋白基因	√	√	√	√	–	–
β- 珠蛋白基因	√	√	√	–	√	–
胰岛素基因	√	√	√	–	–	√
实验方法	Southern 杂交			Northern 杂交		

细胞分化是在空间和时间上通过严格而精密的基因表达调控实现的。在细胞分化过程中参与的基因大致可以分为以下两类：一类是维持细胞基本生命活动所必需的管家基因（house-keeping genes），在所有细胞中都表达，约占所有转录基因的 3%；另一类是赋予细胞特异性形态结构和功能的组织特异性基因（tissue-specific genes），占所有转录基因的绝大多数（97%）。管家基因一般都在 S 期早期就开始复制；而组织特异性基因在 S 期复制的早晚取决于是否在此类细胞中有表达，如果细胞表达这类基因，那么会在 S 期早期开始复制，而如果细胞不表达这类基因，则会在 S 期晚期复制。

与细胞分化相关的基因在时间与空间上的差异表达，主要涉及基因转录水平和转录后加工水平上的调节，同时也在染色体和 DNA 水平（如 DNA 甲基化修饰）有所调节。

7.3.2 组合调控引发组织特异性基因的表达

基因的选择性表达主要是由调节蛋白启动的，不同的细胞分化不是通过合成功能各异的调节蛋白实现的，而是通过对少量有限的调节蛋白进行不同的组合来实现调控的，这种机制被称为组合调控（combinational control）（图 7-12），即利用有限的、较为简单的基因产物为工具，凭借重复而富有创造性的方式指导细胞的分化。

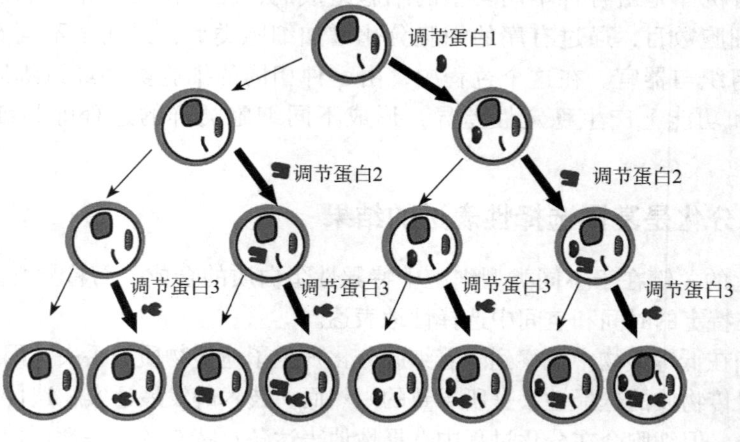

图 7-12 组合调控的高效性

在启动细胞分化的各类调节蛋白中，往往存在一两种起决定作用的调节蛋白，编码这种蛋白质的基因被称为主导基因（master gene）。有时，主导基因的表达即可启动整个细胞分化。例如，MyoD 是一种在成肌细胞分化为骨骼肌细胞过程中的关键调节蛋白。实验表明，将其基因导入体外培养的成纤维细胞中，可以诱发成纤维细胞合成大量的肌动蛋白和肌球蛋白，在质膜上产生对神经信号敏感的受体蛋白和离子通道蛋白，并融合成肌细胞样的多核细胞，表现出典型骨骼肌细胞的特征。

通过一种关键性调节蛋白对其他调节蛋白的级联启动，是一种高效而经济的细胞分化调控机制，复杂的有机体正是通过这一机制的重复运行逐渐完成形态建成的。

基因的选择性表达主要是由调节蛋白组合调控所启动的，一般来说，这种影响主要受到胞内因素和胞外信号系统的共同调控，而胞外信号及细胞微环境有时通过细胞的信号转导调控网络来起作用。

在受精卵发育最初期，来源于卵母细胞的多种隐蔽 mRNA 在最初的几次卵裂中不均匀地分配到子代细胞中。随着这些 mRNA 在胚胎发育中被激活，决定了细胞不同的分化命运，产生了最初的分化方向的差异，这些最初储存的信息不断被修饰并逐渐形成更为精细、更为复杂的指令，最终产生分化各异的细胞类型。

除了最初由于胞质组分不均分配造成的内在因素外，绝大多数细胞分化都需要受到胞外信号分子的影响和控制。胞外的信号根据作用距离分为近旁组织的相互作用和远距离细胞间的相互作用。近旁组织的相互作用又称为胚胎诱导（embryonic induction），主要通过细胞旁分泌产生的信号分子来实现的，如成纤维细胞生长因子（fibroblast growth factor，FGF）、转化生长因子（transforming growth factor，TGF）以及 Wnt 家族等。远距离细胞间相互作用对细胞分化的影响主要是通过激素调节来实现的。

对于正在分化的细胞来说，信号分子的刺激作用时间是短暂的，但是某些细胞可以将这种短暂的作用储存起来并形成长时间的记忆，逐渐向特定方向分化。最为典型的例子是果蝇幼虫的成虫盘。成虫盘是一些未分化的细胞群，在幼虫变态过程中，不同的成虫盘发育成成虫不同的器官，如腿、翅和触角等。有研究表明，将果蝇幼虫的成虫盘细胞植入成虫体内，让细胞在未分化状态下连续增殖 9 年，然后将这种成虫盘细胞再移植回幼虫体内，依然发育成为相应的器官。

7.3.3　细胞的分化潜能与干细胞

细胞的分化潜能（cell potency）是指其分化成其他类型细胞的能力，具有分化潜能的细胞称为干细胞（stem cell）。能够分化的细胞类型越多，分化潜能越大。分化潜能也可用来形容一个细胞内不同基因激活的能力。越多的基因能够被激活，细胞分化的潜能就越大。分化潜能按照大小可以分为全能性（totipotency）、万能性（pluripotency），多能性（multipotency）、寡能性（oligopotency）和单能性（monopotency）。

1）全能性

全能性是指一个细胞具有分裂和产生一个机体所有细胞（包括胚胎发育支持细胞，如胎盘）的能力。一般来讲，孢子和受精卵是全能干细胞。对于人类而言，精卵结合产生的受精卵是最初的全能干细胞（图 7-13），随后，受精卵最初 4 次卵裂生成的 16 个细胞也是全能干细胞，这些细胞具有能够分裂成胚胎三胚层中任意一胚层的能力，同时还具有分化成胎盘滋养层细胞的能力。

2）万能性

万能性是指一个干细胞具有分化成三胚层中任意一层的能力。这三胚层分别是：

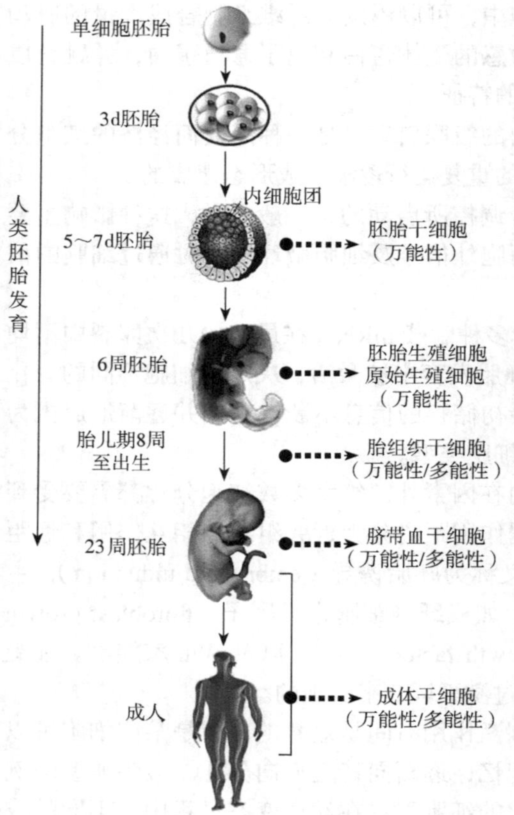

图 7-13　人体胚胎发育中的细胞分化潜能变化

①内胚层，发育成肺和消化道脏器内层；②中胚层，发育成骨骼、肌肉、血液和生殖泌尿系统；③外胚层，发育为表皮组织和神经系统。16 个细胞的桑椹胚（morula）之后的两次分裂就产生了最初的分化，到 64 个细胞的囊胚后，一部分细胞变成了内细胞团（inner cell mass），这些细胞最终发育为胚胎和个体；另一部分细胞分化成了滋养层细胞，最终发育为胎盘组织。64 囊胚的内细胞团中的细胞具有发育成三胚层中任意一胚层的能力，最终可以发育成为个体，这些细胞被称为胚胎干细胞，具有万能性。

鉴于万能干细胞巨大的分化潜能和可能的医学应用前景，此类细胞的研究一直都是生命科学领域的热点。不同的研究小组分别在小鼠、恒河猴和人的囊胚中成功分离并培育出了胚胎干细胞（图 7-14）。对于胚胎干细胞，尤其是人胚胎干细胞的研究在医学伦理方面一直饱受争议，因为一个囊胚一旦被破坏，就再也不能发育成个体了。2006 年，日本的山中伸弥实验室发现向小鼠的成纤维细胞中转入 4 种基因（*Oct4*、*Sox2*、*c-myc* 和 *KLF-4*）就可以诱导产生一种万能干细胞，被称为“诱导万能干细胞”（induced pluripotent stem cell，iPS cell）。其性质与胚胎干细胞类似，具有分化成三胚层中任一胚层的能力。随后，其他几个实验室同时应用类似的技术，将人成纤维细胞等体细胞诱导产生了人的 iPS 细胞。这种细胞重编程（reprogramming）技术通过导入特定的转录因子使得体细胞具有早期胚胎的特性，加深了人们对细胞全能性的理解，避免了使用胚胎干细胞的诸多伦理争议，具有巨大的临床应用前景，几位发现者也因此获得了 2012 年诺贝尔生理学或医学奖。

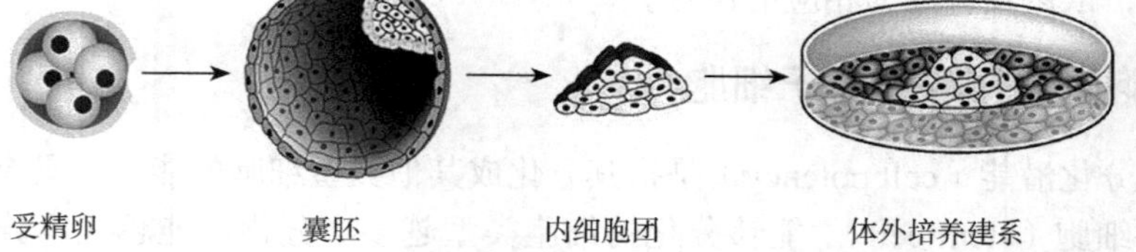

图 7-14　胚胎干细胞的分离

目前为止，虽然重编程的机制还很不清楚，但至少证明了细胞重编程与表观遗传因素如 DNA 甲基化、组蛋白的甲基化和乙酰化密切相关。iPS 细胞中的染色质也与胚胎干细胞类似，凝缩程度低，更容易被接近。

3）多能性

多能性是指细胞具有基因激活能力，可分化成为多种但是相对有限的细胞类型。例如，造血干细胞，可以分化成数种血细胞，包括淋巴细胞、单核细胞和中粒细胞等（图 7-15），但是不能分化成脑细胞、骨细胞或者其他非血细胞类型。在人体内，多能干细胞的来源较为广泛，如脐带血、脂肪组织、心肌细胞、骨髓和第三磨牙下的间充质干细胞（mesenchymal stem cells）。间充质干细胞可以在 8～10 岁儿童磨牙内取得，可以分化为成骨细胞、软骨细胞和脂肪细胞。

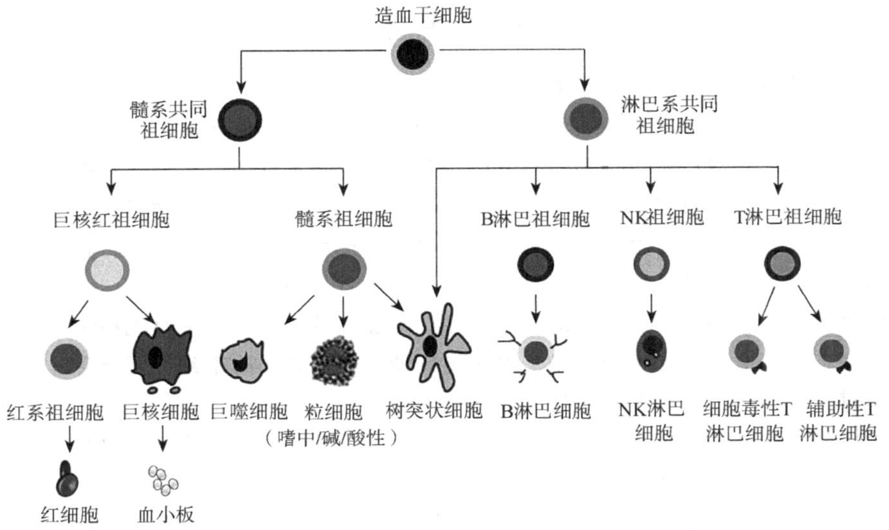

图 7-15　造血多能干细胞的分化潜能

4）寡能性

寡能性是指可以分化成少数几类细胞的能力。在人体内，淋巴系和髓系祖细胞是寡能干细胞。淋巴系祖细胞可以特异性地分化出 B 细胞和 T 细胞等，但是不能分化成红细胞。再如血管干细胞，可以成为内皮细胞或者平滑肌细胞。

5）单能性

单能性细胞是指只能够分化成一种细胞类型的干细胞，如红系祖细胞只能分化成为红细胞。

7.4　细胞凋亡

7.4.1　细胞死亡的方式和意义

生命总是以死亡告终，细胞作为组成生命体的基本单位也不例外。就单细胞生物而言，如酵母和细菌，细胞死亡即个体死亡。对于多细胞生物，细胞的死亡是维持整个生物体正常生长发育以及生命活动的必要条件，其重要性不亚于细胞的增殖和分化。细胞的死亡按照目前已发现的方式分为：①细胞凋亡（apoptosis），即程序性细胞死亡（programmed cell death）；②坏死（necrosis）；③自噬性细胞死亡（autophagic cell death）。它们受不同的机制调控，表现出各异的分子特征，发挥不同的细胞功能。

1）细胞凋亡

细胞凋亡是一种发生在多细胞生物体内的一种程序性细胞死亡过程。当细胞不再被机体需要时，就会启动一系列分子水平的改变，导致细胞进入“自杀”程序。以核固缩、染色质规则断裂、凋亡小体形成为典型特征，一般不引起炎性反应，对周围细胞干扰较少。

知识扩展 7-3

细胞分化与再生医学

利用干细胞进行再生医学的理念很简单：利用干细胞的分化特性生产新的健康细胞去替换组织内死掉或者损伤的细胞。例如，在遭遇心肌梗死后，生产新的心肌细胞去替换坏死的细胞；或者生产新的多巴胺分泌细胞去治疗由于此类细胞丢失导致的帕金森症。但是实际应用中会遭遇到很多问题和困难。由于胚胎干细胞或者诱导万能干细胞具有非常大的分化潜能，如何控制细胞的分化方向就成为了干细胞再生医学的最大挑战。目前大多数工作都处于摸索阶段，如何添加合适的生长因子，如何组合，添加时机等在不同的分化途径中均有所差异。而且，对于治疗性干细胞移植来说，往往需要的不是终末分化的细胞，而是进入某一特定分化路径的干细胞，使得其进入人体后能够受到体内信号因子的调控，最终生成需要的组织和结构。一旦进入组织内，干细胞不但要生成需要的细胞类型，并且必须在结构和功能上与已有组织整合。植入的干细胞需要维持特异的分化方向，而不能重新回到分化潜能更大的干细胞状态，或者直接变成癌细胞。这些问题和挑战使得干细胞再生医学离临床应用仍有距离。

凋亡在发育中和成年动物组织内频繁发生。例如，在脊椎动物神经系统的发育中，一半以上的神经细胞在形成后都通过凋亡的方式终结。在人体内，每个小时有数以万计的细胞在骨髓和肠道内凋亡，这些按需凋亡有着巨大的生物学意义。

首先，凋亡是塑造生物体形态的机制之一。最为典型的代表是小鼠上肢前掌的发育，胚胎发育时，小鼠的两只前掌最初是蹼样结构，指间有蹼相连，各个指头能够最终分开得益于其间的细胞凋亡。还有一个经典例子是蝌蚪变态发育成青蛙时尾巴的消失，也是细胞凋亡的结果（图 7-16）。

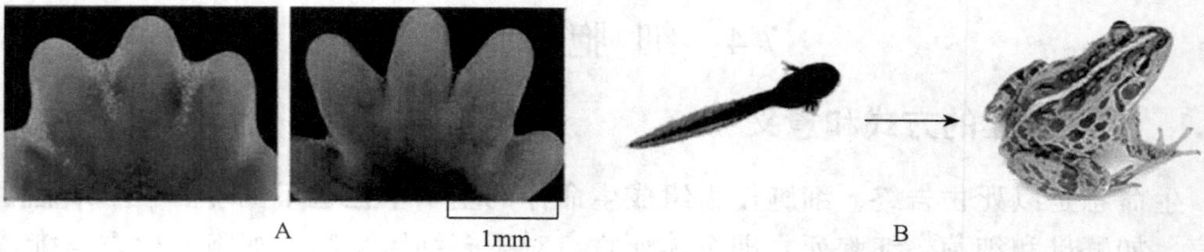

图 7-16 细胞凋亡对生物体形态的塑造

A．小鼠前掌发育；B．蝌蚪尾巴的消失

其次，凋亡对于协调细胞的数量和功能有着重要意义。在脊椎动物神经系统发育中，往往制造数量过多的神经细胞，然后根据其靶细胞（如肌肉细胞）分泌的存活因子——

神经生长因子（nerves growth factor，NGF）的刺激决定是否能够存活。最终只有 50% 的原始神经元能够与靶细胞建立连接，剩余的细胞通过凋亡途径死亡消失（图 7-17）。

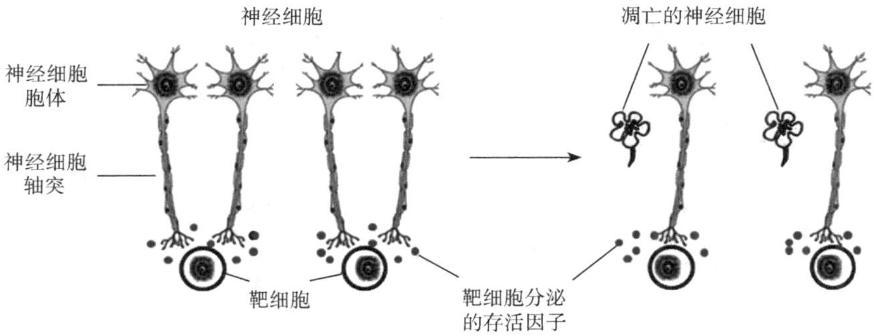

图 7-17　细胞凋亡协调神经细胞的数量和功能

最后，凋亡机制还是细胞清除无法修复的损伤细胞和可能发生癌变的细胞的重要保护机制。凋亡与其他死亡方式最大的区别在于凋亡不会对周围细胞，甚至是相邻细胞产生损害，这种自杀方式会快速将被感染或者受损害无法修复的细胞从健康的细胞群体中清除，一般不产生扩大机体反应的影响（如免疫细胞的招募和炎性因子的分泌）。肿瘤能够发生发展一个重要的原因是细胞凋亡机制被抑制或者被破坏。

2）细胞坏死

细胞坏死是有别于细胞凋亡的另一种典型死亡方式。当细胞受到严重突发损伤，如受极端的物理化学因素或者病理性刺激。细胞坏死主要是由于细胞内 ATP 浓度下降到无法维持细胞正常的结构和功能，细胞从内崩解并将破碎受损的细胞器和染色质片段释放到胞外，引发周围组织的炎症反应。是否伴随炎症反应是区别细胞坏死和细胞凋亡的重要标志，此外，坏死的细胞染色质不发生固缩，随机被降解成大小不等的片段，没有凋亡小体的形成。

传统上认为细胞坏死是一种被动的死亡方式。近年来随着对坏死机制的深入研究发现，坏死也可以是一种被控制的“主动”的死亡，也是一种“程序化死亡”。例如，分裂旺盛的细胞如果 DNA 损伤无法被修复，就会通过主动的方式降低 ATP 浓度，诱发细胞发生坏死。

细胞坏死是激活免疫反应的重要方式。细胞受损或者感染后，细胞通过坏死，一方面杀死其中的病原体；另一方面，释放的受损 DNA 或者病原体组分能够被免疫细胞识别，促发固有免疫反应。

3）自噬性细胞死亡

细胞自噬（autophagy）是细胞通过溶酶体与双层膜包裹的细胞自身物质融合，从而降解细胞自身物质的过程。正常的动物细胞为了维持细胞内环境的动态平衡，需要不断地合成和降解不需要的组分和结构。寿命较短的蛋白质如调控蛋白等通过泛素 - 蛋白酶体系统进行降解；而寿命较长的蛋白质及细胞结构通过细胞自噬途径由溶酶体进行降解。自噬具有典型的形态特征，细胞中会出现大的双层膜包裹的泡状结构，里面内含物经常为整个细胞器，如线粒体、过氧化物酶体等。来自于内质网或膜泡中的双层膜扩展形成自噬体（autophagesome），随后自噬体与溶酶体融合后形成自噬溶酶体，继而将其内含物水解消化（图 7-18）。

在细胞的正常新陈代谢中，自噬作为维持自身稳态的机制以较低的速率持续存在，在细胞遭遇到外界信号或者压力时，自噬机制会通过 Atg（autophagy-related）激活途径

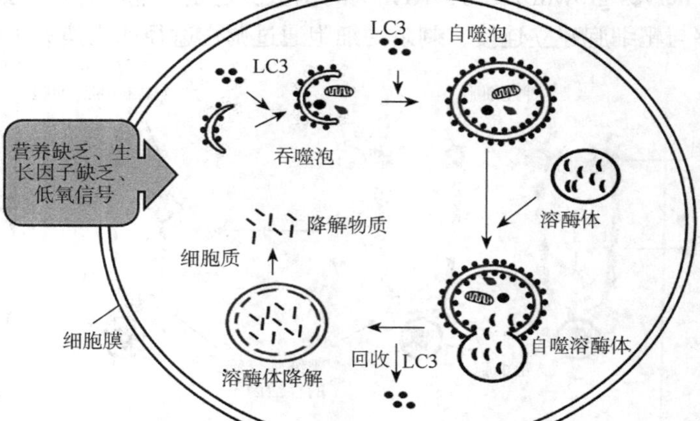

图 7-18　细胞自噬的过程

激活，迅速升高自噬水平，促进自身通过自噬来应对压力，直至死亡。

细胞自噬是促进细胞存活的重要生存机制。一方面，细胞能够通过自噬途径降解自身的蛋白质大分子或细胞器来给细胞生存提供原料或 ATP，帮助细胞应对代谢压力；另一方面，细胞能够通过自噬途径清理不需要的或者损伤的细胞器，更为重要的是能够通过自噬消灭胞内的病原体。

与细胞凋亡相比，细胞自噬性死亡最大的特点是不需要吞噬细胞清除凋亡小体，细胞在内部就能够完成吞噬和清除。从而大大减少死亡细胞的体积，能够应对需要大量细胞死亡的变态过程，如果蝇幼虫变态过程中唾液腺细胞的死亡。

7.4.2　细胞凋亡过程及特征

凋亡作为细胞死亡最重要的方式，具有区别于其他死亡方式的典型特征。凋亡一旦被诱发，在形态学上可分为 3 个较典型的阶段：①细胞核内染色质固缩，形成新月形结构沿核膜分布；②胞膜内陷，将细胞分为若干小泡，将细胞器包裹于内，形成凋亡小体；③凋亡小体被邻近吞噬细胞吞噬，在溶酶体中被消化分解。凋亡过程发生相当迅速，从起始到凋亡小体形成只需要数分钟，而吞噬殆尽也可在数小时内完成。整个凋亡过程中不发生细胞内含物的外泄，所以一般没有炎性反应（图 7-19）。

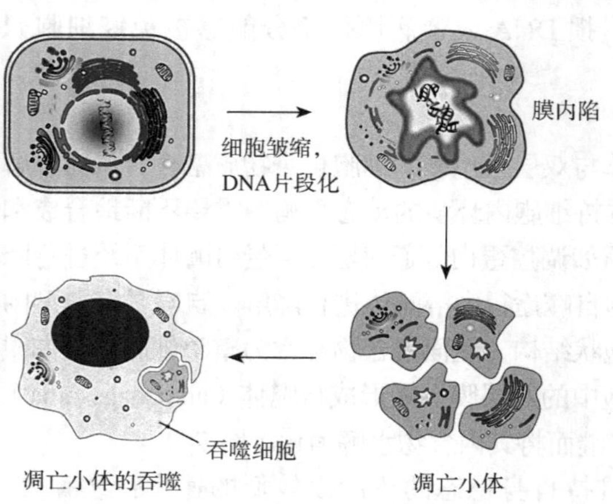

图 7-19　细胞凋亡的过程

7.4.3　细胞凋亡分子机制概述

与其他的生命活动一样，细胞凋亡也有其精密调控的分子机制。按照发生的顺序，可将凋亡的分子机制分为以下 4 个阶段：①凋亡信号的起始；②凋亡相关分子的活化和放大；③凋亡的执行；④凋亡细胞的清除。

在整个凋亡过程中，天冬氨酸特异性的半胱氨酸蛋白水解酶（cysteine aspartic acid specific protease，caspase）发挥了核心作用。该家族的不同蛋白质在凋亡信号的起始、放大和执行各个环节发挥着作用，按照其功能，分为起始 caspases 和效应 caspases。起始分子包括 caspase-2、caspase-8、caspases-9 等，负责信号的传导和效应分子的切割；效应分子包括 caspase-3、caspase-6、caspase-7，通过其水解酶活性切割细胞核内、胞质中的各种结构蛋白和功能蛋白，使其活化或失活，是凋亡程序的执行者。

1）凋亡信号的起始和 caspase 分子的活化与放大

在哺乳动物细胞中，凋亡信号有两个来源，分别为内源性和外源性（图 7-20）。

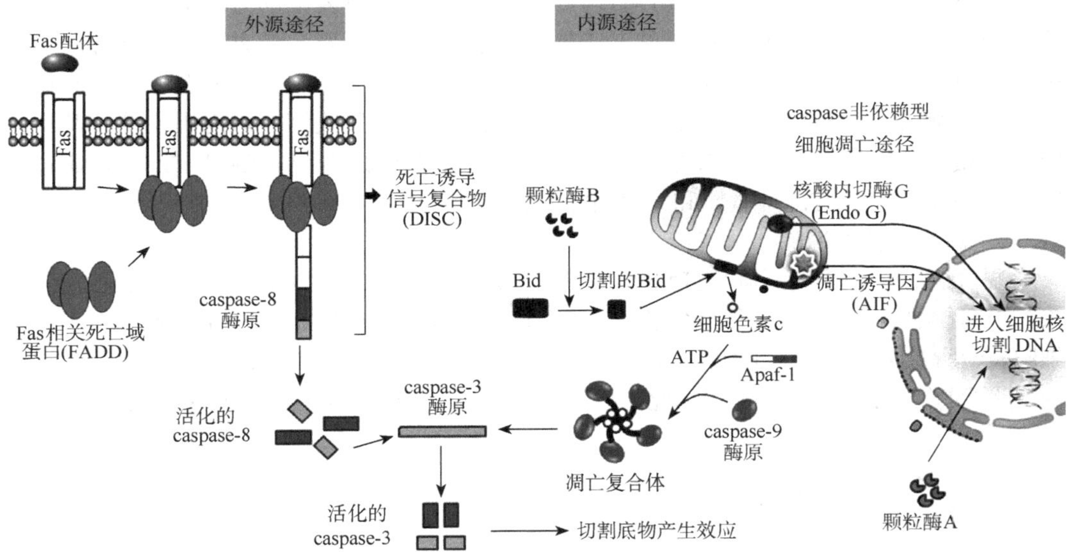

图 7-20　细胞凋亡的内外源途径

外源性细胞凋亡主要通过细胞膜上的死亡受体介导，在与胞外凋亡信号分子（如肿瘤坏死因子，TNF）结合后激活其胞内的死亡效应结构域（death effector domain），激活的死亡效应结构域可以招募 caspase-8 酶原，形成死亡诱导信号复合物（death inducing signaling complex，DISC）。在死亡诱导复合物中，两分子 caspase-8 酶原彼此结合，相互切割，产生了两分子有水解酶活性的 caspase-8，这个过程被称为同性活化（homo activator）。caspase-8 随后通过异性活化（hetero-activation）途径切割效应 caspase——caspase-3 酶原，产生有活性的 caspase-3，执行相应的凋亡功能。

内源性的细胞凋亡信号主要来自于受损的线粒体。在细胞受到各种损伤无法修复时，线粒体外膜的通透性会发生改变，向细胞质内释放凋亡相关因子，其中最为重要的就是细胞色素 c（Cytc）。当 Cytc 被释放进入细胞质后，会与另外一个凋亡因子 Apaf-1 结合，并在此基础上发生自身聚合，形成一个很大的凋亡复合体（apoptosome）。凋亡复合体可以进一步招募 caspase-9 酶原，caspase-9 通过同性活化途径生成有水解酶活性的 caspase-9。Caspase-9 再通过异性激活途径激活 caspase-3 和 caspase-7，后者作为效应者执行相应的凋亡功能。

起始 caspases 和效应 caspases 组成细胞内凋亡信号的联级分子网络。当细胞接收到外源和内源的凋亡信号后，随着起始 caspase 的活化，下游 caspases 被迅速激活，而且具有典型的级联放大特性，使得凋亡信号在短时间内迅速放大被传递到整个细胞，产生不可逆转的凋亡效应。

2）效应 caspases 对凋亡的执行

根据切割后蛋白质的功能，分为活化和失活两大类。被 caspase 活化的代表分子是 caspases 激活的核酸酶 CAD（caspase activated DNase）。Caspase 通过降解 CAD 抑制因子（inhibitor of CAD）来释放 CAD，使其能够在核小体间切割 DNA，形成间隔 200bp 的 DNA 片段，从而在 DNA 电泳中表现为标志性的梯状条带。

Caspases 通过对一些分子的切割致其失活也是凋亡的重要推动力。例如，通过降解感知 DNA 损伤并促进 DNA 修复的 PARP 来促进 DNA 的降解。此外，效应 caspases 通过切割细胞骨架蛋白使细胞的骨架体系发生结构变化，便于细胞改变形态以及形成凋亡小体等。例如，切割核纤层蛋白使得核纤层解聚，导致核膜收缩；切割核孔蛋白以及细胞骨架蛋白，使得细胞核内外信号传导中断；切割黏着斑激酶（focal adhesion kinase，FAK），切断了细胞与胞外基质和其他细胞的联系。

3）凋亡小体的清除

凋亡细胞形成凋亡小体可迅速被周围专职或者非专职的吞噬细胞识别并吞噬，吞噬信号来自于凋亡细胞表面特异的信号分子，磷脂酰丝氨酸是其中的代表分子。它一般存在于正常细胞质膜脂双层的内叶，细胞发生凋亡早期即外翻至细胞质膜脂双层外叶，从而给吞噬细胞一个明确的"吃掉我"的信号。因此，利用 Annexin 染色可以特异性地检测这一现象。

技术扩展 7-2

细胞凋亡检测的方法

鉴于凋亡鲜明的形态学和生理生化特征，可以利用这些特征对凋亡进行检测，常见的方法如下。

1. 形态学观察

凋亡早期最明显的标志就是核固缩和驱边化，中期最显著的形态特征是凋亡小体的形成，通过一些 DNA 结合染料染色可以从细胞核的形态上观察凋亡过程。

2. DNA 电泳

细胞凋亡时，染色质 DNA 在核小体间被特异性切割，DNA 降解成 180～200bp 或其整数倍片段。因此将凋亡细胞的 DNA 进行常规电泳时，会出现特异性的梯状条带（DNA ladders）。

3. DNA 断裂的原位末端标记法

在正常的细胞中几乎没有 DNA 大量断裂的情况，但是在凋亡的细胞中 DNA 会规则断裂，暴露出 3′-OH 末端，可以被转移酶介导的 dUTP 缺口末端标记测定法（TUNEL）所标记，如果选取的是荧光标记物，即可通过荧光信号的强弱和位置判断凋亡的部位和强度。

4. 流式细胞术分析

流式细胞术分析细胞凋亡可以有两种标记方法：①通过 DNA 染料（如碘化丙锭，PI）对细胞 DNA 着色进行流式细胞术分析，凋亡的细胞由于 DNA 的丢失，呈现出典型的亚二倍体信号；②在凋亡早期，细胞膜内侧的磷脂酰丝氨酸翻转至细胞膜外侧，可以用特异性识别细胞外侧的磷脂酰丝氨酸的结合蛋白 Annexin V 对细胞进行染色，结合 DNA 染色可以区分出早期凋亡和晚期凋亡。

本章小结

细胞的增殖、分化和凋亡是细胞生命活动的最基本也是最重要的活动。细胞增殖依赖于适当的信号刺激和高度有序的细胞周期调控体系，周期调控机制异常和细胞异常分裂是肿瘤发生的根本原因；细胞通过有丝分裂实现其扩增，通过减数分裂产生生殖细胞。细胞分化是多细胞生物有机体发育和维持的基础，是基因在组合调控机制选择下表达的结果。凋亡作为细胞死亡的主要方式，在内源或外源信号的刺激下，主要通过 caspases 来实现对细胞凋亡信号的传递和执行。

思考题

1. 什么是细胞周期？细胞周期各时期主要变化是什么？
2. 试比较有丝分裂和减数分裂的异同点。
3. 细胞周期中有哪些主要检验点？细胞周期检验点的生理作用是什么？
4. 简要说明 CDK 激酶在细胞周期中是如何执行调节功能的。
5. 简述癌细胞的基本特征。
6. 为什么说细胞分化是基因选择性表达的结果？
7. 简述细胞凋亡的生物学意义。
8. 细胞凋亡的形态学和生化特征有哪些？
9. 比较细胞凋亡和细胞坏死。
10. 简述细胞凋亡的检测方法。

拓展读物

翟中和，等. 2011. 细胞生物学. 4 版. 北京：高等教育出版社

Alberts B, et al. 2008. Molecular Biology of the Cell. 5th. Garland Publishing

Bray A, et al. 2007. Essential Cell Biology. 3rd. Garland Science, Taylor and Francis Group

Lodish H, et al. 2003. Molecular Cell Biology. 5th. W.H.Freeman

Plopper G, et al. 2015. Lewin' s Cells. 3rd. Jones & Bartlett Learning Company

（许　丹）

第 8 章　神经细胞及其功能

神经系统参与人体生理功能的调节与控制，机体的组织和器官在其直接和间接参与下，协调地完成各自的任务，实现和维持正常的生命活动。同时，人体神经系统还能对体内外各种环境变化做出迅速而完善的适应性响应。神经系统主要由神经细胞（neurocyte）与神经胶质细胞（neuroglia cell）组成。神经细胞又称为神经元（neuron），其数量极其巨大，是神经系统的结构和功能实现的基本单位，属可兴奋细胞，它们通过突触联系形成庞大而复杂的神经网络，完成各种大脑功能。神经胶质细胞不仅对神经细胞具有支持、营养、形成髓鞘、再生和修复、摄取和分泌神经递质等多种功能，还对神经系统功能的完成具有重要调节作用。本章主要介绍神经细胞的生物学机制。

8.1　神 经 细 胞

人类中枢神经系统内的细胞数量十分巨大，约有 1000 亿个神经细胞，相当于银河系星星数量的总和。这些神经细胞通过突触联系形成庞大的神经网络，是神经系统能够完成复杂的生理功能的结构基础。

8.1.1　神经细胞的结构

神经细胞包括胞体（cell body）和突起两部分（图 8-1）。胞体主要位于脑、脊髓的灰质、神经节以及某些器官的神经组织中，它是维持和控制神经细胞合成代谢及功能活动的中心；突起由胞体发出，分为树突（dendrite）和轴突（axon）。树突是神经细胞胞体的延伸，一般较短，可有一个或多个树突，其起始部较粗，经反复分支形成树枝状突起结构，其主要功能是接受其他神经细胞传来的信息，并将信息传到细胞体。树突上有大量的棘状突起，长 0.5～1.0μm，粗 0.5～2.0μm，称为树突棘（dendritic spine），它们增大了接受刺激的面积，是接受神经冲动的突触后部位。轴突是神经信息的传出部位，通常一个神经细胞只有一根，长短不一，长的可达 1m 以上（如脊髓运动神经元），短的只有几微米（如局部环路神经元）。轴突很少发出分支，那些与轴突主干呈直角的分支，称

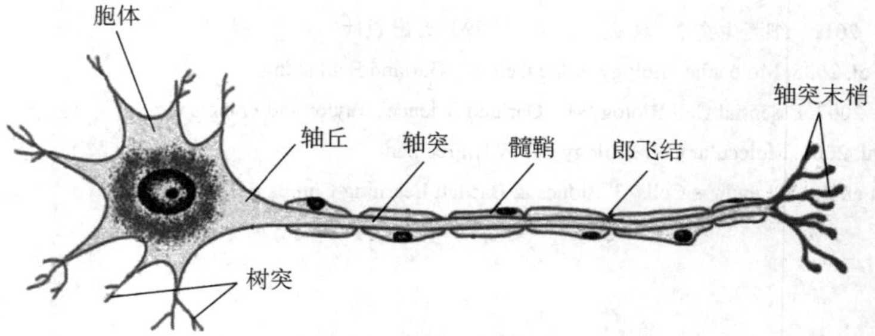

图 8-1　神经细胞的基本结构模式图

为侧支。轴突末梢与侧支的末端膨大呈钮扣样结构，称为终足或终扣（end button），它们分别与其他神经细胞的胞体和树突相联系，形成轴突 - 树突型或轴突 - 胞体等多种形式的突触结构。神经细胞的轴突外面包有髓鞘（myelin sheath）或神经膜，称为神经纤维（nerve fiber），神经纤维可以分为有髓神经纤维（myelinated nerve fiber）和无髓神经纤维（unmyelinated nerve fiber），其基本功能是传导神经冲动（nerve impulse）。

神经细胞是高度分化的细胞，其形态多样，大小不一。人类神经系统内最小的神经细胞是小脑颗粒细胞，胞体直径 5～8μm，体积约 300μm^3；而最大的神经细胞是脊髓前角运动细胞和大脑皮质运动区的贝茨（Betz）细胞，它们的胞体直径可达 100μm 以上，体积可达 $2\times10^5\mu m^3$。和所有的细胞胞体一样，神经细胞的胞体由细胞膜、细胞质、细胞核和细胞器等组成，是维持和控制神经细胞代谢和功能活动的中心。神经细胞细胞质内含有许多细胞器，包括线粒体（为细胞提供能量的供能中心）、粗面内质网与核糖体（蛋白质合成中心）、高尔基体（分泌蛋白的加工和包装中心）和溶酶体等。树突内的细胞器和分子组成均与胞体相同，且树突内的细胞骨架也与胞体相类似。树突与胞体之间没有分界，只是其所含细胞器的数量随着树突的延伸而减少。而轴突与胞体之间有着明显的功能分界，轴突多由胞体的锥形隆起——轴丘（axon hillock）发出，亦可由基干树突根部发出。大多细胞器，如粗面内质网和核糖体，不在轴突内出现，因此该部位不能进行蛋白质合成，而线粒体、滑面内质网则存在于神经细胞的所有部位。这种细胞器在神经细胞胞体、树突和轴突中的不同分布，决定了它们功能上的差异。

8.1.2　神经细胞的分类

中枢神经系统内神经细胞的数量非常巨大，神经细胞胞体的形状和突起的长短、形态以及数量等均存在极大的差异。

（1）根据神经细胞的突起数目和形态，可将神经细胞分为假单极神经元（pseudounipolar neuron）、双极神经元（bipolar neuron）和多极神经元（multipolar neuron）。如图 8-2 所示，假单极神经元从胞体发出一个突起，距胞体不远形成“T”字形分支，一支分布到周围的组织形成感觉末梢（周围突），另一支进入中枢神经系统（中枢突），如脊神经节细胞。双极神经元有两个突起，一个是树突，另一个是轴突，如视网膜中的双极神经元。多极神经元有一个轴突和多个树突，如脊髓运动神经元等。

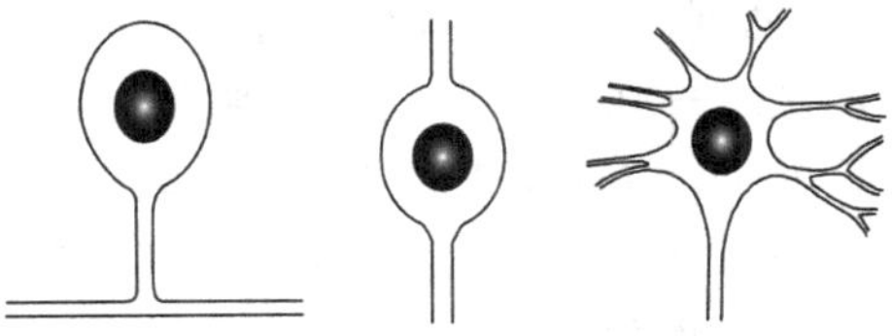

图 8-2　神经细胞的分类

（2）按神经细胞功能可分为 3 类，即感觉神经元（sensory neuron）、运动神经元（motor neuron）和中间神经元（interneuron）。感觉神经元或称传入神经元（afferent neuron），多为假单极神经元，它们接受体内外刺激，并将感受信息传到中枢神经系统。一般而言，假单极神经元和双极神经元都属于传入神经元。运动神经元或称传出神经元（efferent neuron），多为多极神经元，它们把兴奋从中枢传到周围，支配骨骼肌、平滑肌和腺体等效应器官。中间神经元或称联络神经元（association neuron），多为多极神经元，一般具有大量的树突，而轴突很短甚至缺失，其主要功能是进行信息整合和局部的信息传递。在人类的神经系统中，投射神经元只占很小的比例，大量存在的都是中间神经元。

脑的高级功能主要是中间神经元活动的结果，脑组织实际上是以中间神经元为主构成的一个极为复杂的网络系统。

（3）按神经细胞所含的神经递质可分为胆碱能神经元（cholinergic neuron）、肾上腺素能神经元（adrenergic neuron）、多巴胺能神经元（dopaminergic neuron）、氨基酸能神经元（aminoacidergic neuron）和肽能神经元（peptidergic neuron）等。

8.2　神经细胞的生物电现象

神经细胞是可兴奋细胞之一，主要通过细胞膜电位变化形成特定信息，称为生物电现象（bioelectrical phenomenon）。神经细胞胞膜上镶嵌有特定的具有离子通透特性的跨膜蛋白（离子通道），使其能在静息电位的基础上产生电信号。电信号在机体内所有神经细胞中实际上是相同的，它们不仅在不同区域之间进行联系，还可以传递感觉和运动等信息。此外，不同物种之间的电信号也是相似的。神经细胞产生的电信号分成两大类，第一类是局部电位（localized potential），在感受器及突触部位产生，局限在起源部位，其扩布依赖于神经细胞的被动电学特性；第二类是动作电位（action potential），它由阈刺激或阈上刺激产生，可以迅速地长距离传播。神经细胞的电信号是它接受信息、整合信息和传导信息的基础。

8.2.1　静息电位

静息状态下，神经细胞膜的内表面有一薄层负离子，外表面有一薄层正离子，每一离子层的厚度不足 1nm，两层之间存在电位梯度，形成电位差，这种电位差称为静息电位（resting potential）。机体所有的细胞都具有静息电位，范围一般在－100～－10mV 之间，如神经细胞的静息电位约－70mV，神经胶质细胞、骨骼肌细胞和心室肌细胞的静息电位约－90mV，平滑肌细胞的静息电位约－55mV，红细胞的静息电位约－10mV。由于这一电位存在于膜的内、外表面之间，故又称为跨膜静息电位（transmembrane resting potential）。静息电位在大多数细胞是一种稳定的直流电位，而中枢内的某些神经细胞和具有自律性的心肌和平滑肌细胞还会出现自发性的静息电位波动。神经细胞的静息膜电位可通过细胞内电位记录的方法测量，该方法将参考电极置于细胞外，充以 KCl 溶液的玻璃微电极（记录电极）插入细胞内，测量仪器记录到的跨膜电位差的大小便是静息电位值，图 8-3 是记录神经纤维静息电位的示意图。

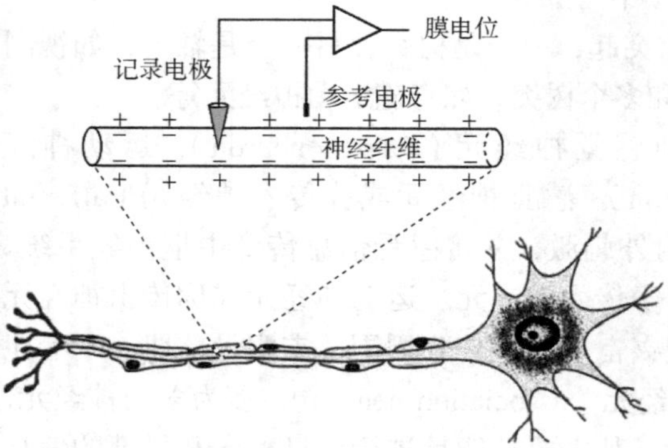

图 8-3　静息电位的记录

神经细胞静息电位是细胞内外离子跨膜扩散与细胞电位对离子静电力作用的平衡结果。事实上，一方面，细胞内外离子环境存在差异（表 8-1），而细胞膜对这些离子的通透性也有很大不同，神经细胞在安静状态下对 K^+、Na^+、Cl^- 的通透性大小的比值为 1.0：0.04：0.45，通透性的大小决定了该离子的跨膜扩散对静息电位的贡献。因此，与 Na^+和 Cl^-相比较，K^+的扩散对静息电位的贡献最为重要。另一方面，由于 K^+是带电荷的，因此其在跨膜扩散的同时会受膜两侧跨膜电位的作用，并影响跨膜电位差，此时离子受到跨膜浓度差和跨膜电位差的双重驱动，这两种驱动力对 K^+的作用方向相反。当跨膜浓度差驱动力和跨膜电位差驱动力大小相等时，K^+的跨膜净移动为零，此时细胞膜的电位也将处于动态平衡，该电位称为 K^+的平衡电位。若细胞膜仅对 K^+通透，K^+的平衡电位也就是静息电位。

表 8-1　细胞膜内外离子浓度

离子	胞内 /（mmol/L）	胞外 /（mmol/L）	比值（胞外：胞内）
钾	100	5	1：20
钠	15	150	10：1
氯	13	150	11.5：1
钙	0.0002nmol/L	2	10 000：1

技术扩展 8-1

神经细胞电信号的记录技术

神经细胞电信号记录技术具有以下几类（图 8-BOX1）。①细胞外记录，用细胞外电极（单根绝缘金属丝或玻璃微电极）置于神经细胞周围，用于记录单个神经细胞或一群细胞的电活动。细胞外记录电极越接近神经细胞，其记录到的神经电信号的信噪比越高。②细胞内记录，用尖端直径小于 0.1μm 的玻璃微电极刺入神经细胞，记录该神经细胞的跨膜电位变化。当电极刺入细胞时，可瞬间记录到静息电位，因此静息电位是细胞内记录是否成功的观察指标。③全细胞膜片钳记录，用尖端直径约为 1μm 的玻璃微电极与神经细胞膜之间形成千兆欧姆以上的阻抗封接，负压吸引或电击穿使得电极尖端的小片膜破裂后，电极内液和细胞内液相通，膜片钳放大器可输出电流将细胞膜钳制于特定的电压或电流水平，记录该细胞的跨膜生物电。

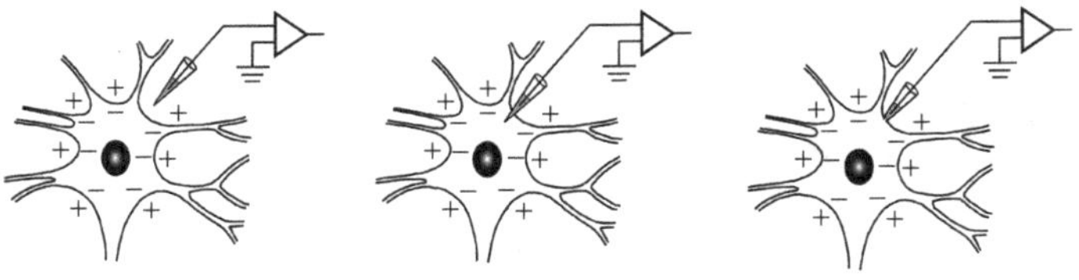

细胞外记录　　细胞内记录　　全细胞膜片钳记录

图 8-BOX1　电信号记录技术

与钾离子类似，每种离子依据其跨膜电位与离子浓度差综合驱动力为零的情况，均存在其相应的平衡电位。离子的平衡电位能够利用 Nernst 公式计算。

$$E_X = \frac{RT}{ZF}\ln\frac{[X^+]_o}{[X^+]_i}$$

式中，E_x 为某离子 X^+ 的平衡电位；R 为气体常数；T 为绝对温度；Z 为该离子的原子价；F 为法拉第常数；$[X^+]_o$ 和 $[X^+]_i$ 分别为该离子在膜外侧和膜内侧溶液中的浓度。当温度为 37 ℃时，K^+ 的平衡电位为

$$E_K = \frac{RT}{ZF}\ln\frac{[K^+]_o}{[K^+]_i} = \frac{8.31\times(37+273)\times1000}{1\times96\ 500}\times\ln\frac{[K^+]_o}{[K^+]_i} = -80(\text{mV})$$

同样的方法也可以计算 Na^+ 的平衡电位为

$$E_{Na} = \frac{RT}{ZF}\ln\frac{[Na^+]_o}{[Na^+]_i} = 62(\text{mV})$$

神经细胞的静息电位通常都在－90～－70mV 之间，而且，其负值总是不同程度地小于相应的 K^+ 的平衡电位，这种差异实际上是因为神经细胞膜对 Na^+ 等也有一定的通透性，从膜外扩散到膜内的 Na^+ 可部分抵消由 K^+ 扩散外流所形成的膜内负电位。关于膜对多个离子通透且平衡时的膜电位可以使用 Goldman 方程表示。

神经细胞膜两侧溶液中除了 K^+ 和 Na^+ 外，主要离子还有 Cl^-、Ca^{2+} 和有机负离子，一般认为，细胞膜对 Cl^- 不存在原发性主动转运，因此，Cl^- 在细胞膜两侧的分布是被动的，不是由它决定膜电位，而是膜电位的大小决定 Cl^- 在膜内的浓度，因此 Cl^- 的平衡电位总是等于或非常接近静息电位。Ca^{2+} 在细胞外的浓度很低（表 8-1），并且膜对 Ca^{2+} 的通透性也很低，因此其作用可以忽略。有机负离子，如核苷酸和带负电的蛋白质等，膜对它们几乎不通透，因此其对静息电位的作用也可以忽略，但它们可以聚集在膜内侧，成为膜内侧负电荷的主要载体。综上所述，影响静息电位水平的因素可以归纳为以下 3 点：①由于静息时膜内外两侧的高浓度差以及对 K^+ 的通透性较高，使得静息电位接近于 K^+ 的平衡电位；②膜对 K^+ 和 Na^+ 的相对通透性影响静息电位大小，若膜对 K^+ 的通透性增加，则静息电位相对增大，若膜对 Na^+ 的通透性增加，则静息电位相对减小；③钠钾泵的活动水平也影响静息电位，其活动增强可使得膜产生一定程度的超极化。

知识扩展 8-1

Goldman 方程

要确定神经细胞的膜电位，需要考虑跨膜的各种离子电流。如果一个神经细胞膜只允许 K^+ 通透，那该神经细胞的静息膜电位将等于其 K^+ 的平衡电位（E_K），约－90mV。但实际上神经细胞在安静时其膜电位约为－70mV。产生上述差异的原因是神经细胞膜在静息状态下不仅对 K^+ 通透，还对 Na^+ 和 Cl^- 有一定的通透性。如果已知细胞内外的离子浓度以及细胞膜对各种离子的通透性（p_K、p_{Na} 和 p_{Cl}），

就可以利用 Goldman 方程计算该细胞平衡时的膜电位。因此，在室温 20℃时，

$$V_m = 58\ln\frac{p_K[K^+]_o + p_{Na}[Na^+]_o + p_{Cl}[Cl^-]_o}{p_K[K^+]_i + p_{Na}[Na^+]_i + p_{Cl}[Cl^-]_i}(mV)$$

如前所述，当 K^+通透性远高于 Na^+和 Cl^-通透性时，Na^+和 Cl^-对膜电位的贡献就可以忽略不计，此时膜电位就趋向于 K^+平衡电位（见 Nernst 公式）。通过 Goldman 方程，可以发现，膜电位取决于细胞膜对离子的通透性以及那些离子的平衡电位。当神经细胞处于静息时，细胞膜对 K^+和 Cl^-有较高的通透性，所以静息膜电位接近于 K^+和 Cl^-的平衡电位。当神经细胞接受刺激时，膜对 Na^+的通透性增加，膜电位就趋向于 Na^+的平衡电位。

8.2.2　动作电位

神经细胞受到适当刺激可触发其产生迅速的、可传播的膜电位波动，称为动作电位（action potential，AP），动作电位是可兴奋细胞兴奋的标志。不同细胞的动作电位具有不同的特征。例如，枪乌贼巨轴突的动作电位呈尖峰状，其峰电位时程约 1ms，骨骼肌动作电位时程为 5ms 左右，而心室肌细胞的动作电位时程较长，可达数百毫秒。图 8-4 是用细胞内微电极记录到的有髓神经纤维的动作电位。对静息状态的神经纤维施加一次短促的阈刺激或阈上刺激，膜电位短时间内从－70mV 去极化到＋35mV，形成动作电位的

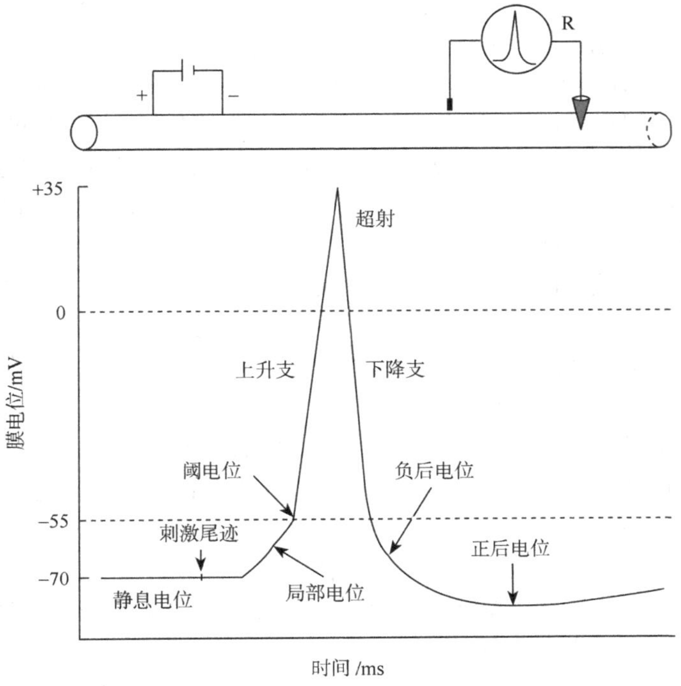

图 8-4　使用细胞内微电极技术记录到的枪乌贼巨轴突的静息电位和动作电位

上升支（去极相），动作电位上升支中零位线以上的部分称为超射值（overshoot）。随后膜电位迅速复极化至接近静息电位的水平，形成动作电位的下降支（复极相），上升支和下降支共同形成的尖峰状电位变化，称为峰电位（spike potential）。峰电位是动作电位的主要组成部分，通常意义的动作电位也主要指峰电位。在峰电位下降支恢复到静息电位水平以前，膜电位还会出现一些低幅、缓慢的波动，称为后电位（after-potential）。后电位包括两个成分，先出现一个绝对值小于静息电位的膜电位，称为负后电位（negative after-potential），之后出现一个绝对值大于静息电位的膜电位，称为正后电位（positive after-potential）。负后电位和正后电位是沿用细胞外记录方法的命名，如果使用细胞内记录方法，也可将其分别命名为后去极化（after depolarization）和后超极化（after hyperpolarization）。

刺激可兴奋细胞产生动作电位需要一定的刺激强度。将能引起动作电位的最小刺激强度，称为阈强度（threshold intensity），该最小刺激称为阈刺激（threshold stimulation）。强度超过阈强度的刺激称为阈上刺激（superthreshold stimulation），强度低于阈强度的刺激称为阈下刺激（subthreshold stimulation）。阈刺激使细胞膜去极化到膜电位的一个临界值，此时该膜电位称为阈电位（threshold potential）。

神经细胞的动作电位主要与钠、钾离子有关。当膜受到阈刺激或阈上刺激时，膜电位去极化到阈电位水平，此时部分钠通道开放，Na^+通透性增大，膜外大量的Na^+顺浓度梯度及受膜内负电吸引经钠通道流入膜内，Na^+的内向电流超过K^+的外向电流，膜去极化。钠通道是电压依赖型通道，去极化又促使更多的钠通道开放，膜对Na^+的通透性进一步增加，引起更大的Na^+内流，形成超射，构成动作电位的上升支。这是一个正反馈过程，这一过程使膜内外的Na^+迅速达到平衡，接近Na^+的平衡电位水平（由于钾电导并没有降低，而且逐渐增加，K^+外流抵消了动作电位的部分峰值）。之后，由于钠通道的失活，膜对Na^+的通透性迅速下降，而此时对K^+的外向驱动力很强，再加上钾通道开放，膜对K^+的通透性增加，于是K^+顺浓度梯度从膜内流出，使得膜迅速复极化，形成动作电位的下降支。峰电位之后的负后电位一般认为是复极化过程中迅速外流的K^+蓄积在膜外侧附近，阻碍了K^+外流的结果，而正后电位是由于动作电位过程中流入的Na^+和流出的K^+启动生电性钠钾泵的作用结果。

动作电位有许多重要的特征。首先是它的“全和无”特性，当刺激强度未达到阈强度时，动作电位根本不会发生（无），当刺激一旦达到阈强度甚至超过阈强度时，即可触发动作电位，而且其幅度快速达到该细胞动作电位的最大值（全），该值不会因刺激强度的增强而增大，这一反应方式称为动作电位的“全和无”特性。动作电位的另一个特性是传播过程的不衰减性，动作电位产生后，该处的膜电位便爆发式变为内正外负，对仍处于静息膜电位的相邻部位形成阈上刺激，诱发相邻部位产生动作电位，由于动作电位“全和无”的特性，所以它的幅度不会因传播距离的延长而衰减。动作电位的第三个特性是兴奋性的变化，可兴奋细胞一旦发生了动作电位，其兴奋性变化一般可依次分为 4 个时期（图 8-5），在整个峰电位持续的时间，无论施加多强的刺激也不能使细胞再次引发动作电位，这段时间称为绝对不应期（absolutely refractory period）。处于绝对不应期的细胞，由于钠通道处于完全失活状态，其阈刺激无限大，表明失去兴奋性，因此落入绝对不应期的任何刺激都是无效的。在绝对不应期之后的短时间内，细胞的兴奋性逐渐恢

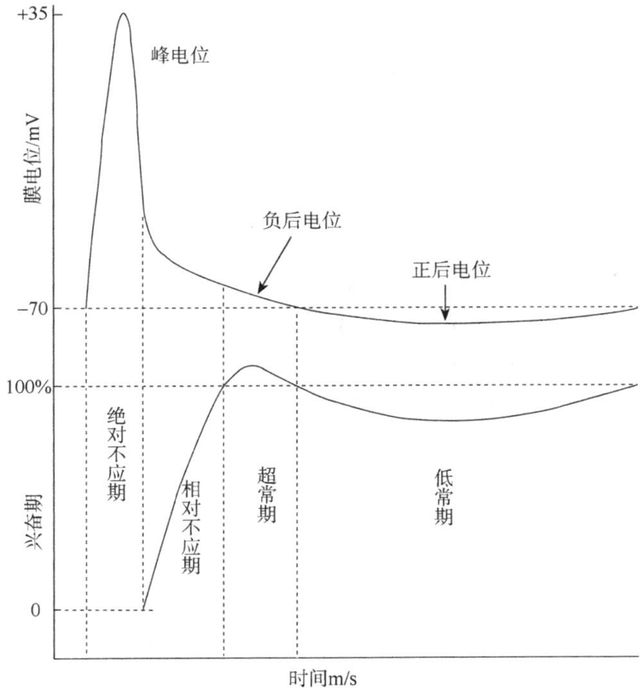

图 8-5　动作电位于兴奋性变化的时间关系

复，用较强的阈上刺激可以引起动作电位，这段时间称为相对不应期（relative refractory period）。在相对不应期，由于钠通道处于部分复活的状态，因此细胞兴奋性低于正常。相对不应期过后，细胞的兴奋性稍高于正常，用略低于阈强度的刺激（阈下刺激）就可引起动作电位，该期称为超常期（supernormal period），该期由于钠通道基本复活，并且膜电位处于轻度去极化状态，故较小的刺激（阈下刺激）就可以使得膜电位达到阈电位水平产生动作电位。超常期之后，由于细胞兴奋性低于正常时期，故需要较大的刺激（阈上刺激）才能引起动作电位，称为低常期（subnormal period），在该期膜电位表现为超极化。此外，由于动作电位不应期的存在，因此动作电位不可能融合，故两个动作电位之间总存在一定间隔，成脉冲式波形。

细胞膜某一部分产生的动作电位可以沿着细胞膜不衰减地传导至整个细胞，在动作电位的发生部位，细胞膜两侧出现电位翻转，即由静息时的内负外正变为内正外负，这就使它与相邻的细胞膜之间出现了电位差，继而产生局部电流，该电流刺激细胞膜去极化达到阈电位引起动作电位，因此动作电位的传导就是沿着细胞膜不断产生新的动作电位的过程。在无髓神经纤维上动作电位就是按此方式进行传导，但在有髓神经纤维上则不同。有髓神经纤维外面包有一层髓鞘，它是由神经胶质细胞反复包绕轴突形成，每段髓鞘长 1～2mm，两段髓鞘之间有 1～2μm 的轴突裸露区，称为郎飞结（node of Ranvier）。在有髓神经纤维，局部电流仅在郎飞结之间发生，其外电路要通过髓鞘外面的组织液。因此，动作电位表现为跨过每一段髓鞘而在相邻的郎飞结处相继传递，这种传导方式称为跳跃式传导（saltatory conduction）。该传导方式不仅提高了神经纤维的传导速度，而且还减少了能量消耗。

知识扩展 8-2

动作电位的 Na^+ 电流

动作电位的峰值接近于 Na^+ 的平衡电位，提示动作电位与 Na^+ 密切相关。最早证实这一设想的是 Hodgkin 和 Katz（1949）的实验研究（图 8-BOX2）：曲线 1 表示在海水中神经纤维的动作电位，即正常的动作电位；曲线 2 表示用等渗葡萄糖溶液代替海水中一半的 NaCl 后，动作电位上升缓慢，超射几乎减少一半；曲线 3 表示当 Na^+ 浓度进一步减少到 33% 时，其超射几乎完全消失，上升更为缓慢。如果细胞外溶液不含 Na^+，则不产生动作电位。

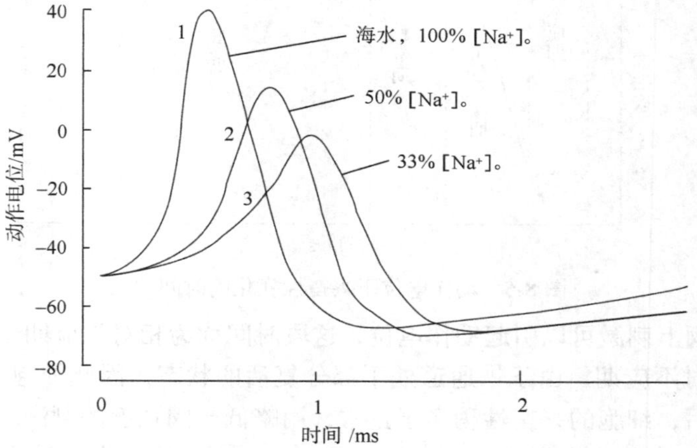

图 8-BOX2　细胞外 Na^+ 对动作电位的影响

8.2.3　局部电位

如果给可兴奋细胞一次阈下刺激，也可以引起部分钠通道激活和内向钠离子流，使膜产生部分去极化，此时膜去极化可增加 K^+ 的外向驱动力，且外向 K^+ 电流大于内向 Na^+ 电流，结果膜电位又复极到静息电位水平，该过程只在受刺激的膜局部产生一个较小的膜电位波动，称为局部电位（local potential）。局部电位具有以下几个基本特征。①其幅度与刺激强度有关，不具有“全和无”的特性，也就是说局部电位的幅度随着阈下刺激强度的增大而增大。②电紧张方式扩布，由于电位幅度较小，因而在电位向周围传导时，随着传导距离的增加而电位幅度逐渐减小甚至消失，呈现衰减式传导，这种传导方式称为电紧张性扩布，其传导的范围在一般神经细胞膜上仅有数十至数百微米，而不能像动作电位一样沿着细胞膜进行不衰减性传导。③没有不应期，具有总和效应。由于局部电位没有不应期，因此局部电位是可以相互叠加的。也就是说，两个单独不能引发动作电位的局部电位如果遇到一起将会叠加，就有可能达到阈电位而引发一次动作电位。总和效应可分为时间性总和（temporal summation）和空间性总和（spatial summation）。若局部电位的叠加发生在连续受数个阈下刺激的膜的某一点，即当前面刺激引起的局部电位尚没有消失时，后面刺激引起局部电位的叠加，称为时间性总和。如果在细胞膜相邻的两个部位同时分别给予阈下刺激，这两个相邻的局部电位也可以叠加起来，称为空间性总和。总和现象在神经细胞活动中十分常见，经过总和效应，阈下刺激可以通过叠加达到阈电位，进而产生动作电位，实现神经信号的远距离传输。

综上所述，动作电位可由两种方式引起：①给予一个阈刺激或阈上刺激，可以使膜电位减小到阈电位水平，进而爆发动作电位；②多个阈下刺激，通过局部电位的总和效应，使静息电位减小到阈电位水平，导致动作电位的爆发。

8.3　神经细胞间的信息传递

人类中枢神经细胞的数量十分巨大（10^{11} 个），彼此之间通过突触来传递信息，组成复杂的神经网络，形成神经系统纷繁多样的生理功能。若以每个神经细胞突触末梢平均形成 2000 个突触计算，则中枢内约含 2×10^{14} 个突触，这些突触联系有的产生兴奋效应，有的产生抑制效应，因此神经细胞之间信息传递的复杂程度可见一斑。

8.3.1　突触的类型

突触（synapse）的概念最早由英国神经生理学家谢灵顿（C. S. Sherrington）于 1897 年提出。Synapse 原意为"握手"、"连接"，是指从一个神经细胞传向另一个神经细胞，或从一个神经细胞传向一个效应细胞（肌细胞、腺细胞和感受器细胞等）的特化的接触点。每个神经细胞有很多突触，如大脑皮质锥体细胞约有 3 万个突触，小脑中有的细胞多达 20 万个突触。根据突触传递的媒介物质不同，突触可分为化学性突触（chemical synapse）和电突触（electrical synapse）。前者的信息传递媒介物是神经递质，后者的信息传递媒介物则是电流（图 8-6）。哺乳动物的绝大部分突触属化学性突触，同时也有一小部分通过电突触来实现信息传递。

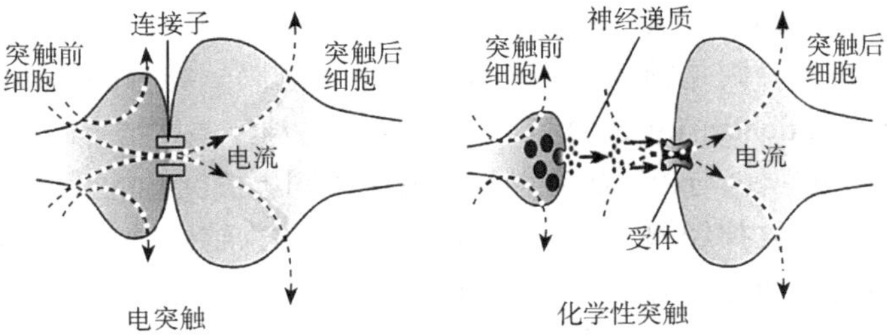

图 8-6　电突触和化学性突触传递

8.3.2　电突触的结构与特征

在可兴奋组织中，电突触的结构基础就是缝隙连接（gap junction）。连接处相邻两个细胞膜的间隔为 2～3nm，此处膜不增厚，两侧膜上存在连接子（connexon），连接子包含 6 个亚单位，即 6 个连接蛋白（connexin），排列成六角形。两个连接子相互连接形成一个六花瓣样的水性孔道，孔道直径约1.5nm。孔道允许带电小离子和分子质量小于1.0～1.5kDa或直径小于1.0nm的小分子通过，因此Na^+、K^+、Ca^{2+}等离子和一些小分子物质如环磷酸腺苷（cyclic adenosine monophosphate，cAMP）、环磷酸鸟苷（cyclic guanosine monophosphate，cGMP）、1, 4, 5- 三磷酸肌醇（inositol 1, 4, 5-triphosphate）和葡萄糖等能够自由通过，但核酸和蛋白质不能通过。电突触两侧没有突触囊泡，信息的传递并不是依赖于神经递质，而是靠携带电信号的离子流。一般为双向传递。由于其阻抗低，因而传导速度快，几乎不存在潜伏期。电突触对神经功能具有多种作用，其明确的功能是促进神经细胞的同步化活动。

8.3.3 化学性突触的结构及分类

化学性突触由突触前膜（presynaptic membrane）、突触间隙（synaptic cleft）和突触后膜（postsynaptic membrane）构成。突触前膜和突触后膜比一般神经细胞膜稍厚，约7.5nm，并且二者在结构上是不对称的。突触间隙宽度为20～30nm，其间有黏多糖、糖蛋白和唾液酸等物质。

突触前膜是神经终末膨大部分与下一个神经细胞接触之处。在突触前膜内侧的轴浆内，含有较多的线粒体和大量的囊泡。囊泡又称为突触囊泡或突触小泡（synaptic vesicle），其直径为40～200nm，外形一般为球形，内含有高浓度的神经递质。由于不同突触内的突触小泡所含神经递质不同，囊泡的大小和形态也不完全相同，因此，突触小泡一般分为以下几种类型：①小而清亮透明的囊泡，该囊泡一般含有快速作用的神经递质，其中圆形囊泡含有兴奋性神经递质，而扁圆形囊泡含有抑制性神经递质，如乙酰胆碱或氨基酸类神经递质；②小而具有致密中心的囊泡，一般含有儿茶酚胺类神经递质；③大而具有致密中心的囊泡，一般含有神经肽类递质。突触前膜内侧有致密突起（dense projection）。致密突起和网格形成突触小泡栏栅，其空隙刚好容纳一个突触小泡。栏栅结构引导突触小泡与突触前膜融合，促进突触小泡内神经递质的释放。突触前膜与突触后膜之间的空隙称为突触间隙，其宽度因突触类型的不同而异。电镜下常常观察到突触间隙内有电子致密物质，不同突触内的电子致密物质不同，该物质的主要作用可能是使突触前膜和突触后膜产生物理连接，从而有利于从突触前膜释放出的神经递质扩散到突触后膜。经典突触后膜成分则是神经细胞不同部位的细胞膜。突触的后膜往往增厚形成突触后致密区（postsynaptic density, PSD），PSD内有能与神经递质结合的相应受体。突触小体内的部分囊泡靠近前膜，与相对的突触后致密区共同组成突触的活性区（active zone）。一般认为，活性区是释放神经递质的功能部位。哺乳动物脑内的单个突触一般有一个或多个活性区。在不同的功能状态下，突触的形态可以发生变化，活性区的数量也可以改变，这种突触结构的改变与突触传递功能的改变密切相关，这些变化反映出突触具有可塑性（plasticity）。

根据突触形成部位，突触可分为3类。①轴突 - 树突型突触（多为轴突 - 树突棘型突触）：由突触前神经细胞的轴突与突触后神经细胞的树突相接触而形成的突触，这类突触最为多见。②轴突 - 胞体型突触：为突触前神经细胞的轴突与突触后神经细胞的胞体相接触而形成的突触，这类突触也较常见。③轴突 - 轴突型突触：为突触前神经细胞的轴突与另一神经细胞的轴突相接触而形成的突触，这类突触是构成突触前抑制和突触前易化的重要结构基础。突触前神经细胞除了它的轴突末梢可以与其他神经细胞形成突触外，它的树突、胞体均可与另一个神经细胞形成突触，并可形成混合性、串联性等多种复杂的形式，因此中枢内还存在树突 - 树突型、树突 - 胞体型、树突 - 轴突型、胞体 - 树突型、胞体 - 胞体型、胞体 - 轴突型突触，以及两个化学性突触或化学性突触与电突触组合而成的串联性突触（serial synapses）、交互性突触（reciprocal synapses）和混合性突触（rnixed synapses）等（图 8-7）。

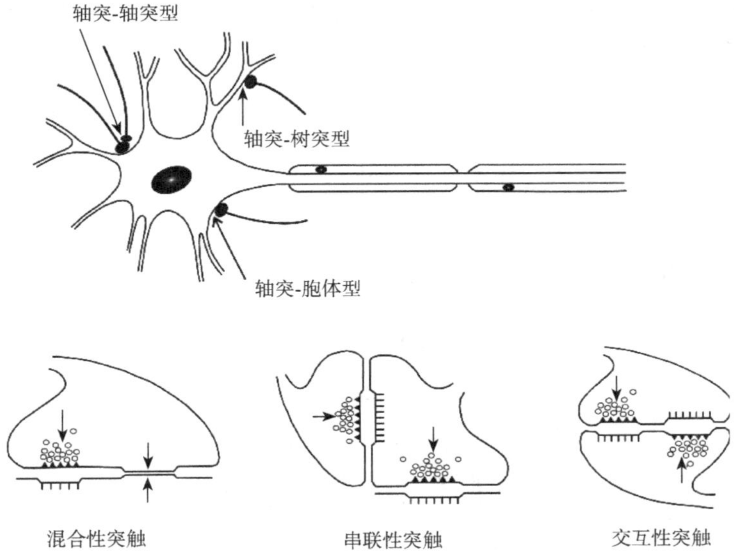

图 8-7　突触类型模式图

8.3.4　化学性突触的传递过程和特点

化学性突触传递过程是连续的信号转导的过程，可简单概括为以下几个阶段。①突触前神经细胞兴奋：动作电位抵达神经末梢，引起突触前膜去极化。②去极化使突触前膜结构中活性区邻近的电压门控 Ca^{2+}通道开放：由于细胞膜外的 Ca^{2+}浓度远高于细胞内，Ca^{2+}通过开放的通道内流。Ca^{2+}内流是神经递质释放的重要条件，其主要作用是促进突触小泡接近突触前膜并与之融合。③ Ca^{2+}内流触发突触前膜活化区释放神经递质：Ca^{2+}与轴浆中钙调蛋白（CaM）结合，激活钙调蛋白依赖的蛋白激酶Ⅱ（CaM Ⅱ），CaM Ⅱ使突触小泡外表面的突触蛋白 I 磷酸化，突触蛋白 I 与囊泡和细胞骨架蛋白的结合能力减弱，使得囊泡从细胞骨架上游离下来，进而囊泡膜在活性区部分与突触前膜“泊靠”（docking）、“融合”（fusion），并形成一个“融合孔”。通过出胞作用，囊泡内的神经递质从融合孔排放到突触间隙（量子性释放）。囊泡的“泊靠”及“融合”作用都是由特异的蛋白质家族介导。已被鉴定的蛋白质有 30 余种，可按照其存在部位分为 3 类，即位于囊泡膜上的蛋白质、突触前膜上的蛋白质以及胞浆内的蛋白质。④释放入突触间隙的神经递质，通过扩散到达突触后膜，作用于后膜上相应的配体门控离子通道或代谢型受体。⑤神经递质与配体门控离子通道结合后，突触后膜上离子通道通透性增大，离子进出，引起突触后膜的膜电位改变。这种在突触后膜上形成的局部电位称为突触后电位

(postsynaptic potential，PSP)。神经递质与代谢型受体结合后，通常激活 G 蛋白，产生第二信使间接影响离子通道或产生其他效应。⑥神经递质与受体作用之后立即被对应的降解酶分解或被神经细胞膜和胶质细胞膜重摄取移除，保证了突触部位信息传递的精确性和特异性。原囊泡膜再重新被回收至突触前膜内，再次填充神经递质，形成突触囊泡的循环。

从以上整个化学性突触传递的过程来看，突触传递是一个电—化学—电的过程(图 8-8)。也就是说，突触前神经细胞的生物电活动诱发了突触前神经末梢递质的释放，该递质导致了突触后神经细胞的电活动。

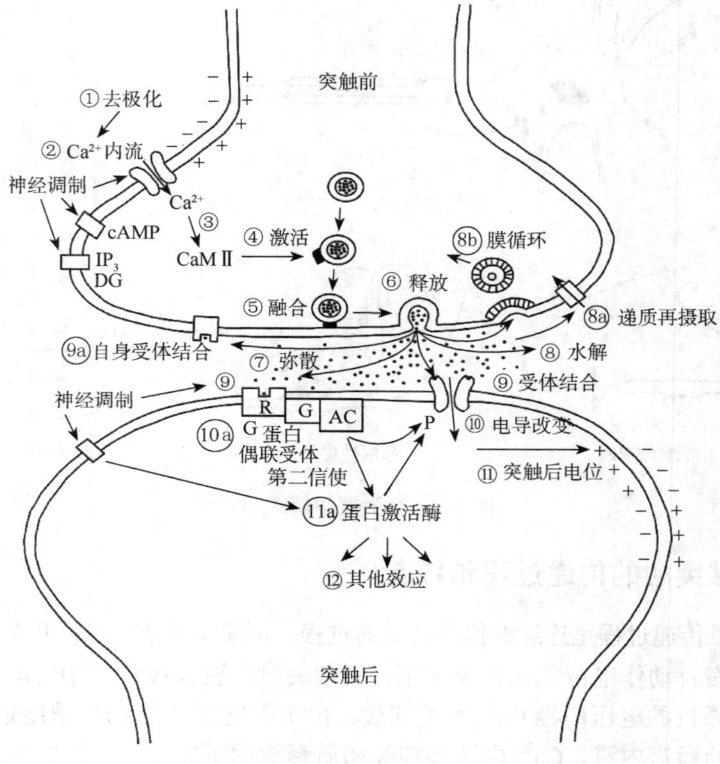

图 8-8 化学性突触传递的主要过程

突触传递可受多种因素的调节和影响，概括起来，主要是通过影响递质的释放、递质的消除和递质的受体 3 方面起作用。①递质的释放量主要取决于进入神经末梢的 Ca^{2+} 量，即递质的释放量与 Ca^{2+} 内流数量呈正相关，进入的 Ca^{2+} 越多，神经递质释放量越大；反之，神经递质释放量减少。因此，凡是能影响神经末梢 Ca^{2+} 内流的因素都能改变递质的释放量。例如，到达突触前膜动作电位频率和幅度的增加，可导致神经递质释放量的增加。此外，突触前膜还存在突触前受体（如 NMDA 受体），受体的激活也可以影响进入突触前 Ca^{2+} 的量，进而影响递质释放。还有一些梭状芽孢菌毒素（如破伤风毒素），可灭活与突触囊泡着位有关的蛋白质，因此抑制神经递质的释放。②已经释放的神经递质通常被神经细胞重摄取或被酶代谢而消除，因此，能影响神经递质重摄取和酶解代谢的因素也能影响突触传递。例如，利血平能抑制交感神经末梢重摄取去甲肾上腺素。

③影响突触后受体的因素：在神经递质释放量发生改变时，受体与递质的亲和力以及受体的数量均可以发生改变，从而影响突触传递。此外，由于突触间隙与细胞外液相通，因此凡能进入细胞外液的物质均可能到达突触后膜影响突触传递。例如，α-银环蛇毒可以特异性地阻断骨骼肌终板膜上的乙酰胆碱受体，使肌肉松弛。

突触传递由于通过化学性递质的中介作用，因此具有以下特征。①单向传递：由于突触小泡只存在于突触前神经细胞，突触后膜一般不能释放神经递质，因此神经递质只能从突触前膜释放，然后作用于突触后膜上的受体，完成突触传递过程，而不能逆向传递。②突触延搁：这是因为兴奋从突触前神经末梢传至突触后神经细胞，需要经历神经递质的释放、扩散以及激活突触后受体等过程，所以需要较长的时间（0.3～0.5ms），这段时间称为突触延搁。③总和作用：突触前神经细胞传来一次冲动及其引起递质释放的量，一般不足以使突触后膜神经细胞产生动作电位。但当一个突触前神经末梢连续传来一连串冲动，或许多突触前神经末梢同时传来一排冲动，释放的递质积累到一定的量，就能激发突触后神经细胞产生动作电位，这种现象称为总和作用。④兴奋节律的改变：即突触前神经细胞和突触后神经细胞的神经冲动频率并不相同，这是因为传出神经的兴奋除取决于传入冲动的节律外，还取决于传出神经细胞本身的功能状态。在多突触反射中则情况更复杂，冲动由传入神经进入中枢后，要经过中间神经元的传递，因此传出神经元发放的频率还取决于中间神经元的功能状态和联系方式。⑤对内环境的敏感性：突触对内环境的变化非常敏感，如缺氧、二氧化碳的增加或酸碱度的改变等，这些变化都可以影响突触传递活动。⑥易疲劳：突触传递发生疲劳的原因可能与递质的耗竭有关，疲劳的出现是防止中枢过度兴奋的一种保护性机制。

8.3.5　突触后电位

依据突触前神经细胞释放的神经递质以及突触后膜上的受体不同，突触后膜可以发生去极化或超极化。神经递质与突触后膜受体结合后，若引起突触后膜去极化导致神经细胞兴奋性升高，这种局部的去极化电位称为兴奋性突触后电位（excitatory postsynaptic potential，EPSP）。若突触后膜在神经递质的作用下发生超极化，使该突触后神经细胞兴奋性降低，这种超极化电位变化称为抑制性突触后电位（inhibitory postsynaptic potential，IPSP）。此外，根据其电位时程的长短还可分为快突触后电位（fast postsynaptic potential，fPSP）与慢突触后电位（slow postsynaptic potential，sPSP）。

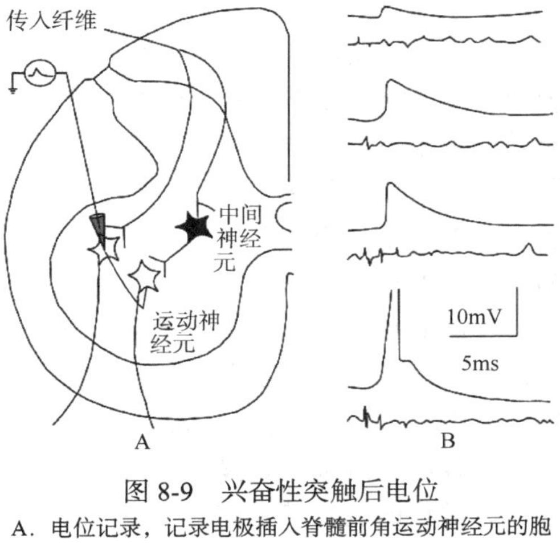

图 8-9　兴奋性突触后电位

A．电位记录，记录电极插入脊髓前角运动神经元的胞体内，适当刺激传入神经纤维后，在该神经元可记录到 EPSP；B．EPSP，在一定范围内加大刺激强度，EPSP 去极化的幅度也随之增大（上面 3 个记录），当去极化达到阈电位时，此时记录到动作电位（第 4 个记录），上线示神经细胞内电极记录，下线示后根传入神经记录

1．兴奋性突触后电位

兴奋性突触后电位（EPSP）的形成，主要是递质与受体结合后引起突触后膜对部分阳离子（Na^+ 和 K^+）的通透性增大，从而使突触后膜局部去极化（图 8-9）。中枢内大

部分的 EPSP 是由于 Na^+ 内流形成的，此外，EPSP 还可能与 Ca^{2+} 通道开放引起的 Ca^{2+} 内流有关。EPSP 是局部电位，它的大小取决于突触前膜释放的神经递质量。EPSP 一般在动作电位到达突触前膜后 0.5～1.0ms 产生，其幅度小于 1mV，这种 EPSP 又称为快兴奋性突触后电位（fast excitatory postsynaptic potential，fEPSP）。产生 EPSP 的突触称为兴奋性突触，其相应的神经递质称为兴奋性递质。中枢神经系统内最主要的兴奋性神经递质是谷氨酸（Glu），在突触后膜上介导 EPSP 的谷氨酸受体主要有 NMDA 受体（*N*- 甲基 -D- 天冬氨酸）和非 NMDA 受体两大类，其中 NMDA 受体受体介导慢时程 EPSP，而非 NMDA 受体介导快时程 EPSP。

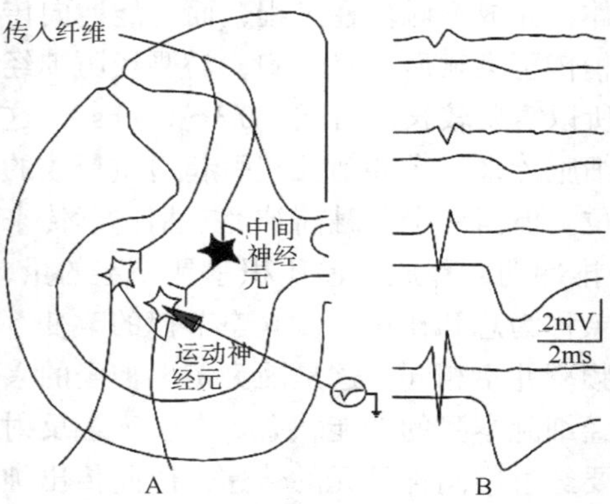

图 8-10　抑制性突触后电位

A. 电极记录，黑色神经细胞为抑制性中间神经元，抑制性中间神经元兴奋后在运动神经元产生 IPSP；B. IPSP，当刺激逐渐增大时，IPSP 的超极化程度也随之增大（自上而下），上线示后根传入神经电位记录，下线示神经细胞胞体内记录

2．抑制性突触后电位

抑制性突触后电位（IPSP）的形成，主要是突触前膜释放的神经递质与突触后膜的受体结合后，引起突触后膜 Cl^- 通道开放，Cl^- 在电化学梯度的作用下内流，突触后膜出现超极化改变（图 8-10）。一般将产生 IPSP 的突触称为抑制性突触，其相应的神经递质称为抑制性递质，释放抑制性递质的神经细胞称为抑制性神经元。中枢神经系统内重要的抑制性递质是 γ-氨基丁酸（GABA）和甘氨酸（Gly），它们分别是脑和脊髓内抑制性中间神经元发挥作用的神经递质。

突触后膜出现的电位变化特征主要取决于递质与受体结合后形成的离子流。例如，在成年动物的神经系统，由于成年动物神经终末部位细胞外的 Cl^- 浓度高于细胞内，因此 GABA 引起外向离子流（Cl^- 内流），产生突触后膜超极化，所以一般称 GABA 是抑制性神经递质；但在新生动物的一些脑区，由于在动物发育中的神经终末膜内外的 Cl^- 浓度与成年动物不同，细胞外的 Cl^- 浓度低于细胞内，当 GABA 作用于相同受体后，产生的不是外向离子流而是内向离子流（Cl^- 外流），GABA 在突触后膜引起去极化改变时，发挥了兴奋性递质的作用。此外，由于一个突触后神经细胞常与多个突触前神经末梢构成突触，此时产生的突触后电位既有 EPSC，也有 IPSC，因此突触后神经细胞胞体就好比是整合器，即神经细胞不同部位的突触后电位传导至胞体，其电位改变的总趋势决定于同时产生的 EPSP 和 IPSP 的代数和。当代数和表现为超极化时，突触后神经细胞表现为抑制；当代数和表现去极化时，突触后神经细胞表现为兴奋。当去极化达到阈电位水平时，即可爆发动作电位。神经细胞的动作电位并不首先发生在胞体，而是发生在传出神经元和中间神经元的轴突始段，或是传入神经元有髓神经轴突的第一个郎飞结。这主要是由于这些部位的直径较胞体与树突的直径小，纵向阻抗大，易于形成较大的去极化电位；此外，这些部位电压门控 Na^+ 通道的密度较胞体和树突膜高很多，产生兴奋所要求达到的去极化电位（10mV）较胞体（30mV）低。动作电位一旦爆发便沿着轴突传向神经末梢，也可逆向传到胞体。由于动作电位存在不应期现象，因此只有不应期结束后，神经细胞才能接受新的刺激而再次兴奋。

8.3.6 突触传递的可塑性

突触的传递效能并非固定不变，而是随着进行的突触活动模式而改变。突触传递效能改变的特性称为突触可塑性（synaptic plasticity），包括突触传递增强和突触传递减弱两方面，即突触后电反应的增强和减弱。由于电反应改变可以持续一定的时间，从数十毫秒到几天，因此，突触可塑性可分为短时程突触可塑性和长时程突触可塑性。突触可塑性是近年来进展最快、取得成果最大的神经科学研究领域，其中长时程突触可塑性被公认为脑的学习记忆功能的细胞水平的生物学基础。随着研究的深入，现已发现突触可塑性除了与学习记忆功能密切相关外，还在痛觉、情绪和心血管调节等方面具有重要的作用。

1．短时程突触可塑性

短时程突触可塑性是指突触前神经末梢在接受一短串有效电刺激后，在短时间内（数十毫秒到数十分钟）突触前或突触后反应发生明显增强或减弱的现象。短时程突触可塑性可以分为突触易化（synaptic facilitation）、突触抑制（synaptic depression）和强直后增强（posttetanic potentiation）等表现形式。在许多突触，重复刺激的最先效应就是突触易化，突触易化是指突触前神经末梢接受一串有效电刺激期间，每个动作电位引起的神经递质的释放和突触后电位的幅度逐渐增加，刺激停止后，增强的突触反应可持续几百毫秒。突触易化的产生是突触前终末囊泡释放神经递质的量增加所致。突触抑制是指在一连串的刺激期间，突触前神经末梢递质释放逐渐减少，突触后反应逐渐减弱的现象。突触抑制与突触易化相似，突触抑制在刺激串停止后仍存在，这种抑制可能与突触前囊泡的耗竭及突触前神经递质释放量减少有关。强直后增强是指突触前神经末梢在接受一短串强直刺激后其突触后反应明显增强的现象。强直性刺激时，突触后电位幅度增大的现象称为增强（potentiation），在强直刺激后出现的持续增强的现象称为强直后增强。强直后增强的发生明显缓慢，在强直刺激停止后数秒才出现最大反应，且持续时间较长，可延续数分钟或数十分钟，最长可持续 1h 以上。其产生机制是强直刺激使大量内流的 Ca^{2+}在突触前神经末梢轴浆内蓄积，导致胞浆内一短时间内游离 Ca^{2+}过量，神经末梢的神经递质释放量增加，突触后电位持续增强。

2．长时程突触可塑性

长时程突触可塑性是指可以持续数小时乃至数周的突触活动增强或抑制的现象，可分为长时程增强（long-term potentiation，LTP）和长时程压抑（long-term depression，LTD）两种表现形式。长时程增强是指突触前神经细胞受到短时间的快速重复刺激后，在突触后神经细胞出现一种突触后电位持续性增强的现象。它表现为潜伏期缩短，幅度增加，斜率加大。长时程增强的持续时间比强直后增强长得多，可达数小时，甚至数天或数周。长时程增强的现象最早在海马中发现，该区域被认为是与学习记忆功能密切相关的脑区。后来发现长时程增强普遍存在于中枢神经系统，如视皮层、前额叶皮层、内嗅皮层、纹状体、小脑以及脊髓等部位。不同部位的长时程增强可有不同的产生机制，在海马 CA3 区锥体细胞的 Schaffer 侧支与海马 CA1 区锥体细胞树突形成的突触，强直刺激使得突触前膜释放大量的谷氨酸，该神经递质可引起突触后离子型谷氨酸受体（NMDA 受体）激活，Ca^{2+}和 Na^{+}进入突触后神经细胞，进入细胞内的 Ca^{2+}可激活 Ca^{2+}-CaM 依赖的蛋白激酶Ⅱ，后者可引起离子型谷氨酸受体（AMPA 受体）磷酸化并增加其电导，并且还可以导致胞内的 AMPA 受体转移到突触后膜上，使得突触后膜 AMPA 受体密度增高，这样就引起突触后反应持续增强。长时程压抑是指突触前神经细胞受到较长时间的低频刺激后，突触传递效应持续性下降的一种现象。长时程压抑也广泛分布于中枢神经系统，如海马、大脑皮层、小脑和脊髓等脑区均可以观察到。与长时程增强相似，中枢不同部位的长时程压抑机制并不完全相同。在海马 CA3 区锥体细胞的 Schaffer 侧支与海马 CA1 区锥体细胞树突形成的突触，低频刺激激活突触后膜上的 NMDA 受体，少量 Ca^{2+} 和 Na^{+}进入突触后神经细胞，Ca^{2+}-CaM 依赖的蛋白激酶Ⅱ在 Ca^{2+}少量升高时发生脱磷酸化，引致 AMPA 受体磷酸化程度减小及电导降低，并且 AMPA 受体内吞使突触后膜上的 AMPA 受体密度降低，因此突触后反应持续降低。

8.4 神经细胞的联系方式及整合机制

中枢神经系统由数以千亿的神经细胞组成，其中传出神经元有数十万左右，传入神经元的数量是传出神经细胞的 1～3 倍，而中间神经元的数量最多，仅大脑皮层就有 140 亿个中间神经元。中枢神经细胞彼此之间通过突触构成非常复杂的通讯联络方式，这些联系方式是实现神经系统复杂功能的结构基础。

8.4.1 神经细胞的联系方式

中枢神经细胞之间的联系主要有以下几种基本方式（图 8-11）。①单线式联系（single chain connection），是指一个突触前神经细胞仅与一个突触后神经细胞建立突触联系。例如，视网膜中央凹处的视锥细胞与双极细胞和双极细胞与节细胞之间形成的突触联系，这种联系方式可产生高分辨能力的传递效果，使得视锥系统具有较高的分辨能力。②辐散式联系（divergence connection），是指一个神经细胞的轴突可以通过其分支分别与许多神经细胞建立突触联系。这种联系方式在传入通路中较为多见，它能使一个神经细胞兴奋而引发下一级神经细胞同时兴奋或抑制，从而扩大了神经细胞活动的影响范围。辐散式联系主要有两种形式：一是信息沿着一条通路进行扩散，其作用就是放大信息。例如，脑干的一些神经细胞，其轴突可与十万个以上的突触后神经细胞形成突触联系。第二种方式是信息可以沿着两条通路传导，其作用是将一种信息传导到神经系统的不同部位。例如，感觉传入神经纤维除了与本节段的脊髓中间神经元和运动神经元发生突触联系外，还经上升支和下降支与附近其他节段的中间神经元形成突触联系。③聚合式联系（convergent connection），是指一个神经细胞可接受许多神经细胞的轴突末梢并建立突触联系。这种联系方式使许多神经细胞的信息集中到同一神经细胞，这些传入的信息既可以是兴奋性的，或抑制性的，也可以是兴奋性的与抑制性的同时聚合，从而发生总和或整合反应，导致该神经细胞兴奋或者抑制。这种联系方式在传出通路上较为多见。例如，脊髓前角的运动神经元，该神经元不仅接受背根的传入、中间神经元的传入，还接受来自大脑皮层或脑的其他部位的神经纤维的传入。④联锁式联系（chain connection），是指聚合式联系和辐散式联系同时存在而形成的联系方式。神经冲动通过联锁式联系，在空间上可以扩大作用范围。⑤环路式联系（recurrent connection），指一个神经细胞通过其轴突侧支与多个神经细胞建立突触联系，而这些突触后神经细胞又通

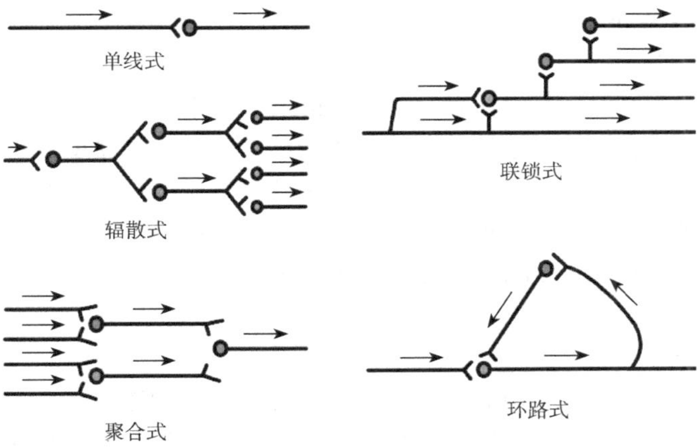

图 8-11　神经细胞联系方式示意图

过其本身的轴突，回返过来直接或间接与原来的神经细胞建立突触联系，形成一个闭合环路。兴奋通过环状联系可以形成反馈回路，该反馈回路或因正反馈使兴奋得到加强和时间上的延续，产生后发放或后放电（after discharge）；或因负反馈，使兴奋减弱并及时终止。

8.4.2　神经细胞的整合机制

在神经系统的信息传递过程中，突触前神经细胞的兴奋经过突触传递引起了突触后神经细胞的兴奋，即兴奋跨过了突触。经过突触传递，神经信息才能在神经通路和环路上传送，这是中枢神经系统完成各种机体功能的基础。

1．突触整合

一般而言，突触后神经细胞会接受多个神经信息的传入，其传入冲动的性质可不同，既可以是兴奋性的，也可以是抑制性的，并且传入冲动的强度、时间以及终止在神经细胞上的部位也不同。因此神经细胞每时每刻可能受不同性质、不同强度突触活动的影响，并在神经细胞上产生了幅度大小不一、持续时间不等的突触后电位。这些突触后电位进行时间和空间的总和，最终决定是否输出动作电位以及如何响应，该过程被称为突触整合（synaptic integration）。突触整合的简单形式就是总和，包括时间总和与空间总和。神经细胞膜上密集分布的突触以及神经纤维经常传送的高频冲动是空间总和与时间总和的基础。多个兴奋性突触后电位总和的结果，能使得膜电位达到阈电位，从而产生动作电位。多个兴奋性和抑制性突触后电位总和的结果，将取决于突触部位所有兴奋性突触后电位与抑制性突触后电位的代数和，若代数和表现为兴奋性突触后电位，该电位将使得膜电位去极化，若该去极化电位达到阈电位水平，即刻产生动作电位。多个抑制性突触后电位总和以及多个兴奋性突触后电位与抑制性突触后电位代数和表现为抑制性突触后电位，将使膜电位远离阈电位，消除突触兴奋产生的效应。此外，具有阈下膜电位震荡并自发性产生动作电位的神经细胞，其突触后抑制还能改变神经细胞的放电类型。

神经细胞产生动作电位的部位往往在轴突的始段，因为该处的直径较胞体与树突的直径小，纵向阻抗大，使轴突始段易于形成较大的去极化电位；而且轴突始段的细胞膜具有高密度的电压门控钠通道，阈电位较其他部位低。因此，该处去极化电位约 10mV

就可达到阈电位水平并产生动作电位，远低于胞体处的 30mV。

2．中枢抑制

神经系统的基本生理过程包括兴奋（excitation）和抑制（inhibition）。兴奋和抑制都是中枢内常见的生理过程，而且都是主动性的活动，二者的对立统一是神经系统活动协调的基础。中枢兴奋就是上述突触后产生的兴奋性突触后电位，以及在整合基础上产生的动作电位；中枢抑制（central inhibition）实际上是突触抑制，根据其形成机制的不同，分为突触后抑制（postsynaptic inhibition）和突触前抑制（presynaptic inhibition）两类，它们都是通过中间神经元活动而产生的。

1）突触后抑制

突触后抑制是指神经末梢释放抑制性神经递质使突触后膜产生了抑制性突触后电位，引起神经细胞兴奋性降低。这种抑制产生的结构基础是环路中有抑制性中间神经元的存在。根据抑制性神经元的功能与联系方式的不同，突触后抑制主要有传入侧支性抑制（afferent collateral inhibition）和回返性抑制（recurrent inhibition）两种形式，均可见于调节骨骼肌运动的脊髓前角运动神经元。

（1）传入侧支性抑制：传入冲动沿着神经纤维进入中枢发出分支，一支直接兴奋某一中枢神经细胞，产生传出效应，另一支则兴奋一个抑制性中间神经元，通过该抑制性神经元的活动，转而抑制另一中枢神经细胞的活动，这种传入侧支通过抑制性中间神经元的活动而使功能拮抗的另一神经细胞抑制的现象称为传入侧支性抑制（图 8-12）。由于这种抑制往往发生于调节同一生理活动、功能拮抗的神经细胞群之间，所以又称为交互抑制（reciprocal inhibition）。例如，屈肌反射表现为屈肌收缩时，伸肌必须舒张才能使得关节屈曲。其过程是传入神经进入脊髓后，一方面可兴奋脊髓前角运动神经元，运动神经元的兴奋通过传出神经纤维引起所支配骨骼肌（屈肌）收缩。同时经侧支兴奋抑制性中间神经元，该抑制性中间神经元与另一支配伸肌（屈肌的拮抗肌）的运动神经元之间形成突触联接，当抑制性神经元兴奋后，可在支配伸肌运动神经元上形成抑制性突触后电位而使其电活动受到抑制，它所支配的拮抗肌舒张。这种抑制形式不仅脊髓有，脑内也有。它是中枢神经活动的基本方式之一，其意义在于使得两个相互拮抗的中枢活动协调起来。

（2）回返性抑制：一个中枢神经细胞的兴奋性活动，可通过其轴突侧支兴奋一个抑制性中间神经元，后者经其轴突返回来抑制原先发动兴奋的神经细胞及同一中枢的神经细胞，这种现象称为回返性抑制（图 8-12）。回返性抑制是一种负反馈抑制。例如，脊髓前角运动神经元的轴突支配某一骨骼肌的活动，轴突在离开轴丘后很快发出分支，与抑制性中间神经元形成突触联系，这类抑制性的中间神经元称为润绍细胞（Renshaw cell）。润绍细胞的轴突及其分支又返回来与脊髓前角运动神经元本身及功能相同的邻近神经元形成抑制性突触。当运动神经元兴奋时，神经冲动不仅沿着轴突传到终末使受其支配的骨骼肌收缩，同时沿着轴突分支兴奋润绍细胞，润绍细胞兴奋后，其终末释放抑制性递质甘氨酸，抑制了原先发出兴奋的脊髓前角运动神经细胞及相邻的相同功能神经细胞。这种抑制的意义在于防止神经细胞过度、过久的兴奋，使已经发动的肌肉活动及时终止，并使同一中枢内许多神经细胞（同功能细胞群）的活动协调一致。回返性抑制也见于海马等其他脑区，使这些神经细胞呈现同步化活动。

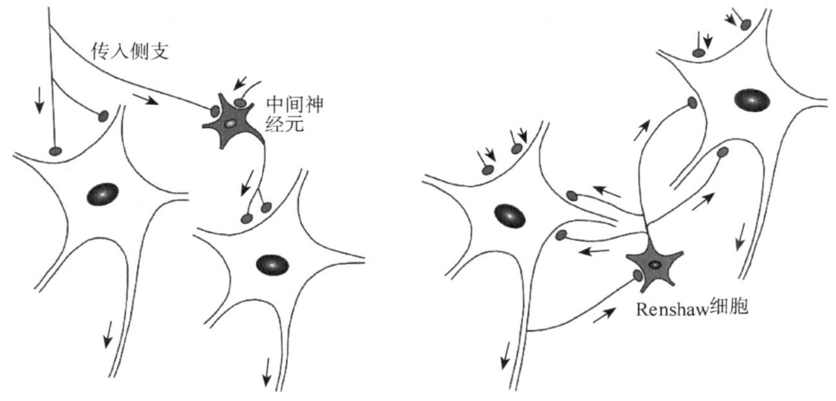

图 8-12　两类突触后抑制

总之，突触后抑制可以通过传入侧支性抑制和回返性抑制使功能拮抗的中枢出现相反的效应，功能相同的中枢活动同步，最终使活动协调。

2）突触前抑制

突触前抑制是指由于中间神经元的活动导致兴奋性突触前神经末梢释放的递质量减少，产生了不容易甚至不能引起神经细胞兴奋的现象。这种抑制产生的结构基础是在突触前膜上存在轴突 - 轴突型突触，即存在轴突 - 轴突（突触前成分）- 胞体（突触后成分）的串联式突触。如图 8-13A 所示，轴突末梢 a 与轴突末梢 b 的终末形成了轴突 - 轴突型突触，轴突末梢 b 的终末又与神经细胞 c 形成轴突 - 胞体型突触，轴突末梢 a 与神经细胞 c 并不直接形成突触。突触前抑制是指 b 和 c 形成的轴突 - 胞体型突触，这种结构中轴突 - 轴突型突触位于突触前膜。当神经冲动传到神经末梢兴奋轴突 b 时，可使神经细胞 c 产生一定幅值的兴奋性突触后电位（如 10mV）；当单纯兴奋轴突 a 时，神经细胞 c 没有反应。但如果先兴奋轴突 a，一定时间后再兴奋轴突 b，则在神经细胞 c 所产生的兴奋性突触后电位明显减小（如减小为 5mV）。因此，突触前抑制发生的基本过程是：抑制性中间神经元兴奋→神经末梢 a 释放神经递质（如 GABA）→轴突末梢 b 产生膜电位的改变→神经末梢 b 产生动作电位幅度减少→神经末梢 b 释放兴奋性神经递质的量减少→神经细胞 c 产生的兴奋性突触后电位幅度减少→神经细胞 c 不易或不能发生兴奋。

目前认为，这种以突触前兴奋性神经细胞末梢释放的递质量减少为特征的突触前抑制，至少有 3 种可能的机制。①神经末梢 a 兴奋时，释放的 GABA 作用于神经末梢 b 上的 $GABA_A$ 受体，引起神经末梢 b 的 Cl^- 电导增加，Cl^- 内流抵消了部分神经末梢 b 的动作电位的去极化效应，动作电位幅值变小，结果使进入末梢 b 的 Ca^{2+} 的量减少，因此神经末梢 b 的兴奋性神经递质的释放量减少，最终导致神经细胞 c 的兴奋性突触后电位（EPSP）减少（图 8-13B）。此外，也有资料表明神经末梢 a 释放 5-HT，5-HT 可作用于神经末梢 b 上的 5-HT 受体，使膜对 Cl^- 通透性增加，产生突触前抑制。②在某些神经末梢 b 上还存在 $GABA_B$ 受体，GABA 与它结合后，可通过偶联 G 蛋白，使轴突末梢 b 上的电压门控 K^+ 通道开放，K^+ 外流使膜复极化加快，同时神经末梢进入的 Ca^{2+} 的量减少，神经递质释放量减少，结果导致神经细胞 c 的兴奋性突触后电位减少，呈现抑制效应（图 8-13B）。③神经末梢 a 释放的神经递质激活了神经末梢 b 上的代谢型受体，该受体的激活可以直接抑制神经末梢 b 释放递质，此过程与 Ca^{2+}的内流无关。

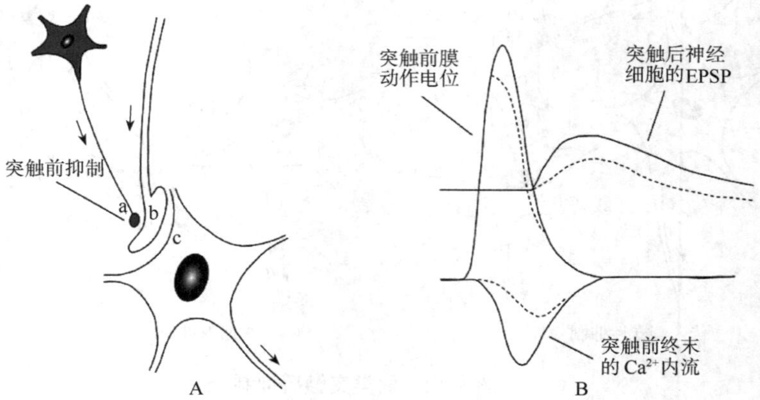

图 8-13 突触前抑制的形成机制示意图

A．突触前抑制的结构示意图；B．突触前抑制形成过程中的突触前动作电位、Ca^{2+}内流及突触后神经细胞的 EPSP 的改变

突触前抑制在中枢神经系统内广泛存在，尤其多见于感觉传入通路中。此外，从大脑皮层、脑干与小脑等处发出的下行神经冲动可对感觉传导束发生突触前抑制。因此，突触前抑制对调节感觉传入活动具有重要的作用。突触前抑制的主要特点是抑制产生的潜伏期较长，抑制作用的持续时间也较长，是一种很有效的抑制作用。

3．中枢易化

中枢易化（central facilitation）也可分为突触后易化和突触前易化。突触后易化表现为兴奋性突触后电位的时间上或空间上的总和。由于突触后去极化，膜电位接近阈电位水平，如果在此基础上再接受一个刺激，此时膜电位就较容易达到阈电位水平，从而爆发动作电位。突触前易化具有与突触前抑制相同的结构基础。在图 8-13A 中，如果突触末梢 b 的动作电位时程延长，此时电压依赖性 Ca^{2+}通道开放时间延长，进入神经末梢 b 的 Ca^{2+}量增多，递质释放量增加，最终使神经细胞 c 的兴奋性突触后电位增大，此时神经细胞 c 表现为突触前易化。突触前易化的机制可能是由于轴突 - 轴突型突触末梢（神经末梢 a）释放某种神经递质（如 5-HT），该神经递质与神经末梢 b 的受体结合后，引起神经末梢 b 内的 cAMP 水平升高，使 K^{+}通道发生磷酸化而关闭，复极化过程减慢从而使动作电位时程延长。

本章小结

神经细胞是组成神经系统的基本单位，具有传导信号和处理信息的功能。神经细胞由胞体和突起两部分组成，胞体是控制和维持其功能活动的中心，而突起（轴突和树突）则是实现信息传递的部位。

神经细胞是可兴奋细胞之一，动作电位是神经细胞传递信息的信使，神经细胞之间传递信息是通过突触实现的。突触前轴突末梢释放出的神经递质扩散穿过突触间隙，并在突触后膜上引起去极化或者超极化，去极化和超极化可以在突触后神经细胞的树突和胞体上互相叠加实现对信息的整合。数量庞大的神经细胞通过多种联系方式构筑成神经网络，在不同的空间和时间，以递质释放的方式接受复杂信息的输入。这些输入通过某些信号通路产生增强作用，也可以通过其他的信号通路产生抑制作用，还能在通路上进行突触传递效能的改变，最终实现神经系统的各种功能性活动。

思 考 题

1．神经细胞的组成结构及其作用是什么？

2．神经细胞按其功能分为哪几类？不同类别神经细胞的相同点和不同点是什么？

3．离子在神经细胞内外如何分布？这种离子浓度差异是如何保持的？

4．在动作电位过程中，前期的内向电流和后期的外向电流分别是由什么离子所介导的？

5．简述动作电位的特征？为什么说神经细胞的动作电位是“全或无”？

6．局部电位和动作电位的相同点和不同点是什么？

7．兴奋在神经纤维上的传导和在神经细胞之间的传递有何不同？解释其形成原因。

8．试述化学突触与电突触的结构基础以及突触传递过程、特征和生理意义。

9．如果将微电极插入突触前和突触神经细胞内，如何判定这两个神经细胞之间的联系是化学性突触还是电突触？

10．强直后增强和长时程增强的相同点和不同点各是什么？

11．试述突触后抑制与突触前抑制的结构基础、形成机制和生理意义。

12．试述突触可塑性的表现形式及其机制。

拓 展 读 物

韩济生. 2009. 神经科学原理. 3 版. 北京：北京大学医学出版社

Nicolls J G, et al. 2003. 神经生物学. 杨雄里，译. 北京：科学出版社

（李延海）